ロシア・インテリゲンツィヤの運命

イヴァーノフ=ラズームニクと20世紀前半ロシア

松原広志 matsubara hiroshi

成文社

2

1

4

3

6

5

1. イヴァーノフ＝ラズームニク夫妻
2. イヴァーノフ＝ラズームニク　1900年代
3. イヴァーノフ＝ラズームニク　書斎で　1929年
4. イヴァーノフ＝ラズームニク　1940年代（プリーシヴィン撮影）
5. イリーナ・イヴァーノヴァ　1937年9月
6. ミハイル・プリーシヴィン

8

7

10

9

12

11

7. アンドレイ・リムスキー＝コルサコフ
8. セミョーン・フランク
9. マクシム・ゴーリキー　1928年
10. ピョートル・ストルーヴェ
11. セルゲイ・ブルガーコフ
12. ニコライ・ベルジャーエフ

14.

13.

17.

16.

15.

18.

13. ゲオルギー・プレハーノフ
14. ニーナ・ベルベーロヴァ　1946 年
15. ボリス・ザイツェフ
16. アレクセイ・レーミゾフ
17. エヴゲーニー・リャーツキー
18. アリフレート・ベーム

21.

20.

19.

22.

23.

24.

19. セルゲイ・ポーストニコフ
20. 掌院イオアーン（シャホフスコーイ）
21. ゲオルギー・イヴァーノフ
22. フョードル・ステプーン
23. コーニツの収容所で　1942 年 3 月
O・クレーヴェル描
24. コーニツの収容所で　1942 年 10 月
（左から 4 番目、杖を突いている）

ロシア・インテリゲンツィヤの運命——イヴァーノフ＝ラズームニクと20世紀前半ロシア——目次

まえがき――「名誉回復」と新たな関心 9

第I章 フランクとの論争――インテリゲンツィヤとメシチャンストヴォ 13

第II章 ゴーリキーとの文通――対立と友好の軌跡 23
1．はじめに 23
2．雑誌『遺訓』をめぐって〔第一～六信〕 25
3．ドストエフスキー『悪霊』上演をめぐって〔第七～九信〕 32
4．その他の手紙〔第一〇～一六信〕 43
5．流刑者と作家同盟議長 48

第III章 宗教哲学協会との確執 53
1．はじめに 53
2．「黒いロシア」 55
(1) レーミゾフ『第五の悪』の概略 56
(2) プリーシヴィン『ニーコン・スタロコレンヌイ』の概略 57
(3) イヴァーノフ＝ラズームニクの両作品解釈 58
3．モスクワ宗教哲学協会批判――「苔むす湿原」と「現代のスタロコレンヌイ」 61
(1) ブルガーコフ論文の要旨 61

(2) イヴァーノフ＝ラズームニクのブルガーコフ批判……63
4. ペテルブルク宗教哲学協会批判――「南京虫的ガリガリ亡者」――66
(1) ペテルブルク宗教哲学協会年次大会をめぐる論争……67
(2) 生命なき言葉の氾濫……75
(3) 内在主義と超越主義……77
5. 結びに代えて――81

第IV章 世界大戦の勃発――反戦と祖国防衛 83
1. はじめに――83
2. 世界大戦勃発とイヴァーノフ＝ラズームニク――84
3. 戦争の「倫理的」合理化――リベラル――87
(1) イヴァーノフ＝ラズームニクのリベラル批判……87
(2) リベラルの主張……90
a ストルーヴェ／90 b イズゴーエフ／92 c コトリャレフスキー／95
4. 戦争の「哲学的」合理化――メシア主義的な現代のスラヴ主義者――96
(1) イヴァーノフ＝ラズームニクのメシア主義者批判……96
(2) メシア主義的な現代のスラヴ主義者の主張……98
a ブルガーコフ／98 b ヴャチェスラフ・イヴァーノフ／104 c エルン／106
d ベルジャーエフ／108
5. 戦争の「社会学的」合理化――開戦支持の社会主義者――120
(1) イヴァーノフ＝ラズームニクの社会主義者批判……120
(2) プレハーノフの主張……126

6. おわりに 135

第V章 「スキタイ人」の流浪 139

1. はじめに 139
2. 占領地住民 142
3. 「異郷」への旅立ち 146
4. 監視収容所 148
(1) バラックでの日常生活 148
(2) 外部への発信1——リトアニアの従兄弟一家 150
(3) 外部への発信2——『新しい言葉』紙 153
5. 亡命作家たちとの交流 156
(1) パリ・グループの人々 157
a ニーナ・ベルベーロヴァ／157 b ボリス・ザイツェフ／162 c レーミゾフ夫妻／164
(2) プラハ・グループの人々 173
a エヴゲーニー・リャーツキー／174 b アリフレート・ベーム／175 c ポーストニコフ夫妻／197
(3) その他の人々 206
a 掌院イオアーン（シャホフスコーイ）／207 b ゲオルギー・イヴァーノフ／210
c フョードル・ステプーン／212 d アルトゥール・リューテル／217
6. 最後の日々と遺稿 219
(1) 北米への視線 219
(2) 遺稿をめぐって 223

補論 未刊の『弁人論』周辺 229

1. はじめに 229
2. 『弁人論』をめぐる情報 230
3. 若き日の探求 235
4. 「生の意味再論」について 240
5. ブロークへの手紙 245

あとがき 255

註 298 (9)
主要事項索引 302 (5)
主要人名索引 306 (1)

口絵写真出典一覧

1, 23, 24 *Иванов-Разумник Р.В.* Писательские судьбы. Тюрьмы и ссылки. М., 2000.

2 *Лавров А. В.* Русские символисты. Этюды и разыскания. М., 2007.

3, 5 *Белый А., Иванов-Разумник Р.В.* Переписка. СПб., 1998.

4 *Пришвин М. М., Пришвина В. Д.* Мы с тобой. Дневник любви. СПб., 2003.

6 *Пришвин М. М.* Дневники 1944-1945. Кн. 13. М., 2013.

7 *Полевая М. И.* Римский-Корсаков в Петербурге. Л., 1989.

8 Руссская философия. Словарь. М., 1995.

9 *Штейнберг А. З.* Литературный архипелаг. М., 2009.

10, 17, 20 Русское зарубежье. Золотая книга эмиграции. Первая треть XX века. Энциклопедический библиографический словарь. М., 1997.

11, 12, 16, 18 Литературная энциклопедия Русского Зарубежья. Писатели русского зарубежья. М., 1997.

13 Политические партии России. Конец XIX–первая треть XX века. Энциклопедия. М., 1996.

14, 15, 21 *Берберова Н. Н.* Курсив мой. М., 1996.

19 Политика, идеология, быт и ученые труды русской эмиграции 1918-1945. Библиография из каталога библиотеки Р. З. И. Архива. Т. 1. Составил заведующий библиотекой Русского Заграничного Исторического Архива в Праге С. П. Постников. N. Y., 1993.

22 *Степун Ф. А.* Портреты. СПб., 1999.

ロシア・インテリゲンツィヤの運命

――イヴァーノフ＝ラズームニクと20世紀前半ロシア

［凡例］

＊固有名詞はできる限り原音に近く表記するが、すでに普及している慣例的な表記をも併用する。

＊旧ロシア暦（一九一八年一月三一日まで使用）と西暦とでは、二〇世紀で一三日の差があり、旧ロシア暦の日付に一三日を加えれば西暦の日付となる。両方の日付を並べる時は、「旧ロシア暦の日付／西暦の日付」の順に表記する。

＊原文のイタリック体、隔字体には傍点を振った。

＊本文中の注記で（　）内はもとの引用文献のもの、［　］内は筆者のものである。

まえがき――「名誉回復」と新たな関心

イヴァーノフ＝ラズームニク（一八七八―一九四六年）は、二〇世紀初頭の「ロシア・ルネサンス」期に思想家、文学史家、文芸評論家、編集者として活躍した。彼は最初の著書『ロシア社会思想史』刊行（一九〇七年）以来一貫して、ナロードニキ的立場で知られていた。その政治的傾向から、ソ連時代にはネオ・ナロードニキ、エスエル、左派エスエルといったレッテルを貼られて著作の再刊・新刊はいうまでもなく、その存在すらも否定されてきた。筆者はゲルツェンの思想研究から始め、レーニンに依拠するソ連での正統的ゲルツェン解釈（ボリシェヴィキの先駆者）とは異なるゲルツェン論の提示者として、イヴァーノフ＝ラズームニクの上記著書を知った。その後、一九六〇年末に彼の回想記『監獄と流刑』の英語訳を読んで彼自身の生涯と思想への関心を深め、一九八九年春にそれまでの研究を『ロシア・インテリゲンツィヤ史――イヴァーノフ＝ラズームニクと「カラマーゾフの問い」』にまとめた。[1] その著では彼の生涯の概観や主要著作リストの作成を踏まえ、次の二点に焦点を当てた。一つは彼の初の著書『ロシア社会思想史』[2] で掲げられた個人主義、反メシチャンストヴォの旗の下、他のインテリゲンツィヤとの間に展開された論争である。いま一つは彼が主導して「スキタイ人」の旗を掲げ、一九一七年革命後に結成した「自由哲学協会」（略称ヴォリフィラ）における活動――哲学と社会主義の総合、新しい文化創造の問題――である。当時資料として利用できたのは、彼が未だ著述を公刊できた一九二三年以前の著作であった。

筆者が前著をまとめた年の末にペレストロイカ中のソ連で、長年にわたり政治的観点から否定されてきたイヴァーノフ＝ラズームニクは「一九三〇―四〇年代末、五〇年代初めに根拠なく抑圧された市民の名誉回復」措置の対象者となった。これはゴルバチョフの顧問として民主化を進めたA・ヤーコヴレフの下で実行された一連の事業の一つである。

しかし個人名を挙げてではなく、無数の非抑圧者のなかの一人としての名誉回復という法的形式のためもあり、筆者がその情報を得たのは数年後であった。[3] ともあれ名誉回復をきっかけにソ連解体後のロシアで、「ロシア文化の良心」としての彼が歴史や文学の研究者によって取りあげられるようになった。より正確に言えば、そのような関心はソ連解体以前からあったものの、その関心を活字で公にできなかったということである。筆者がロシアでイヴァーノフ＝ラズームニク研究の第一人者В・Г・ベロウース（一九五一年生まれ）と最初に連絡がとれ、互いの関心と活字になった研究成果を交換したのは一九九五年末であった。

ベロウースと知り合った直後、彼が中心的なオルガナイザーとなってイヴァーノフ＝ラズームニク没後五〇年にあたる一九九六年三月には第二回国際研究・報告会「イヴァーノフ＝ラズームニク。個人・作品・文化における役割」の開催が予定されており、筆者も急きょこれに参加・報告することとなった。第一回目の国際研究・報告会はすでに一九九三年、モスクワのアンドレイ・ベールイ記念館で初めて開催され、四人の報告が行なわれた。[4] ただしこの時は「国際」と銘打つものの、参加者はほとんどがロシア国内の研究者で、たまたまロシアに滞在中の外国人研究者がわずかに加わっただけであったという。したがって、イヴァーノフ＝ラズームニクがかつて長く住んだツァールスコエ・セロー（一九一八年からジェーツコエ・セロー、さらに一九三七年からプーシキンと改称）の歴史博物館を会場とする第二回目が、真の意味で「国際研究・報告会」の名を冠するにふさわしいものとなった（ベロウースの開会スピーチ）。研究・報告会実現にはロシア科学アカデミー・ロシア文学研究所（通称プーシキン館）のА・В・ラヴローフを筆頭にその同僚研究員、モスクワの歴史家Я・В・レオンチエフ、エセーニンをはじめ作家や文学の舞台、特にツァールスコエ・セローに詳しいジャーナリストЛ・Ф・カローヒンなどの人々や、ペテルブルクの出版社「メーラ」などが関わっていた。いずれもイヴァーノフ＝ラズームニク自身と彼をめぐる作家等に関心を抱く人々である。[5] なお、イヴァーノフ＝ラズームニクの長女イリーナ・ラズームニコヴナ（一九〇八年生まれ）は亡父に焦点を当てる国際研究・報告会を喜び、精神的に支援していたが、同年末に八八年の生涯を閉じた。

第三回の国際研究・報告会は、イヴァーノフ＝ラズームニク生誕一二〇年となる一九九八年九月にペテルブルクはモイカ運河畔のプーシキン記念館で開催されたが、折しもロシアを襲った金融危機が市民の日常生活に大混乱を来たすなか、参加予定者がモスクワからすら一人も来られず、ペテルブルク在住の研究者の他は、当時滞露中のアメリカ人研究者シェロンと筆者の二人だけが国外からの参加者となった。[6] 第二回、三回の研究・報告会名と同名の報告・資料集が各一冊刊行されている。[7]

名誉回復以後に新たに、あるいは再び刊行されたイヴァーノフ＝ラズームニクの著作には、『ロシア社会思想史』（一九九七年）、アンドレイ・ベールイ、イヴァーノフ＝ラズームニク『往復書簡』（一九九八年）、『作家たちの運命。監獄と流刑』（二〇〇〇年）、アンドレイ・ベールイ、イヴァーノフ＝ラズームニク、シチェーインベルク『ブロークの思い出』（一九九六年。一九二二年版の復刻）、ブローク『スキタイ人、一二』（イヴァーノフ＝ラズームニク序文「雷雨と嵐のなかの試練」一九九八年。一九一八年版の復刻）等がある。

ソ連時代にその存在すら否定されてきたイヴァーノフ＝ラズームニクに、没後半世紀を経て封印が解かれ、新たな光が当てられるようになってほぼ三〇年になる。本書はこのような研究状況下に、筆者が前著刊行以後に発表した個別論文に加筆・修正するとともに、未発表の文章も含めてまとめたものである。ソ連邦解体後も急速に進む社会的・知的変化のなかで、ロシア思想史研究にもさまざまな新しい観点・方法が見られるが、内面の自由を守って生きることへの筆者の関心と研究方法は一九六〇～一九七〇年代以来のままである。本書は資料未刊と当時筆者の関心が及ばず前著ではふれなかった諸点を中心に二〇世紀前半、すなわち帝政ロシア末期から日露戦争と一九〇五年革命、第一次大戦と一九一七年の革命、スターリン時代、そして第二次世界大戦を経験したイヴァーノフ＝ラズームニクという一人の人間の生の軌跡を、彼と関わったロシア・インテリゲンツィヤの姿とともに描く試みである。[8]

本書各章の意図するところは以下のとおりである。第Ⅰ章では、イヴァーノフ＝ラズームニクの著書をめぐりフランクと彼の間に交わされた論争が、インテリゲンツィヤ批判の論集『道標』（一九〇九年刊）編纂にかかわりがあったことを指摘する。すなわち『道標』編集者M・ゲルシェンゾーンが、当初イヴァーノフ＝ラズームニクを同論集執筆者の一人と考えたが、フランクがこの案に反対してイヴァーノフ＝ラズームニクの執筆が実現しなかったという『道標』成立事情の一端である。第Ⅱ章では、前著で触れられなかったイヴァーノフ＝ラズームニクとゴーリキーの一九一〇年代から二〇年余にわたる対立と友好の関係を、一九八八年に新たに公刊された両者の書簡を踏まえてたどっている。第Ⅲ章では、一九〇〇年代から新しい宗教意識を抱き「宗教哲学協会」に集った人々と、当初そこに何かを求めて参加したがやがて批判に転じ、独自の思索を展開したイヴァーノフ＝ラズームニクとの論争に、後者の思想形成の跡をたどる。第

Ⅳ章では第一次世界大戦勃発にさいして開戦支持と祖国防衛を唱えた圧倒的多数のインテリゲンツィヤの見解に対し、反戦の立場をとり孤立したイヴァーノフ＝ラズームニクの主張を取りあげている。第Ⅴ章はそれ以前の各章といささか趣が異なり、イヴァーノフ＝ラズームニクが回想記『監獄と流刑』で触れていない最晩年（一九四一〜一九四六年）の記録である。すなわち独ソ開戦後にドイツ軍占領地住民となったイヴァーノフ＝ラズームニク夫妻が、現ポーランドのドイツ側収容所からリトアニアへ、再びポーランド、そしてドイツと戦火のなかを流浪した後ミュンヘンで没するまでである。この間の「ヨーロッパ」における彼の日々を、一九一七年の革命後にボリシェヴィキのロシアから亡命しヨーロッパ各地に住む友人・知人たちと交わした書簡から捉え、亡命生活と彼の著述原稿の運命が描かれている。最後の補論は、イヴァーノフ＝ラズームニクが自らの思索の集大成というが未刊行の原稿『弁人論』（または『人間の擁護』）をめぐる諸問題を周辺から探り、原稿公刊の日に備えようとするものである。

第Ⅰ章 フランクとの論争
——インテリゲンツィヤとメシチャンストヴォ*

二〇世紀初め、一九〇五年革命の前後に何人かの著名な作家たちが「インテリゲンツィヤとメシチャンストヴォ」というテーマを論じあった。ゴーリキー、メレシコフスキー、オフシャニコ゠クリコフスキー、プレハーノフやイヴァーノフ゠ラズームニク、フランクたちである。一九八九年刊行の拙著で筆者は彼らとイヴァーノフ゠ラズームニクとの論争の特徴を明らかにした。[1] フランクもこの論争に加わった一人だが、彼について拙著では註で短く触れるにとどまった。それゆえこの小文では、上記の論者たちに加え、イヴァーノフ゠ラズームニクとフランクの見解の交差をも加えて論争の過程をまとめ、その意味を探ることとする。

イヴァーノフ゠ラズームニクの主張は、彼が一九〇三年初めから執筆に取り組んだ最初の著書『ロシア社会思想史——一九世紀ロシアの文学と生活における個人主義とメシチャンストヴォ』全二巻に示されている。[2] 初版刊行は一九〇七年と印刷されているが、実際には一九〇六年末のことである。このことから推測できるのは、同著における彼のシェーマ「インテリゲンツィヤとメシチャンストヴォ」が上記の作家たちの発言以前に、独自に構想されたであろうということである。周知のとおり彼は、メシチャンストヴォという用語についてはゲルツェンの見解の後継者を任じ、ゲルツェンが最初にこの語を二重の意味で用いた、とする。すなわち身分的・経済的な「狭い」意味と、倫理的な「広い」意味においてである。ここからイヴァーノフ゠ラズームニクは自著で、実体概念としてのインテリゲンツィヤとその属性概念としての個人主義、実体概念としてのメシチャンストヴォ（町人身分、小市民）とその属性としてのメシチャンストヴォ（町人根性、俗物性、小市民主義）という社会学的かつ倫理的カテゴリーとしての用語を提起したのである。元来「社会学的」な実体概念として知られたメシチャンストヴォという言葉が、「倫理的」な属性概念としても用いられること、そのような用語を駆使してロシア社会思想史を著したことが評価あるいは批判されたのである。

まずイヴァーノフ＝ラズームニクの定義を示そう。彼によると、インテリゲンツィヤは「階級外的・階層外的で継承性のある集団」と定義される。インテリゲンツィヤのこのような社会学的な定義は、メシチャンストヴォの定義と共通する。だが両者の違いはそれぞれの倫理的特徴にある。インテリゲンツィヤは「倫理的」には「反メシチャンストヴォ」的な集団で、新しい形式と理念を創造し、それらを人格／リーチノスチを肉体的・知的・社会的及び個人的諸関係において解放するという目的をもって生において積極的に実行するという点に特徴がある。インテリゲンツィヤのもっとも重要な特徴はその個人主義、すなわちリーチノスチの優位という点である。「人間自身が目的である」がゲルツェンの倫理的個人主義の定式である。

社会学的にはインテリゲンツィヤと共通性があるものの、倫理的メシチャンストヴォはインテリゲンツィヤとは根源的に対立する。メシチャンストヴォは、形式的には狭く、内容的には平凡、精神的には個性を欠く。メシチャンストヴォとは、「ロシア・インテリゲンツィヤがそれを踏まえて、そしてそれとの闘いにおいて発達する形式である。メシチャンストヴォとの闘いは個性と個人主義の名において展開される」。こうしてイヴァーノフ＝ラズームニクは、ロシア社会思想史はインテリゲンツィヤとメシチャンストヴォの闘いの歴史である、と強調する。

インテリゲンツィヤとメシチャンストヴォ論争における各論者の見解を要約しよう。まずゴーリキーは「メシチャンストヴォについての覚書」[3]で、メシチャンストヴォとは現代の支配階級の代表の精神構造である、と特徴づけた。ゴーリキーはイヴァーノフ＝ラズームニクと異なり、メシチャンストヴォをプロレタリアートと対立させている。なおゴーリキーはすでに戯曲『小市民《メシチャーネ》』（一九〇二年）を発表しているが、そこでは小市民は実体概念として理解されている。しかし先の「覚書」でメシチャンストヴォを精神構造、すなわち属性概念と記したことは、当時スキャンダルとなったのである。

ゴーリキーに続いてメレシコフスキーも「メシチャンストヴォとロシア・インテリゲンツィヤ」、「来たるべき賤民」

でメシチャンストヴォを否定的に捉えるが、その観点は宗教的－社会的であり、メシチャンストヴォはプロレタリアートではなくロシア・インテリゲンツィヤに対立させられる点ではイヴァーノフ＝ラズームニクと共通する。そのロシア・インテリゲンツィヤは、教会とナロードと共通の理念で結ばれねばならないのである。メレシコフスキーの用語では、メシチャンストヴォ、ハムストヴォと奴隷根性《ラープストヴォ》の違いはほぼない。[4]

三人目の論者はオフシャニコ＝クリコフスキーである。彼は「ゴーリキーやメレシコフスキーの発言ではメシチャンストヴォの概念が十分に明確でない」として彼らの論文とは距離をとり、「悪名高い」メシチャンストヴォにかんする独自の定義を打ちだす。[5]彼はメシチャンストヴォという概念の内容を「イヴァーノフ＝ラズームニクの素晴らしい書物さえも」明らかにしていない、と後に記した。[6]

オフシャニコ＝クリコフスキーはゴーリキーとは原則的に一致できず、またメレシコフスキーはインテリゲンツィヤを褒めすぎで、メシチャンストヴォを否定しており同意できない、と述べる。オフシャニコ＝クリコフスキーによると、メシチャンストヴォはきわめて広く「その概念にはブルジョワジーも他の任意の社会階級も、一般に数的に優勢なもの、人類の一部がすべて含まれる。彼らの特徴は知的にも道徳的にも停滞し、新しいものを恐れ、現存秩序に対する批判を嫌い、否定や『ニヒリズム』を迷信的に恐れ、新しい理念をつくり上げたり身につけたりすることができない」のである。

オフシャニコ＝クリコフスキーは「心理的メシチャンストヴォ」を指摘した。つまり「人が文化的・思想的・道徳的価値をそなえた環境に適応するときに獲得する十分に揺るぎなき精神的均衡」である。彼がメシチャンストヴォに対置するのはプロレタリアートでもインテリゲンツィヤでもなく、オトシチェペンストヴォ／離反 отщепенство である。離反者とは、ある環境にすでに適応しているが、突然移った別な環境へ適応できない人のことである。この別な環境で人は、自らの環境では「メシチャーニーン」のままでありながら、「離反者」になるのである。オフシャニコ＝クリコフスキーは、メシチャンストヴォもオトシチェペンストヴォ／離反も、現在の文明化した世界のどこでも相対的でしかなく、絶対的ではない、と強調する。論争に加わった人々の中でオフシャニコ＝クリコフスキーは、メシチャンストヴォを楽観的で肯定的に捉える点で他の論者とは際立って異なっている。

マルクス主義者プレハーノフは当然、イヴァーノフ＝ラズームニクの見解を受けいれることはできなかった。とりわけ批判の的となるのは、ロシア社会思想史の内実がインテリゲンツィヤとメシチャンストヴォとの不断の闘いであるという主張である。プレハーノフによればこのような見解が意味するのは、あたかもメシチャンストヴォ（小市民）が決して打倒されることがない、つまり、社会主義がメシチャンストヴォを最終的に克服しえない、すなわちメシチャンストヴォ的社会主義がありうるということなのである。[7] 彼にとりメシチャンストヴォは経済的な意味での小市民以外の何ものでもなく、倫理的な意味での捉え方はあり得ないのである。

フランクはイヴァーノフ＝ラズームニクの『ロシア社会思想史』を二度、書評で取りあげた。[8] フランクは最初の書評では「時宜を得て」——一九〇五年革命後の「自己点検と自己批判」の日々に、この書物の刊行が不可避であったと認めた。そしてロシア社会思想史の中核として、倫理的意味におけるメシチャンストヴォの定義に賛意を示した。彼はまた、それが経済的で道徳的あるいは文化‐哲学的カテゴリーであることにも賛意を示した。にもかかわらずフランクはイヴァーノフ＝ラズームニクの立場に、とりわけその歴史的、政治的な見地には批判の矢を浴びせかけた。フランクは次のように主張する。イヴァーノフ＝ラズームニクは「メシチャンストヴォを、一方では個人主義という哲学的カテゴリーに対置させ、他方ではロシア・インテリゲンツィヤという現実の社会‐歴史的現象に対置させている」。政治的、社会的闘争に否定的態度をとるフランクは、「イヴァーノフ＝ラズームニクの形式論理的な誤り」だけでなく、「問いの本質を考えぬかず、明確にしない解釈」の帰結をも指摘して明言する。イヴァーノフ＝ラズームニクのメシチャンストヴォ理解が変更されるならそれに応じてインテリゲンツィヤ概念も修正されるべきである。そうするとインテリゲンツィヤとは「オリジナルな精神的生活を営み、個人主義の勝利に努めるすべての人々の理念的な集合的名称」となる、と。

その他にもフランクはイヴァーノフ＝ラズームニクに同意できない点があった。それは、インテリゲンツィヤがあたかも古来の人間生活の悪——狭さ、月並み、そして無個性と闘うために一五〇〇年まえに発生し、そのような社会的悪に「絶対的に汚れていない」という主張である。フランクは考える。ロシア・インテリゲンツィヤに関するそのように神話的な理解を捨てること、「インテリゲンツィヤも歴史的でしかなく、言うまでもなく人間的現象である。インテリゲンツィヤに人間的弱さは無縁でなく、それゆえに倫理的理念の生きた具現化とは見なされえない」と。

このようにイヴァーノフ＝ラズームニクを批判して、フランク自身は広義と狭義の二つの「インテリゲンツィヤ」概念を提起した。広義の、肯定的な意味では、インテリゲンツィヤとは「純粋に理念的に集まった人々の概念で、独創的な精神構造と、人生について広範な理解を有する」。狭義の、「否定的な」意味では、インテリゲンツィヤとは凝集性が高く、心理的にきわめて単一的な離反者や政治的ラディカルの社会的集団で、一八六〇年頃にだけ生まれた。彼らの規範はその時代のラディカルなジャーナリズムによって準備され、究極的にはピョートル・ラヴローフによって作成されたという。

広義、狭義の両概念が対立すると見なしつつ、フランクはプーシキン、レールモントフ、ゲルツェン、トゥルゲーネフ、ドストエフスキー、トルストイ、チェーホフを「広義の」インテリゲンツィヤとする。そしてピーサレフのような六〇年代のラディカルやミハイロフスキーを狭義のインテリゲンツィヤと見なした。狭義のインテリゲンツィヤの「もっとも際立った心理的」特徴とは、「内面の平凡さ、思想的な同調性とそこから生じる保守主義、集団の伝統による個人の併呑、まさしくイヴァーノフ＝ラズームニク氏の概念が示した意味での『メシチャンストヴォ』である」。このように「二つのまったく異なるインテリゲンツィヤ理解」を提起しつつ、フランクは言う。イヴァーノフ＝ラズームニクの誤りは、二つのインテリゲンツィヤの特徴をまるで一つの概念であるかのようにまとめようとした点にある、と。

イヴァーノフ＝ラズームニクはフランクの書評に応え『ロシア社会思想史』第二版に付した序文（一九〇七年一〇月執筆）に以下のように記した。集団としてのメシチャンストヴォ（社会学的特徴）と、この集団の基本的性質（倫理的メシチャンストヴォ）とを区別しつつ、彼はフランクの形式論理的誤りを——メシチャンストヴォの二重の本質を理解していないことを指摘した。さらに彼は記す。インテリゲンツィヤは絶対的に「反メシチャンストヴォ」的性質をもつのではなく、インテリゲンツィヤとメシチャンストヴォの間に明確な区分線を引くことはできない。さらに両者の間にはある意味で内的な拡散 диффузия がある。自分の解釈ではインテリゲンツィヤは「典型的に」反メシチャンストヴォ的な集団ではあるが、「絶対的に」ではない。メシチャンストヴォ的な諸要素は常に、そして我々一人ひとりのうちに存在する。それらの要素が強く表れれば表れるほど、それだけ人は「メシチャンストヴォ」に近づき、それだけ「インテリゲンツィヤ」からは遠ざかる。リーチノスチを保持するか、それとも失うか——これが、人がインテリゲンツィヤかメシチャンストヴォかを示す指標だ、と。イヴァーノフ＝ラズームニクはフランクが二回目の書評で理解［誤解］したように、個人主義と「進歩的」政治的見解とを結びつけない。反対に彼は、「革命的世界観ですら反個人主義的でありうる」ことを認める。問題は反動的か進歩的かということではなく、社会的集団の代表者の倫理的理念なのだ、と彼は見なした。

イヴァーノフ＝ラズームニクは強調する。フランクは不可分のものを分けようとする、つまり広義のインテリゲンツィヤ——哲学的‐倫理的‐美学的インテリゲンツィヤと、狭義のインテリゲンツィヤ——社会的‐政治的インテリゲンツィヤを分けようとしている、と。イヴァーノフ＝ラズームニクによれば、フランクは二つのインテリゲンツィヤ間の対立に「文化人」と「政治人」間の永遠の反目を見たが、イヴァーノフ＝ラズームニクにとりまさに「文化人」と「政治人」の総合がロシア・インテリゲンツィヤの唯一望ましい途なのであった。

以上のようにフランクによるイヴァーノフ＝ラズームニクの最初の著書『ロシア社会思想史』への書評には、たとえ全面的ではなくとも部分的には肯定的なところも見られた。しかし後者の第二の著『生の意味について』に対する書評は、前著と同じく著者の意図はオリジナルだが結論は月並みだ、と否定的であった。[10] 生の意味のテーマ（生の意味についての「カラマーゾフの問い」、すなわち悪の正当化と人間存在の無意味な偶然性）は前著よりもはるかに深い。しかし、結果的に前進は見られず、前著に見られた二重性が一層明らかな矛盾となって表れている、というのである。フランクの書評をもう少し詳しく見ると、以下のとおりである。イヴァーノフ＝ラズームニクはこの問いの意味をソログープ、アンドレーエフ、シェストーフの三人の著作に探る。そして、三人の誰もが受けいれられない楽観主義の典型である解決を、「実証主義的進歩の理論（人類と未来への奉仕が生きる意味である、との見解）」、「神秘主義的進歩の理論（神の意志が目指すところに正しい信仰でもって奉仕するのが生きる意味である、との見解）」と名付ける。これらの理論は「生の意味」の客観的価値を前提とするのである。しかし三人に表れるニヒリズムに不満なイヴァーノフ＝ラズームニクは、自らの解決——内在的主観主義（生そのもの、存在の充実、我ら人間存在の主観的合目的性のうちに生きる意味がある、との見解）を提起し、これはゲルツェンの観点であり、ミハイロフスキーやラヴローフもその観点を受け継いだが、後の二人はそれを「実証主義的進歩の理論」と結びつけた、と主張する。

このようなイヴァーノフ＝ラズームニクの見解をフランクは、生の意味という「呪われた／厄介な」問いに対する答えが軽すぎると感じ、以下のように批判する。イヴァーノフ＝ラズームニクの答えはナイーヴで、ルソー的な思慮の足らない楽観主義によってあいまいにされたニヒリズムであり、理解できない。ゲルツェンは自身のニヒリズムを悲劇的に経験し、生の意味を「解決する」ためでなく、解決を拒否するためにニヒリズムを提起したのだ。この点についてイヴァーノフ＝ラズームニクは、ゲルツェンの悲観主義は一八四八年革命運動の敗北がもたらしたもので、世界観に偶然に伴うものである、というがこれはとんでもなく表面的だ、と。ゲルツェンについてフランクが考えるところはこうである。つまり、ゲルツェンは失敗例を踏まえて、進歩の否定と、個人的および社会的生は内在的に証明不可能という一般的な思想に到達したのだ、と。フランクはこう言ってイヴァーノフ＝ラズームニクの主張を否定する。さらにフランクは、ミハイロフスキーとラヴローフについても次のように異議を唱える。彼らはゲルツェンの観点に自分たちの進歩への信念をつなげたのでなく、ナイーヴな「実証主義的進歩の理論」を踏まえて自らの世界観を構築したにすぎず、その世界観もそれなりに考え抜かれて一貫している、と。

このようにフランクにすれば、実証主義的及び神秘主義的な進歩を信ぜず、闘争や活動の客観的な意味を否定するイヴァーノフ＝ラズームニクが、たんに本能あるいは感覚が提示する主観的目的を心静かに実現できる、という主張は真面目にとることはできないのである。客観的（とりわけ精神的）価値を否定すれば、生における原則的方向付けがいっさい無くなり、残るのはむき出しのニヒリズムか、絶対的な懐疑主義だけだ。これがイヴァーノフ＝ラズームニク氏が言うように、創造的で理性的な生の最良の基盤だとはとんでもない！　それは快楽主義的な生の理論で、「行動せよ、創造せよ、闘え――だが人類の幸福でも、神の意志あるいは義務の戒律の名においてでもなく、たんに欲するゆえに」と定式化される。これはロシア・インテリゲンツィヤのニヒリスティックで楽観的な信仰の帰謬法だ。このようにフランクは『生の意味』を批判する。

フランクは以上のようにイヴァーノフ＝ラズームニクの第二著を否定し、さらに続ける。同著の結論で唯一興味深いのは、そこに現在ロシア・インテリゲンツィヤが経験している底知れない精神的危機の反映が見られることである。この危機から脱出するには、イヴァーノフ＝ラズームニク氏の積極的な理論も無力さを露呈した古い価値をすべて見直すしかないのだ。これがフランクの書評の結びである。

議論の的となっている自著でイヴァーノフ＝ラズームニクは、「実証主義的進歩の理論」、「神秘主義的進歩の理論」と「内在的主観主義」を、いわゆる「カラマーゾフの問い」、あるいは生の意味についての問いに対する三つの答えであると主張した。そして彼自身は「内在的主観主義」――ゲルツェンにより一九世紀半ばに根拠づけられた、と記す

――人間への主観的信頼と「今、ここで」という立場を重視する。このような立場のイヴァーノフ＝ラズームニクから見たフランクは「ブルガーコフ、ベルジャーエフたちと同様」、「神秘主義的進歩の理論」を擁護し、「全能の神への盲目的信仰」に立って、現在でなく未来における生の意味を見出す立場と見なされるのである。これが無神論者ではないイヴァーノフ＝ラズームニクが提起した「生の意味」の問いに対する答えであった。二人とも、自説をゆずることは決してなかった。

終わりにあたり、伝統的・無神論的なロシア・インテリゲンツィヤを批判して大反響をまきおこした『道標――ロシア・インテリゲンツィヤ論集』（一九〇九年）の刊行前史にふれておこう。論集の編者M・ゲルシェンゾーンは一九〇八年一一月に自らも含めて執筆者七人による論集案をつくり、翌年の出版を目指した。しかしゲルシェンゾーンは当初、（同年夏に会って親しくなった）イヴァーノフ＝ラズームニクを論集に加え、彼に序論を委ねようとさえしたことが、フランクがゲルシェンゾーンに宛てた手紙から読みとれる。その手紙でフランクは以下のように主張する。関心を引くような序論は不要で有害でさえある。各執筆者がインテリゲンツィヤを批判しつつ、彼らの精神的、宗教的な力に訴え、彼らの再生を信じるという論集の理念を発言すれば十分である。「いずれにせよ、そのような序論をイヴァーノフ＝ラズームニクに委ねるべきでない。彼の協力はまったく望ましくない、と私は考える。彼自身は『現代のインテリゲント』そのもので、その欠陥をそっくり備えている」（一九〇八年一〇月一九日）。フランクはこの手紙で、イヴァーノフ＝ラズームニクの『生の意味について』の書評を書くために、自分の手許にないその本を送ってほしい、と書いている。そしてほぼ一か月後の一一月一六日、病気で遅くなり不満足ではあるが、ラズームニク著の書評を期限に間に合わせた、とゲルシェンゾーンに書き送っている。[11] 先にふれたのがその書評である。これら二通の手紙からフランクは、イヴァーノフ＝ラズームニクの『生の意味について』への書評執筆以前に、彼は論集のメンバーにふさわしくない、と考えていたとわかる。ゲルシェンゾーンがイヴァーノフ＝ラズームニクに、論集への参加を直接打診したか否かを知る手がかりはない。

このような事実が物語るのは、立場の異なるロシア・インテリゲンツィヤ間の関係だけではない。周知のことであるが『道標』の執筆者たちがけっして一枚岩でないことや、ゲルシェンゾーンの思い付き的ともいえる編集の仕方、各執筆者の態度など論集成立までの事情がうかがえる。『道標』刊行を受けてイヴァーノフ＝ラズームニクは『インテリゲンツィヤについて』（一九一〇年）[12]の後半部で同論集を批判的に、しかしながら全面的な否定ではなく、自らの見解と相通じる点も指摘しながら論じた。[13]『道標』を政治的観点から「リベラルの裏切りの百科事典」と一刀両断するB・イリイーン（レーニン）ごとき反応は彼には無縁であった。以上のような事情を含めて、イヴァーノフ゠ラズームニクとフランクとの論争を捉えることができるのである。

＊　本章は、筆者が第三回国際研究・報告会「イヴァーノフ゠ラズームニク――個人・作品・文化における役割」（一九九八年九月一一日、ペテルブルク、プーシキン記念館）で報告し、同研究会の報告・資料集（第二巻）に掲載された文章に加筆・修正しつつ訳したものである。報告に際し、拙著『ロシア・インテリゲンツィヤ史――イヴァーノフ゠ラズームニクと「カラマーゾフの問い」』の一部を要約し、イヴァーノフ゠ラズームニクとフランクとの論争紹介の導入とした。

第II章 ゴーリキーとの文通
——対立と友好の軌跡

1. はじめに

ソ連邦で不定期的に刊行されている『文学遺産』シリーズは、未公刊のものを中心に貴重な資料や解説論文を掲載することで知られている、その一冊として一〇七九ページに及ぶ『ゴーリキーと二〇世紀初めのロシア・ジャーナリズム。未公刊往復書簡』第九五巻（一九八八年）が刊行された。[1] そのなかで筆者の注目を引いたのはゴーリキーと「イヴァーノフ＝ラズームニクとの文通。E・B・イヴァーノヴァ、A・B・ラヴローフによる序文、公刊、註解」である。ソ連で公認された人物との往復書簡を公にするというラヴローフの試みは、すでに我々にもおなじみである。一九八一年にはA・A・ブローク関連資料を集めた同シリーズ第九二－二巻で、ブロークとイヴァーノフ＝ラズームニクの未公刊往復書簡が日の目を見た。その際、両者の交友および文学上の影響関係を紹介したのが編纂者A・B・ラヴローフである。彼は、革命後の一九二〇年代前半から半世紀以上も、ソ連で政治的な基準によって否定され正面から取りあげられることがなかったイヴァーノフ＝ラズームニクを次のような言葉で紹介し、彼の復権を試みた。[2] イヴァーノフ＝ラズームニクはそのリアリズムの立場からする評論によって、シンボリスト詩人ブロークがついに「十月革命の詩人」となるうえで肯定的な影響を与えた、と。そして筆者はこれを、ソ連において従来触れられることがごく少なく、まして深く掘り下げられることを禁じられたテーマの意義が認められつつあるのではないか、との期待を込めて紹介した。[3] それはまだブレジネフ時代最末期のことであったが、これはペレストロイカ、グラースノスチが唱えられ、推進される以前のソ連で、政治的で一面的な評価によらず、ロシア文芸学の伝統を継承する着実な仕事が続けられていたことを示したと言えよう。今回公刊されたゴーリキーとイヴァーノフ＝ラズームニクをめぐる資料も、やはり綿密な作業に裏打ちされている。対象となる手紙は全一六通（日付順に番号）を数え、ゴーリキーの手紙は六通（一九一二年一月一三／二六日付の一通のみ既刊、二通は未発送）、イヴァーノフ＝ラズームニクの手紙が一〇通である。そのうちの四通（第一・八・九・一一信）に対してイヴァーノフ＝ラズームニク自身が註解を残している。さらに付録として、「現代文化とインテリゲンツィヤに対するマクシム・ゴーリキーの態度」が併載されている。これはイヴァーノフ＝ラズームニクがペテルブルク大学生（物理‐数学部）時代で文芸評論家の途を歩み始めるまえに、ラッポ＝ダニレフスキー教授（社会学）のゼミで報告し、『一九〇〇年のサンクト・ペテルブルク大学報』に掲載され学内に広く知られた評論である。一六通の手紙と付録には、イヴァーノヴァ、ラヴローフの両編纂者による詳細な序文と註解が付けられている。

思想的に異なるイヴァーノフ＝ラズームニクとゴーリキーとの関係はつねに友好的であったとはいえず、後年、サラトフの流刑地からゴーリキーに宛てた手紙（後述）で、イヴァーノフ＝ラズームニクは述べている。「四分の一世紀にわたって、私とあなたとの文学上の関係は決して近くなく、とくに友情にあふれてもいなかった……」。[4] したがって二人の文通は量的には多くない。ただし一六通がすべてではなく、保存されなかった手紙が少なくとも二通はあったことも今回記されている。[5] 資料編纂作業を担うイヴァーノヴァ、ラヴローフ（以下では両編纂者と記す）は、資料公刊の意義をこう説いている。すなわち、ゴーリキーはロシア文芸評論思想史中、ヴァレリアン・マイコフ、「イデアリズム」の復興者ヴォルィンスキー、典型的な美学者Ю・アイヘンヴァリト、そして私見ではペレヴェルゼフにミザントロープを感染させたイヴァーノフ＝ラズームニクを欠かせない、と（『文学学習』誌編集部宛て、一九三〇年二月一三日）。[6] ゴーリキーはA・K・ヴィノグラードフ（一八八八―一九四六年。元ルミャンツェフ博物館館長、歴史小説家、フランス文学者）への私信（一九三〇年二月一七日）でも、イヴァーノフ＝ラズームニクと一九二〇年代に社会学的文芸学の指導者であったペレヴェルゼフとの類似性を述べている。[7] 確かに二人は文学評論における社会学的方法という点で一見相似ている。しかし両編纂者は、イヴァーノフ＝ラズームニクが一九一二年のロシア文学を論じるなかでペレヴェルゼフを徹底的に批判したことを指摘し、ゴーリキーの言葉は意外でありかつ逆説的である、としたうえで、次のように続ける。ゴーリキーの言葉は、彼がイヴァーノフ＝ラズームニクを二〇世紀初めロシア評論の代表者であり、彼の活動を考慮せずには当時の文学的プロセスを十分完全に、明確に理解できない、と見なしていることの間接的証拠である、と。[9] これは、まずゴーリキーというソ連で「公認」された「肯定的」作家との関わりから、従来否定的に扱われてきたイヴァーノフ＝ラズームニクを正当に評価する手がかりを得る手法であり、先年のブロークとイヴァーノフ＝ラズームニクの関係資料公刊の際と同じである。さらに当然のことながら、続いてイヴァーノフ＝ラズームニクの思想の中核——主著『ロシア社会思想史』で提示された「インテリゲンツィヤ」、「個人主義」、「個人主義的社会主義」の概念が要約紹介されている。[10] 今日では当然と見なされることでも、検閲の関門を考慮せねば論文も資料も公刊できない時代における研究者の苦心が推測できよう。[8]

以下ではゴーリキーとイヴァーノフ＝ラズームニクの一六通の手紙を手がかりに、両者の間に交わされた主として文学的・思想的議論をたどる。本章は、筆者がすでに一九七三年以来発表した論文、またそれらをまとめた上記の著書では資料不足で触れられなかった問題の一つを、新たに公刊された資料とそれへの解説、既刊の資料によって追求する試みであり、上記の両編纂者の仕事が大きな刺激となった。拙著は執筆当時の条件下で主に一九二〇年代前半以前の公刊資料に基づいて書かれており、今後、事実上封印されていた資料の公刊、それへのアプローチが行なわれるごとに書き直されるべき部分があろう。

2. 雑誌『遺訓』をめぐって［第一～六信］

本稿では『文学遺産』九五巻に執筆日付順に掲載されている手紙を第一信、第二信……と記す。まず『遺訓』誌をめぐって交わされた最初の六通を取りあげよう。それらの発送人、名宛人、執筆日付を記すと次のとおりである。

イヴァーノフ＝ラズームニクからゴーリキーへ（執筆地ロシア、ツァールスコエ・セロー）：

第一信（一九一二年一月七／二〇日）、第三信（一九一二年一月一八／三一日）、第五信（一九一二年二月九日／二二日）

ゴーリキーからイヴァーノフ＝ラズームニクへ（イタリア、カプリ）：

第二信（一九一二年一月一三／二六日、この一通のみ既刊）[11]、第四信（一九一二年一月二七／二月九日）、第六信（一九一二年二月一三／二六日。ただし未発送）

以上の六通は一九一二年一月から二月にかけて、ツァールスコエ・セローの自宅に居るイヴァーノフ＝ラズームニクと、イタリアのカプリに滞在するゴーリキーの間で交わされた。第一信[12]は、一〇歳年下のイヴァーノフ＝ラズームニクが、すでに名声を確立して久しいゴーリキーに初めて書いた手紙である。用件は、ペテルブルクで新たに刊行予定の雑誌への参加呼びかけである。その文学‐評論部門は、イヴァーノフ＝ラズームニクの、とくに彼の著書『文学と社会性／社会生活』（一九一〇年刊）で表明した見解の継続、発展となるだろう、と告げられている。しかしここから両者の間にくい違いが、主にゴーリキーの側からする当惑、疑念が生じることとなり、第五信まで手紙が往復してやっと誤解がとける。この間の事情をイヴァーノフ＝ラズームニクが第一信に付けた解説、両編纂者による註釈等を参考にして整理すると次のとおりである。

一九一一年秋と一九一二年初め、ペテルブルクの出版社「野バラ Шиповник」とイヴァーノフ＝ラズームニク、A・H・ベヌアー（ブノワ）の間で、月刊の芸術・文学・評論雑誌『創作／創造 Творчество』創刊の話が進められていた。その文学部門には協力者としてレオニード・アンドレーエフ、アレクサンドル・ブローク、アレクセイ・レーミゾフ、芸術部門にはK・ペトロフ＝ヴォートキンや、K・エルベルク（シュネルベルク）を「理論家」とする「芸術世界 мирискусники 左派」グループが加わるはずであった。この雑誌には政治や社会部門はなく、誕生後間もない未来主義派まで含めた文学‐芸術上の「左翼的傾向」が特徴であったという。さらにイヴァーノフ＝ラズームニクはこの事業にギムナジヤ以来の親友A・H・リムスキー＝コルサコフ（作曲家H・A・リムスキー＝コルサコフの長男）や作家M・M・プリーシヴィンをも引き入れていた[13]。哲学者ラプシーンやヴァイオリニストのB・H・リムスキー＝コルサコフ（A・H・リムスキー＝コルサコフの弟）も加わることになっていた。結局は実現せずに終わったのだが、この雑誌に関わるはずであった顔ぶれの何人かは、間もなく第一次大戦期に形成される「スキタイ人」グループを想起させる[14]。他方、同じ頃（一九一一年一二月初め）、ゴーリキー、ジャーナリストで出版者のB・C・ミロリューボフ、エスエル党首B・M・チェルノーフの三人は編集者A・B・アムフィテアートロフとの確執のため、社会民主党解党派の雑誌『現代人 Современник』（一九一一―一九一五年）からの脱退を宣言した。イヴァーノフ＝ラズームニクはすでに一九一一年夏にミロリューボフから、また同年秋にはチェルノーフから、『現代人』で働くよう誘いを受けていたが[15]、アムフィテアートロフが牛耳る雑誌には協力できない、と断っていた。そしてゴーリキーたちが同紙を脱退したことを知ったうえで、ゴーリキーを自分が加わる「野バラ」社の雑誌に誘い、(当時ナポリに居た)チェルノーフ、ミロリューボフにも同趣旨の手紙を出したいがアドレスがわからない(知っていたら教えてほしい)、と書いている。イヴァーノフ＝ラズームニクにとりこの第一信で重要なことは、ゴーリキーが「文学‐評論部門で私の立場を継続・発展させる雑誌に親しく関与できるか否か」であった。

ゴーリキーは第二信[16]で当惑の念を伝える。私はチェルノーフとミロリューボフの二人から、君が我々の新しい雑誌(刊行へ向け順調に進んでいる)に加われそうだと聞いていたが、彼ら二人が昨年夏から君と交渉し、ロシア国内での雑誌の組織者が君だとは知らされていなかったので、君の誘いは私を当惑させる、と。ゴーリキーたちの新しい雑誌とは、一九一二年四月から刊行されることになる『遺訓 Заветы』のことである[17]。彼はこの雑誌を、多人種国家の文化的諸力をすべて結びつける試みにしようと考えており、ネオ・ナロードニキのイヴァーノフ＝ラズームニクの見解を継続・発展させる雑誌は党派的であるので賛成できない、と言う。ゴーリキーはイヴァーノフ＝ラズームニクの著『生の意味について』を読んでおり、同書で提起された「何のために生きるか」との問い、「内在的主観主義」という主張を否定している。二人の主張は最初から相容れないことが見てとれよう。「党派的」という問題についてイヴァーノフ＝ラズームニクは次の第三信で反論する。

新雑誌への参加を誘われたゴーリキーが第二信で示した当惑に関しては、イヴァーノフ＝ラズームニクの第三信[18]で解消する。彼はゴーリキーに事情を以下のとおり詳しく説明する。すなわち、前便(第一信)であなたに参加を呼びかけたのは、あなた方が刊行しようとしているのとはまったく別の雑誌であって、協力するどころか私はあなた方の雑誌のことは何も知らなかった。私はH・C・ルサーノフ(旧「人民の意志」派でエスエル。一八五九―一九三六年)を通じて、再生しつつある『現代人』で文学‐評論活動に加わってほしい、というあなた(ゴーリキー)方の依頼を聞いていた(一九一一年七月四日)。さらに同年七月七日にも、「恒常的協力者」になってほしい、と頼まれていた。(新暦)八月一四日にもミロリューボフから協力を要請されていた、と。しかしイヴァーノフ＝ラズームニクはそれらの要請をすべて断った。さらに、(新暦)九月一三日にチェルノーフも、評論家H・A・ドブロリューボフ［一九一三年一一月で没後五〇年］

についての論文を書いて『現代人』にデビューし、その後「もっとも親しく参加」してほしい、と再度要請してきた。しかしイヴァーノフ＝ラズームニクは、ペテルブルクでの雑誌創刊の話が進んでおり、『現代人』よりもゴーリキーが編集部入りする雑誌に親しく参加できるし、それが望ましい、と飽くまでゴーリキーとの協同を主張する。

第三信で明らかになる内容にさらに説明を加えると、彼は、ゴーリキーの最初の返信（第二信）の一週間前に、またチェルノーフからの提案を受けていた（一月六／一九日）。その内容は、自分たち三人が創刊中（あるいは創刊済み）の雑誌（『遺訓』）に君が親しく協力するだけでなく、「文学上の代表者の権限」を君に委ねる、というものであった。チェルノーフたちとしては、雑誌の創刊者である自分たちが国外に居るので、ロシア国内で文学面での責任者・編集者が必要なわけである。しかしゴーリキーは、イヴァーノフ＝ラズームニクがその任に当たるよう再三求められていることは知らなかった。そこでイヴァーノフ＝ラズームニクは、チェルノーフ、ゴーリキーたちの雑誌と自分の関わる新雑誌とが一定の条件で合同する、という案を考え、ゴーリキーに第一信を書いたというわけである。その際イヴァーノフ＝ラズームニクは、チェルノーフとゴーリキーの間に緊密な連絡があると思っていたようである。イヴァーノフ＝ラズームニクはチェルノーフに次のように書いている（一月二六日）。一定の条件とは、私（イヴァーノフ＝ラズームニク）が編集部入りするとともに、文学‐評論部門を受けもつということである。もしもこの条件が受けいれられなければ、私は『ロシアの富』や『ロシア報知』に対するのと同様にいっさい束縛を受けず、偶然に協力する者でありたい、と。ここには常に自立をよしとする彼の態度が表れており、それだけにゴーリキーから「党派的」という理由で新雑誌での協力を断られたことは、彼にとり思いがけなかったのであろう。[19]

イヴァーノフ＝ラズームニクの第三信の続きだが、彼はゴーリキーに拒否の手紙をもらって「傷ついた」とは思わず、かえって事態が明らかになったことを感謝する。しかし先便の「党派的」云々の問題ではゴーリキーの「誤解」に次のように反論する。あなたは作家としての私をご存じでない。もしも私が党派的なら、すでに『ロシアの富』や『現代人』その他の雑誌で働いていただろうに。私ほど党派性から遠い人間はいない。私はキプリングの短編に出てくる「一人気ままに歩くネコ」だ。そしてまさにそのような基盤のうえで、あなたと、互いに理解し合えると考える、と。「一人気ままに歩くネコ」はイヴァーノフ＝ラズームニクが自らの姿勢を表す際に用いる表現である。[20]

ゴーリキーも第四信[21]で、「事務的な性急さ」とロシア人すべてに見られる幾分だらしない対人関係から生じた誤解が解けたことを確認する。さらに、例え見解が対立しても、君の手紙（第三信）に表れている他者に対する礼儀正しい態度は、人間のうちに尊敬の念と、互いの仕事へのまじめな注目が成長するという希望を呼びおこす、と続ける。彼はこのように若い評論家を励まし、雑誌刊行の成功を祈り、できれば雑誌か抜き刷りを送ってほしい、と一月二七／二月九日付け手紙を締めくくる。

ゴーリキー側の事情を他の相手との通信から見ると、彼はイヴァーノフ＝ラズームニクから初めて手紙を受けとる直前の一九一二年一月三／一六日に、妻ペシコーヴァへの手紙ですでに本音と思しい見解を漏らしている。チェルノーフ、M・M・コチュビンスキー、イヴァーノフ＝ラズームニクと新しい雑誌を始めているが、出るかどうかわからない。チェルノーフは軽率で、ラズームニクは才能がなく頭が大いにこんがらがっている、と。[22] その後ゴーリキーは一月一三／二六日、チェルノーフとミロリューボフの二人宛ての手紙に、[23] イヴァーノフ＝ラズームニクから初めて受けとった手紙のコピーを添えている。その手紙でゴーリキーはまず、イヴァーノフ＝ラズームニクが雑誌に加わることを二人が自分に［前年］夏に知らせてくれるべきであったのに、遅い、と不満を述べる。そしてイヴァーノフ＝ラズームニクが雑誌で受け持つ役割は予期しておらず、絶対反対だ。彼は「社会主義がメシチャンストヴォとなる可能性」という考えを強調するが、こんなのは疑わしく、何であれ時宜に適さず、それゆえに社会教育的観点からして無神経だ。このような考えを「二〇世紀のロシア・インテリゲンツィヤの世代だけが理解するだろう」と言う社会思潮史家イヴァーノフ氏の英知を尊敬できない。彼とは協働を拒否する、と宣言する。社会教育的観点という言葉は、モスクワ芸術座によるドストエフスキーの『悪霊』上演問題（次節）をめぐるゴーリキーの主張の核となるので、記憶しておきたい。ゴーリキーはさらに一月二九日にチェルノーフに宛てた手紙で、[24] イヴァーノフ＝ラズームニクの二著（『ロシア社会思想史』と『文学と社会性』）を通読したところだ。彼は饒舌だが不明確で、君とは意見、意図がまったく違う。彼の個人主義はつっけんどんで／厳しすぎ、彼の社会主義への共感の気持ちに疑念を抱かせる、と告げる。

イヴァーノフ＝ラズームニクから初めて手紙を受けとって以後、ゴーリキーはイヴァーノフ＝ラズームニクのことを改めて知ろうとし始めた。一月二五日頃チェルノーフに宛て、私の所から持って行ったイヴァーノフ＝ラズームニクの著『生の意味について』が必要だから返してほしい、と書いている。[25] しかし本は返って来ず、二月一七日／三月一日にはミロリューボフへの手紙で、チェルノーフが自分の所から持って行った本を返すように言ってくれ、と頼み、君の所にイヴァーノフ＝ラズームニクの『生の意味について』はないか、と確認している。[26] 三月九（二二）日にもその本が必要だから送ってくれ、とくり返す。[27] それでもらちが明かず四月二五日／五月八日にも、何度も頼んでいるのにチェルノーフが本をまだ返さないのはおかしい、自分にはイヴァーノフ＝ラズームニクの『生の意味について』が特に必要なのだ。何とかしてほしい。こんな変な態度では本を貸したくなくなる、と困り切っている。[28] ゴーリキーの手許にはイヴァーノフ＝ラズームニクの著書があったが、しっかり読んでいなかったか、あるいは再読しようとしたのか。いずれにせよ、あらためて相手のことを知ろうとしたが貸した本が戻らず、いら立つ様子が浮かび上がってくる。

イヴァーノフ＝ラズームニクは一九一二年二月九／二二日、ゴーリキーに宛て三度手紙を書き（第五信）[29] 誤解が解けてうれしい、互いの雑誌刊行計画の成功を祈ろう、と応える。ゴーリキーは二月一三／二六日、雑誌は一本化すれば力が集中され、ロシアの知識人にも読者にもプラスになるのではないか、君とチェルノーフはこのことを話し合えるのではないか、と書いたが、この第六信[30] は書き終えられず、発送されなかったようである。

以上のやり取りからも、ゴーリキーが『遺訓』誌創刊に積極的でないことは明らかである。しかし『遺訓』は一九一二年四月からペテルブルクで発刊された。他方、「野バラ」社と結んだイヴァーノフ＝ラズームニク側の雑誌創刊計画は実現しなかった。ゴーリキーは『遺訓』第一号に中編「人間の誕生」を掲載したが、以後同誌を離れた。イヴァーノフ＝ラズームニクは創刊から少し遅れて一九一二年秋に同誌の文学－評論部門編集に加わったが、それが原因でゴーリキーが同誌を離脱したとの印象を抱いたようである。同誌の編集書記であったС・П・ポーストニコフもそのように記している（未刊の回想記）[31]。しかしゴーリキーが元来、同誌発行に対してあまり乗り気でなかった様子は先に挙げたチェルノーフとミロリューボフへの手紙に、さらにより早く、先述のゴーリキーから妻ペシコーヴァへの手紙（一九一二年一月三／一六日）にも表れている。彼が同誌を離れたのは、ミロリューボフとの約束に反してエスエル戦闘団のサヴィンコフがロープシンのペンネームで著した小説『決してなかったこと』が、自作「人間の誕生」と並び掲載されたためである。彼はこれは約束違反であるとミロリューボフにくり返し抗議している[32]（次節も参照）。しかしゴーリキーは同誌離脱後にミロリューボフに、イヴァーノフ＝ラズームニクは『遺訓』誌の事業に利益になるだろう、とも述べている（四月二二日／五月八日の手紙）[33]。イヴァーノフ＝ラズームニクが思っていたように、彼の加入が原因であったわけではなさそうである。『遺訓』発刊からほぼ一年経ち、ゴーリキーはチェルノーフへの手紙（一九一三年二月二八日／三月八日）

で断言する。私は同誌に関わるソログープは好きでなく、レーミゾフには反対、イヴァーノフ＝ラズームニクの文学に関する好みと考えは自分には無縁だ。それに同誌がロシアの読者にとって有害と思えることが一杯ある[34]、と。もはやゴーリキーが『遺訓』誌に寄稿することはあり得ないであろう。

＊＊＊

ここで二人の関係を思想的な面にしぼってまとめよう。イヴァーノフ＝ラズームニクは自著、とくに論文集『文学と社会性／生活』（一九一〇年）で述べた見解を新しい雑誌の文学‐評論部門で継続・発展させると主張したうえで、この著を含め三冊（他の二冊は論文集『創造と評論』、ベリンスキーを論じた『偉大なる探究』で、いずれも一九一一年末には出来あがっていた）を第一信で予告したとおりゴーリキーに贈った。イヴァーノフ＝ラズームニクの見解に対するゴーリキーの評価は第二信に記される。この手紙から、ゴーリキーがこれら三冊以前に刊行されたイヴァーノフ＝ラズームニクの著書『ロシア社会思想史』や『生の意味について』を読んでいたことがわかる。ゴーリキーはイヴァーノフ＝ラズームニクの「内在的主観主義」を批判する。まずゴーリキーにとり、イヴァーノフ＝ラズームニクが『生の意味について』で提起し、問い続けた「何のために生きるか」という問いは、自分で、そして生きる者すべてによって決められる問いである。なぜなら、目的を決めることなしには何事も為すべきではないからである。また、「何のために死ぬか」という問いは、ゴーリキーにとっては存在しない。すなわち「死すべき定めは褒むべきかな、永遠に新たな生の日々は褒むべきかな[35]」なのである。ゴーリキーのこのような言葉は、イヴァーノフ＝ラズームニクがマルクス主義理論の代表者プレハーノフと論争するなかで、「……どのように複雑な社会経済的公式でもってしても、もっとも素朴な哲学の問い——何のために生き、かつ死ぬべきか？を伝えることも、明らかにすることもできない」と主張した（「マルクス主義の批判」『文学と社会性／生活』[36]）ことへの反論と見られよう。なおゴーリキーは現在も保存されているこの書物の当該個所にアンダーラインを引いているという。ゴーリキーはこの思想を「典型的なロシア的個人主義であり、わがルーシでは内面的自由を欠くがゆえに嫌悪すべきである」と見る。すなわち、その思想は自らの力を高く評価し、社会的任務を明瞭に意識し、自らを尊ぶ結果なのではない。それは苦難に満ちた歴史のなかで強いられ、養われた消極的な願望であり、ロシアの人間は社会のなかで自らを無力と感じて逃避しようとする。この無力感は時に気取りに代わる。するとそれは社会的ファナティシズムの予言にまで、つねにニヒリズムや社会の否定にまでふくれ上がる我らの個人主義と同じく破壊的、敵対的になる。[37]このようにゴーリキーは「内在的主観主義」を批判する。

個人主義に対する彼の批判は一貫しており、すでに一九〇六年、ボグダーノフ、バザーロフ、ルナチャルスキーたちと建神主義の論文集『集団主義の哲学』で「個性の崩壊」を公にしていた（後述）。彼にとり革命的理想の実現は、イヴァーノフ＝ラズームニクのような個人主義（的社会主義。個人と社会との調和）ではなく、社会主義的集団主義と結びついている。さらにゴーリキーは、インテリゲンツィヤは「階級外的・階層外的集団」であるというイヴァーノフ＝ラズームニクの定義（『ロシア社会思想史』）も否定する。とりわけ「何世代にもわたり社会主義の理念に育てられてきたインテリゲンツィヤが、その民主主義的感情が極度に不安定であることを示している」現在［一九〇五年革命後の反動期］、この定義はゴーリキーにとりいっそう受けいれ難いのである。[38]

3. ドストエフスキー『悪霊』上演をめぐって［第七〜九信］

本節で取りあげるのは以下の三通だけであるが、そこに提示された問題をめぐり『遺訓』誌の問題よりもはるかに多くの人々が関わってくる。

イヴァーノフ＝ラズームニクからゴーリキーへ：

第七信（一九一三年九月一七／三〇日）、第八信（一九一三年一〇月九／二二日）

ゴーリキーからイヴァーノフ＝ラズームニクへ：

第九信（一九一三年一〇月一六／二九日）

イヴァーノフ＝ラズームニクは一九一三年九月一七／三〇日、先年の雑誌への参加問題が一段落して以後初めてゴーリキーに手紙（第七信）[39]を送った。その書き出しは、一年半ほど前の手紙で、互いの見解の相違だけでなく互いの尊敬の念も表れたと思う。なぜならば、およそ真摯な信念はたとえ間違っていたとしても尊いから、となっており、第四、五信で大作家とわたり合った自信のほどがうかがえる。今回の手紙の用件は、『遺訓』誌に原稿をもらいたい、という同誌編集者としてのものである。先に述べたようにゴーリキーは一九一二年一号に「人間の誕生」を掲載して以来、同誌から遠ざかっていた。

彼の寄稿を妨げたのは先述のように、同誌にロープシン（サヴィンコフ）の小説『決してなかったこと』が掲載されたためであった（一九一二年一号から八号、一九一三年一、二、四号）。ゴーリキーはこの件でミロリューボフに、この小説掲載は約束違反である、と不快感を表明し、もはや同誌との約束に縛られない権利をもつ、と書いている（一九一二年五月二六／六月八日）[40]。イヴァーノフ＝ラズームニクは第七信で、『遺訓』誌へのゴーリキー再参加を要請して言う。小説の掲載はもう終わっており、編集部の見解が同誌一九一三年四号に載ったことを指摘し、若い探究の雑誌『遺訓』には多くの誤りもあるがもっと多くのものが生まれ、明らかとなり、形成されている、と雑誌を弁護する。この編集部の見解とは、この問題に対するイヴァーノフ＝ラズームニク自身の見解を記した「あったか、それともなかったか？（B・ロープシンの小説について）」を指す[41]。そこで彼は、この小説が提起した主な問題を「小説『決してなかったこと』で述べられているのは、あったか、それともなかったか」である、と言う。そしてこの問いに次のように答える。「著者は革命と革命家を事実通りに描こうと思っているが、至る所で革命家たちがトルストイから借りた反革命的な歴史哲学を解説している」。小説では「革命の泡沫」が示されているが、その浮きかすの背後にある「永遠なる革命の真実」は、作者（ロープシン）にとって無価値なのだとわかった、と。ロープシン問題を以上のように押さえた上で、イヴァーノフ＝ラズームニクはゴーリキーに向かって言う。『遺訓』誌に対するあなたの現在の態度が私のそれとあまり大きく隔たっていなければ、協力をお願いしたい。あなたの作品は、若い事業にとり支えとなろう、と。

第七信に対するゴーリキーの返事を待たずに、イヴァーノフ＝ラズームニクはもう一通（第八信）[42]をゴーリキーに送らねばならなくなった。それは次のような事情によるものであった。すなわち後者がモスクワ芸術座によるドストエフスキーの小説『悪霊』上演（演題「ニコライ・スタヴローギン」）を批判する論文「『カラマーゾフシチナ』について」を発表した（『ロシアの言葉 Русское слово』紙二一九号、一九一三年九月二二／一〇月五日）。それに対しイヴァーノフ＝ラズームニクを含む一〇名の作家による批判的な覚書が公表されたのである（『取引所通報』紙、一九一三年一〇月八日）。ゴーリキーはその覚書を受けて「再びカラマーゾフシチナについて」を発表した（『ロシアの言葉』紙二四八号、一〇月二七／一一月九日）。この問題はイヴァーノフ＝ラズームニクとゴーリキーの考え方の相違だけでなく、イヴァーノフ＝ラズームニクと必ずしも見解が一致しないが、『悪霊』上演問題ではゴーリキーに批判的な他の作家たちとゴーリキーの対立として大きく広がった。まとめると以下のようになる。

まずゴーリキーは「カラマーゾフシチナについて」[43]で、誹謗文、人間憎悪の烙印と見なされる『悪霊』を上演することが社会的教育にとり必要かつ有益か？と問う。そしてドストエフスキーが描く病的で奇形的な国民的心理状態が注目される背後に、ロシア社会の疲労・絶望・無気力を見てとって言う。「現実や生の要求に対する我々の熱意がひどく低下している」。この低下の原因中、社会的ペシミズムの宣伝やいわゆる「至高の魂の要求」への回帰が大きな役割を果たしている、と。このような批判は、とくに一九〇五年革命後のロシア社会の雰囲気――イヴァーノフ＝ラズームニクの文筆活動の背景――に向けられていることは明らかである。ゴーリキーは、ロシアは教会や神学による教育の圧迫下に過去の残滓を生じさせており、それゆえ社会‐政治的のみならず心理的にも巨大な再編を必要としている、と言う。「我々は誰よりも精神的健全性、旺盛な気力、理性と意志の想像力を必要とする」。そして今やこのような害悪が未来の世代に反映されないように考慮する時だと考えるがゆえに『悪霊』の上演を問題にするのである。

ゴーリキーのこの発言に対して一〇名の作家の短評が「ドストエフスキーに対するゴーリキーの攻撃について。作家たちの意見」と題し『取引所通報』（一九一三年、一三七九二号、一〇月八／二一日、夕刊）に掲載された。[44]一〇名とはイヴァーノフ＝ラズームニクの他に、クプリーン、ブジーシチェフ、ヤシーンスキー、ポターペンコ、メレシコフスキー、ソログープ、レーミゾフ、ヴェンゲーロフ、バーチュシコフである。『取引所通報』誌編集部は彼ら一〇名の見解を掲載するに際し、ゴーリキーに対する悪意も露わな前書きを付した。それによると、一〇名は「政治的世界観も学派もさまざまだが、いかなる場合にもゴーリキー氏以上に祖国を愛する著名作家たち」と紹介され、ゴーリキーに対しては以下のような言葉が連ねられる。熱い太陽と青い海での水浴、すばらしく静かな島［カプリ］でゴーリキーは、文学作品でなく失敗に終わるべきコメディーか、あるいは奇行でもってロシア社会に自分のことを思い出させるであろう。力の測定を誤り、ロシア思想の巨人、偉大なナロードの偉大な魂を反映する偉大な作家［ドストエフスキー］を攻撃して、彼は自らへの攻撃を招いた。この抗議によってモスクワ芸術座のドストエフスキー上演で二、三の空席が生じることもなかろう、と。

一〇名の短評を要約しよう。クプリーン[45]とヤシーンスキー[46]には、ゴーリキーがСД《エスデー》（社会民主労働党）との長年にわたる関係に縛られて、このような主張を公にした、との認識が見られる。ゴーリキーの主張を新たな検閲と見る意見もある。ポターペンコ[47]は、ロシアにおける積年の弊害である右からの検閲に対し、ゴーリキーの主張は左からの検閲で、両者に違いはない、とする。そしていつの日か、大臣ゴーリキーが公共の利益という理由の下、街頭で焚書を命じ、自分と異なる見解の作家を火刑に処し、検閲で却下した戯曲の上演を禁止することを恐れる。ヴェンゲーロフ[48]は、ゴーリキー自身の熱意、よき感情は認めつつも、彼が意識せずに検閲機関——警察でなく、社会の検閲——を設けている、自分は検閲には無条件的に反対だ、と言う。バーチュシコフ[49]は、芸術作品はゴーリキーのように「社会教育上の利害」のみで判断できず、「社会的教育者」ゴーリキーは芸術の功利的任務を強調しすぎだ。ドストエフスキーは天才であり、天才は真理を秘め、真理は有害とか効用の観点で見ることはできない。これは、社会を堕落させると考えて芸術家や詩人を排除したプラトンの「共和国」的な禁欲主義だ、と反対する。言うまでもなく全員がドストエフスキーを天才だと認めているが、ブジーシチェフ[50]は言う。天才の仕事が有害となり、人々の考えをはっきりと動かすような条件や状況はなく、ドストエフスキーは天才としてつねに進歩的で、淀んだ保守性の泥沼をかき回した。彼ほど革命的な作家はいない、と。

ソログープ[51]よると、ゴーリキーは自身の作品が禁止リストに載っているのに、創作の自由を抹殺しようとする。芸術最大の善は人間の魂の解放にあり、芸術作品を禁止して得られる利益は疑わしく、社会的良心を堕落させ、最高の精神的創造が抑圧されうるという考えを吹き込み麻痺させる。そしてソログープは、ゴーリキーの発言がロシア社会の気分に対応しているのではないか、と恐れるのである。

メレシコフスキー[52]の宗教を意識した意見はこうである。ロシアの解放を目指すゴーリキーの信念、問題提起は正しいが、手段が、アプローチが正しくない。ゴーリキーはドストエフスキーの革命否定を非難しつつ、後者が宗教を踏まえてそうしていることを認識せずに、経験主義的に判断している。ドストエフスキーの作品はリアルなだけでなく、シンボリックなのだ。

古物趣味のレーミゾフ[53]は、古い時代のロシア［ルーシ］を念頭に置いてゴーリキーに問いかける。ゴーリキーはカオス的な過去からの継承を総点検し、価値があり有益なものと、無価値で有害なものとを区別し、後者を文書館へ引き渡せ、というが、はたして無価値なもの＝ダメなものなのか？　彼は祖国を離れて自らの言葉と祖国の魂を忘れ、「サディズム」、「マゾヒズム」などとツィガーンの言葉をまき散らす。ロシアは常に苦難に満ち、炎上しているが、ドストエフスキーも語るようにこの痛み、苦難、火刑がまさしく我らのもので、古来の不正義との闘いにおける一本道なのだ、と。

イヴァーノフ＝ラズームニクの短評の要旨は以下のとおりである。すなわち、マルクス主義の目隠しをして歩んでいたゴーリキーが一九〇五年革命のさなか、一〇月宣言発布直後の自由下に、「メシチャンストヴォについての覚書」(『新生活』紙[54]) を発表したことをまず想起する。その評論で彼は、ドストエフスキーやトルストイをロシア文学の「メシチャニーン (小市民、俗物)」として否定したが、ほぼ一〇年後の今日も彼の態度は変わっていない。ゴーリキーがドストエフスキーやトルストイに対して用いる武器は社会的検閲、悪書リスト、断罪だけでなく禁止の言葉であり、舞台にのせるべきでないという主張は、著書出版への抗議まであと一歩だ。イヴァーノフ＝ラズームニクは短評を、次のように締めくくる。これはゴーリキーにも、ロシア文学にも相応しくない。停滞する思想と外的力 (銃剣から禁止まで) でもって戦おうとする者は、もう一歩のところで自分の力を信じない、あるいは十分に信じていないのだ。果たしてこれもゴーリキーの運命なのだろうか？　「銃剣 (から禁止まで)」という表現は、ゲルシェンゾーンが論集『道標』序文に記した言葉を想起させる。

一〇名の短評が掲載された翌一〇月九／二二日付けで、イヴァーノフ＝ラズームニクはゴーリキーに第八信[55]を書いた。そして、自分の意見は活字になった通りでそれを否定はしないが、思いがけなくあなたに対しまったく不快な『取引所通報』編集部序文付きで発表されてしまった。こんなことがわかっていたら、この「アンケート」に加わることに決して同意しなかったのだが。私は同紙の行為を憤っており、このことを活字にしようとしている、と述べる。

イヴァーノフ＝ラズームニクが第八信で触れた『取引所通報』紙への抗議文は、四日後に『レーチ』紙 (一九一三年、二七九号、一〇月一二／二五日、七ページ) に掲載された。署名したのはバーチュシコフ、ヴェンゲーロフ、イヴァーノフ＝ラズームニク、メレシコフスキー、レーミゾフの五名で、その趣旨はこうである。我々は自分たちの意見を否定しはしないが、『取引所通報』編集部の思いがけない序文――ゴーリキーの論文をセンセーション目当ての「乱暴な／恥知らずな攻撃的発言」と解釈している――にはまったく同意できない。我々は、ゴーリキーのドストエフスキー非難に対しさまざまな理由で否定的態度をとるものの、彼 (ゴーリキー) の感情の高まりは真摯なものだと認めざるを得ない。[56]

ゴーリキーはイヴァーノフ＝ラズームニクの第八信を受けとった後の一〇月一六／二九日、一年八か月ぶりに後者に返信（第九信）を書いた。[57] ゴーリキーはまず、イヴァーノフ＝ラズームニクの『遺訓』誌への寄稿を要請する第七信に対しては病気のため返事できなかった、と詫びる。次に論文「『カラマーゾフシチナ』について」の問題に関しては、イヴァーノフ＝ラズームニクの思いやり［『取引所通報』編集部への抗議］には感謝する。だがイヴァーノフ＝ラズームニク、バーチュシコフ、ヴェンゲーロフが私に対する新聞の態度をめぐって意見が一致するとは思えない、とまず指摘してから続ける。君が社会を擁護して反動的傾向に抗議する権利を否定するとはいささか驚きだ――それとも、私は君を理解していないのだろうか？と。ドストエフスキーについてゴーリキーは次のように言う。私は東方が嫌いだ。ブハラ的心理状態、アジア的なもの――神秘主義、寂静主義、情欲は本質的に嫌だ。といってドストエフスキーを読まないのではない。ルーシのための彼の恐怖と痛みとともに私も精神的に悩みはするが、彼の思想は嫌いであり、彼の歪められた感情には敵意を抱く。しかし全体として彼を見れば、ロシアの大殉教者の中で（トルストイを凌ぎ）最大の人物だ、と。その上で、我々二人の意見がこれだけ大きく違うからには『遺訓』誌への協力はもはやあり得ない、と遅ればせながら第七信での寄稿要請に返事する。それでも手紙の末尾では、セルゲーエフ＝ツェーンスキーをもっとも早くに評価する一人となったイヴァーノフ＝ラズームニクの論文「生はかち取るべきである」（『遺訓』一九一三年九月号）[58] に大変満足を覚える、と記して純粋に文学上の問題では一〇歳年下の評論家を評価している。この手紙で触れられた問題はゴーリキーのカラマーゾフシチナ再論でもう少し詳しく展開されるので、急ぎ続けよう。

ゴーリキーはこの第九信で、イヴァーノフ＝ラズームニクへの反論を準備している、とも書いているが、それが「再び『カラマーゾフシチナ』について」である（『ロシアの言葉』二四八号、一九一三年一〇月二七日）[59]。そこでは『取引所通報』掲載のゴーリキー批判への反論が記されている。その内容をたどると、まずゴーリキーは、誰が私に対してそのような態度をとったかが問題なのではなく、私に対する発言がすべて、社会における人間性の成長に敵対的な傾向・現象に対し社会のために抗議する権利を否定していることが問題なのだ、と述べる。この言葉は、先述のイヴァーノフ＝ラズームニク宛て第九信の関連部分とほぼ同じである。カラマーゾフシチナの再論でゴーリキーは言う。ドストエフスキーを読めば彼の反動的傾向、矛盾、こじつけは誰にとっても明らかになるが、彼の才能が創造した形象を舞台で、しかも有能な俳優の演技で目の当たりにすると本を読むよりも人間否定の説得性・完成度が増し、社会的に有害である、と。これは『悪霊』上演が否定的な影響を生む、という社会的効用論のくり返しである。それだけ彼はロシアの現実を厳しく見ていると言えよう。ゴーリキーはドストエフスキーが居酒屋におけるイヴァン・カラマーゾフの長台詞に託して人間を否定的に見ていると強調する。イヴァンは人間を「野獣のような、悪意ある動物」と見るが、ゴーリキーから見ればイヴァンは「ニヒリズムを受けいれたオブローモフ」であり、その彼が言う「世界の不承認」は怠け者の言葉だけの反逆にすぎない。イヴァンが虐げられた幼児の運命を憐れむ議論も、同じ彼の「私は身近な者をどのように愛せるのかわからない」と言う言葉と併せ読めば直ちに大嘘・不快な虚偽とわかる。「認識の全世界は、幼児の涙に価しない」と言う言葉も嘘である。[60] なぜならば認識とは、人間の苦い涙、苦痛の根絶を目指す行為であり、ロシアの大地の恐るべき悲しみを克服する勝利への志向であるから。

ゴーリキーの以上のようなカラマーゾフシチナ否定の主張は、イヴァーノフ＝ラズームニクが『生の意味について』で展開したところとは一八〇度異なる。後者はイヴァンの言葉を通して個々の人間の生、全世界的な人間の歴史の意味・目的・正当性の存するところを問い、ロシア・インテリゲンツィヤの歴史、作家自身、あるいは作品の登場人物を通してみたロシア文学・思想の歴史を、「カラマーゾフの問い」を発してその答えを模索・探究する歴史と捉えた。イヴァン・カラマーゾフ＝「世界の不承認」を叫ぶニヒリスト＝「ニヒリズムを受けいれたオブローモフ」というのがゴーリキーの捉え方である。これに対しイヴァーノフ＝ラズームニクは、神に、さらに存在するものすべてに反逆し、世界を拒否し、そのような反逆の論理的帰結は自滅だと知っていたイヴァン・カラマーゾフが、「苦痛は存在し、罪びとは存在せず」と言うこの世の・人間的な・重い真理を理性だけでなく感性によって受けいれ、事実上世界と和解したことを強調した。このように断固として世界を受けいれ、承認するという前提の下に我々は生を主観的に意味づけうるすなわち「内在的主観主義」が成り立つ、と言うのがイヴァーノフ＝ラズームニクの主張であった。[61] 両者の見解の相違はあまりにも明白である。

＊＊＊

ところで「カラマーゾフシチナ」論争以前にさかのぼると、ゴーリキーはイヴァーノフ＝ラズームニクとの文通開始までに、すでに彼の思想に対する批判を記していた。もっとも早いのは一九〇八年三月一〇／二三日以降に妻ペシコーヴァに宛てた手紙でまず、「イヴァーノフ＝ラズームニク某はなんとひどい本を書いたことか。こいつは、本物の反動だ」。次いで「政府──官僚──は粗野な力で人を殺せるが、取るに足らない、弱いものばかりをだめにする。ラズームニクたち、メレシコフスキーたちは健全で力強いものを毒しうる。まったく大したたわごと、なんといまいましい！」と述べている。[62] この時点でゴーリキーは、イヴァーノフ＝ラズームニクという人物をほとんど知らなかったようである。それまでにゴーリキーが読めたイヴァーノフ＝ラズームニクの著作は、直接名指しされてはいないが内容と刊行年から考えて『ロシア社会思想史』初版であろう。同年四月四／一七日にはＫ・Π・ピャートニツキー（「ズナーニエ」出版社創立者、ゴーリキーと協働）への手紙でイヴァーノフ＝ラズームニクを、政治的にも思想的にも異なる作家たち（メレシコフスキー、ストルーヴェ、ソログープ、クズミーン他）、すなわち「くだらない奴ら」と同一視し、自分たち「ズナーニエ」派のライヴァルと見ている。[63]

以上のような見解をゴーリキーはより詳しく論じようとしており、先のペシコーヴァ宛て手紙で、「個人主義について論文を書いている」[64] と告げており、それが具体化されたのが評論「個性の崩壊」[65] である。この論文は末尾に一九〇八年と記されており、時間的に見て、イヴァーノフ＝ラズームニクの著作を読んだことが執筆動機（少なくとも一因）となった、と推測できるのではないか。「個性の崩壊」は建神主義の論集『集団主義の哲学概説』（一九〇九年。共著者ルナチャルスキー、ボグダーノフ、バザーロフ）に収録された。ゴーリキー論文のタイトルとしては「プロメテウスからフリガンストヴォまで」、副題として「現代の生活と文学」なども考慮されたことがあったというが、それらの情報もこの論文の内容を示唆している。[66]「個性の崩壊」のアウトラインをたどると、ナロードが物質的価値だけでなく精神的価値をも創る力であるという立場から出発し、神話、文学的形象をも交え、人類史における個人と集団の登場と交錯、個人（個性）の役割と崩壊、集団の意義が述べられる。ゴーリキーは歴史の現時点における課題を、「出来る限りナロードのエネルギーの蓄えすべてを発展させ、組織すること。それを肯定的力に変えること。階級的、集団的、党派的な集団を創ること」と考える。[67] 個人主義を唱えるイヴァーノフ＝ラズームニクとは、たとえ後者が政治的にはラディカリズムと結びつこうとも、相容れないことは言うまでもない。「個性の崩壊」をイヴァーノフ＝ラズームニクの思想の諸概念（インテリゲンツィヤ、メシチャンストヴォ、リーチノスチ、個人主義、ナロード等）と、それらが提起された時代の動向を念頭に浮かべながら読むと、両者の対立点がより鮮明になるであろう。

ゴーリキーは、プロレタリア集団（そのエネルギーは個人主義者の社会的死滅を不可避とする）に対する個人主義者の二つの態度について述べる。一つは、「自我」を特別に重視する個人主義者＝「精神貴族」で、彼らは世界の生活を更新しつつあるプロレタリアートと全面的に対立する。しかし、個人主義者であってもより聡く、偉大な未来の意義を理解する者は立法者、預言者、指揮官として社会主義の隊列に立とうとする［これはイヴァーノフ＝ラズームニクのことを指していると考えられる］。『文学遺産』第九五巻の両編纂者は、ゴーリキーにとりこのような個人主義者は全面的な敵よりも受けいれ難いと見なされる、と指摘する。[68] しかしプロレタリアートは、このような小市民がつねに「自らの個性の自己確立」への志向を隠していることを理解せねばならないし、必ずや理解するであろう、とゴーリキーは言う。ゴーリキーにとり個性的なものは、集団と結びつき、何らかの広く、人と人とを結びつける理念の輪のなかに入らないかぎり無力で保守的であり、生の発展に敵対的なのである。[69]

以上のような言葉からゴーリキーは、リーチノスチがそれ自体で意義をもつとは考えていないことが読みとれる。さらに彼が、メシチャニーン（小市民）という語を個人主義者と同じ意味で用いていることがわかる。「メシチャニーン＝個人主義者」は世界のなかで自らを、そして自らの死以外の何ものかを感じる能力を失っている。また、時に全世界の苦痛を語っても、その苦痛を根絶する世界の志向に思いいたらず、たとえ思いついたとしても、苦痛は克服し難い、と述べるために過ぎない。なぜ克服しがたいかというと、不可抗的な集団の活動性を見抜けず、勝利の思考がないからである。「自我」には自らの病、詩を語り唄うことだけが慰めとして残されているのである。[70]

ゴーリキーは同時代に至るロシア・インテリゲンツィヤのドラマに、個性の崩壊のもっとも明瞭な例を見て、次のような事態を確認する。インテリゲンツィヤはナロードと出会った後で「自分の領域に戻る」。すなわち、社会的問題の解決から個人的問題の解決へと戻る、と。[71]「個性の崩壊」をめぐる論点は以上である。

このようなゴーリキーのインテリゲンツィヤ観と関わらせてイヴァーノフ＝ラズームニクを見るとどういうことが言えるか。イヴァーノフ＝ラズームニクは例えば道標派批判（「悔い改めるラズノチンツィ」『インテリゲンツィヤについて』に収録、一九一〇年）のなかで、社会的変革と個人の自己完成を結びつけて考えており、決してゴーリキーの言うようにひたすら「自分の領域に戻る」ことを主張してはいない。個人と社会との調和は、イヴァーノフ＝ラズームニクがゲルツェンから受け継ぐ問題であり、生身の人間のリーチノスチの幸福が行為と世界観の規準となると主張する。同時に彼は、社会はリーチノスチを制限するのではなく補完すること、リーチノスチは単独では意義をもたないことをも述べている。[72] とは言え一般には、とりわけこの時点のゴーリキーの眼には、イヴァーノフ＝ラズームニクが個人の存在の問題を社会的問題より上位に置こうとした、と映っていることは疑う余地がない。先に引用したペシコーヴァ、ピャートニツキーへの手紙もそのような脈絡の中にある。

ゴーリキーが「個性の崩壊」でイヴァーノフ＝ラズームニクを批判するもう一つの点は後者のゲルツェン論で、とくにメシチャンストヴォ的社会主義が生じる可能性について論じられた部分である。この点でゴーリキーの見解はプレハーノフのそれを思い起こさせる。プレハーノフは一九〇八年、イヴァーノフ＝ラズームニクの『ロシア社会思想史』第二版刊行を機に、批判的書評論文「現代メシチャニーンのイデオロギー」を公にした。[73] 同様にゴーリキーは論文「現代について」（一九一二年）[74]で、今日の「子」が「父」にむかって投げかける非難について次のように語る。昨日、社会主義を熱烈に擁護し、今日は「個人と社会の利害に生き生きとしたつながりを見出そうとするロシア最良の知性たちの試みをぶち壊したり取り消したりしながら、『社会主義のメシチャンストヴォ的可能性』について、ゲルツェンのまずくてへまな失言［『向う岸から』］を思い出して個人主義を称賛する」と。[75] 名指しこそされないが、これは明らかにイヴァーノフ＝ラズームニク批判である。

同様な批判をゴーリキーは、先述の『遺訓』誌問題についてのチェルノーフとミロリューボフへの手紙（一九一二年一月二三／二六日）でも述べていた。[76] メシチャンストヴォ的社会主義の可能性という指摘は、ゴーリキーにとってはゲルツェンの「失言」と見なされる。それに対しイヴァーノフ＝ラズームニクから見れば、これはゲルツェンが半世紀以上も前に記した「天才的洞察」であり、その正しさを社会主義の勝利のはるか以前に、現代のドグマティックで批判性を欠く正統マルクス主義が十分に納得させてくれるのである。イヴァーノフ＝ラズームニクはすでに三〇歳になる以前の処女作『ロシア社会思想史』でも、マルクス主義は一八九〇年代にナロードニキの代表ミハイロフスキーとの論争時に積極的役割を果たし終え、二〇世紀の新しい状況のなかでは時代の要請に応えられない、と記していた。[77] ゴーリキーはイヴァーノフ＝ラズームニクのこのようなマルクス主義批判にも同意しかねていたのである（第二信参照）。

以上の考察にゴーリキーの未完の長編小説『クリム・サムギンの生活』から付け加えておきたい。ゴーリキーは病気療養を兼ねてボリシェヴィキ政権下のロシアから出国後、一九二五年に始まり帰国後に没する一九三六年まで『クリム・サムギンの生活』を書き継いだ。著者が主人公クリム・サムギンを否定的に描くこの作品の最終第四部は著者の死後に出版された。そこでは、著者の思想的遍歴と現実の諸問題との格闘が、登場人物の口を借りて章節の区切りもまったくなしに延々と繰り広げられ、どのように終わるのかも見通し難いが、文中にイヴァーノフ＝ラズームニクや、彼と同時代の思想家・哲学者たちの名前が散見される。例えば、主人公サムギンは、生は無意味だ、との理念に囚われたフョードル・ソログープをはじめ、イヴァーノフ＝ラズームニクが『生の意味について』で提起した問いをめぐる主張と関わる人物名（イヴァン・カラマーゾフ、ゲルツェン、チェーホフ、ゴーリキー自身、オーギュスト・コント）や、実証主義者のいう未来の世代の幸福などに触れ、「地には平和、人には幸せ」を打ちたてる約束をした人々のことを思い、それからついでに、人類は「多頭の月並みなヒドラ многоглавая гидра пошлости だと言った人物――ニーチェか？」のことを思い出すのである。ここでは名指しこそされないが、イヴァーノフ＝ラズームニクとその著『生の意味について』が念頭にあることは明らかである。ゴーリキーが触れる「ヒドラ」という表現は、イヴァーノフ＝ラズームニが自著で、ソログープの作品を通じて彼の生に対する態度を表現する際に使った言葉（миллионноголовая гидра пошлости）が念頭にあるのであろう。[78]

別な個所では主人公サムギンの友人ドローノフが自らの読書メモで、以下のようにイヴァーノフ＝ラズームニクに言及している。イヴァン・カラマーゾフの「呪われた／厄介な問い」によって永遠の・真の知恵が提起され、それに対しイヴァーノフ＝ラズームニクが提起する答え（「論理、あるいは倫理的規範に帰しえない。すなわち解き得ない」）が示される。[79] これは彼が著書『生の意味について』で展開した主張である。次いで『観念論の諸問題』（一九〇二年）でセルゲイ・ブルガーコフが、人類と人間の違いはどこにあるかを問い、もしも個人の生が無意味なら人類の生もまた無意味だ、と答えていることが触れられる。[80] ドローノフがイヴァン・カラマーゾフの問題提起、イヴァーノフ＝ラズームニクの回答とブルガーコフの主張を肯定的に紹介するのに対しクリム・サムギンは、最近ほとんど本を読んでいない、と言いつつ無視する。

ドローノフは続いて、生は無意味だ、と主張した人物として「レオニード・アンドレーエフ、ソログープ、レフ・シェストーフ、セルゲイ・ブルガーコフ、メレシコフスキー、ブリューソフやその他のそれほど名を知られていない多くの物書き」を挙げる。サムギンは、イヴァーノフ＝ラズームニクの言葉としてここでもまた「人類は何百万もの月並なヒドラ многомиллионная гидра пошлости だ」と、メレシコフスキーは「一九世紀ロシアにおけるほど人々がかくも小さく、無であることはかつてなかった」と、シェストーフは「個人の悲劇が存在を主観的に意味付ける唯一の途である」と言っている、と紹介する。[81]「ヒドラ」への形容詞がそれぞれ違うという細かなことへの注意はされていない。イヴァーノフ＝ラズームニクの用語メシチャンストヴォと、多頭の月並みなヒドラとが意味的に通じていれば、サムギンの二＝ゴーリキーにはそれで十分なのであろう。ゴーリキーからすれば、イヴァーノフ＝ラズームニクとブルガーコフの二人は同じ思想の持ち主のように捉えられていることに注意する必要がある。しかしイヴァーノフ＝ラズームニクの「内在的主観主義」の立場からすれば、ブルガーコフは人間の生の目的を超越的に捉える「神秘主義的進歩の理論」の信奉者と見なされて批判される。[82] またイヴァーノフ＝ラズームニクはブルガーコフたちが執筆したロシア・インテリゲンツィヤ批判の論集『道標』（一九〇九年）を、個人の自己完成と社会的変革、インテリゲンツィヤとナロードの乖離という二点で批判していた（賛同する部分もあり）。[83] そのような事情は一切考慮することなしにゴーリキーはイヴァーノフ＝ラズームニクを、一九〇五年革命後の反動期に政治闘争を拒否し、ひたすら魂の問題に向き合った（逃げ込んだ）文学者・思想家たちと一括りにしている。彼の立場から見れば、イヴァーノフ＝ラズームニクやその他の非ボリシェヴィキの思想家・哲学者・文学者たちの間の相違はなきに等しいのである。

以上のようにゴーリキーは晩年に至るまで、あるいは晩年ゆえにか、かつて対立し否定したイヴァーノフ＝ラズームニク（やその他の人々）の主張を忘れず、頭のなかで彼らの主張と取り組んでいた様子がうかがえる。

4．その他の手紙［第一〇～一六信］

以下の七通は第一次大戦勃発後、一九一七年を経て内戦期にかけて、二人の間のやり取りの跡である。すでに見た九通のように互いの思想に直接かかわる内容で二人がやり取りするのではなく、目前の事件・事態に急ぎ対処するような内容である。

イヴァーノフ＝ラズームニクからゴーリキーへ：

第一一信（一九一七年七月九日以降）、第一三信（一九一七年一〇月二二日以降）、第一四信（一九一九年五月七日）、第一五信（一九一九年一二月二二日）、第一六信（一九二一年五月二三日）

ゴーリキーからイヴァーノフ＝ラズームニクへ：

第一〇信（一九一四年一二月二〇日、ただし未発送）、第一二信（一九一七年七月一四日）

まず発送されなかったゴーリキーからイヴァーノフ＝ラズームニクへの第一〇信である。この手紙に対するイヴァーノフ＝ラズームニクの註釈によると、この手紙のまえに二通がやり取りされていた[84]（ゴーリキーからイヴァーノフ＝ラズームニクへ、次いでその返事）。イヴァーノフ＝ラズームニクは一九一二年秋、『遺訓』編集部に加わるとともに、「シーリン」出版社でも編集員となった。同出版社の事業に関し、ゴーリキーがイヴァーノフ＝ラズームニクに手紙を出した。後者はこの手紙と自分の返信を同出版社の文書保管所に残しておいたが、革命の中で失われた（コピーは作られていなかった）[85]。返信で彼はゴーリキーに、ペテルブルク御来訪の折にお話ししたい、と書いた。それに対する返事が、現存するが発送されなかった第一〇信で、その内容は次のとおりである。ムスタミャキ滞在中のゴーリキーの許へ、今（一九一四年一二月二〇日）午後五時、ペテルブルクから一八日もかかってイヴァーノフ＝ラズームニクの手紙が届いたこと、明二一日四時にペテルブルクへ行くが、二三日午前一〇時までしか滞在できないこと、ムスタミャキには[86]一月二～三日まで滞在するのでこの間に会えれば嬉しいが、というものである。二人は結局一九一五年（日時不明）にペテルブルクで長時間話し合った。その時『遺訓』は発禁ですでになく（一九一四年七月、大戦勃発時に政府命令により閉鎖）、同誌について話し合うことはもはやなかった。代わって「シーリン」社刊の三冊の論集と、ブロークの『バラと十字架』、ベールィの『ペテルブルク』が話題となった。ゴーリキーは少なくともその会話では、それらの著作に対し好意的ではなかった。手紙から判断すると、二人が一九一七年革命以前に直接出会ったのは、この時だけである。

第一一・一二信。次に手紙が書かれたのは一九一七年の二月革命から数か月後である。同年七月三～四日、首都の兵士の不満から始まった七月デモに対し、ボリシェヴィキの陰謀を疑ったケレンスキーの臨時政府によるボリシェヴィキ狩りが始まった。リベラルで反ボリシェヴィキの評論家Ｂ・Л・ブールツェフ（一八六二－一九四二年）はレーニン、トロツキー、ルナチャルスキー、コロンターイと一まとめにしてゴーリキーを敵国ドイツの「ヴィルヘルム二世の手先の一人」と攻撃した。これに怒ったイヴァーノフ＝ラズームニクは「トゥガーリン」のペンネームで抗議の声を上げた（エスエル党機関紙『民衆の事業』七月八日）。その翌日、彼はゴーリキーに宛てて、新聞でブールツェフに抗議したことを知らせ、次のように書き送った（第一一信）[87]。「貴方の手を堅く握ります。そして我々全員にとって困難な日々に社会主義においても、一般にも、さまざまなメシチャンストヴォが勝利する日々に、不屈で勇敢であることを望みます」。時流におもねることを排し、「真理はつねに少数者のもの」と主張し続けてきたイヴァーノフ＝ラズームニクは、異論をすべて力で抑圧する「来たるべき賤民」が街頭にあふれるこの時点で、ゴーリキーを擁護している。革命が進行するなかで、個人主義者と集団主義者とが一時的にせよ一致したわけである。なお、革命の中でのメシチャンストヴォの跋扈という認識は、イヴァーノフ＝ラズームニクを中心に一九一七年夏に刊行され、「スキタイ人主義」を提唱した文集『スキタイ人』第一号序文にも見られる。[88]

ゴーリキーはイヴァーノフ＝ラズームニクの手紙に、心から感謝する、と答える（第一二信、七月一四日）。[89] そしてこの一二信が（少なくとも今回の紹介では）ゴーリキーからの最後の手紙である。

第一三信。[90] イヴァーノフ＝ラズームニクはゴーリキーの作品『マカール・チュドラー』発表二五周年を新聞で知り、祝福の手紙に次のように書いている。我々の思想は異なり、文学観や関心は対極的だが、ナロードのため、ナロードの名における貴方の活動と作品を心から評価する。［二月］革命以来、喜びと苦難のここ半年間、文学者たちが悪意をもって文句を言い、さまざまな隙間にもぐり込んでいったが、貴方はその名前に言及するのが喜ばしい数少ない人々の一人だ、と。

一九一七年の一〇月革命後、ゴーリキーは曲折を経た末、ボリシェヴィキ政権に、とくに文化面で協力するに至る。ボリシェヴィキ党員ではないがレーニンと親しかった彼は、戦時共産主義期に国外への移住を含め文学者・文化人の窮状をやわらげるうえで影響力を発揮したことは確かである。第一四、一六信はそのゴーリキーに呼びかけるイヴァーノフ＝ラズームニクの手紙である。第一四信（一九一九年五月七日）[91] は、左派エスエル裁判に際しゴーリキーに、ボリシェヴィキ党内で道徳的影響力を発揮してほしい、と要請する。イヴァーノフ＝ラズームニクは自らの（党派上のでなくても）思想上の同志が、権力を握るボリシェヴィキにより思想的敵対者として「党派的」に裁かれることのないよう、次のようにゴーリキーに訴える。貴方の声は個人（例えば左派エスエル党中央委員マリーヤ・スピリドーノヴァ）の運命を軽減するだけでなく、革命の真の力を強めるうえで力をもつだろうし、それは貴方にとって大事なことであろう、と。この裁判は結局うわさに止まったが、ボリシェヴィキと左派エスエルの連立政権がブレスト講和をめぐる対立で一九一八年三月に崩壊し、七月に左派エスエルの叛乱が鎮圧され同党が禁止された後、左派エスエルとボリシェヴィキの和解が問題になっていたという背景下に生まれたものである。もう一通の第一六信（一九二一年五月二三日）[92]も、次のようにゴーリキーの影響力に訴える。女流作家オリガ・フォルシ（一八七五－一九六一年。「スキタイ人」同人）がパンの配給も受けられず、病気と飢餓で危険な状態にあり、ゴーリキーが委員長を務める「学者の生活改善委員会 КУБУ」に手紙で訴えたが、実情を知らない担当者がいま一つ心もとない。ついては貴方のご尽力を願えまいか、と。この件では同年八月、ゴーリキーが病状悪化のため国外療養に出かけるまえにКУБУ《カーウーベーウー》で、フォルシを援助することが決定されている。[93]ゴーリキーは返事こそ出さなかったが、イヴァーノフ＝ラズームニクの要請に応えたことがわかる。フォルシは同年四月末にゴーリキーへ再度の感謝を手紙に記しており、[94]イヴァーノフ＝ラズームニクの第一六信以前にも何度かゴーリキーに援助を受けていたものと思われる。

第一五信（一九一九年一二月二二日）[95]でイヴァーノフ＝ラズームニクは、ゴーリキーに次のように書いている。私はゲルツェン没後五〇年を記念して、印刷全紙四～五枚の小論集を刊行する計画をたてた。「ロシア社会の全グループと傾向」の執筆者に短い原稿を依頼している。すでにブローク、ゲルシェンゾーン、サクーリン、ヴェンゲーロフ、レムケ、シチョーゴレフ、ラードロフ他の論文が手許に集まり、さらにメレシコフスキーにも依頼中である。論文の他にゲルツェンの未知の文章や『鐘』紙時代の写真も持っている。私営の「カジマー」印刷所がこの論集刊行を提案してきた。貴方の同意が得られることを信じているし、どのようなものであれ、貴方の文学上の貢献に感謝するだろう、と。記念論集は一九二一年に『ゲルツェン　一八七〇年－一月二一日－一九二〇年』[96]（全六四ページ）として刊行された。執筆者、は先に名を挙げたなかからゴーリキー、ゲルシェンゾーン、サクーリン、シチョーゴレフが抜け、新たにゲルツェンの「ジェローム・ケネーヴィチ」（ロシアでは当時未刊）、ビンシトク、ギゼッティ、シチェーインベルク、ヴォドヴォーゾフ、グレボフ＝プチロフスキーが入ったほか、ゲルツェン記念行事・出版のニュースが掲載されている。ゴーリキーたちの文章は時間的制約や病気などの理由で掲載されなかった、と記されている。

＊＊＊

ゴーリキーとイヴァーノフ＝ラズームニクの個人的な接触は、雑誌『遺訓』をめぐる件の他にはさほど頻繁でなく、二人の関係は表面的には穏やかで友好的な調子を保ちつつ、世界観の相違ゆえに論争が基調となっている。一〇月革命後イヴァーノフ＝ラズームニクは、親友ブロークのイニシアティヴでグルジェービン出版社の出版計画に関わった。ゴーリキーもこの計画に積極的に参加することになったが、コルネイ・チュコフスキーやブロークがゴーリキーとイヴァーノフ＝ラズームニクの仲をとりなそうとしても二人は「強情を張った」[97]。前述のように一九一七年一〇月二二日以降、ゴーリキーはイヴァーノフ＝ラズームニクの四通の手紙に直接応えていないようである。しかし前者は後者の運命に対し関心をもち続けた。このことを示しているのは、彼が「イヴァーノフ＝ラズームニクはA・アルマンディの小説『復活の島』を翻訳したのか？」とチュコフスキーに尋ね、「貧困のために、したくもないことをする」という意味の諺の一部を引用しているという事実である（一九二六年一一月二日）[98]。イヴァーノフ＝ラズームニクが生計のため取りくんだこの翻訳は一九二五年に出版されているが、彼の貧困の最大の理由は、すでに一九二三年以来、政治的理由で文学界を事実上追われ、著述を発表・刊行できなくなったことであろう。上記以外にも困窮するイヴァーノフ＝ラズームニクはこの頃、数冊の翻訳を出している（アリストファネス『富《プルートス》』他）。なお『文学遺産』の両編纂者は、イヴァーノフ＝ラズームニクが左派エスエル党にきわめて近い立場をとったが入党はしていないこと、評論活動を離れて文学史の仕事に携わったという事実を記している[99]。これらはイヴァーノフ＝ラズームニクが法的に名誉回復された（一九八九年一二月）現在、事実として受けいれられているが、当時としては最大限に大胆な、しかしここまで言ってもよいと見極めたうえでの記述であったろう。

日本では第二次世界大戦前後にかけ、およそ一九七〇年頃まで、「社会主義リアリズム」の代表的作家としてゴーリキーが高い評価を受けていた時期があった。ゴーリキーの全集、選集、戯曲集等と銘打って彼の作品の翻訳も盛んに行なわれている。文学作品だけでなく、筆者が本稿で取りあげた「カラマーゾフシチナ」論、「個性の崩壊」などの評論も邦訳されている（「現代について」は翻訳なし）。ただし、ゴーリキーの著作が訳される際に、その著作がどのような背景の下に書かれているのか（例えば本稿で述べたイヴァーノフ＝ラズームニクとの関わり）に触れられることはなかった。そもそもソ連期にロシア文学史家・社会学者イヴァーノフ＝ラズームニクは政治的基準でもって否定されていたのであるから、一九五三年のスターリン批判以前に、そして文学者・文化人を含む多くの人々が「名誉回復」されたスターリン批判以後もペレストロイカまで、ソ連ではゴーリキーとイヴァーノフ＝ラズームニクという関心は持ちえなかった、また関心を抱いたとしても探求の結果を文字で公にできなかった。今日から見れば理解しがたいような時代があったということである。本稿の冒頭に記したことをくり返すが、ゴーリキーとイヴァーノフ＝ラズームニクの間で交わされた書簡をイヴァーノヴァ、ラヴローフの両編纂者が慎重を期し、苦心して、時機を見て公刊せねばならなかった所以である。

5. 流刑者と作家同盟議長

一九二〇年代には貧しいながらも比較的平穏な日々を送ったイヴァーノフ＝ラズームニクは一九三三年二月ГПУ《ゲーペーウー》に逮捕され（革命後二度目）、八月にノヴォシビールスクへ流刑、一一月からサラトフへ流刑先を変更された。流刑先の変更はペシコーヴァのとりなしで行なわれた可能性がある。[100]『文学遺産』の両編纂者はイヴァーノフ＝ラズームニクの親友である作家Ｍ・Ｍ・プリーシヴィンが、親友の解放を願ってゴーリキーに宛てた手紙（一九三四年七月二五日付け）を詳しく紹介する。[101]プリーシヴィンはその手紙で、イヴァーノフ＝ラズームニクをサラトフ流刑から自宅へ戻すよう依頼した。プリーシヴィンはイヴァーノフ＝ラズームニクの二〇年来の親友で、「スキタイ人」、「ヴォリフィラ」で活動を共にした。その後二人は見解の相違のため距離をとったこともあったが、今回のイヴァーノフ＝ラズームニク逮捕後、長年の友がほとんど彼との文通すら避けるようになったなかで、プリーシヴィンは従来通り元気の良い手紙や自分の新刊書を送った。さらに収入の途をまったく断たれた友のためにモスクワで文学関係の仕事をいろいろ探し、その試みがすべて不首尾に終わると年二〇〇〇ルーブリを援助したのである。イヴァーノフ＝ラズームニクは逮捕、流刑によって文学史関係の仕事（レニングラードの科学アカデミー文学研究所〈プーシキン館〉でサルティコフ＝シチェドリンとアレクサンドル・ブロークの著作集を編纂）を続けられなくなり、無為の生活を送らざるを得なかった。その間、彼はプリーシヴィンからの仕送りで無収入の流刑期間をしのいだのであった。さらに、ГПУの紹介を受けいれ流刑地で大学図書館司書職に就いては、という（暗に情報提供者として働くことを意味する）勧めを拒絶できたのも思想的・倫理的な矜持だけでなく、プリーシヴィンによる援助のお蔭であったことは疑いない。[102]

プリーシヴィンは手紙でゴーリキーに次のように言う。イヴァーノフ＝ラズームニクは一徹なインテリゲントで他人を愛さないが、私は二〇年ほど親しくしており、本当は大変良い人間だとわかっている。彼は頑固だがたんに作家であって、一九一七〜一九一八年の左派エスエルとしての政治的遍歴は私に言わせれば一種のドン・キホーテ的振舞いだった。彼の逮捕は［ありもしない］実践活動のせいでなく、［これまた存在しない］ナロードニキ主義の思想的センターをつぶそうという意図によるものだ。七か月の入獄、一年の流刑生活を送り流刑期間は残り半分だ。この程度の軽い刑期だから大きな問題はないだろう。今はラップ（一九三四年解散）の件でも彼の件でも、告発はもう終わった。ところで（貴方の方が私よりよくご存じだろうが）現在、彼ほどのサルティコフ研究者は他にいない。彼と、彼が二〇年間収集した膨大な資料が失われることになれば、文化の一環の喪失となろう。プリーシヴィンは以上のような内容の手紙に、二年もあれば仕事は完成できる、と書いてきた、と。プリーシヴィンは以上のような内容の手紙に、イヴァーノフ＝ラズームニクは私に、イヴァーノフ＝ラズームニクの妻ヴァルヴァーラ・ニコラーエヴナから自分に宛てられた手紙を添えて、ゴーリキーに送った。実は彼女の手紙の要点が表現を少し変えて、プリーシヴィンのゴーリキー宛て手紙に取り入れられているのである。彼女は夫について次のように記している。夫は五〇歳代で今さら世界観を変えられない。いかなる政党にも一度も属したことはなく、つねに頭にあったのは思想と精神の領域だ。公式にいかなる具体的な犯罪も認められなかったので、結局、サラトフへの追放が軽い部類となっているとわかる、と。[103]

プリーシヴィンの手紙に対し、ゴーリキーはすぐに反応を示している。八月初め、彼は秘書П・П・クリュチコーフに手紙で、イヴァーノフ＝ラズームニクのレニングラードからの追放期間を短縮できないか、彼のサラトフ流刑期間はあと一年と八か月だ、と書いている。[104]同年一〇月二三日にもクリュチコーフに宛てたほぼ同内容の手紙に、彼は病気で仕事がない、と書き加えている。[105]これが現在わかっている範囲内で、イヴァーノフ＝ラズームニクに対するゴーリキーの最後の言及である。ゴーリキーがプリーシヴィンの手紙を受けてすぐ、クリュチコーフにイヴァーノフ＝ラズームニクの運命について問いかけたことを、プリーシヴィンは知っていたか、イヴァーノフ＝ラズームニクはゴーリキーのすばやい反応をプリーシヴィンから伝え聞いたか、については不明である。

＊＊＊

以上が一六通の手紙と関連事項の説明である。ここで最後に述べた件について、両編纂者が当時用いていないイヴァーノフ＝ラズームニクの回想記『監獄と流刑』（一九五三年ニューヨーク刊、一九六五年ロンドンで英訳刊。ソ連国内では禁書扱いで、ソ連解体後二〇〇〇年にロシアで初出版）により補足しておこう。彼が文学界から完全に切り離されたサラトフ流刑中に秘かに書き始めた回想記には、逮捕後一年半が過ぎた一九三四年七月、健康を損ない、五五歳という年齢をも考えて作家同盟議長ゴーリキーに直訴した手紙の全文が記憶に基づいて復元されている（彼は特別優れた記憶力をそなえていた）[106]。そこでイヴァーノフ＝ラズームニクは一九三三年二月二日、すなわち『ロシア社会思想史』の第一ページを書き始めた自らの文学活動三〇年と結婚の二重の記念日を狙い撃ちしたような逮捕は、近年とくに急を要していた彼の文学的作業をむりやり停止させるため、「ナロードニキ主義の思想及び組織的センターに関する事件」として特別に執行された、と考えている。そして彼はゴーリキーに対し次のように頼んでいる。貴方が私の運命にまったく無関心でないとすれば、文化財喪失に対してもまったく無関心ではいられないだろう。私が二〇年間取り組んできたサルティコフ＝シチェドリン、一〇年間取り組んできたブロークに関する仕事を完成するため、二年間だけでもレニングラードに帰れるよう取り計らってほしい、と。前記プリーシヴィンのゴーリキー宛て手紙は、内容から見てイヴァーノフ＝ラズームニクのこの手紙を踏まえていると推定できる。さらにイヴァーノフ＝ラズームニクは手紙の末尾にあえて付け加える。貴方が「現実から遠ざかった」とか、高い地位に就いたため「生活の些事」に見向きもしない、などと世間で言われている。サルティコフとブロークに関する私の仕事もそうした些事の一つかもしれないが、文化の領域で些事はなく、ただ価値あるものと有害あるいは無用のものとがあるだけだ［ここでは二〇年以上前の、ドストエフスキーの『悪霊』をめぐる二人の応酬が想起できよう］。もちろん、私の仕事がどれほど「価値あり」、どれほど「必要か」を私が自分で公平に判定できないとしても、こと文学に関し、力でもって破壊することが有害で恥ずべきだということは誰しも認めるだろう、と[107]。イヴァーノフ＝ラズームニクは自分の手紙がゴーリキー本人にたしかに手渡されたと知っている、と書いているが、それはプリーシヴィンを通してであっただろう[108]。しかし予想通りであったろうか、ゴーリキーからの返事はなかった。イヴァーノフ＝ラズームニクは、ゴーリキーがプリーシヴィンの手紙に対し先述の通りすぐに反応を示したことを知っていたかどうかは明らかでない。

イヴァーノフ＝ラズームニクの流刑期間は、ゴーリキーへの手紙を書いてから約一年半後の一九三六年二月に終了した。だがその際に彼は必要な書類が手許になかったため、内務人民委員部証明書に基づく三か月間有効のサラトフ居住許可書しか入手できず、この書類では家族がいるツァールスコエ・セローの自宅へ戻れなかった。しかし重病（肋膜炎と合併症）の妻ヴァルヴァーラ・ニコラーエヴナの世話のため、三月に旅行許可書なしに自宅へ戻った。その途次モスクワでは、ゴーリキーの元妻Ｅ・П・ペシコーヴァ（当時は政治赤十字部長）の助言を受け、民警管理総局宛てに、重病の妻の介護のため一か月間の自宅滞在を申請して許可を受けている。しかし自宅へ送られてくるはずの許可証が届かず、届くのを待つという口実により、彼は五月中旬まで自宅で過ごせた。[109]

この頃、プリーシヴィンが依然粘り強く、イヴァーノフ＝ラズームニクのために事態を打開しようとしていることがソ連解体以後に公刊された資料によってわかる。それらの文書のなかに、ソ連作家同盟書記Ｂ・スタフスキーに訴えるプリーシヴィンの手紙（一九三六年八月一三日）を取りあげたНКВД《エヌカーヴェーデー》文書がある（一九三六年九月四日付け）。それによると、プリーシヴィンは二年前にゴーリキーに対し訴えたとほぼ同趣旨のことをスタフスキーに対してもくり返すだけでなく、もしもイヴァーノフ＝ラズームニクの状況が変わらなければ自分は作家同盟を脱退する、と迫っている。すなわち、イヴァーノフ＝ラズームニクが自宅に戻れず、文学に関わる仕事に携われない状況を変えるように貴方が介入してほしい、もしも貴方が我が連邦にとってのこのような恥の即時かつ決定的な解決に否定的ならば、私は個人的にこの不愉快な闘いに取り組まねばならない、と。手紙ではさらにイヴァーノフ＝ラズームニクの窮状が記される。（ノヴォシビールスクよりはジェーツコエ・セローに近い）サラトフへの流刑先変更は罪があまり重くないと示していること、それにもかかわらず彼の生活は崩壊し、きわめて不幸な状況下にあること、三年間恐れを知らぬ友人［実はプリーシヴィン本人］のわずかな援助に頼ってかつてのシベリア流刑が再現されていること、病気の妻が自宅と蔵書・資料を守り、娘イリーナが働いて母親を養っているが、父親のことが知れる度に仕事を失うこと、イヴァーノフ＝ラズームニクは魂にかかわる仕事ではなく、校正を含む諸々の仕事をすると言っていること、もう流刑期間は終わったこと、以上である。プリーシヴィンはスタフスキー書記への手紙を、イヴァーノフ＝ラズームニクの最新の手紙およびゴーリキー宛て手紙のコピーとともに送った。プリーシヴィンの手紙のコピーはГУГБ《ゲーウーゲーベー》の特別伝達としてヤゴーダ、アグラーノフ、プロコーフィエフへ送られることが決定された。[110] イヴァーノフ＝ラズームニクの件を内務人民委員会議にあらためて報告する文書（九月一三日付け）[111]には、イヴァーノフ＝ラズームニクが取り調べで自らのエスエル＝ナロードニキ組織レニングラード・センターの指導的役割を認めた、と記されている。これはイヴァーノフ＝ラズームニク自身はくり返し否定するにもかかわらず、取り調べ官が取りあわずに調書を作成し正式のものとしたのである。[112]

プリーシヴィンの度重なる運動にもかかわらず、イヴァーノフ＝ラズームニクの生活が大きく変わった様子は見られない。彼はその後一九三六年五月中旬に妻の介護を終えてサラトフへ戻り、自宅から持参した出生証明書と作家同盟レニングラード支部員の証明書を提示して、サラトフ民警の身分証明書課の若い女性係員から思いがけず五年間有効の「きれいな身分証明書《パスポート》」を入手できた。彼は自由な市民として、（自宅は除き）モスクワとレニングラード周辺一〇〇km以遠ならどこでも住めるようになり、同年九月から、文学の仕事を得る可能性がたとえわずかでも最もありそうなカシーラ（モスクワ南方一〇八km）を一人住まいの地に選んだ。身分証明書入手から三か月ほど後、彼がサラトフを去る直前に真夏のヴォルガ河での水浴時に民警のくだんの女性係員とたまたま出会った折の会話で、「きれいな身分証明書」の交付は彼女の上司の命令に拠ったのでも事務的な手違いでもなく、彼を作家であると知った彼女の意識的な行為の結果であったことがわかる。[113] その背後にゴーリキー（同年六月一八日没）の尽力があったかどうかは、明らかでない。

第III章 宗教哲学協会との確執

1．はじめに

ネオ・ナロードニキのイヴァーノフ＝ラズームニクと宗教哲学協会とは、あまり接点がなさそうなテーマであろう。しかし彼はある時期には同協会の活動に関心を抱いてその講演会に出席し、協会の記録に目を通していた。一九一三年の同協会準会員リストに彼の名が見られる。[1] 彼が宗教哲学協会について論じた場は、一九一〇年代前半にエスエル党首B・M・チェルノーフたちとともに編集・執筆に携わった雑誌『遺訓』（一九一二—一九一四年）である。当時チェルノーフは在外生活を送っており、イヴァーノフ＝ラズームニクが同誌編集上の力をもっていた。彼は同誌の「文学と社会生活」欄の責任者として文芸評論を踏まえたうえで宗教哲学協会を批判し、彼の思想の核心であるナロードと生の問題を論じた。それが「黒いロシア」、「苔むす湿原」、「南京虫的ガリガリ亡者」の三論文である。[2] 本章ではこれらの論文を手がかりに、イヴァーノフ＝ラズームニクと宗教哲学協会との関わりが彼の思想的探求のなかでもつ意味を探る。

宗教哲学協会 Религиозно-философское общество は、一九〇一年に宗教哲学会 Религиозно-философское собрание としてペテルブルクで創設されたのが始まりである。その趣旨は、「新しい宗教意識」の持ち主が集まり、教会と文化の諸問題を自由に議論するため、哲学と宗教にかかわる人々が開かれた・できる限り公的な会を創る、というものであった。設立にはメレシコフスキー、フィロソーフォフ、ローザノフ、ミロリューボフ、テルナフツェフが加わり、宗務院長ポベドノスツェフが認可し、ペテルブルク府主教アントーニーが祝福を与えた。しかし宗教哲学会は当初の目的からはずれたと見られ、一九〇三年にポベドノスツェフによって閉会を命じられた。その後、思想的連続性がある宗教哲学協会が両首都で設立された。モスクワ宗教哲学協会（正式名称は「ヴラジーミル・ソロヴィヨーフ記念モスクワ宗教哲学協会」）は一九〇五年から一九一八年まで、ペテルブルク（一九一四年からペトログラード）宗教哲学協会は一九〇七年九月から一九一七年五月まで存続した。[3]

　イヴァーノフ＝ラズームニクが宗教哲学協会に関心を抱いたきっかけ等の細部は明らかでないが、わずかな手がかりとして同会創設以前の、若きイヴァーノフ＝ラズームニクの思想的探求の痕跡を知ることには意味があろう。一八九〇年代後半（一〇歳台後半～二〇歳台初め）の彼は、当時優勢であった実証主義を踏まえた哲学的著述をいくつか残している（いずれも未公刊）。そのうちの一点、「我が世界観」（一八九五―一八九八年）と題するメモでは、世界史の初めに人間に命令するのは想像だけであったが、人間が発達するにつれ想像に代わって理性あるいは悟性が支配し、発達の頂点に達すると理性のみが全能の支配者となる、とされる。絶対なるものというテーマでは、各アトムの真理へ向かう永遠の志向が神と呼ばれる、とされる。以上の文書に彼は後（年月日不明）に、「一五歳［一八九三―一八九四年］の私は信と不信の間を揺れ動き、神と霊魂の不死を信じつつ、そのことを信じ込もうとするだけで問題を避けようとしていた」と加筆している。これらの文書は彼が著述家としてたつ以前のものであり、宗教哲学会創設の気運とその活動初期は、彼自身の思想的転換期と重なるか、あるいは転換直後ころと推測できる。[4]ちなみにイヴァーノフ＝ラズームニクの洗礼名ラズームニクは「理性の人」を意味する。きわめて珍しいこの名は、キリスト教公認以前の三世紀後半ローマ帝国で、信仰を守って斬首され、後に聖者に叙された聖詠経誦経者シネシウス（理性の人の意味）に由来する。[5]イヴァーノフ＝ラズームニクの誕生日一二月一二日（旧ロシア暦）は、聖シネシウスの日にあたる。彼は若き日の宗教的探求とその後の生き方のなかで、自らの名を意識していたのであろうか。自分たちの息子を「理性の人」と名付けた彼の両親の意図を探る手がかりはない。

　本論に入る前に、イヴァーノフ＝ラズームニクの上記三評論に手短に触れておこう。まず「黒いロシア」は、レーミゾフの中編小説『第五の悪』[6]と、プリーシヴィンの短編小説『ニーコン・スタロコレンヌイ』[7]（ともに一九一二年発表）

とを取りあげ論じている。その骨子は、両作品の主人公の運命から「黒いロシア」を拒絶することは不可能であり、理解することが不可避である、という主張である。この視点は、次に「苔むす湿原」と「南京虫的ガリガリ亡者」で宗教哲学協会を批判する手がかりとなる。「苔むす湿原」は、モスクワ宗教哲学協会会長セルゲイ・ブルガーコフが『ロシア思想』誌に発表した第四国会選挙にかかわる日記の文章を分析し、彼と同協会員は歴史の大道からはずれて袋小路に入りこみ、「苔むす湿原」の淵で滅びゆく運命にある、と結論する。「南京虫的ガリガリ亡者」では、メレシコフスキーの下にあるペテルブルク宗教哲学協会の講演会で発せられる言葉が生命を失った紋切り型となっている、と批判する。論文の辛辣極まるタイトルが意味するのは、セクト主義に陥り、干からびたガリガリ亡者を思わせる宗教哲学協会の講演会で感じられるいたたまれなさが、南京虫に悩まされ一晩中眠れないロシアの人里離れた旅籠での経験を連想させる、ということである。このような比喩をタイトルに用いざるを得ないことを、イヴァーノフ＝ラズームニクは論文冒頭で断っている。宗教哲学協会を批判の的とするこれら二本の雑誌論文は、文化的伝統について一九一二―一三年の彼の論文集『貴重なもの《ザヴェートノエ》Ⅰ　黒いロシア』（一九二二年刊）では一つの章にまとめられた。[8] 以上の予備知識を踏まえて、次節ではまず、「黒いロシア」でレーミゾフ、プリーシヴィンの作品がどのように解釈されているかを見よう。

2.「黒いロシア」

「черный」という語はレーミゾフの作品中の表現によると、「恥辱、強制、零落、狭隘、窮乏、略奪、賄賂、殺人、無秩序、無法状態」などの否定的な言葉で表されるロシアに付される形容詞である。[9]「черный」はロシアの下層民、ナロードと結びつくことは言うまでもない。ここではこの語を一応「黒い」と訳しておく（後述）。しかし「黒いロシア」という表現でイヴァーノフ＝ラズームニクは、ナロードのロシア、ロシアのナロードを否定的に捉えて拒絶するのではなく理解するべきだ、と主張するのである。さらに両作品の主人公における「救い」、死の意味といった問題点が対比・列挙される。まず、イヴァーノフ＝ラズームニクがレーミゾフ、プリーシヴィンの作品をどのように評価したかを知るために必要な限りで両作品の概略を、その後にイヴァーノフ＝ラズームニクによる作品解釈を紹介しよう。

(1) レーミゾフ『第五の悪』の概略

主人公は、ストゥデニェーツという地方の町で二〇年余り勤める予審判事ボブローフである。彼は家庭内で孤立し、町の俗物的住人と付き合うこともなく、ひたすら法秩序を守るため形式的な業務に没頭している。作品名の「第五の悪」とは、世間に存在する四つの悪——破滅的行為・破壊的行為・腐敗した生活・荒廃した精神にくわえ、この町に存在する第五の悪、すなわち「鞭打ち刑の判決者、人間を撲滅する人間」ボブローフを指している。[10] 予審判事ボブローフは法のみがロシアを救うと考え、厳格・公正・正確・執拗に、猟犬のような嗅覚を発揮して活動する。[11] その一方で彼は夜に自宅で、ロシア国家の起源から一九〇五年革命にいたるロシア民族の過去の行動を秘かにまとめているが、それは即、ロシアの全民衆に対する容赦ない起訴状となっている。[12] 彼は、ロシアは大地を強固にする法秩序を太古から今に至るまで知らない、[13] 不法行為に走る勝手気ままさがロシア民族の骨肉にまでしみ込んでしまったのではないか、[14] と考える。そして、自分はロシア人でなくドイツ人だ、ロシア人はみな裏切り者で泥棒だ、とつぶやく。[15] つまり彼はロシア・ナロードを、黒いロシアを拒絶しているのである。

そのボブローフが、女性に対しいかがわしい悪魔払いを行ない告訴された修道僧シャパーエフを尋問するなかで、法に対する自らの揺るぎない信念に動揺を来たす。シャパーエフはまったく容疑を認めず、ボブローフに以下のように語る。犯罪は存在せず、ただ不幸があるだけだ。その不幸は本をただせば、人間のいるところ必ず存在する罪 грех からきている。人間は不幸な人を裁くことも罰することもできない。犯罪者＝不幸な人は自らの不幸の内に自らの罰を、つまり自らの不幸を背負っていくのだ。したがってもしも罰を受けねばならない者がいるとしたら、それは犯罪の実行者でなく、その犯罪に有罪を宣言した者だ、と。[16] シャパーエフはさらに続ける。打ちひしがれた罪深い人はそれだけ悟りが大きく、罪深い犯罪者はそれだけいっそう神に近い、と。また、献身的行為によってのみ、ナロードは立ち直り、最大の献身的行為は自ら求める受難のなかにある。「すべからく自分の欲望を拒め。他人の罪をわが身に引き受け、他人の十字架を受けとり、他人に代わってその十字架を背負ってやるのだ！」。[17] シャパーエフは最後に聖母の地獄めぐりの話を語り終えて入獄する。この一件を従来通り厳しく処理したものの、ボブローフは自問する。法秩序を振りかざしてきたのは一体正しかったのだろうか？　ロシア民族にとって法秩序は必要なのであろうか？　ロシアの救いのいっさいは法秩序のうちにあるのだろうか?と。これが町の住民や家族からも孤立し、死を前にしたボブローフの疑問であった。[18]

(2) プリーシヴィン『ニーコン・スタロコレンヌイ』の概略

次にナロードを描くプリーシヴィンの短編の概略である。物語の舞台はノヴゴロド近辺で、時代は農奴解放令発布をはさむ幾年かと推定できる。信心深い主人公ニーコン・ドロフェイチ・スタロコレンヌイ（スタロコレンヌイは古い膝колено、または古い世代を意味する）は、妻子もちで、身分証明書をもたないステップの住民である。彼は聖書が読め、日常生活のすべてを聖書にもとづかせて進める。時代の話題である自由 воля については抽象的に考えず、土地がすなわち自由だ、と主張する。そして人間には己のものは何もなく、すべてが神から授けられたのであるから、自由に伴う厳しく公正な裁きを望む。公正で厳しい裁きを、彼は杖（鞭）палка と呼ぶ。[19] ニーコンの住まいの付近一帯は元来湿地帯で、かつて鞭と杖で水路が開かれて手入れされ、実り豊かだったが、杖が廃止されて［農奴制廃止］誰もが手入れを怠り、畑は苔むす湿地に戻ってしまった。彼は聖書を読み、ノアの大洪水が地を覆い、方舟を造って生活を一新するときが近づいている、と考える。世の中が悪い方へと動いていくと感じつつ、彼は新しいことすべてに腹を立てる年寄りになっていく。[20] そうした状況の中でニーコンは、次のように考え、心に決める。神に次いでツァーリだけが我々を罰することができる。地上に自由があり、ツァーリに力があるのに我々のもとに弱さがあるのは、ツァーリが騙されているからだ。自分がツァーリの前に身を投げ出してロシアの現状をすべて伝え、「厳しさを取り戻してください」と訴えねばならない、と。[21] その後救い主が彼の前に立ち、「信じるか？」と尋ねられ、「主よ、信じます」と答える夢を見る。さらに夢のなかで、正装して都へ出かけアレクサンドル二世に会い、「おまえの義務を果たせ」と三度、厳しく命じられる。[22]

夢から覚めたニーコンは義務を果たすためノヴゴロドへ向かうが、市内はアレクサンドル二世暗殺のうわさで混乱のさなかにあった。雑踏の中で彼は、身なりの良い二人の女性がツァーリ暗殺の様子を詳しく話しているのを聞き、疑念を抱く。白いシューバを着た方の女性が「フランスではこんなことはやれない」と話すのを耳にし、自由はフランスから来たこと、フランスでアンチキリストがナターリアの七番目の娘から生まれたと聞いたことを思い出す。彼は目の前のフランス人女性がツァーリ暗殺犯だと確信し、彼女を殺そうとする。そのとき彼は、義務を果たせ、とのツァーリの声とともに、別な声（悪魔の声だと彼は思う）――おまえは身分証明書なしの身だ、殺せば逮捕され家族は飢えて死ぬぞ――をも聞く。彼は人込みの中でくだんのフランス人女性を見失い、空しく帰宅する。[23] 自分の義務を果たせず、失意の晩年をおくる彼は日夜苔むす湿原のほとりをさすらい、「ニーコン・ドロフェイチよ、お前は一体何者なのだ。お前が私をどのように拒否し、私を家族と取り換えたかを思いだせ」というツァーリの声を聞きつつ死へと向かうのである。[24]

(3) イヴァーノフ＝ラズームニクの両作品解釈

イヴァーノフ＝ラズームニクは上記のような概略の文学作品をどのように読み解くのであろうか。彼は、予審判事ボブローフと農民ニーコンという社会的に対照的な位置にある二人と黒いロシアの関係、黒いロシアの「救い」に対する二人の観念、二人の死の意味するところを考察し、両作品には外面的な違いにもかかわらず内面的なつながりがある、と見るのである。[25] その指摘の道筋をまとめよう。

ボブローフという人物が表すのは、黒いロシアを拒絶しようとする人間、ロシアにとっての「救い」（法と秩序）を見出したと考えた人間の魂の悲劇である。他方、ニーコン・スタロコレンヌイの生は、ロシアを救おうと考えたため残忍な殺人者に、すなわち（仮に予審判事ボブローフのまえに立つとすれば有罪を宣告されるような）黒いロシアの代表となる可能性をもった人間の悲劇である。二人の主人公の魂を理解した後に、黒いロシアは理解される。このようにイヴァーノフ＝ラズームニクは言う。[26]

くり返せば、ボブローフは非人間的なまでに厳格な法の貫徹によって、拒絶されるべき黒いロシアが時とともに「聖なるルーシ」に代わると信じたと言えよう。その信念の動揺が彼の破滅であり悲劇なのである。[27] さらにイヴァーノフ＝ラズームニクは続ける。ボブローフは自分の清廉さとナロードの黒い行為とを対置し、後者を理解しようとしなかった。[28] 彼はロシアを救えるのは「形式的な理念」だけだと考えたが、そのように考えられるのは黒いロシアを理解しようとせずに、性急に拒絶する人だけである。そこにはプラウダの形式だけがあり、本質がない。ボブローフの信念とプラウダの根底には観念があるが、苦しむ人間がいない。もしも彼が自分自身を傍から眺められるとしたら、黒いロシアへの告発状のなかに自分のことをも書き加えたであろう。彼の告発状は、実は自分自身への無意識の告発状になっているのだが、そのことを認識した時、彼は真に生きた人間になったのである。[29] そのことを気づかせて彼の「人生の導き手」「作品の章名」となったのは、形式的なプラウダに対して内的で霊的なプラウダをぶっつけた破廉恥僧シャパーエフであった。後者との会話の末にボブローフは初めて、自分が守ろうとした法秩序は正しかったか、ロシア・ナロードに彼の法秩序が必要であったか、と自問した。そして予審判事である自分がロシアに必要か、自分はどこに身を置くべきかを疑い、自分が拒絶するのでなく、拒絶されていることを知る。[30] 自分がナロードという地盤をもたないことを理解したボブローフの悲劇は、しかし無意味ではなかった。彼はロシア・ナロードを対象とする告発から手を切ることで、自らに対する勝者として死んでいくのである。[31] 以上がイヴァーノフ＝ラズームニクのボブローフ解釈である。なお、ボブローフの死をカタルシスと捉えた評論家は唯一イヴァーノフ＝ラズームニクである、とグラチョーヴァ（レーミゾフ著作集編纂者）は指摘している。[32]

次に、プリーシヴィンの作品とその主人公ニーコンの評価である。イヴァーノフ＝ラズームニクによると、レーミゾフがボブローフを描いて黒いロシアを拒絶することは不可能であることを明らかにしたのに対し、プリーシヴィンはニーコン・スタロコレンヌイを通して、黒いロシアを理解することは難しいが不可避である、と示したのである。[33]

ニーコンは自由には「杖」が必要と考えるが、この「杖」とは神の決定であり、ボブローフの場合の「法秩序」に該当する。二人は法に対し反対の側からアプローチしている、とイヴァーノフ＝ラズームニクは見る。[34] 彼は、フランス女性を殺そうとしたニーコンを「黒百人組」と同一視することを否定する。なぜなら「黒百人組」は農村で表面に浮かぶアクのようなもので、農村の奥深く、下層ナロードのもとでは最良の人々が本物の「黒百人組」であり、真に「神的なもの」のうえにしばしば黒いロシアが立っているものだからである。[35] このように断ったうえでイヴァーノフ＝ラズームニクは続ける。ニーコンは、自分が神に選ばれた、と考え、わが身を犠牲にしてツァーリに訴え、ロシアを救う使命を与えられた、と思い込んだが、その清らかさと殺人を犯す黒い行ないとの差は紙一重でしかない。[36] したがって異なる世紀に生きる人間にとりニーコンを理解することは難しい、とイヴァーノフ＝ラズームニクは認める。しかし信心深く、公正で、現代の生活を聖書に従って理解するニーコンのような人物は聖なるルーシには決して少なくない。このように考えるイヴァーノフ＝ラズームニクは、ニーコンのような「古い世代」の人々の懸念・動揺・苦悩を理解し、彼らの大切な問題・課題を知る手がかりとして何を挙げるのであろうか。それは古儀式派の月刊誌（『ズラトストルイ Златострyй』）の編集部と読者との質疑応答欄である。そこには例えば、犬を室内で飼うと天使が訪れないというが、飼えるのか？　家に保険をかけられるか？　種痘を受けることは罪になるか？等々、さらにアンチキリストやジャガイモに関する問答までが見られるのである。[37] プリーシヴィンの筆には、ニーコンが古儀式派であるという記述はない。しかし生活の全般にわたる問いを提起する古儀式派の心理に分け入ると、聖書にあらゆる問い（アンチキリストもジャガイモも）に対する答えを、とりわけロシアの救済の問題にたいする答えを求めたニーコンのことも理解できる、とイヴァーノフ＝ラズームニクは述べる。[38] このような記述は、ニーコンが古儀式派であることを暗黙の前提としていると言えよう。イヴァーノフ＝ラズームニク自身と古儀式派との関係については不明だが、いくつもの作品で古儀式派を描いた親友プリーシヴィンが情報源である可能性は十分に考えられよう。

　イヴァーノフ＝ラズームニクはニーコンの最期に深いシンボリズムを見て、英雄としてでも勝者としてでもなく死んだニーコン・スタロコレンヌイの罪は何に存するかを問い、『第五の悪』で破廉恥僧シャパーエフが述べたのと同じく、彼は罪でなく不幸ゆえに死んだ、と答える。彼の不幸は、魂の領域では純粋であるが思想の領域で暗かったことにある。彼は黒いロシアでなく暗い（暗愚な）ロシアの人格化であり、暗いことは彼の罪ではなく不幸である［ここでは「黒い（черный）」と「暗い（темный）」が使い分けられている］。暗い意識のために最良のナロードの精神的な力が滅びている。しかし、彼らの暗さを理由にこの精神力を拒絶せず、理解すること――これが生によって求められることであり、『ニーコン・スタロコレンヌイ』はこの要求に対する芸術家プリーシヴィンの無意識の答えである。[39] イヴァーノフ＝ラズームニクは「黒いロシア」を締めくくりつつ述べる。レーミゾフ、プリーシヴィンの作品はいわゆるハッピーエンドで終わっていないにもかかわらず、生とロシア・ナロードへの信頼感を残す、と。さらにこう記す。「真に我らが神 Бог は生きておられ、我らの魂 душа は生きている！」、新たな生への我々の活気と信頼を保ち、作るのが我々の使命である、と。[40] ここには彼流の「宗教」、「神」が垣間見える。

　以上がレーミゾフ、プリーシヴィンの作品に対するイヴァーノフ＝ラズームニクの解釈であった。くり返せば彼の主張は、黒いロシアを拒絶せずに理解するべし、ということに尽きる。それは彼の生涯を貫く伝統的なナロードニキ的態度であるが、論敵からすれば決して満足できないものであろう。

3．モスクワ宗教哲学協会批判――「苔むす湿原」と「現代のスタロコレンヌイ」

イヴァーノフ＝ラズームニクの論文「苔むす湿原」（『遺訓』一九一二年九月号）は、上述の「黒いロシア」執筆後にセルゲイ・ブルガーコフが発表した「選挙について――日記抄」（『ロシア思想』一九一二年一一号。執筆日付は同年一〇月二一日）[41]に反応して書かれた。そこでは「黒いロシア」で用いられた用語と論理が駆使されている。イヴァーノフ＝ラズームニクはモスクワ宗教哲学協会の指導的立場にあるブルガーコフを、予審判事ボブローフ的な告発的要素を少しまじえた現代の・「近代化された」スタロコレンヌイであると見なす。そして「ヨーロッパ文化を経験してなお、過去のスタロコレンヌイの心理を保持している現代のスタロコレンヌイ」の文章を批判的に検討するのである。[42]

(1)　ブルガーコフ論文の要旨

まずブルガーコフの文章の要旨をたどろう。彼は「選挙について――日記抄」で、一九一二年九～一〇月に実施された第四国会（下院）の選挙を通じ、この選挙のあり方とその影響を重大視している。なおこの選挙は、ストルイピン首相が一九〇七年に議会の承認なしに選挙法を変え（「六月三日クーデタ」）、反抗的な勢力を抑圧した第三国会の任期満了によって実施された。時代はすでに、二年足らず後に始まる第一次世界大戦へと向かっている。ブルガーコフは、この選挙で祖国ロシアは聖なるルーシから野蛮と俗物性 *хамство* と怠惰がいりまじった醜い怪物に変身してしまった、と嘆く。[43]なぜならば、過去三回［一九〇六年、一九〇七年に二回］の選挙と異なって今回は、世俗面では知事たちが、宗教面では主教クラスの聖職者たちや宗務院があからさまに影響力を行使して選挙結果を左右したからである。その結果、一方に自由な信念ではなく無制限のへつらいを必要とする官製右翼陣営、他方に彼らと戦う独立グループ（オクチャブリスト、「進歩主義者」、カデットに加えて社会民主主義者までも）という勢力配置ができてしまい、独立的な有権者は「左へ」はね飛ばされた。このようにロシアでは不幸なことに左翼的傾向が避けがたく[44]（スラヴ主義者の古典的な例のようにまさしく正しいイデオロギーを備えながら政治的に右であることは至難の業である。ブルガーコフはこのように現状を捉える。彼の政治的立場に照らせば、ロシア最大の不幸は（「イギリス的な」）真の保守主義が存在せず、また形成不可能なことである。ロシアの政治文化はまだ（彼がよしとする）オクチャブリズムまで成熟していないか、またはロシアでは卑屈さか、さもなければ愚かな革命主義がまだ必要とされるのだ。[45] このようにブルガーコフは失望感を表明する。

次いでブルガーコフは、今回新しく立候補した聖職者が、主教クラスの意思遂行の道具にすぎず、自らの信念を表明できないでいるという状況を指摘する。[46] このような事態は政治的愚行、むき出しのシニシズムで、教会の敵さえ考えつかなかったことであり、彼が従来批判してきたインテリゲンツィヤのニヒリズムをはるかに上回る行政的ニヒリズムである、と。[47] 農村に目を転じれば、そこではインテリゲンツィヤのニヒリズムが直接に影響して古い規範――宗教、家族、道徳、慣習――が崩壊し、とくに若者に無神論が広まり、[48] アジテーション文献やパンフレットが出回り、ニーチェ、マルクス、ルナン、フォイエルバハが名を知られている。坑夫が入坑時も帰郷時も十字架を身につけず、教会内での暴力行為、悪意ある宗教的冒瀆などの現象が蔓延している。[49] ブルガーコフの危惧は尽きない。ロシアでは過去にも現在も、宗教以外に文化がないのに、それが破壊されれば残るのは野蛮のみである。今回の選挙後、農村では司祭に対する村人の態度がどう変わったか。私の胸にロシアに対する暗黒の絶望と恐怖の波が起こり、それと戦う力が今はない。[50] このようにブルガーコフは述べる。

ロシアの現状に対しブルガーコフが下す診断はこうである。ロシアは［従来の］インテリゲンツィヤのニヒリズムと［新たな］官僚のニヒリズムという二つの死をもたらす毒に侵され、生きながら腐りつつある。インテリゲンツィヤのニヒリズムは、「創造の精神としての破壊の精神」を受け継ぎ、革命から自前の宗教を創りだしており、その勝利が意味するところは疑いもなく我が国家と文化の崩壊でしかない。他方、行政的ニヒリズムは、ニヒリズムと政治的いかさまとを国家統治のプログラムに仕立て上げ、自己廃棄と「破壊の精神」の勝利をもたらすことが避けられない。ロシアはあたかも深淵と崩壊をあらためて目指しているかのようで、つい数年前に歴史から学んだ政治的叡智が日々忘れ去られ、有機的発展への希望がますます弱まっている［一九〇五年革命と十月詔書を念頭に置いていると思われる］。我々は再び未来もなく、従来の原則にしたがって生き始めている。わが亡きあとに洪水よ、来たれ！だ。[51]

現状をこのように診断した後、ニヒリズムの蔓延に抗してブルガーコフが掲げるのは「聖なるルーシ」の旗である。その口調には明らかに、第一次世界大戦へ向かって進みつつあるバルカン情勢が影響を与えていることが読みとれる。彼は、かつて預言者たちが見、かつ感じた「聖なるルーシ」と、今日の俗物的ロシアとの乖離という神秘的現実をまえにして悩む。しかし彼は、トルコに対するブルガリアの勝利、スラヴ正教軍によるトルコの大軍制圧［第一次バルカン戦争」というニュースに目を向けて言う。いまや特別な意味ある歴史の時が到来し、ドストエフスキーの政治的予言のようにコンスタンティノープルを手中にして「第三のローマ」、正教王国実現の時が近づいている。ロシアはもっとも重要な役割を果たす使命を与えられている。ロシアが内外ともに問題を抱えている時に、俗物性 хамство の勝利はロシアの全世界的・歴史的使命と両立しない。卑屈な精神は市民でなく、奴隷か革命的破壊分子をつくりだすだけで、ナショナリズム風味のニヒリズムは祖国とおのがナロードへの愛情を生み出さない。各人が、ロシアが苦しむ病の重大さ・困難さを理解し、祖国ロシアを守れ！[52] 以上がナショナリスティックな調子を交えたブルガーコフの日記の要旨である。このような論調は、二年足らず後に勃発した（第一次）世界大戦時に戦争を支持し、ロシアの使命を説くブルガーコフを予想させるに足るものである（本書第Ⅳ章参照）。

⑵　イヴァーノフ＝ラズームニクのブルガーコフ批判

イヴァーノフ＝ラズームニクは先にニーコン・スタロコレンヌイを論じた時の言葉を適用して、ブルガーコフ（とモスクワ宗教哲学協会員）＝「現代のスタロコレンヌイ」を、プリーシヴィンが描くニーコン・スタロコレンヌイと比較しつつ批判する。批判の眼目は予想できることではあるが、ブルガーコフがロシアに対する信頼を失ったことに向けられる。すなわち聖俗の上層部が露骨に影響力を行使した国会選挙を機に、ブルガーコフ＝現代のスタロコレンヌイが予審判事ボブローフの告発状を思わせる調子で語り、ロシアへの信頼を、ロシア・ナロードへの信頼をも動揺させたことを取りあげ、批判するのである。[53] 以下がその批判の概要である。

イヴァーノフ＝ラズームニクはまず、次のように批判の口火を切る。ブルガーコフたちの魂の悲劇は、上からの選挙干渉や組織化にあるのでなく、ナロードへの、「聖なるロシアの心臓」への信頼喪失にある。もちろん聖俗の強制と恣意はもっての外だが、それを知ったからと言って動揺するとは「信仰うすき者」だ、と。[54] 次いでイヴァーノフ＝ラズームニクは、状況に絶望した現代のスタロコレンヌイたちが広範な民主主義から遠ざかったこと、真の民主主義者である可能性を求めて正教会の懐にたどり着いたことを二重の悲劇と捉え、彼らは（ニーコン・スタロコレンヌイのように）アンチキリストの問題も、ジャガイモの問題もすべて答えを教会文書に見出そうとしている、と皮肉る。[55] さらにイヴァーノフ＝ラズームニクは、ニーコン・スタロコレンヌイと現代のスタロコレンヌイ＝ブルガーコフを対比しながら述べる。

すなわち、神の祝福を受けたツァーリへの信仰を聖書に見出したニーコン・スタロコレンヌイに対し、我が現代化されたスタロコレンヌイたちはさほど遠くない以前に専制の理念を神秘主義的に基礎づけた、と［宗教哲学協会の議論を指すと思われる］[56]。しかし彼らは今やこの立場を捨てて離散し、ある者はアンチキリストとこの世の終わりの間近な到来を期待し、他の者はブルガーコフのようにもっと現世的な「第三のローマ」という「ジャガイモ」を夢想する[57]。ブルガーコフは、ニーコン・スタロコレンヌイが聖書的なツァーリを信じるよりももっと頑強かつ愚かに、古いスラヴ主義的イデオロギーの残滓を信じている。残滓とはロシアの使命と選び、ロシアによる正教統一、コンスタンティノープル獲得、「第三のローマ」、野蛮なトルコに対する善きブルガリアの勝利である。彼には同じく苦しみ、死んでいく人間という視点がない、とイヴァーノフ＝ラズームニクは付言する[58]。この件は、黒いロシアを拒絶した予審判事ボブローフの非人間性という指摘を思い起こさせる。さらに、対トルコ戦の勝利に胸躍らせるブルガーコフが、間もなく勃発した第一次世界大戦にさいしてこの戦いを支持したこと、それと対照的にイヴァーノフ＝ラズームニクが反戦を主張し、祖国防衛派、愛国派を批判したことが思い起こされる（第Ⅳ章参照）。

ブルガーコフの絶望はイヴァーノフ＝ラズームニクにより、ニーコン・スタロコレンヌイのそれになぞらえられ、次のように捉えられる。ニーコン・スタロコレンヌイはロシアを救うという使命が「神に召された」ものでなく、自称のそれだと知り絶望した。ブルガーコフの場合も、世界を救うという「ロシアの使命と神による選び」が「神に召された」ものでなく、自称であるとわかり始めた時、その心理はニーコンと同じく絶望であった。ニーコンは自らを信じられなくなってロシアの破滅を考えるに至り、すべて——神なき科学も、ジードも、博士どもも、鉄道も、裁判所も——「ツァーリのまえで」告発しようと考えた[59]。現代のスタロコレンヌイの場合は、スラヴ派の後継者である「スラヴ相互協会」員すらも「ボスフォラス－ダーダネルス海峡」さえ獲得できれば「ツァリグラード［コンスタンティノープル］」の夢は放棄するつもりであることを知って絶望に陥り、ロシアの破滅を確信して、すべてを告発しようとしている。彼にとってロシアが自分の考えとは異なる道を進むなら、その先にあるのは腐敗、滅亡、深淵なのである[60]。イヴァーノフ＝ラズームニクはブルガーコフの絶望の原因をこのように捉えたのであった。

次に、「インテリゲンツィヤと官僚」の二重のニヒリズムという毒がロシアを腐らせ滅ぼしている、というブルガーコフの主張である。「聖なるルーシ」と「ロシアの俗物性」の結びつきさえもこの毒のせいだ、とブルガーコフは言うが、イヴァーノフ＝ラズームニクは、その発言は発言者自身を傷つける、と反論する。なぜなら、「ニヒリズム」といって我が真のインテリゲンツィヤ――永遠に燃え・求め・飢えている――を告発することは単に意味がないだけではない。そこにはさらに、ロシアが腐りつつあるという「告発者」自身が腐敗していないか？という問題もあるのだから。[61]この指摘からは、処女作『ロシア社会思想史』以来、一貫してインテリゲンツィヤの意義を肯定してきたイヴァーノフ＝ラズームニクの持論が響いてくる。さらに彼は続ける。ブルガーコフたちとニーコン・スタロコレンヌイはともに、苔むす湿原の小路を真実の道と見なし、つねに不信心者、異なる信仰を抱く者をすべて告発する。沼地で滅びつつ彼らは、自分たちの道に沿わずに進むロシアの破滅を嘆き、「ロシアは腐っていく」とまじめに考えている。彼らには共通の心理と運命がある、と。[62]このような推論ゆえに、「苔むす湿原」というタイトルでもって新旧のスタロコレンヌイが論じられたのである。

では、現代のスタロコレンヌイたちにとり唯一の出口、救いは何か。イヴァーノフ＝ラズームニクはそれを「自分たちの『愚かな信仰』［ブルガーコフ自身の言］を信じるのでなく、より真実で基本的な、第一因を、ナショナルな生の第一原理を信じること――ロシア・ナロードを、その魂を信じること」である、と言う。[63]くり返せば、彼らはこの基本を信じないで自前の・捏造された・派生的なものを信じている。ニーコンが旧約聖書のサウル王を信じたように、ブルガーコフは「ロシアの使命と選びの有効性」を、ロシアが世界を救うとの神の声を信じている。これらの信仰はどちらも、大道から遠いどこかの歴史の沼地で滅亡を運命づけられている。サウルや神によるロシアの選びを信ぜず、ロシア・ナロードの偉大な力を信ぜよ。それが内面の暗い影響を抑えて歴史の大道へと導く。彼らはロシアのことで号泣しているようだが、実は自分自身のことで号泣しているのだ。[64]

「苔むす湿原」ではモスクワ宗教哲学協会の長であるブルガーコフが、イヴァーノフ＝ラズームニクの批判の対象となった。同協会に対する彼の見解は、次に取りあげる「南京虫的ガリガリ亡者」にも一部見られる。それは同協会の参加者（ブルガーコフ、ゼンコフスキー、E・トルベツコーイたち）が一九一二年に刊行した論文集『レフ・トルストイの宗教について』に対するものである。イヴァーノフ＝ラズームニクはこの書物は部分的には興味深いと認めるが、真理を確認して苔むす湿原で憤るスタロコレンヌイたちの性格描写のためこの上なく貴重なものだと見る。同書序文には、我々［宗教哲学協会］がトルストイ自身と彼から悪い影響を受けた人々の誤りを指摘することで、あの世でトルストイの良心の重荷が軽減されうる、と記されている。[65] イヴァーノフ＝ラズームニクから見ればこの序文が示すのは、自分だけが真理とともにあり他の者は罪に陥る、と信じている人々の精神的堕落の極みなのである。[66]

4. ペテルブルク宗教哲学協会批判――「南京虫的ガリガリ亡者」

『遺訓』誌一九一三年二号には、「苔むす湿原」に続き、イヴァーノフ＝ラズームニクのさらに厳しい宗教哲学協会批判の論文「南京虫的ガリガリ亡者」が掲載された。宗教哲学協会の講演会はいつも宗教的に無味乾燥な報告ばかりで、南京虫に一晩中苦しめられるロシアの旅籠と同じくいたたまれないが、その場から逃げだすまえに同協会員の精神的相貌を明らかにしたい、というのが彼の姿勢である。[67] 彼が同協会といつから、どのような関係にあったかに関して詳しいことは不明だが、宗教哲学会への関心をその発足当時から抱いていたこと、一九一三年の宗教哲学協会準会員リストにその名があること、この論文執筆以前にかつて住み、現在も主な活動の地であるペテルブルクで［かなりの期間？］講演会に出席して講師と討論者の主張や聴衆の構成を見聞きし、質問の時間に自らの見解を投げかけ、あるいは公刊された講演会の記録を読んだであろうことがうかがえる。[68]

彼は、現代ロシアの文学と社会生活にかかわるグループ・サークル等のなかでペテルブルクとモスクワの宗教哲学協会にとくに注目する。同協会にはブルガーコフ、ベルジャーエフ、メレシコフスキー、アンドレイ・ベールイ、ヴャチェスラフ・イヴァーノフ、ゼンコフスキー、Ｅ・トルベツコーイなど著名な哲学者や文学者が多くいるが、イヴァーノフ＝ラズームニクが問題にするのは協会内で行なわれる宣伝である。「なぜならば、我々各人には自らの宗教があり、我々を結びつける共通の信念、共通の行動があるから」、彼ら宗教哲学協会員が味方か敵かを明らかにせねばならない。したがって同協会の講演の報告者、討論者、そして聴衆にも注目する、とイヴァーノフ＝ラズームニクはこの論文執筆の動機を記す。[69] ここで彼が「我々」というのはどのような人々か、また「自らの宗教」という表現については後述するが、言うまでもなく彼が用いる宗教という言葉はロシア正教会を含めた既成の体制宗教を指すのではない。しかし彼は無神論者ではなく、先述（本章1）のように一〇歳台中ごろから思想的探求をくり返した後に、自らの世界観、宗教観を確立するにいたったのである。

以下ではまず、彼の辛辣な論文発表の直前に開催されて執筆を促したと思われる同協会年次大会の様子を概観した後、同協会と対比して彼自身の立場を示す論文の内容を探っていく。年次大会でイヴァーノフ＝ラズームニクが見聞きしたこと（問題となる会長発言も含む）が、前論文に続いて宗教哲学協会の実態をさらに批判するきっかけとなったと言えよう。

(1) ペテルブルク宗教哲学協会年次大会をめぐる論争

この年次大会は一九一三年一月一九日土曜日、帝国地理学協会小ホール（デミードヴァ小路八ａ）で夜八時半に開会され、会員・準会員向けで一般には非公開であった。[70] 議事日程は書記局による一九一二年の活動報告、監査委員会による財政報告の後に、ヴラジーミル・ソロヴィヨーフの妹П・С・ソロヴィヨーヴァによる報告が行なわれた。年次大会後にイヴァーノフ＝ラズームニクが、大会での討論時における会長カルタショーフの「宗教的堕落・放蕩」という発言を論文「南京虫……」に記し、宗教哲学協会員側の反発を呼ぶのだが、まずはこの年次大会が外部に向けてどのように報道されたかを二紙の記事に見よう。

『日 День』紙（一八号。一九一三年一月二〇日）の無署名記事「宗教哲学協会で」によれば年次大会では、Д・В・フィロソーフォフの［前回（一九一二年一二月二〇日）］報告「教会における一体性の原則」に関して、П・С・ソロヴィヨーヴァが、兄のカトリックへの転向を擁護する報告を行なった。もう一人の報告者はА・ブロークの親友で、真に宗教的でメレシコフスキー・グループの献身的な一員であるЕ・П・イヴァーノフであり、彼の以下のような報告が議論を呼び起こした。イヴァーノフは、ロシア正教における二重信仰を指摘する。すなわち、父なる神、神‐専制者（絶対神）に対する子供っぽく異教的な信仰と、いま一つは古く禁欲的なキリスト教信仰である。二重信仰を逃れられるか、子供っぽく異教的な絶対神崇拝はなくならないか？　このような問いはイヴァーノフには荷が重すぎ、そこで討論ではあまりにも私的な言葉をより一般的な方向へひき戻すカルタショーフ会長の発言が必要となった。カルタショーフは語った。専制なき正教は核心を欠き本質的でない、生をキリストにおいて打ちたてようと欲する者はそれを正教の外部でなしうる、正教は新たな社会的・経済的形態と両立しえない、と。会長のこのような雄弁は神学的な堕落を打つものであった。そのような堕落がいくつかのインテリゲンツィヤ・サークルを支配しており、生きた信仰の問題を空虚なスコラ的議論や神秘的な「口先だけの文学」に引きずり下ろしているのである。このような発言は攻撃された側の怒りと反撃を生じさせたが、会長は熱弁で会を解散させたのであった。[71]『日』紙は概ねこのように伝える。

『ロシアの噂 Русская молва』紙（四一号、一月二一日、И・И・ジールキン筆「宗教をめぐって」）によると、П・С・ソロヴィヨーヴァの報告は真面目で巧みであったが、Е・П・イヴァーノフの報告（宗教的‐象徴的なたとえ話）とそれに応えるカルタショーフ会長の発言が聴衆を動揺させた。イヴァーノフの報告では私的で宗教的な経験、深く貴重なものがほのめかされていたが明確でなく、揺れ動く思想が語られるべきは家庭の静けさのなかで、信頼でき注意を集中させた二、三人に対してであって、気晴らしを求め好奇心にあふれた公衆に対してではなかった。カルタショーフの発言は騒ぎを生じさせ、会を震撼させた。会長の発言に夢中になった幾人かが賛成したが、それは会長の動揺し、輝かしいがあいまいな言葉に自分たちの真理を、自己流の個別的な真理をあてはめたのだと思われる。以上のように大会当日の雰囲気を伝え、さらに同紙の記事は会長の発言が会を興奮させ、衝撃を与えた、と続ける。インスピレーションを得たカルタショーフの言葉は何よりも深く、内面的な響きが衝撃的であった。同時に彼は、専制と正教の切っても切れない有機的つながりについても語った。それはメレシコフスキーが想像するような理念であるが、特別な炎のような表現を伴い、目もくらむような戦いに備える勝利の信念であった。ここに真のキリスト教が、地上のアンチキリストを崇拝することのない真に新しい教会が暗示された。公衆は慰められ、震撼し、尋常ならざる熱い息吹で洗われた。おそらくここに宗教哲学協会の主要な意味と漠然とした効用があり、公衆は毎回疑いの念で頭を振りつつ帰途に就くのだ。[72]宗教哲学協会正会員ジールキンによって書かれたこの記事には、先の『日』紙とはいささか異なり、宗教哲学協会内部からの立場が読みとれるのではないか。

この大会が宗教哲学協会会員間に、例えば詩人А・ブロークにもたらした困惑ぶりは翌一月二〇日の彼の日記に記されている。彼は母と話した後にП・С・ソロヴィヨーヴァに電話し、大会での「出来事」のこと、Е・П・イヴァーノフのこと、メレシコフスキーへの愛情のことと、なすべきことを話し合っている。ソロヴィヨーヴァは宗教哲学協会の閉鎖まで口にしている。[73]年次大会の様子は、フィロソーフォフから当時パリ滞在中のメレシコフスキーに伝えられ、後者から前者への返信（一月二四日付け）はジェーニャ（Е・П・イヴァーノフ）をいたわり、「アントン（カルタショーフ）に感謝」している。同じく一月二六日付けの手紙には、アントンのことで「ドラマの匂いがする」と記されている。[74]

カルタショーフ自身はドラマティックな大会後に「有害な教会理解」を著し（『ロシアの言葉』三八号、一九一三年二月一五日）、そこで「無教会性の病原菌 зараза бесцерковности」を主たる敵とした。その敵とは「教会法を認めない聖職者」、「教理に無関心な神学教授」、「不可知論のインテリゲンツィヤ」、「文化のことだけを考える正教徒」やその他オカルティスト、神智学者、千年王国論者、好き勝手なことを言う神秘主義者やモラリストたち――「正教と、世界教会全般と」「何ら共通性のない、個人的で無教会的な宗教理論家」である。カルタショーフは続いて実践的な提言を行なう。もしも教会に属したければまずその現状を理解せよ、教会の教理と生活と一体化し、しかる後に自らの課題を示して因循姑息と闘い、普遍的な教会の真理と完全な教会生活の形態を求めて競う党派に分かれよ。もしもキリスト教の理念実現の闘いが教会当局から支持されれば、教会法廷のドラマを自ら体験せよ。最後に、法廷を非在の夢から呼び覚ませ。行動にまで、おそらくは独立教会からの完全離脱の悲劇にまで進め。無為のうちにあることはキリスト教のまえでの、教会のまえでの、ロシアのまえでの罪である。[75] 以上がカルタショーフの主張であり、宗教哲学協会の主流的見解を示すと思われる。

年次大会でのやり取りを踏まえて『遺訓』一九一三年二号に掲載されたのがイヴァーノフ＝ラズームニクの論文「南京虫的ガリガリ亡者」である。彼は宗教哲学協会会長自身が、彼らがそこで行なっているのは宗教的な堕落 блуд で放蕩 разврат だ、と厳しく言った、自分は会長の発言にすすんで賛成する気だ、と書いた。[76] そのうえで彼は、自らの内在主義の見解を展開するが、その論調が、とりわけ会長発言の有無が論議を呼ぶのである。協会幹部にとっては予期せぬ、まさにメレシコフスキーが予感したような「ドラマ」が生まれたのであった。

イヴァーノフ＝ラズームニクの論文は、ペテルブルク宗教哲学協会を牛耳るメレシコフスキー・サークル（彼と妻ジナイーダ・ギッピウス、フィロソーフォフ）の怒りを買った。先頭を切ったのはアントン・クライニー（ギッピウスのペンネーム）である（『ロシア思想』一九一三年四号）。彼（彼女）はイヴァーノフ＝ラズームニク氏とは論争するつもりはない、としつつ、「南京虫……」というタイトルに見られる宗教哲学協会への「誹謗的トーン」の論文、とりわけペテルブルク宗教哲学協会カルタショーフ会長の発言に関する「明らかな偽りの記述」に反駁する。しかもそれが宗教哲学協会大会での事実を知るイヴァーノフ＝ラズームニク自身の考えではなく、彼の友人プリーシヴィンの影響だと見、他の者に誤解をもたらすと言うのである。イヴァーノフ＝ラズームニクがモスクワとペテルブルクの宗教哲学協会を論じて、前者に対しいくらかは厳しさが弱いのもプリーシヴィンの影響とされる。イヴァーノフ＝ラズームニクは独特のパトスと（夢中になっているプリーシヴィンと）共通の言語で、「人々を愛せ」、「生き生きとした生を愛せ」等々と呼びかけている［著書『生の意味について』その他］、と指摘する。会長の問題の発言については、病気か責任能力欠如でなければカルタショーフが会長として自分の仕事を「堕落」などと言うはずがない、と反駁する。[77] ここでプリーシヴィンの名が出てくる背後には、彼が一時期メレシコフスキー・サークルに近かったが、一九一〇年までにサークルから離れたという事実があった。プリーシヴィンによると、彼はメレシコフスキーの許で服従を求められたが、自由に書くことを望んでサークルを離れイヴァーノフ＝ラズームニクやレーミゾフに近づき、この論争の時期にイヴァーノフ＝ラズームニクが編集上発言権をもつ『遺訓』誌編集部入りしたのである。[78] そのことも含めてであろう、そもそもエスエルの『遺訓』誌自体に対するアントン・クライニーの見方はきわめて否定的である。

　アントン・クライニー＝ギッピウスの批判に対するイヴァーノフ＝ラズームニクの反論は、彼の論文「あったか、それともなかったか？（ロープシンの小説について）」の後書きとして、この論文タイトルを利用した「P.S. もう一度『あったか、それともなかったか？』」に記された（『遺訓』一九一三年四号）。彼は、アントン・クライニー氏と論争するつもりはない、と返しつつ言う。同氏は、会長の問題の発言があったと知りながら、役目上ひたすらなかったとする［宗教哲学協会の］情報管理局のまったく文学的でない態度をそっくり反映している。彼らがなかったという発言は、実はあったのだ。当日一五〇人の出席者の多くが会長の言葉に注意を向け、アントン・クライニー氏が確認したとは逆のことがあったと立証するだろう、と。いま一点イヴァーノフ＝ラズームニクが反駁するのは、「南京虫……」で彼が問い質したことをアントン・クライニーが否定した点である。それは、一〇年ほどまえに「我がロシアの新キリスト教者たち」（宗教哲学会員）が雑誌『新しい道』（一九〇二―一九〇四年）で、この世の終わりが間もなく来る、と究極の宗教的真理を世間に宣言したがその後どうなったのか？という問いであった。[79] アントン・クライニーは上述の『ロシア思想』誌の文学欄で、そのようなことを一度も、誰も、何も宣言しなかった、と事実自体を全面否定する。

　メレシコフスキー・サークルのもう一人の人物フィロソーフォフも厳しい反応を示した（『レーチ』紙編集部への手紙、一二一号、一九一三年五月六日）。彼もイヴァーノフ＝ラズームニク氏とは本質において論争はしない、と断りつつ以下のように批判を展開する。カルタショーフ発言に関してイヴァーノフ＝ラズームニク氏は事実を歪曲しており、その嘘は明白だ、私は「良心にかけて」以下のように反駁する。ソロヴィヨーヴァの報告後に「モデルニズム」の、カルタショーフによれば生とのリアルで具体的な接点をもたない、あいまいな神秘主義の代表者たちが発言した。カルタショーフは彼らをおそらく極めて激しく攻撃したが（この点は討論司会者［C・П・カブルコーフ［大会直後に宗教哲学協会書記を辞任）］の責任）、まったく一貫していた。彼は聴衆が誤解し、現代の個人主義者どものあいまいで舌足らずな神秘主義に同調する可能性から守ろうとしたのだ。そのような輩の幾人かは『遺訓』の文学部門に依っている。イヴァーノフ＝ラズームニクは宗教哲学協会で報告したがっているようだが、させてやろう。その際には協会指導者が彼を自由に評価することが条件だ。言うまでもなくカルタショーフや他の協会指導者がこの権利を行使して、イヴァーノフ＝ラズームニク氏の唯物論的世界観に、そこに秘められたモデルニズムのぼろ屑、メシチャンストヴォへの嫌悪やその他のお飾りに猛反対するだろう、と。[80] フィロソーフォフの反応からも、彼とイヴァーノフ＝ラズームニクの立場の相違だけでなく、年次大会当日の討論の様子、協会に対するイヴァーノフ＝ラズームニクの姿勢がうかがえる。

　自らの発言の有無が論争の火種となった当のカルタショーフはこの頃オーストリアの保養地に滞在中であり、フィロソーフォフ（一九一三年五月一二日）とギッピウスから手紙を受けとり、前者に次のように答えている。イヴァーノフ＝ラズームニクに対する私の回答を書留で発送して二日目だ。私の編集部への回答は、あなたの考えと同じと思われる。イヴァーノフ＝ラズームニクの論文は読んでおらず、あなたの引用だけから知るのだが、原文を読んだら怒りでトーンが厳しくなっただろう。今はどこか適当な仲裁裁判所で明らかにする用意がある。プリーシヴィンはカブルコーフよりも愚かで、我々とイヴァーノフ＝ラズームニクの会話を少しもわかっていない。彼によってすべてが吹き込まれたのだ。イヴァーノフ＝ラズームニク自身も何もわかっていない。これは驚きだ！　愛がなければ何も理解できないという真理［イヴァーノフ＝ラズームニクの『生の意味』より］はくり返し証明されている。私は実際に「魂に従って」話しているのだ。イヴァーノフ＝ラズームニクの挑発的な糾問については、我が協会をめぐる問題、教会の誘惑と危険性のことを話した（いつも話題になっていたゆえに）。言うまでもなく、このことを語ったのはたんに、誘惑とはかかわりなく、免疫性ありとして権利あるゆえにだ。「リアリストたち」と話したのは、あらゆる神秘主義の強い叱責の一部での、また一部に対し価値ある譲歩は何もせず、そのことによって特定個人に向けて ad hominem、我々の周囲に彼らの攻撃を受けやすいものが見出せるからと言って、おまえたちはそんなにたやすく我々と別れる権利はないし、別れるべきでないと示すためだ。一言でいえば、イヴァーノフ＝ラズームニクは酔っぱらった司祭を見て教会を捨てるセクトの一員に似ている。彼のことはそのように考え、彼と「酔っ払い司祭」に関する賢者として少し話したが、彼は残念ながら私の「賢明さ」を正しく計らなかった。彼はひたすら冷静さを欠き、悪意に満ちていた、と。[81] 以上のフィロソーフォフとカルタショーフの言葉からは、イヴァーノフ＝ラズームニクが宗教哲学協会年次大会の討論に立ってカルタショーフの発言を引き出した可能性が推測でき、その後二人が論争を巡って接触した事実が読みとれる。

こうした対立は一九一三年五月一一日、『レーチ』紙一二六号の「編集部への手紙」欄に、イヴァーノフ＝ラズームニクの公開書簡とフィロソーフォフの「回答」が掲載されることで幕が下ろされることとなった。イヴァーノフ＝ラズームニクは、これが最後だと強調し、次のように言う。宗教哲学協会指導者たちは、私が引いたカルタショーフの発言「宗教的堕落・放蕩」だけに食ってかかり、彼らにとり重大な私の論文の本質をうやむやにしようとしている。会長のこうした発言がなかったと、彼らは皆に信じ込ませたいと思っている。もう一度強調するが、彼の発言はあったし、彼がそうした考えを否定しようと考える理由がある。もし彼が自分の発言を否定しても――私は彼がそうするとは思わないが――、私はカルタショーフ氏にそのような考え、発言全体を思いださせる権利を留保する。だがそのことを出版物ではこれ以上ふれない。この「論争」にはもう戻ることなく、この手紙で終わりにする、と。フィロソーフォフの「回答」も従来と変わりなく、次の通りであった。「論争は終わり」とイヴァーノフ＝ラズームニクは宣言した。そもそも論争はなかった。有名な社会問題の指導者に対するジャーナリストの文学的に不愉快な攻撃があったが、この攻撃は不首尾に終わった。もはや我々の真実は再生されない。〈……〉イヴァーノフ＝ラズームニクが論争を中断したことで、私は彼を十分に理解する。そのような決定は賢者の遠吠えだ。いずれにせよイヴァーノフ＝ラズームニク氏が誰をも、白を黒、黒を白と決して納得させせないからだ。[82] 論争がここまでくると当事者双方に厭戦気分が生じているようである。これ以後イヴァーノフ＝ラズームニクと宗教哲学協会、とりわけメレシコフスキー・サークルの論争は、完全に物別れのまま公の場からは消えるはずであった。

しかし双方は、なおも自分の正しさを主張し続けている。イヴァーノフ＝ラズームニクは『論争』と『批評』（『遺訓』誌五号）でも、アントン・クライニーとフィロソーフォフへの反論の要点を記す。これは論争終結を宣言した上記五月一一日付け『レーチ』編集部への手紙を踏まえて書かれており、雑誌五号が活字になった日時との時間的な前後関係はわからない。いずれにせよ、「論争は終わり」という気分ではなかったことは明らかである。イヴァーノフ＝ラズームニクは、アントン・クライニーに対しては上述した『遺訓』誌四号掲載の「P.S. もう一度『あったか、それともなかったか？』」を示す。フィロソーフォフに対しては上述の『レーチ』紙（五月一二日）に示す自説の一部を引用する。そこでは、フィロソーフォフの『レーチ』編集部への手紙（五月六日？）にあった言葉「この世の終わり」について、彼に向かって問いを提起したが答えはなかった。彼は、私が「不当にも宗教哲学協会員を卑劣漢で人でなし подлец и мерзавец と見なしている」と、私が考えも言いもしないことを取りあげて粗野な言葉で非難した。また彼は、私が引用したカルタショーフ会長の発言はなかった、と信じたがっており、私の論文［「南京虫……」］の本質を覆い隠そうとする、と反論する。さらにフィロソーフォフが、もう論争は終わりと言いながらも同じ手紙で新たに奇妙なことを書いている、と指摘する。すなわち、イヴァーノフ＝ラズームニクは手紙で、あたかも何らかの「カルタショーフ氏の会話と彼（ラズームニク）には周知の考え」を引用した、という個所である。これに対しイヴァーノフ＝ラズームニクは、自分があちこちで語ったのは私的な会話でなく、宗教哲学協会の公の場でのことで、まさしくその場での会長の発言を思い起こす権利を自分は留保する、と主張する。そして当の会議に出ていた一人物がすでに五月一二日付けの『日』紙で、カルタショーフ会長が協会における別な会話を文学的自慰と評したことをよく覚えている、と皮肉っぽく伝えているという事実を付け加える。この証言に出てくる文学的自慰という会長の言葉こそ、イヴァーノフ＝ラズームニクが思い起こす権利を保留したものなのだが、その表現があまりに強烈なので自らの論文・手紙のどこにも引用することを望まなかったのだ（なのになぜ、フィロソーフォフは会長のこの言葉を表に出すのか？）、と彼は反発する。アントン・クライニーとフィロソーフォフの両氏は勇敢にも、白を黒、黒を白と信じ込む役割を演じ、「驚くべき事実歪曲」を行なうが、事実が彼らを打ち破る。このようにつまらない「論争」に時間をかけ、読者を煩わすのは恥ずかしい、と。[83]

　宗教哲学協会側も、なお自説を新聞紙上に掲載している。論争が頂点に達する頃、カルタショーフはペテルブルクのカブルコーフへの手紙で、掲載されるかどうかわからないが、急ぎ『レーチ』編集部への手紙を書く、と述べている。五月二一日付けのその手紙は、（論争終了宣言から二週間後の）五月二七日『レーチ』一四二号に「編集部への手紙」として掲載された。彼は、自分の名が挙げられる奇妙な論争に関し、宗教哲学協会会長として「堕落」発言を否定する。そして自分がそのような発言をするとすれば、それはまったく別な、敵対的な相手に向けてなされるので、ここから生じたとてつもない誤解は、宗教に対し異質な理解をする人々の許で生じえたのだ、と言う。[84] この論争を詳しく論じたベロウースはここで、カルタショーフの悪名高い発言がなされたとしても、それは宗教哲学協会ではなくその何らかの「敵」を対象としたのだと推測する。ではその「敵」とはだれか？というと、個人的にはメレシコフスキーに忠実なE・П・イヴァーノフである。彼はおそらく「罪ある」裏切り者に対する訓戒と処罰として、協会首脳部によって「罪なき裏切り者」として「生贄」に供されたと考えられる。[85]

イヴァーノフ＝ラズームニクの方も、自らの正当性を妻ヴァルヴァーラ・ニコラーエヴナに語り（五月二九日）、公的な発言こそ止めたが、意気地なく発言を否認するカルタショーフに長文の私信を書くと言う。さらに、会長の発言を確かに聞いて覚えている、と言う人々が『遺訓』編集部にやって来る、と言う。[86] 五月三一日にイヴァーノフ＝ラズームニクは、宗教哲学協会年次大会に出席していたはずの友人で文学者のソログープ夫妻に「笑うべき、不必要な論争」の種子であるカルタショーフ会長の問題の発言があったとの証言を求めている。それに応えてソログープの妻A・H・チェボタリョフスカヤ（宗教哲学協会書記）は六月初め（日付なし）に、自分は出席、夫は欠席と答え、以下のように続けた。カルタショーフはもちろん文字通りそういったが、協会の理念と行動に注意を払って、この言葉の（文字通りの）意味でではなく、極めて不注意に、不正確に言った（彼は会長としてはこんな〝懺悔〟は公にするべきでなく、内部の会議で、〝親しい仲間内で〟言うべきだった）。当日、会長の不適切な発言を喜ぶ知人・出席者たちもいた、と。続いて、「私が思うに、あなたは疑いもなく正しく、フィロソーフォフとギッピウスは（一部で？）動揺する理由がある。なぜなら会長はこれらの言葉で何か違うことを暗示していたと考えられるからだ。私個人としては、我々皆が尊敬し文学と生活面でほぼ同じように知っている人々が、こんな愚かで不幸な論争をすることは残念だ。と言うのは、いかに多くの真の敵が、戦うべき多くの相手がいることか！」[87]。彼女の見解はおそらく多くの会員のそれに近いのではないかと思われる。

このように論争は五月前半に一応幕が引かれた後も、当事者双方の胸の内にわだかまりを残したままであったことがうかがえる。以上の経緯に付け加えれば、翌一九一四年初め、ほとぼりが冷めたかと思われる頃に思いがけなく、宗教哲学協会創設会員の一人であるB・B・ローザノフが論争に言及することとなった。彼は以前にイヴァーノフ＝ラズームニクの文芸評論で「ロシア文学のユロージヴィ」と批判を受けていた（『創造と批評』一九一一年刊に収録）。[88] ローザノフはそれに応え「一一〇番バッジ」を著して反撃しており（『新時代』一二八四八号、一九一一年一二月一七日）、二人の関係は芳しくなかったと見てよい。[89] 他方、黒百人組の出版物での発言のせいで、ローザノフに対しては一九一三年一一月に宗教哲学協会からの除名が提議された。そこで彼はイヴァーノフ＝ラズームニクの例の論文を、宗教哲学協会のあり方とあわせ批判したのである。一一月一四日、宗教哲学協会理事会でローザノフは自発的に退会するよう促されたが、当人は拒否した。彼は「己が顔なき人々」（『神学通報』一九一三年一一号）を著し、まずイヴァーノフ＝ラズームニクが「南京虫……」論文で宗教哲学協会をおしゃべりとペテン師の思想の会のようなものとか、「南京虫的ガリガリ亡者」と呼んだことや、彼の「宗教は終わった」との主張を否定した。そこから一転して、宗教哲学協会幹部に対する積年の不満がつづられる。それによると、イヴァーノフ＝ラズームニクにたいするフィロソーフォフの反論（前述の『レーチ』紙編集部への手紙）が弱く、あたかも「裸足でカノッサ［の城門外］に立つ」かのように恭しい、と歯ぎしりする。それも五年前（一九〇八年）にパリから帰国したメレシコフスキーとフィロソーフォフが、宗教哲学協会を「力づくで転換」させたことに由来する。不満を抱く創設会員たちが去り、ラディカルな者たちは出てこなくなった。こうしたことが現在の協会の重苦しい出来事を生んでいるのだ、と。今やフィロソーフォフによると「ろくでなしが我々を罵っている」。この発言がローザノフにショックを与え、彼は、イヴァーノフ＝ラズームニクと協会指導部との論争を想起したのである。[90] 一九一四年一月二六日の同協会除名から一年以上後にも、イヴァーノフ＝ラズームニクとフィロソーフォフの名が並んで登場する（「束の間のこと。一九一五年」五月一〇日）。[91] ローザノフの除名には宗教哲学協会内の路線対立が素地としてあったことは明らかである。彼は協会を宗教学者でなく「宗教的真理を求めるすべての人々」との出会いの場にしたいと考えていた（一九〇八年にすでにそのような見解をくり返し記している）。[92] 他方、メレシコフスキー・サークル、すなわち協会内主流派は「教会」のような固有の組織の結成、「正会員」と特別招へい者のサークルを目指し、偶々の出席者や好ましくない議論を避けようとする「閉鎖派」であり、彼らにとり聴衆は受け身の存在であった。[93] このような内部事情もローザノフだけでなく、立場の異なるイヴァーノフ＝ラズームニクの宗教哲学協会批判に影響を及ぼしたと思われる。

⑵　生命なき言葉の氾濫

イヴァーノフ＝ラズームニクの「南京虫的ガリガリ亡者」の内容を見よう。彼はペテルブルク宗教哲学協会の会議に出席して報告者、討論者の言葉に耳を傾け、聴衆の構成にまで注目した、という。その報告テーマはナロード、インテリゲンツィヤ、教会、権力であって生と密接に関連しており、その点ではまさしく彼の関心と合致している。しかし彼の認識では、これらのテーマの自然な展開、根・地盤・大地との深いつながりが問題であるのに、同協会で生み出されるものには根がなく宙に浮いており、どの講演でも驚くほど不毛な言葉が発せられるのである。このテーマと結果との関係を例えれば、森に自生するスズランやスミレに対する、花屋で売られる造花と言えよう。続いて彼は、宗教哲学（協）会への失望を露わにする。一〇年ほど前、初期の宗教哲学（協）会の会合では新鮮、必須かつ切迫した議論——トルストイの正教会からの破門（一九〇一年）、良心の自由や教会と権力の問題（国会での論戦）、教会史におけるキリスト教歪曲など——が交わされたが、今では生彩を欠き、すべてが解決済みとされ、古い議論がただ惰性で進められるだけである、と。[94] このような叙述にも、イヴァーノフ＝ラズームニクが発足当初の宗教哲学（協）会に期待をかけるか、少なくとも関心を抱いていた様子がうかがえる。

彼はすでに前節で見たように、ブルガーコフ率いるモスクワ宗教哲学協会が、宗教的しきたりや慣習にこだわり、そこに安らぎを見出して「苔むす湿原」への道を歩んだ、と指摘した。他方、「南京虫……」では、ブルガーコフとモスクワの協会とは異なる道を歩んだペテルブルク宗教哲学協会が以下のように判定される。メレシコフスキーを筆頭とするペテルブルクの協会の人々はモスクワのような「苔むす湿原」を避けようと、「大地に駆け寄り、生けるもの、『ナロード』や『インテリゲンツィヤ』に救いを求めた」が、「水涸れ、乾き、満たされぬ欲望のため」これまた滅亡しつつあり、その原因はモスクワのそれに劣らず教訓的である、と[95]（ちなみにイヴァーノフ＝ラズームニクはここで、ナロードとインテリゲンツィヤを対立させることは正しくない、と持論を挿入する）。以下では、モスクワ宗教哲学協会が「甘ったるい従順さ」を特徴とするのに対して、ペテルブルクでは「無味乾燥な悪意」が目立つ、という彼の主張をたどろう。[96]

イヴァーノフ＝ラズームニクはペテルブルク宗教哲学協会の衰退を説明するために聖書をめぐる伝説をもちだし、概ね以下のように述べる。それは古代のグノーシス派の伝説にいう、ヨハネによる福音書の冒頭「初めに言葉があった、言葉は神とともにあった、言葉は神であった」にまつわる伝説である。ロゴスと世界についてのこの教えは、キリスト教哲学の基礎となった。しかしグノーシス派の伝説によると、悪魔が世界的な生命の言葉（大文字で始まるСлово）を歪め、最初に創られた人間の口に仮の、偶然で無味乾燥な言葉（小文字で始まるслово）を吹き込んだ。そのため生命の言葉（Слово）に代わって、空しく実りなき言葉（слово）が世界を支配している、と伝えられる。この伝説を踏まえると、「ナロード」は間近く親しみ、かりそめにも偶然の言葉のまま放置されなければ真の生命の言葉（Слово）であることは言うまでもない。「インテリゲンツィヤ」もまた、間近によってそれに成り、それと融合すれば真の生命の水の源である（ただしインテリゲンツィヤを狭い「階級的」意味にとらなければ、とイヴァーノフ＝ラズームニクはここでも持論を挿入する）。しかるにペテルブルク宗教哲学協会は、生命の言葉（Слово）から遠く離れて立ち、死せる言葉（слово）をくり返している。そのためСловоは漠然とした紋切り型の言葉という水なき荒野で望みもなく衰弱し、自らの内なる生ける力を失い、自他ともに悲しくも干からびた「ガリガリ亡者」となるだけだ。「ナロードのなかへ入り」、「インテリゲンツィヤのなかへ入った」が惨めな結果を見たメレシコフスキー率いるペテルブルク宗教哲学協会の運命を、イヴァーノフ＝ラズームニクはこのように見るのである。[97]

(3)　内在主義と超越主義

先に触れたイヴァーノフ＝ラズームニクの「自らの宗教」について、彼の述べるところをまとめよう。彼にとり神Богは静謐と沈黙のうちに、秘かに人間の魂の秘密のうちに認識されるものであり、人間にとりこの神が誰であっても広場や喧騒のなかでは認識されない。もしも神を認識し、信じたなら、人はその場で広場へ行きおのが神のことを宣べ伝える。だが、おのが（大文字の）神Богを限りなくこま切れにされた言葉、文学的図式のくり返しのうちに執拗にくり返し求めるのは魂を売ることであり、許されることではない。[98]このように考えるイヴァーノフ＝ラズームニクにとり、宗教哲学協会の会議ではまさに許されないことがくり返されるので、彼は思わずも「年配のデカダン」A・ドブロリューボフの発言「兄弟よ、沈黙しよう」に深く共感するのである。[99]しかもドブロリューボフが不必要な饒舌に倦んで、対話者たちにしばしばこう言った、と語り伝えるのはメレシコフスキーその人なのである。はたして宗教哲学協会の会合に出席し、そこで自らの神を見出した人がいるのか！とイヴァーノフ＝ラズームニクは問う。その後で彼は、同協会の最近の会合［上述の宗教哲学協会年次大会］で熱弁をふるった会長自身が「彼らはそこで宗教的堕落を、宗教的放蕩をやっている」と発言したことを暴露した。そして彼は、自分としては会長のこの強烈な発言が「深く、悲しいまでに正しい」と考える用意がある、と言い、誰にとっても無用なことがとてつもなく多く語られた、と続けるのであった。ぺテルブルク宗教哲学協会のこのような現状をまえにして彼はそこに、「一〇年前に最終的かつ決定的な宗教的真理をかくも高らかに宣言したロシアの〝新キリスト教〟の運命」を見る。そして一〇年後の今日、世界を「新しい道」へと導くはずであった新キリスト教は狭小なセクト主義に、際限なく不毛の文学的宗教的言葉のエクササイズに成り下がっているではないか、と見るのである。[100] 彼の辛辣な言葉の裏から、かつて「宗教哲学会」発足時にこの会にかけた期待が失望へと変わった、と推測されよう。

すでに紹介したモスクワ宗教哲学協会の論文集『レフ・トルストイの宗教について』でE・トルベツコーイは、イプセンの作品の主人公ブランドの「全か無か」の公式＝精神的マクシマリズムの公式に対比して、「キリスト教の観点からすれば無であるよりも何かである方がつねに良い」と述べた（精神的ミニマリズム）。[101] イヴァーノフ＝ラズームニクはゲルツェンに倣って精神的マクシマリズムを掲げ、ローマ帝国とキリスト教の関係を、旧世界と社会主義の関係と重ね合わせて未来を考察する。その彼にとりトルベツコーイのようにキリスト教を精神的ミニマリズムと認めることは、苔むす湿原にはまり込んだ人々のイデオロギー図を仕上げる一筆、と映るのである。[102] 他方、ペテルブルク宗教哲学協会の精神的活動を反映するような論文集はまだ刊行されていないが、もしもそのような書物が出るとすれば、悪意に満ち無味乾燥なものになるであろうことはその会議、報告や講演から明らかである、とイヴァーノフ＝ラズームニクは予想する。生（活）から乖離した紋切り型の表現とセクト的な会の構成ゆえの無味乾燥、およそ生あるものがすべて自分たちと共になく、自分たちを避けることを怒るゆえの悪意。悪意はとりわけ協会の中心人物メレシコフスキーが、自分たちとは考えの異なる人々に――例えば一九一三年には正会員のストルーヴェや彼以外の異論の持ち主に対してはいっそう激しく――投げつける粗暴な反駁に反映されている、とイヴァーノフ＝ラズームニクは一刀両断する。[103]

以上のようにペテルブルク宗教哲学協会を否定するイヴァーノフ＝ラズームニクは、自らと同協会員との相違点を挙げる。そこに見られるのは、自著『生の意味について』（一九〇八年）で彼が提唱した「内在的主観主義」を確認し、「超越的」立場の宗教哲学協会員たちとの相違を示そうという志向である。同著で三〇〇ページ余をかけて展開した主張は、論文「生の意味再論」では簡潔にまとめられている。[104] その志向を以下にイヴァーノフ＝ラズームニク＝「我々」と宗教哲学協会員＝「彼ら」の立場を対比しつつ示そう。彼らは生命の言葉を生命なき言葉に置きかえる。世界と生命から紋切り型の言葉へと遠ざかる。また彼らは、世界は（誰であろうと）一人の人物によって変えられ、救われるべきと考えるのに対し、私はその信仰は大いなる冒瀆であると考える。なぜなら、世界のなかに人間の救いがあり、人間のなかには世界の救いはないからである。[105] さらに「我々対彼ら」の対比が続く。我々は「内在的」人間を、「内在的」人類を信じ、「変容した」それらを信じない。我々はこのような基盤のうえに立ち、地盤を踏まえて勝利を待ち望むという点で、たとえ我々個人の体験がいかに神秘的であっても「リアリスト」である。他方、彼らは奇跡によって「変容した」人類だけを信じ、それのみを踏まえておのが信仰を築き、奇跡と変容によって勝利を待ち望み、それ以外に救いを見出さない。この点で彼らは「神秘主義者」である（とは言え、おのが体験では神秘主義に近づいてすらいない）。[106] 両者の相違点は、内在的なるものを信じるか、それとも超越的なるものを信じるか、にある。あるいは、相対的なるものにおいて生きるか、それとも絶対的なるものにおいて生きるか、である。

内在主義一般については、トルベツコーイは前出の『レフ・トルストイの宗教について』に次のように書いている。「およそ宗教思想の最悪の敵はといえば内在主義であり、その本質は疑いないものとしてこの地上の・現生のものを確認するところにある。それは純粋な形では、限界を超えたものの完璧な全否定でもって表現される。宗教思想にとりこのような内在主義は危険ではない」。[107] この発言に対しイヴァーノフ＝ラズームニクは次のように言う。そのようなナイーヴな内在主義が支配したのはビュヒナーやモレショットの時代のことで、今日の内在主義は哲学的に不毛な「限界を超えた」否定にかかずらうことなく、それを受けいれないだけある。この世の・内在的な「世界の拒絶」がしばしば起こるのと同じく、現代の内在主義はまさしくあの世の・超越的な「世界の拒絶」の可能性を語る。そして内在主義は大いなる力でもってこの世の・内在的な・地上の生を受けいれ、確認する。「世界の変容」・血と肉・生のすべてを確認する。[108] 相対的で内在的なるものの名において生き、闘うことは限定されていて狭い、と一般的に見られるということをイヴァーノフ＝ラズームニクは承知のうえで続ける。この「狭さ」はただ世界の真の肉への・生への・生きた人間への・ナロードへの・人類への関与であり、紋切り型の言葉への関与ではない。生きた・現実の仕事への関与、言葉でなく行為への関与である、と。[109]

イヴァーノフ＝ラズームニクは、真に生きようとする人には二つの条件が必要だと考える。その一つはまさしく、「生のただ中」へ入り込み、すべてでもって、すべてのなかで生きることである。生やこの世の輝きの外にある宗教的あるいは美的構想／紋切り型の不毛の頂点で閉じこもることなく生きるのである。もう一つの条件は、人を愛することである。「生とは愛である Leben ist Liebe」。なぜなら愛の他は死と腐敗の領域であるから。不毛な頂点で実りなく、抽象的に愛してはおらず、積極的な愛においてのみ、生が実現されるのである。[110] このように主張する時も彼の胸中には、形式と法律万能で、生きた人間を死の直前まで見ようとしなかったボブローフの形象が浮かんでいたことであろう。積極的な「生のただ中へ」の参加と愛、この二つの欠如は死を意味した。この二条件が欠けるゆえに宗教哲学協会の講演会では、死せる紋切り型の大言壮語がなされ、そこには積極性も愛もない。あるのは愛なきゆえの悪意、生き血を求める干からびた南京虫的亡者の共食い、積極性を欠くゆえの疲労と無味乾燥、生けるものすべてからの逃避である。[111] イヴァーノフ＝ラズームニクの宗教哲学協会観は以上のようなものであった。

積極的な人間愛というのも、これもまた「相対的」ではないか、とイヴァーノフ＝ラズームニクは自問し、歴史的視点から述べる。まず人間は絶対的なるもの——絶対的と見なしたものへの愛の名において、［大文字の］神、国家、人間の名において、自分自身を犠牲として捧げつつ愛した。おのが［大文字の］神への愛の名において、火刑により命を奪われた長司祭アヴァクーム、「大文字の」国家への愛の名において死んだブルートゥス、「大文字の」人類愛の名において死んだ名も知れぬ英雄たちが挙げられる。そして二〇世紀の今は、最大限の幸福という認識に——人間の名において、人間愛の名において生き、立ち上がり、死ぬという認識に達している。そして我々はすでに人間からナロードへ、人類へ、「大文字の」神へ、永遠で唯一の生へと歩んでいる。その生の沸き立つなかに人類の行為の「意味」がすべて存在する。[112] これがイヴァーノフ＝ラズームニクの歴史的な見通しであった。

論文を締めくくるに際し彼は、この「宗教」（内在主義）はいつの日にか「普遍的義務」に、世界的になるだろうか？と問う。彼が思うに、すべての偉大な世界宗教はすでに完成し、そして命尽きた。キリスト教、イスラム教、仏教や世界宗教の時代は過ぎ去り、今はルドルフ・シュタイナーたちの神智学の時代だがわずかな信徒を集めているにすぎない。人類にとりいかに困難なことであっても、「世界宗教」はもはや存在しない。困難というのは——人間は「内在的なるもの」の名において生き、立ち上がり、死ぬよりも、世界的な「超越的なるもの」を信じて生きる方がたやすいからである。しかし、「内在的なるもの」は常に、大多数の人々にとり無意識の信仰であった。[113] 以上がイヴァーノフ＝ラズームニクの「信仰告白」であった。このような「宗教は終わった」との主張が、宗教哲学協会メンバーから激しい反発を招いたことは先に見たとおりである。

5. 結びに代えて

イヴァーノフ＝ラズームニクはすでに公刊した著書、とりわけ『生の意味について』で、「神秘主義的進歩の理論」（神の宗教）と名付けた立場を宗教哲学協会のそれとみて、自らの立場「内在的主観主義」（人間の宗教）と対比させた。「神秘主義的進歩の理論」とは①「超越的」理論、②「客観的」な生の意味を強調する、③普遍主義の立場をとり、問いを個性化しない、④至善の神への盲目的信仰を要求する、と整理され、セルゲイ・ブルガーコフがこの理論の代表者として名を挙げられていた。それに対しイヴァーノフ＝ラズームニクの「内在的主観主義」は、①「内在的」、②「主観的」、③個性化、④人間の宗教、生の宗教（人間自身が目的）、であり、ゲルツェンがこの思想を最初に説いたとされた。[114]

このような観点を確立していたイヴァーノフ＝ラズームニクは、かつての期待を裏切られて、いわば外在的に宗教哲学協会を批判したといえよう。その彼が自らの思想の集大成と称するのが『弁人論』である。同著は一九二〇年代初めには形を整えたと推測され、その一部を著者の朗読で聞いた、との友人の証言はあるが未公刊のまま、原稿はアメリカ合衆国で、ヤンコフスキー（イヴァーノフ＝ラズームニクの親戚）の子孫の手許に私蔵されている。『弁人論』で彼は、本章で扱った一九一二年前後には否定していた「変容」という言葉を用いて究極の理想へと歩む人類史の流れを想定している、という仮説が唱えられており、[115]原稿を踏まえた検討が待たれる。イヴァーノフ＝ラズームニクは二〇世紀初頭にはすでに「古い」とされたナロードニキの立場を守るが無神論者ではなく、その著述には聖書の言葉が元の意味を変えて使用されるなど、「宗教」への屈折した意識がうかがえる。他方、ひと口に宗教哲学協会といっても一枚岩でなく、多くの論者がしばしば対立する主張を展開しており、彼らが述べるところを踏まえることと、イヴァーノフ＝ラズームニクによる批判とを突き合わせ検討することは今後の課題である。

第Ⅳ章 世界大戦の勃発
——反戦と祖国防衛

1. はじめに

戦争と革命の世紀といわれる二〇世紀初頭に世界大戦が勃発して一〇〇年が過ぎた。二〇世紀末までは、一九一七年のロシア革命とソ連邦成立を現代の起点とする見解が流布していた。しかし同時に、ロシア軍の敗勢が革命につながる第一次世界大戦を現代の始まりとする時代区分も存在した。両者は切り離せない関係にあることは言うまでもないが、ソ連邦解体後の今日では、後者が定説となっている。史上最初の世界大戦勃発にさいして、主として文学・思想・宗教・哲学に関わるロシアのインテリゲンツィヤはどのように反応し、考えたか。本章ではイヴァーノフ＝ラズームニクの時論的論文「砲火の試練」[1]を手がかりに各インテリゲンツィヤ、あるいはグループの発言を検討し、二〇世紀ロシアの歴史を大きく動かした戦争と革命をめぐる思想を探る。彼は「砲火の試練」で、ナショナリズムを発動させ戦争の車輪を回す三潮流[2]を批判の俎上にのぼせる。すなわち、戦争を「倫理的」に合理化するリベラル（ストルーヴェたち）、「哲学的」に合理化するメシア主義的なネオ・スラヴ主義者（ブルガーコフ、ベルジャーエフたち）、そして「社会学的」に合理化する開戦支持の社会主義者（ナロードニキも、マルクス主義者プレハーノフも）である。

2. 世界大戦勃発とイヴァーノフ＝ラズームニク

一九一四年六月末に第一次世界大戦が始まると直ちに、参戦各国における同じくロシア国内でも戦争支持が圧倒的な流れとなった。ナロードニキ的思想の持ち主イヴァーノフ＝ラズームニク（当時三〇歳台半ば）はエスエル党員ではなかったが、首都ペテルブルク（ペトログラード）で同党員と親しく交わっていた。エスエル党、大多数のエスエル系インテリゲンツィヤも開戦を支持し、ショーヴィニズム、愛国主義、祖国防衛主義へと雪崩を打つなかで、彼は当初から戦争反対の立場を表明した少数者中の一人であった。その孤立ぶりについては、エスエルの活動家で反戦派のM・スヴャチツキーが回想で伝えている。[3] イヴァーノフ＝ラズームニクはインテリゲンツィヤ・文学者仲間で反戦の立場を共にする「スキタイ人」グループを組織し（一九一六年）、文集『スキタイ人』を編纂・刊行（一九一七年）して自らの主張を展開した。また、エスエル党、後に左派エスエル党の新聞・雑誌を足場として時論的・文学的な主張を掲載した。大戦勃発数か月後までの彼の見解は、以下の二点の公刊物に示されている。

まず論文「砲火の試練」は一九一四年末に執筆され、ナロードニキのサークル「社会主義者」で朗読されたが賛同者は三、四名であった。翌年には補筆・完成された。彼の反戦の主張は検閲のため発表の途を閉ざされており、手書きまたはこんにゃく版印刷により仲間内でひそかに回し読みされ、徐々に賛同者を増やしていったという。[4] 同論文が文集『スキタイ人』第一号で活字となったのは、一九一七年の二月革命による帝政崩壊、臨時政府成立と検閲廃止の後で、同年八月である。その時に「砲火の試練」には「社会主義と革命――論文『砲火の試練』への後書き」（一九一七年六月執筆）が加えられている。そこでは、開戦から一年半たつとかつての「異端者」＝反戦派が正統的な社会愛国主義者に「頭数を比べる」に至った、と主張されている。[5] なお「砲火の試練」は、同名の社会革命党ペトログラード出版委員会の啓蒙的パンフレット第七〇号『砲火の試練』として刊行されている（一九一七年、本文全四六ページ）。[6]

もう一点、同じ社会革命党ペトログラード出版委員会の啓蒙的パンフレット第七五号『列強は何を求めて戦うか』[7]（一九一七年、本文全二〇ページ）は、「砲火の試練」のII（文集『スキタイ人』第一号、二六四～二六八ページ）と論旨はいうまでもなく、文章も重なる部分があるが、交戦各国の事情についてはより詳しい。その執筆期は内容から推測して、一九一七年五月の臨時政府改造と、六月一七日のロイド・ジョージ演説以降で、同年一〇月のボリシェヴィキによる権力奪取よりも前と推測できる。以下では「砲火の試練」を手がかりにイヴァーノフ＝ラズームニクの反戦の主張の要点を押さえ、次に彼が批判する人々の主張を対比する。イヴァーノフ＝ラズームニクは同論文で、大戦開始前後からロシアだけでなく、ロシアの主たる交戦国ドイツ、ロシアの同盟国イギリス、フランスでも盛りあがったナショナリズム、愛国主義、祖国防衛主義を批判し、自らの戦争反対の主張と、とるべき立場を示そうとしている。彼は社会主義者と自称するが、それは「リーチノスチとナロードの幸福」を擁護するという、ロシア・ナロードニキの一傾向を体現する倫理的社会主義者といえよう。

「砲火の試練」はまず、世界戦争の開始により「世界が理性を失った（発狂した）」と衒学的に騒がれていることに対して、以下のように反問する。なぜ殺し合いは理性喪失で、大型爆弾や窒息性毒ガスは理性的となるのか？と。また、身近な人を大砲や剣で殺すことは理性喪失で、平和時に人が飢えや病気や我々の飽食のために死ぬことはなぜ理性的であるのかわからない、と。[8] モラリスト的とも思える言葉に続けてイヴァーノフ＝ラズームニクは、理性喪失あるいは狂気だと口やかましく語られているのは、世界が何十年にもわたり育んできたメシチャンストヴォ的な文化の結果なのだ、と喝破する。このような発言は、彼が自らゲルツェンの後継者をもって任じ、ゲルツェンの思想をおよそ半世紀後に生かそうとしていることの表れである、といえよう。すなわちゲルツェンは、永遠のメシチャンストヴォの精神が世界で「己が勝利を築き」、各世代の「最良の人々」がそれと戦ってきたことを見た。さらに彼は、遠い将来の「社会主義の勝利」も人類のメシチャンストヴォ精神に対する最終的勝利ではないことを予見したのである。[9] このような表現でゲルツェンを受け継ぐと称するイヴァーノフ＝ラズームニクは、メシチャンストヴォの毒はすべての社会的、政治的組織の血液に深く浸透しており、開戦に際し前言をひるがえして戦争支持にまわった「一九一四年の社会主義者たち」（あるいは「民族的社会主義者」[10]）の行為はその証明である、と言う。[11] そしてこの毒が「煽情的な出版物」が這いまわる沼の底から最高の学識者や文明が立つ山頂に至るまで、感動的な兄弟的団結をもたらした、と交戦各国で圧倒的な戦争支持の風潮を描写する。そこで名を挙げられるのは、学者、ジャーナリスト、評論家、文学者、国会議員、ナロードニキやマルクス主義者の革命家などさまざまで、政治的には黒百人組からリベラル、社会主義者まで、ロシア帝国のほぼ全市民である。さらにこのように立場を問わぬ前代未聞の野合はロシアだけでなく、ドイツ、フランス、イギリス、ベルギー、イタリア、オーストリアなど、どの交戦国にも見られる現象で、「そこでは不健全な党派的反目は解消され、共通の事業・地盤・言葉が見出されたのだ！　世界は理性を喪失したのでなく健全なのだ！」とは痛烈な皮肉である。[12]

ではイヴァーノフ＝ラズームニクは人類最初の大戦をどのような戦争と捉えているのであろうか。英仏露日に米を加えた五帝国が支配する現在の世界だが、一口に言えば、商人の世界支配から世界植民地帝国建設へ、諸帝国の不可避の利害衝突により戦争へと至るのである。彼はこのように世界大戦を捉え、各国が、戦争目的をナショナリティでもってでっち上げ、これが「最後の最後の戦争」だ、あるいは軍国主義に対する「反戦争の戦争」だ、と宣伝するにもかかわらず、現下の戦争は二〇世紀を通して打ち続く大戦の端緒に過ぎない、と指摘する。[13]

このような見通しと、戦争が短期で終わるとする大方の当初予想との違いは明らかである。「砲火の試練」では商人の戦争という表現がくり返されるが、商人という言葉には註釈が必要であろう。これも半世紀以上まえのゲルツェンの発言「商人が世界を支配する」を踏まえている。[14]「砲火の試練」と同趣旨のパンフレット『列強は……』（上述）での言葉遣いと併せ確認すると、大商人（大ブルジョワジー）、支配階級――大商人・大地主・銀行家、あるいは略奪者（闇商人）・銀行家・金持ち・ナロードから吸いとる不潔な輩などが私利のために、勤労ナロードを戦いに駆りたて、ナロードから吸い取り、ナロードの命を奪うという構図が描かれる（『列強は……』[15]）。経済学的な階級という用語は見当たらず、商人という言葉に代表される富者・権力者に対する勤労ナロードという構図が見られる。彼は大戦という世界的現象を見るに際し、マルクス主義的な尺度で窮屈に解釈せず、「大雑把な政治的、経済的な外皮の裏に、複雑な宗教的・倫理的・社会的な核心を見よう」とし、「それにより帝国主義の予言者たちには予想できない成果が得られる」と考えている。[16]ここには彼の評論活動に一貫する、階級を重視し、経済を基盤にしてすべてを見るマルクス主義的方法論への批判がうかがえる。

次に、大戦をもたらした原因について。何が一九一四年に世界の民主主義に世界植民地帝国建設の道を進ませたか？世界を支配する商人が自らにナロードを仕えさせた力とは何か？という問いに答えてイヴァーノフ＝ラズームニクは、ナショナリズム、ナショナルな感情を挙げる。開戦時に麻薬《ハシッシュ》のように効きめを表した「ナショナリズムが大戦の主要な精神的動力」なのである。[17]これは現在から見れば特に目新しい指摘ではないが、「インターナショナリスト」の彼が当時目の当たりにした「ナショナルな昂揚」は、否定的な意味で強烈な印象であったと思われる。戦争の原動力は、外面的には植民地的・経済的な利害、内面的にはナショナリズムである。[18]以上のような観点からイヴァーノフ＝ラズームニクは、ナショナリズムを発動させて戦争の車輪を回す論者たち・三潮流を批判の俎上にのぼせる。いずれにおいても、各国がそれぞれ敵の「残虐行為」、「非文化性」や、（ペテルブルクやパリでは）正義の戦争、（ベルリンやウィーンでは）ロシアの反動からの解放戦争、あるいは民族自決のための戦争だと強調し、戦争を「倫理的に動機付け」しているのである。[19] 以下では、時期的には主に開戦後数か月に的をしぼり、イヴァーノフ＝ラズームニクが批判する人物の著述（特に新聞・雑誌記事やパンフレット）に当たってその主張を読みとるよう努めたが、すべてにはアプローチできなかったことを記しておきたい。

3．戦争の「倫理的」合理化――リベラル

(1) イヴァーノフ＝ラズームニクのリベラル批判

一九一四年夏の開戦とともにロシア国内はほぼ、戦争支持の意見で覆いつくされた感があった。「戦争の車輪を回す三潮流」中、ストルーヴェ以外にイヴァーノフ＝ラズームニクが名前を挙げて批判するリベラルは数多い。ただし、筆者名だけで著述名が挙げられていない場合が多く、すべてを検討することはできない。したがって比較的著名な人物が『ロシア思想』誌に掲載した発言を中心として、その主張を読みとることとする。

リベラルや保守派の政治家や評論家がナショナリズムの麻薬を服用し、解放、統一、民族自決などの原理から始めて植民地帝国建設に行き着き、「正義の行進のために熱心に道を整える」例を、イヴァーノフ＝ラズームニクの文章によって確かめよう。たとえばП・П・ミグーリン教授［一八七〇―一九四八年。経済学者、ハリコフ大、ペテルブルク大教授］は、ボスフォラス－ダーダネルス海峡領有では「東方問題」は解決せず、ロシア国家にはエーゲ海も必要と説く。元リベラルの評論家A・K・ジヴェレーゴフ氏［一八七五―一九五二年。カデット中央委員］は、「民族自決」の観点から被抑圧少数民族のアルメニア人のため「統一アルメニア」（カフカース山脈から黒海沿岸、キリキアまで含む）の建設を擁護し、さらにはパレスティナまでロシア植民地の拡大を主張する。これらの見解に対しイヴァーノフ＝ラズームニクは、次のように疑問を呈する。もし「統一アルメニア」が実現すれば、トルコ民族は分断されることになり、新たな民族的

不公平が生じるが、リベラルの評論家はその点には言及しない、と。さらに、リベラルは世界国家の「歴史的任務」とその有機的発展、ナショナルな目的についての確信的判断とパトスに満ちた議論でもって、世界の商人による植民という任務を促している、と。[20] ロシアの場合、「歴史的・民族的任務」と言われるものとしては、スラヴ諸民族の統一、黒海への鍵の入手、カスピ海からヒマラヤ（中国国境）までの植民地化が挙げられる。これが実現すればまさに世界植民地帝国が成立するが、その始まりは解放、統一、民族自決というリベラルな原理である。しかし植民地帝国建設の結果――イヴァーノフ＝ラズームニクは指摘する――征服され分断された諸民族が存在することになる。類似の例は他にもあげられ、イタリアによるトリエステ、ダルマチア占領とその地のスラヴ人住民、フランスによるアルザス・ロレーヌとライン沿岸占領とドイツ人住民、ドイツによるカレー・ヴェルダン線国境地域占領とフランス人住民など問題は尽きないのに、各国はひたすら防衛戦を戦い、民族自決を尊重するのみである。[21] 概して民族問題にはほとんど言及しないイヴァーノフ＝ラズームニクにとり、この個所はかなり例外的である。

矛盾を孕むリベラルの主張に対し、イヴァーノフ＝ラズームニクの批判はさらに続く。今次大戦の目的としては、これは「最後の最後の戦争」、反軍国主義の「戦争に対する戦争」というでっち上げが流布している（ナイーヴなリベラルのクジミン＝カラヴァーエフ教授の例）。しかも幾人もの社会主義者がこれに賛同しており、そこにはフランス社会党中央委員会のアピールが透けて見えるのである。[22] しかし、これは「最終戦争」ではなく、二〇世紀最初の世界植民地戦争であり、「最終戦争」に関して陳腐な慣用語をくり返すのは幼稚でなければ偽善的だ、[23] とイヴァーノフ＝ラズームニクの眼に映るのである。その上、リベラルのこうした主張はロシアだけでなく各国に共通することを、彼は指摘する。植民地に「ヨーロッパ文化」を導入した全ヨーロッパの商人国家は、かつて自らが植民地に対し行なった残虐行為（トーゴやカメルーンにおけるドイツ人植民者、コンゴにおけるベルギー人、インドにおけるイギリス人など）をあたかも忘れたかのように、今は敵の残虐行為に対抗して正義の実現を唱え、戦争の倫理的目的を語る。しかし、各国はそれぞれ「内なるアイルランド」を抱えているのだ、と。[24]

イヴァーノフ＝ラズームニクによる戦争支持者への批判は国内だけでなく、諸外国の戦争正当化の声にも向けられる。たとえば、ドイツの帝国大学教授九三名が署名したアピール（一〇月二三日）である。[25] そこでは心理学者ヴント、劇作家ハウプトマン、化学者オストヴァルト、動物学者ヘッケル、哲学者ヴィンデルバント、神学者ハルナック、法学者リスト、経済学者ブレンターノ、歴史学者ラムプレヒト他の錚々たるメンバーが名を連ね、ドイツの開戦責任と中立国ベルギー侵犯を否定し、文明のための戦いを主張する。他方ではフランスの哲学者ベルクソンが仏英露「三国協商」国の対独戦争は「野蛮に対する文明の戦争」と公言し、ロシアでは素朴にもストルーヴェが、そのような戦争理解は「文化的・哲学的真理であり、我々は完全に敵の大きさを感じなければならない」と応じる。[26] 一九一四年九月二八日には、ゴーリキーを始めとする作家や芸術家たちの「モスクワ・アピール」が発せられた。そこでは、野蛮なドイツ人の悪行を記し、彼らが手にする武器と目的達成のため考えぬく粗野な力を失うように、と熱烈な祈りが捧げられている。[27] その他にも戦争熱は止まるところを知らず、作家レオニード・アンドレーエフが戦争を煽り、ネオ・スラヴ主義者たち（本章4参照）もまったく同じようにふるまい、[28] 大詩人バリモントやソログープにその他のへぼ詩人たち、宗教哲学協会会員フィロソーフォフ等々も反ドイツ的悪意をたれ流している。[29] イヴァーノフ＝ラズームニクの眼で見れば、あたかも「世界が理性を失った」かのような傾向が国内外を問わずに共通するのは、（ここでその語は用いられていないが）メシチャニーンが遍在する証拠だ、と見られるのであろう。

イヴァーノフ＝ラズームニクは、以上のように戦争の「倫理的動機」をアピールする人々の真摯さを見極める基準として「言葉と行動の一致」を提示する。この基準に照らすと義勇兵となり戦死した人々、すなわちドイツの社会民主主義右派のL・フランク、ロシアの社会革命党員スレートフ、リベラルのコリュバーキン、ストルーヴェの弟子ルイカチョーフたちは筋が通っている。しかるに若者に向けて従軍を勧めるストルーヴェ自身がいまだに従軍せず教室にとどまる学生たちを講壇からいぶかし気に見ているのはどうなのか？が問われるだろう。この例に見られるように、彼らリベラルがいう戦争の「倫理的根拠」は、倫理性とは何のかかわりもない現象だ、というのがイヴァーノフ＝ラズームニクの見解である。[30] なお、ストルーヴェより八歳年下のイヴァーノフ＝ラズームニク自身も従軍していないが、その理由は次の諸点であろう。まず彼の反戦の立場、加えて、学生時代の反政府デモ（一九〇一年三月）時にカザークの革鞭で顔面を打たれて以来、左眼が不自由であったこと、そのデモでの逮捕後、一晩野外で拘留されてひいた風邪から奔馬性肺結核の恐れと診断されたことをはじめ、終生健康に恵まれなかったことである。[31]

(2) リベラルの主張

a――ストルーヴェ

ここで、イヴァーノフ＝ラズームニクが、リベラルの代表格として名差しで批判したП・Б・ストルーヴェ（一八七〇－一九四四年）が、義勇兵として従軍し一九一四年一一月一〇日に戦死したA・M・ルイカチョーフ追悼のため発表した二文によって、彼の戦争の捉え方を確認しよう。ストルーヴェは自ら編集に加わり、影響力を有する『ロシア思想』誌一九一四年一二号の巻頭に、ルイカチョーフの略歴とその人柄を中心に弔詞を掲げた後、あらためて同誌後半部に「偉大なるロシアと聖なるルーシ――A・M・ルイカチョーフに捧げる」を掲載した。[32] 後者はすでに一九〇八年に発表され、ロシア民族主義的帝国主義を理論づけた「偉大なるロシア」を踏まえており、その発表当時ルイカチョーフはストルーヴェの論文を高く評価したという。[33] ストルーヴェは、六年前に書いた論文が大戦勃発後にもまったく訂正の要なし、と自らの構想に自信を示す。[34] この論文は、彼の論集『パトリオティカ』（一九一一年刊）に収録されている。

論文「偉大なるロシアと聖なるルーシ」は、そのタイトルに見られるように二つの部分に分かれるが、重点は前半部にあり、後半部でルイカチョーフのような肯定的人物とその行動が偉大なるロシアに結びつけられる。以下にこの論文の内容を紹介しよう。ストルーヴェは偉大なるロシアという理念の内容と意味を、「民族的国家－帝国としてのロシアの国家的定式」と定義する。[35] ロシア国家は、地理的に民族の核を拡大し、異民族を同化しつつ、多民族的であると同時に民族的一体性をもつ国家へ、すなわち帝国へと変わるのであり、民族的核がなければ帝国とは言えない、と強調される。従ってたとえスイスのように多民族国家であっても、あるいはオーストリア－ハンガリーのように公式名称や強国帝国としての歴史的伝統をそなえていても、民族的核がなければ帝国とはなり得ない。[36] ちなみに彼がロシア以外に本ものの帝国と見るのは、イギリスとアメリカ合衆国である。領土拡大、異民族征服と同化に関する彼の説明は型どおりであり、多くの疑問を孕んでいる。

次にストルーヴェは、多民族的全体のなかで民族的核の存在が、本ものの帝国の特徴を、すなわち拡張の意志と能力を決定する、と言う。民族的核を欠く国家は拡張できず、またそれを望みもしないものだが、それにもかかわらずバルカン地域に勢力拡大をめざすオーストリアの志向は内的に矛盾し、国家の存在にとり破滅的である、と再度オーストリアに否定的な判定が下される。[37] さらに、偉大なるロシアというのがロシアの国家的定式であり、ロシアの力を表すが、その力は物質的、外面的なものだけではなく、国家が創る歴史において国家を通じて働く偉大な真の力、すなわち文化的、精神的な力もある。国家‐帝国が依拠する民族も精神的概念、精神的力なのであり、一般的にいえば力と真理の相互関係は、民族と国家の歴史的運命において分離や対立など考えられないモメントであり、歴史においていわゆる「粗野な力」だけでは長く勝利することはできない。[38] このように言うとき、偉大なるロシアが聖なるロシアと結びつけられる準備ができているといえよう。力（権力）と真理の関係は形而上学的な問題で、個人にとっても民族にとっても歴史における避けがたい謎だ、とストルーヴェは見る。ただし、レフ・トルストイのように前もって権力を疑い、弾劾するような見解は、力と真理との不可欠の関連を理解しないという欠点がある、との指摘がなされる。[39] 第一次世界大戦開始の数年前に死去したトルストイの非暴力主義思想は、他のインテリゲンツィヤの発言でも否定的に触れられるが、それは視点を変えればトルストイの大きさのあらわれであろう（本章4⑵d、5⑴も参照）。

以上のような考察を踏まえて、ストルーヴェは現在の戦争に以下のように言及する。この戦争で要請されるのは、「ロシア帝国の帝国的任務とスラヴの使命を実現し、帝国の外面的拡張を究極まで進める」ことである。[40] ロシア帝国にとってこの戦争でなすべきことは三点である。①ロシア人が住むガリツィアの再統合。これは、いわゆる異常な「ウクライナ問題」を解消し、ロシアの内的健全化を実現する。②単一の有機的ポーランドの再生。再生ポーランドの大きさはともかく、この使命はロシア政府にも社会にも明らかで、一九一四年に心理的に偉大な任務と意識されている。③海峡、すなわち黒海から地中海への出口の管理、あるいは影響力と支配の獲得。これはロシアの経済、政治にとってだけでなく、近東の全民族にとっても不可欠である。なぜならボスフォラス‐ダーダネルス海峡におけるロシアの存在は、その地のキリスト教諸民族の共住にとり唯一・不可欠・十分な保証であるから。[41] 両海峡領有とロシアが果たす仲介者・調停官の役割に関してストルーヴェは、ドストエフスキーによる一八七七年の預言者的指摘（彼にはまったく誤った預言もあるが、これはまったく正しい——ストルーヴェ）をそっくり受けいれる。[42] この部分は露土戦争に関わるドストエフスキーの『作家の日記』一八七七年の三・四章を指すと推測できる。

以上のようにストルーヴェは、ロシア帝国拡張の「正しい」理念と、現下の戦争遂行を主張するが、その主張はもう一つの、精神的‐宗教的理念と結びつけられる。彼は続ける。偉大なるロシアが生き生きとした有機的統一体であるためには、一九〇五年一〇月一七日にもたらされた正しい秩序と代議制体の原理が実現されねばならない。[43] 一九〇五年革命時にツァーリ・ニコライが発した十月宣言に基づく偉大なるロシアの内的整備という政策は、彼の中でもう一つのロシアの精神的存在の要素、理念とつながるのである。

戦争の遂行とその目標を掲げたストルーヴェは、ここでもう一つの主張にとりかかる。「国家と国力は唯一なのではなく、人間の意識にとり究極的価値でもない。我々が期待し、信じ、望むのは、我々の国家の存在が機械的、独断的でなく、有機的に、我々の最高の宗教的理念の生きた民族的行動に従うことである」。これが、「ロシアの事実と力を表す偉大なるロシアと、ロシア的真理の事実と理念を表す聖なるルーシの同盟[44]」である。このような信念は、ヨーロッパの大戦争が民族意識によって堪え忍ばれ、戦争でロシア軍があらわす真の顔において得られる、と彼は見る。そのロシア軍は前線や塹壕で、組織的な武装勢力の巨大な奔流としてだけでなく、聖なるルーシの力、献身的行為、苦痛と謙遜の力をも体現している。「かくして戦いと死の広野で、灰色の農民軍の無数かつ無名の英雄たちの無限の献身的行為において、力と真理の合流という宗教的奇跡が実現し、歴史における最大の謎が解決されている[45]」。以上がストルーヴェの戦争肯定の発言であった。イヴァーノフ＝ラズームニクはストルーヴェをリベラルに分類しているが、彼はこの時点ではすでに政治的には君主主義者といってよいこと、一般にロシアにおけるリベラルは、欧米におけるとは性格、主張が異なり、より立憲君主制的であることはすでに指摘されて久しい。その主張は、ロシア国家の主張そのものである。[46] 開戦から数か月の時点でのストルーヴェの予定調和的な発言と戦況との関係がどこまで一致するのか、ここにも問題があることは言うまでもない。

b――イズゴーエフ

A・C・イズゴーエフ（一八七二―一九三五年）の名もストルーヴェの協力者としてイヴァーノフ＝ラズームニクによって挙げられているが、発言の出典は記されていない。そこで開戦直後に発表されたイズゴーエフの見解を、全ヨーロッパが直面する「転換期にて」（『ロシア思想』一九一四年八―九号、一〇号、一二号に連載）で確認しよう。[47] まず、「引き金の前に」の副題をもつ同誌八―九号論文で彼は、一九一四年七月一九日（ドイツの対ロシア宣戦布告）からほぼ一〇〇年まえのウィーン会議以来のヨーロッパの死を見る。しかし彼は「歴史のカタストローフ的‐黙示録的な解釈には惹かれ」ずに、「古いヨーロッパ文明の破滅と新しいスラヴ文明の交替を語るのは滑稽」と見る。[48] なぜなら、ゲルマン主義との戦いでロシアは、もっとも輝かしいヨーロッパ文化の国イギリス、フランスと同盟しており、英仏両国抜きにロシアはこの戦争を一国では戦えないからである。[49] この戦争の偉大な意義を、彼はどのように見ているか？　それは「文化的に遅れたロシアと拡げられたスラヴの旗が、ドイツの装甲クラーク［ユンカー］からの解放の事業で、旧ヨーロッパの最高の文化的諸国と歩調を合わせること」である。くり返せば、「ロシアは西欧文明を独自のスラヴ文明に替えようとはせず、スラヴ人とその他の自国民族をヨーロッパ文化へと導く」のである。[50]

イズゴーエフの立場は明確に西欧派的であると同時に、ロシア帝国の外交政策とも合致している。事実、彼はヨーロッパ、否、人類の最大の課題として、①ドイツ軍国主義、プロイセン的封建制の残滓との戦いと、②スラヴの中心であり、独立国家を形成できない多くの民族を引きつけるロシアの再生、の二点を挙げ、戦勝によって社会の民主化と、下層階級の上昇が達成される、と考える。[51] それに対し彼が否定するのは、スラヴ主義者がいだく西欧文化死滅の期待と、その主張に精神的に類似すると見える社会主義の希望である。国際的な社会主義のたてまえの開戦による崩壊という現実、各国社会主義者の戦争協力、ブルジョワ階級と対立するプロレタリア階級により行なわれる社会的クーデタの理念の明白な破産は、彼の主張を裏付ける。[52] とりわけドイツ社会民主党は人類の解放者でなく強制者であり、強制者から世界を解放するのがロシア、イギリス、フランスの軍隊である、と位置づけられる。[53]

日露戦争での敗戦に見られるロシアのもろさ・弱さを指摘する見解に対してイズゴーエフは、人類は民主的体制、（戦時下で進む）経済的結合、社会的不平等の緩和へと進み、偉大なヨーロッパ文化の強国としてのロシアも同じ道を歩むのであり、ロシアは日露戦争の敗北を経て変わった、と見ている。すなわち、一九〇五年の十月宣言の結果、かつての機械的つながりが有機的融合に変化したこと、具体的には素朴で政治的に未熟なナロードが市民に変わり、全住民のまえに公正で兄弟的で自由な生活が表れたということである。その結果が一九一四年の士気となって表れており、ロシア市民は戦争で血によって結ばれている。[54] いまやロシアは、何によって世界に貢献するか、というチャアダーエフを苦しめた問い『哲学書簡』に対して、ドイツ軍国主義を倒し、自らの血でもって人類に自由で平和な労働により生きる可能性を与えるのだ、[55] と明快な答が打ち出される。イズゴーエフも十月宣言以降の国家体制を肯定している。

イズゴーエフが帝国統合の原理として言及するのは言語である。「世界を装甲ドイツ・クラークの恐怖から解放する使命を課された」ロシア国家の核としてプーシキン、トゥルゲーネフ、ドストエフスキー、トルストイのロシア語が挙げられる。ツァーリの宣言、国会、帝国軍事令の言葉など、帝国のすみずみまで響くべきロシア語は、他言語を強制せず、生き、発展させ、言語間の対立があれば至る所で上級裁判所の役割を果たし、多言語アナーキーのオーストリア－ハンガリーの歴史をロシア帝国は繰りかえさない。[56] ロシア帝国内に数多い非スラヴ民族の存在をイズゴーエフは意識し、彼らが帝国に利益と新しい力をもたらすとともに、彼らもロシアを通じて世界の文化、文明を獲得するのであり、彼らを二級市民の位置に押しとどめれば、信仰・言語・歴史的記憶の異なるスラヴ陣営のなかにも新たな対立を生む、[57] とロシア語による国家統合、スラヴ統合を唱える。きわめて楽観的な見解であるが、外交では、スラヴ民族中最強のロシア民族は全スラヴの指導者・精神的中心・保護者であり、地中海への出口を保障する近東に注目し、イギリスとの親交により自由な貿易を守る、とする。[58] ここに国内外政策に関するイズゴーエフの見解が語られている。

彼は、戦争がすぐに終わるとは考えていない。ロシアの歴史の意志によって始められ、予め定められた偉大な十字架の道、反ドイツ軍国主義の戦いは厳しく・長いので、これに備えよう。[59] 今、政府と社会、ナロードとの完全な一致が必要だ、勝利なき休戦以上に惨めなことは思い浮かべられず、本ものの「忍耐」、「団結」を祖国は第一に必要としている。[60] このような呼びかけは戦争支持、「場内平和」の呼びかけには違いないが、戦争の短期終結という大方の意見とは異なるところが目に付く。

連載の第二回目（『ロシア思想』誌一九一四年一〇号）には、「何によってロシアは脅かされているか？」という副題が付されている。ここでは敵国側の主張の一部が参照され、批判される点が目を引く。まず、ドイツの心理学者ヴント（先述の、著名ドイツ人教授九三名によるアピールに署名。本章3の註25参照）の「戦争について」と題する次のような講演（九月）内容である。ヴントは、ロシアが「ドイツの援助で」ヨーロッパ文化を国内に普及させるという課題を未だ達成できず、依然として野蛮なままであり、支配下の文化的国々を野蛮化している、と決めつけたことが伝えられる。続いて彼は、ロシアとの戦いを東方の野蛮との戦いと見て、ロシア支配下の文化的諸民族の解放を、すなわちロシア領ポーランド人はオーストリア－ハンガリーへ入り、バルト・ドイツ人はドイツへ帰国、フィンランド人は独立へ、と説いた。その上で「現在の戦争が正義の戦争であることを示す」というヴントを、当然イズゴーエフは否定する。[61] さらに、オーストリア－ハンガリーの国会議員レヴィツキーが、ベルリンの新聞に発表した「黒海からのロシア排除」発言が取りあげられる。それは、南ヨーロッパで何世紀も長引く危機の根本原因除去のため、「モスクワ・ロシアを黒海から締め出し、ロシアとバルカンとの間にウクライナで閂をかけること」を主張する。その結果ロシアはヨーロッパから隔てられて内政とアジア領へと注意を注ぎ、バルカン諸民族はロシアの介入なしに、民族的基盤を踏まえて国際関係を整えるであろう。[62] 以上のようにレヴィツキーは、モスクワ・ロシアの後進性（その裏面としてウクライナの先進性）、ロシアにおけるウクライナへの抑圧（言語その他で）、ウクライナの地政学的・経済的重要性など、きわめて現実的な問題を紹介しているとされ、イズゴーエフはそのような見解を批判するのである。

c——コトリャレフスキー

もう一人、リベラルの歴史家で立憲民主党中央委員C・A・コトリャレフスキー（一八七三—一九四〇年）の「平和のための戦争」（『ロシア思想』一九一四年一〇号）、「ロシアと近東」（同一一号）[63]も、開戦前後の雰囲気のなかで書かれたと見てよい。そこでは現在の戦争の道徳的側面として、これが平和をもたらす最後の戦争であることが挙げられる。[64] そして中途半端な平和は新たな戦争、新たな軍国主義の重荷をもたらすので、現在の戦争を勝利まで完遂せよ、と主張される。[65] 具体的には、ドイツの領土を奪って軍国主義の基盤をなくし、ドイツ国内の政治を改造せよ。トルコ帝国全体、とりわけコンスタンチノープルにおけるドイツの勢力を排し、全ヨーロッパ及びロシアの利益を確立せよ、[66] となる。平和維持のための国際的組織としてはハーグ会議（万国平和会議）を踏まえて、強制力をもつ仲裁裁判所の実現に触れられている。[67]

コトリャレフスキーは「ロシアと近東」では、戦争に「福音書の偉大なる日」の到来[68]を感じ、歴史の新時代に「ロシア国民の物質的・精神的力が満開となる」[69]と記す。しかし、その筆致はメシア主義的なネオ・スラヴ主義者とは異なって世俗的であり、地政学的な見解が見られる。彼によると、近東はロシアの外交問題よりもロシア文化の基盤と正教理解とにつながり、コンスタンチノープルへの道は物質的と道徳的との二つの関心と結びつく。[70] すなわち、黒海とボスフォラス‐ダーダネルス海峡の自由通行により発展するロシアの交易上の利益と、トルコ帝国内のコンスタンチノープル正教会とドナウ諸公国の正教徒住民の保護の二つである。[71] 続いて主張されるのは、ロシアには両海峡の重要性が他のヨーロッパ諸国より比較にならぬほど大きく、ロシアには戦時にも黒海が閉鎖されないという保障が必要で、そのため海峡に強力で反ロシア的な勢力が現れないこと、スエズ運河にあるような中立性や、自由都市コンスタンチノープルが必要だ、との主張である。[72] ロシアにとり戦争の意味は何に存するかというと、自由な海の達成と海峡におけるゲルマン主義の壊滅にある。それは国家防衛のみならず、ロシアの経済的発展にも通じ、キリスト教徒の解放事業という側面をもつ。解放はアルメニア人をはじめカフカースやバルカン半島でも、ロシアの庇護・保護下に進むだろう。[73] このような主張はリベラル陣営では一般的で、大筋でロシア政府の主張に沿い、それを補強する役割を果たすものと言えよう。以上のいずれの場合でもイヴァーノフ＝ラズームニクにより、「リベラルの言う『倫理的』モチベーションは倫理性とは何のかかわりもない現象となっている[74]」と切って捨てられるであろう。

4．戦争の「哲学的」合理化――メシア主義的な現代のスラヴ主義者

(1) イヴァーノフ＝ラズームニクのメシア主義者批判

以上のようにリベラルの倫理的論拠を論じたイヴァーノフ＝ラズームニクは、次に哲学‐宗教的に戦争を正当化し、ナショナリズムを「メシア主義的」に強調する潮流に目を転じる。彼にとってはこちらの方が一層興味深いようである。彼は言う。今次大戦を、世界に対するゲルマン的スチヒーヤ（Deutschtum――原文）の勝利をもたらす（オストヴァルト[75]の言説）とか、あるいは、スラヴ民族によき知らせをもたらすと認め受けいれるスラヴ主義者の言説には信仰が必要だ。ロシアのメシア主義的なスラヴ主義者は戦争やナショナリズムを哲学的・倫理的に根拠づけようと試み、神、人類、最後の審判や歴史の意味等々についての高みから問題の本質にアプローチする、と。[76] ここから彼らの宗教的色彩を帯びたナショナリズムへの批判が展開される。

メシア主義者のような神への信仰はもたないイヴァーノフ＝ラズームニクは、信仰の問題で彼らへの反論は不要と考えるが、彼らの試みはリベラルの「正義」の観点よりも興味深い、として彼らが静穏な書斎で戦争を称賛・賛美する論拠を分析する。[77] イヴァーノフ＝ラズームニク自身の立場は、キリスト教の神でなく生身の人間を擁護する立場であり、個人のリーチノスチと社会性を掲げる。その主張はすでに戦前に彼の第二の著『生の意味について』（一九〇八年刊、第

二版一九一〇年）でゲルツェンを受け継ぐ「内在的主観主義」として明確に語られた。それは次いで『インテリゲンツィヤについて』（一九一〇年。インテリゲンツィヤを知識を独占する搾取階級として否定する『マハエフシチナとは何か』一九〇八年に、新たに道標派を論じた「悔い改めるラズノチンツィ」を併せて一冊とする）でも展開された。さらに一九一四年に始まる戦争と一九一七年の革命を経験した後も繰りかえされ、彼の思想の集大成とされる未公刊の『弁人論』につながると見られる立場である。[78]

イヴァーノフ゠ラズームニクは、ブルガーコフを筆頭とするメシア主義的な「スタロコレンヌイ」の宗教的色彩を帯びたナショナリズムを以下のように捉える。今次戦争はヨーロッパの文化現象とロシアの超越的精神の戦いである。ロシアには世界を「神の法」に、さる存在論的真理に従わせる任務がある。戦っているナロードの献身への準備のうちに最高の宗教的理想主義が体現されている、と。[79] それに対しイヴァーノフ゠ラズームニクは、静かな書斎で説かれる宗教的理想主義と武器との関係はいかに？　双方をいかに架橋するのか？と問う。この問いに対し彼らは「（自分のでない！）犠牲の血」、「犠牲的熱意」、「温和な従順さのうちの自己犠牲的献身」、「偉大なる犠牲の秘密」等に関し多くを語るが、その際彼らが言葉でなく行動で応えたなら！とイヴァーノフ゠ラズームニクは指摘する。そして彼ら現代のスラヴ派の主張はその師ヴラジーミル・ソロヴィヨーフの「戦争の意義」正当化、「十字架と剣は一体」という告白（義和団事件、黄禍論）を踏まえている、と見る。[80] しかしナショナリズムを論拠づけるのにメシアニズムだけによるのでは弱い、それでは信仰だけを基礎とする空中楼閣である。[81] それに対してイヴァーノフ゠ラズームニクの立場はこうである。すなわち、至高の価値への信仰と不信仰との間には、至高の価値の評価という領域がある。私は神が存在するか否かの問いには介入せず、神は存在するとして、神を受けいれるか否かを問うことに代え、そして受けいれない。たとえ戦争に超合理的価値があるとしても受けいれず、自分の人間的価値＝社会的な、古い「ナロードの幸福」に代える。その価値とは個人主義的で、「人間のリーチノスチ」である。[82]

イヴァーノフ゠ラズームニクが名を挙げて批判するメシア主義者、あるいはネオ・スラヴ主義者とは誰か。それは「真摯だがつねに知的には語らない」ブルガーコフ、「無遠慮な」エルン、「知的で抜け目のない」ヴャチェスラフ・イヴァーノフ、「やや色合いの違う、悪文の」ベルジャーエフ、「ナイーヴな」ゲルシェンゾーンたち、総じて「モスクワのスタロコレンヌイ старокоренный」である。その他にE・トルベツコーイの名も挙げられている。[83] 彼らメシア主義者の幾人かは開戦の三か月後、ヴラジーミル・ソロヴィヨーフ記念モスクワ宗教哲学協会（以下、モスクワ宗教哲学協会）の講演会（一九一四年一〇月六日、ポリテクニク博物館）で戦争を論じ、その報告は『ロシア思想』誌一九一四年一二号に掲載された（ラチンスキー、E・トルベツコーイ、ヴャチェスラフ・イヴァーノフ、ブルガーコフ、エルン、フランクの六名）[84]。本稿では、これらの人々の中からブルガーコフ、ヴャチェスラフ・イヴァーノフ、エルンを、そして他にベルジャーエフを取りあげよう。そのいずれにもキリスト教＝ロシア正教的な「聖戦」意識があふれている。まずブルガーコフであるが前章で論じたように、イヴァーノフ＝ラズームニクはすでに開戦前の一九一二年に彼を論文「苔むす湿原」で取りあげている。そこでは、プリーシヴィンによる短編『ニーコン・スタロコレンヌイ』が手がかりとされた。論文の趣旨は、古い世代を代表する短編の主人公（タイトルはその姓名）が、神の声を聞きつつも時代に取り残され、苔むす湿原の淵で滅びゆくように、「現代のスタロコレンヌイ」＝ブルガーコフも同じ運命をたどるであろう、というものであった。「砲火の試練」では前論文の主旨を受けつぎ、苔むす湿原にはまり込み救いようのない「現代のスタロコレンヌイ」の一人ブルガーコフの戦争論に対する批判が展開される[85]。

(2) メシア主義的な現代のスラヴ主義者の主張

a――ブルガーコフ

イヴァーノフ＝ラズームニクが批判するC・H・ブルガーコフ（一八七一―一九四四年）の新聞記事の内容から確認しよう。ブルガーコフはロシアとドイツの開戦から約三週間後の一九一四年八月五日、『ロシアの朝』紙に掲載した「祖国に」でこの戦争への態度を明らかにした[86]。それはイヴァーノフ＝ラズームニクから「好戦的な同僚たちを擁護する試み」と見なされている[87]。以下にブルガーコフの主張を要約・紹介しよう。

ブルガーコフは、歴史的に分裂していた病めるロシアで「治癒の奇跡」が達成された、と戦争によってロシアが一体化して本来の姿をとった、と強調する。「おお、祖国よ、聖なる大地よ！」、「汝の罪なき息子たちの殉教の血によって我らが国家と社会の罪は雪がれ、歴史的な大赦が購われ、赦しの言葉が語られる。進め、して今後罪を犯すな。進め、選ばれし者よ、真理と自由の明るい祭日へ。『手に杖を、心に十字架をたずさえ』進め、幸いなるものよ、すでに汝の手許の『十字架と剣は一つ』だ」。戦争を究極の悪とする平和主義者に対抗して、彼は他者や真理に自らを捧げる戦士の自己犠牲、献身を尊び、「正義の戦争は恥ずべき、臆病な平和よりも尊い」と断言する。[88]「十字架と剣は一つ」は、ヴラジーミル・ソロヴィヨーフの詩「龍（ジークフリードに）」（一九〇〇年）から採られている。[89]

ロシアの歴史に即していうと、ブルガーコフが見た「ロシアの一体化」とは、ピョートル大帝以来ツァーリとナロードの間に生じ、強まった壁が、開戦によりわずか数日どころか数時間で壊され、両者が一体となったということである。「正教の白いツァーリに関するモスクワ・ルーシの夢」が新たに燃えあがる。それは専制・憲法・反動・革命・反対行動・法ではなく、権力ですらなく、「秘密の超権力、神秘的な地上の権力の源泉」なのである。その時に教会は、従来のようにナロードの魂のなかに埋もれ、侮辱すら受けるような状態を脱し、いまや人々の胸に燃えあがり消えることのない宗教的炎のなかに存在する。「宗教的な道にはロシア精神の宝が、聖なるルーシの宗教における歴史的な使命が溶け込んでいる」のである。[90]ブルガーコフのこのような表現には、教会の現状に対する批判が含まれるとともに、戦争という世俗の問題をまえにしながら、政治は権力者に一任し、神の世界に専念するという、宗教的な態度がにじみ出ていると言えよう。

このようなスラヴ主義的な主張は、インテリゲンツィヤの仲介で一般に広がっている「故郷のものを極度に無視する空虚な西欧主義」の批判へとつづく。ドイツ軍による攻撃により西欧主義は、「国際的」社会主義・社会主義の軍団・社会主義的多数者の連帯などの幻とともに永久に亡んだ。現に戦場では祖国のため互いが戦っているではないか。世界戦争の顔をしたヨーロッパの戦争は、「ヨーロッパ文化の限界、条件を表しており、もはやそこには地上の楽園とおなじく、天上の王国も信じることはできない」。戦争は、「ロシア・インテリゲンツィヤの西欧の偶像、ベリンスキーとその子孫たちの信念」を打倒した。注意深く観察すれば、現下の戦争は「ヨーロッパ文明の全般的危機」を表し、「成熟と終焉が近づいている」証拠なのである。西欧はすでに語るべきことは語りつくし、「光は東方から」来る。したがって、「今ロシアはヨーロッパの諸民族を精神的に導く使命を帯び、ロシアは人類の精神的運命にたいし重大な責任を負わされている。そのためにロシアは精神的に自由であり、ヨーロッパに対する精神的従属から抜け出さねばならない」。[91]ロシアの使命についてはブルガーコフだけでなく、他のメシア主義者によってもしばしば言及されるが、この「使命」がいかなる根拠に基づくのかについての説明は不要と見なされているようである。

さらにブルガーコフは主張する。西欧の悪しき影響はナロードの一体性の破壊やロシア内部の分裂などをもたらし、このような時にベイリス事件［一九一一年］は悪影響を与えた。しかし「悪しき炎」は、「プロレタリア」による戦争で祖国が脅かされ、人々が情熱と敵意にかまける自らの行動に気づいた時に消えさった。そしてロシア精神は、異国の不自然で無意味なスローガンや赤旗から、聖なる祖国を防衛するために立ち上がった、と。[92]

彼は戦争による祖国の一体化の例として、民族問題の解消をも指摘する。フィンランドやポーランドなど帝国内で不満を抱く民族が、ロシア国家を己が祖国と感じてそれへの愛を意識し、ロシア国家のために犠牲になる準備を見せている、と。さらにユダヤ人も宗教的な期待から同様な意識を抱き、つまるところロシアの全民族が覚醒し、忠誠と祖国防衛に向かう。かくしてロシアのツァーリによる支配下に、自由な共住と全民族の発展の夢が魂に呼びおこされるのである。[93] 民族問題がそれほどたやすく解消されたか否かは、その後の歴史に明らかである。

民族間だけでなく、社会的な亀裂・反目、すなわち古来ロシアにはびこる政府とインテリゲンツィヤ間の分裂、官僚の高度な作業能力を評価できない社会の側と、排斥され、自由な社会生活を嫉妬する官僚側の不信も、戦争という試練の時に広汎な祖国愛の高揚により修復・解消される、とブルガーコフは言う。政府とナロードとの一体性の強化は、あたかも母親が自分の息子たちを包みこみ、仲直りさせるかのようであり、ナロードに支えられる政府は、凶作、戦争遂行の重荷、産業の停滞などとの戦いを恐れず、戦いを成功させる手段を見出すであろう。「かくして敵軍の剣による打撃の下で、我々は国家性の明るい祝日を祝っている」。[94]「謙遜にして強力な汝は、戦功をふまえ、摂理の命ずるところ、汝のツァーリに従うルーシを見るであろう」。[95] このような表現はイヴァーノフ＝ラズームニクには受けいれ難い。

ブルガーコフの言葉はさらにメシア主義者的性格を強める。悲劇が始まる。ヨーロッパ世界は燃え始めた。生ぬるいメシチャンストヴォの時期は終わった。黙示録の赤毛の馬が歩を進めている。キリスト教徒には、世界の救済の、世界的悲劇の十字架を担うことが委ねられる。[96] 昂揚したブルガーコフの発言は以上のとおりである。個別的にはもっともと思わせる指摘と、強烈な独善性とが表裏一体の関係にある。ヨーロッパ文明の全般的危機や、メシチャンストヴォという言葉に、他のメシア主義者たちとの共通性と、しかしその内容の相違がうかがえる。さらに二か月後の彼の発言では内容がより詳しくなる。

＊＊＊

先に記した一九一四年一〇月六日のモスクワ宗教哲学協会での講演で、ブルガーコフは「ロシア的思考」という題で発言している。[97]そこでは、この戦争の意味、ヨーロッパの運命、ドイツとの戦いの意味、ドイツの運命、そして自らのとるべき行動等が論じられる。

ブルガーコフは、今次の戦争によって一五―一六世紀、いわゆる近代以降のヨーロッパ世界（新ヨーロッパ）とその文明の土台が揺さぶられ、歴史の全時代が裁かれて普遍的歴史の導きの下、新たな歴史あるいは新たな時代が招かれる、と見ている。彼によると、これまでのヨーロッパ文化はメシチャンストヴォ的であったが、そのバベルの塔では黙示録的な崩壊が進行しているのである。[98]メシチャンストヴォについてここでは説明はなされないが、ブルガーコフだけでなく、後述するベルジャーエフも、他のロシアの諸思想グループでも、メシチャンストヴォという語はしばしば共通して否定的に用いられている。ブルガーコフには、開戦によって「メシチャンストヴォ文化を創った精神的獄舎に致命的なひび割れが生じ、そこから異なる空気が感じられ、青い天が輝く」という表現も見られる。[99]また、資本主義の進展が限界に近づき、カール・マルクスが待ち望んだ資本主義の大破局 Zusammenbruch が始まっている、という表現からは、かつて経済学者として出発し、「マルクス主義から観念論へ」転向した彼の面影がうかがえる。[100]

講演で語られる現在の戦争の原因は、何よりもまず、「ナショナルな経済的競争の結果、全世界を政治的、経済的に従える目論見、力と富、世界における覇権を求める戦い」に求められる。この戦争の中心はドイツで、祖国ロシアは資本主義の対決で積極的な役割を果たすのでなく、引き込まれた、との認識が見られる。いずれにせよ、全ヨーロッパの流血で資本主義は経済的に弱まり、資本主義的デカダンス、偶像のたそがれが起こる、とブルガーコフは見ている。[101]

ここでブルガーコフは、新ヨーロッパ文明の歴史的特性を挙げ、その特性は今次大戦によって生み出される「新しい歴史」に受けつがれるだろうと見る。[102]新ヨーロッパとは、いわゆる近代ヨーロッパという意味であると考えられる。そこでは人間の自己認識が以下のような言葉で表される。すなわち、啓蒙主義、合理主義、自己中心主義、理論と実践における唯物論、[103]そして社会主義を不可避の影として伴う資本主義。このように自己認識する人間は、神秘的中心から自らを切り離し、教会から離れ、広汎に生を世俗化、合理化、機械化している。言いなおせば、宗教外的ヒューマニズムと、干からびて貧しくなり汚されたプロテスタンティズムとが、その精神的奔流の基本的方向で、それは最初の源泉からますます強く遠ざかる。[104]このような歴史にかかわる固有名詞を挙げれば、ルターとヒューマニストたち、カルヴァンとルソー、百科全書派とベンサム、カントとマルクスである。彼らが進める方向で生の規範となるのは合理的メカニズム、機械的人間で、個人は「経済的人間」と見なされる。ここから新ヨーロッパの精神的な冷たさが、また現代のプロメテウスの顔の特徴である生気のなさと、精神的メシチャンストヴォが生じるのである。[105] このような捉え方は、神を中心とする点を除けばイヴァーノフ＝ラズームニクと相通じる。ここでブルガーコフが神秘的中心、最初の源泉というのは、神を指すこと、このような歴史の捉え方がスラヴ派的であることは言うまでもない。しかもブルガーコフは、開戦直後の試練によりベルギーやフランスで、経済的合理主義の薄い表皮の下に近代化以前の生きた魂が保持されており、両国民がそれを想起していることがわかった、と言う［具体的なことは不明。同様な発言はベルジャーエフにも見られる］。ブルガーコフはこれを、「父の家」を出て「遠くの国」へ去った［放蕩］息子が衰弱して、父の家への哀愁《トスカー》を覚える時期が近づいた、として喜ぶ。[106] 彼にとり、神意による戦争がもたらしたメリットと言うべきなのであろう。

　ここから話はさらにドイツ（人）論、ロシア（人）論へと展開する。ドイツ人は新ヨーロッパ的人類の発展史のなかで、もっとも優れ、もっとも悲劇的な役割を演じている、とブルガーコフは見る。彼らは古来の民族的美徳――ドイツ的忠誠と有能――を、メカニズムと合理主義の生贄に供した。ドイツ的特色が今日一般に、意識的か否かにかかわらず、ドイツ嫌いやほとんど神秘的な恐怖を抱かせるのは、彼ら自身が達成した異常さや、他者から機械的人間といわれるようになったためである、と。[107] そして、ドイツが達成した精神的ヘゲモニー、すなわち科学性や普遍的体系は全ヨーロッパを、とくにロシアを捕え、今日でもロシアではドイツの精神的軛からの解放は不十分なのである、と付言される。[108] ロシアと対比されるヨーロッパ、ピョートル改革以来ロシアもその影響下にあるヨーロッパとの関係の評価は、ここでもブルガーコフを捉えてはなさない。

　ブルガーコフは、今日の悲劇的な結末、道徳的痛みにもかかわらず、従来の歴史をもっとも意義ある歴史時代の一つであると見る。とくにそれが間接的にキリスト教から生じたことが（ただしキリスト教から逸脱したが）重要なのである。しかし、この時代にキリスト教から創造的人格と精神的力だけが受け継がれたのではない。自然力《スチヒーヤ》を所有しようとする志向と、宇宙的創造主《デミウルゴス》の任務にも、キリスト教的人間の意識が反映された。そしてそのデミウルゴス的力が「ゲルマン的」誘惑の基盤となった、と彼は指摘する。[109] ではロシアはどうなのか？　ロシアの歴史的運命と課題、ロシアとは一体何か？という問いが、再び我々の目前にある、と彼は言う。ロシアは悪しき、遅れたヨーロッパなのか、青春を知らずに急ぎ年を重ねたのか？　それともヨーロッパ入りするとともにヨーロッパではなく、歴史的功績により自らを、また今、年老いてカオスに陥ったヨーロッパをも精神的に再生させる使命をロシアは帯びているのか？　滅びたビザンチンの後継者と感じた時代以来、この問いが今ほど強く、鋭くなったことはない、と彼は考える。[110]

　このようにロシアの使命を語ったブルガーコフは、今次大戦にロシアが参戦する意味を次のように語る。現在祖国ロシアは真理と自由の守護者の立場を選択し、ヨーロッパの諸民族と同盟してヨーロッパをヨーロッパから、より正確には新ヨーロッパから、とりわけドイツの危険性から守るため、諸民族の自由の旗を掲げて戦いへと近づいているのである。[111]これはロシアが防波堤となりヨーロッパを守るという言説の一ヴァリエーションである。では、ロシアは何の名において戦うのか？　ヨーロッパ化してきたが、ドイツ的なるものが主役の新ヨーロッパに精神的になじんでおらず、未だ処女で自由に選択できるロシア。新ヨーロッパの罪に積極的に加担せず感染しただけで、悪魔に誘惑されて個人的・社会的・経済的な規範としての人神‐人獣崇拝を確立するようなことはしなかったロシア。キリスト教をプロテスタントのように実践的で現世的なモラルに低めるようすり替えなかったロシア。このようなロシアが、ヨーロッパの歴史の精神的原理を独自の道によって斥けうるし、ヨーロッパ文化から滅びることなく、救うに値するものだけを受けいれうるのである。さらに、この変革により、バベルの塔の否定と神の都の希求、「黙示録」に預言された「最初のものの復活」とキリストが治める「聖なる千年王国」がもたらされるのである。[112]

　ロシアとヨーロッパの対比はさらに続く。ヨーロッパは中間で、ロシアは究極。ヨーロッパは文化と国家性で、ロシアは超文化、超国家性、白いツァーリの黙示録的神政。そしてロシアの歴史的創造はナロードの胸から、正教のロシアから生まれる。ロシアの創造とは、ドストエフスキーが言うように、正教の潜在力を開くこと。「ロシアは信じるしかない」と詩人チュッチェフが歌ったのは、「ロシアが自らのうちに聞く声は未来を、歴史の水平線の彼方に隠されているものを指しているから」である。この声が若さの印で夢想・幻想でしかないのか、それとも黙示録的選びの本ものの証拠なのかはどうしてわかるのだろうか？　ロシアがとるべき道は、懐疑的あるいは嘲笑的な薄笑いを呼びおこす合理主義的な西欧主義の道ではない。では、悲惨で不安定な歴史の道をたどり、衰弱と初期の隠者の静寂に陥り、時に信仰を失って絶望に苦しむロシアが、世界史における自らの時代に近づきつつあると考えられるのか？[113]

　ブルガーコフはここで、失われた信仰の再生に光を見出して言う。高き所から告げられた裁きの日々が近づき、新たな旗印が現れ、希望が蘇り、ナロードの魂にきわめて貴重な何ものかが生まれ、全ロシアが――ツァーリとナロードが何か新たな神秘を体験して、我らは再びロシアを信じる！　このように精神的再生を遂げるにあたり、ロシアは「聖なる戦争と偉大なロシア軍の謙虚な自己犠牲に負っている」。ロシア軍は戦場で恐るべき敵から祖国を救っただけでなく、己が神聖な血でもってロシアを再生させ、我らの浅い信仰の罪を贖っている。戦場の勇士は魂の苦行者である！　全員が外敵との戦いだけでなく、精神的な敵、無気力、薄信との戦いにも召集される。「我らは天から下された運命と軍勢に相応しくあろう。希望に忠実に、望みは堅く、心のうちに来るべき、期待されるロシアを慈しみ、取り戻そう。ロシアだけでなく、ロシア以上に高く、尊い、ロシアの魂、聖なるルーシを！[114]」。ブルガーコフは聴衆にこのように呼びかけるのである。

ブルガーコフの「祖国に」と「ロシア的思考」を並べると、共通するのは聖なるルーシ、正教の白いツァーリの下にまとまるロシア、という表現である。相違点、というより紙幅の関係であろうが、近代ヨーロッパ文明・文化の終焉（間近）意識が、後者ではより詳しい。近代ヨーロッパの代表として新ヨーロッパ主義のドイツ、プロテスタントのドイツを位置づけ、その毒に汚されないロシアが対比される。相違はまた、一九一四年八月（開戦直後）と一〇月（タンネンベルクの悲劇後）という時間差、掲載紙『ロシアの朝』と、宗教哲学協会での講演という発言の場の違いにもよるであろう。

b――ヴャチェスラフ・イヴァーノフ

哲学者にして詩人ヴャチェスラフ・イヴァーノフ（一八六六―一九四九年）は、ヨーロッパ文化に対する深い造詣をにじませつつこの戦争がもつ肯定的意味を謳いあげる。[115]彼は開戦から三か月の時点で、神により世界的運命を刻印されたこの奇跡の出来事［戦争］を契機として「全世界的事業」が遂行されると見なす。ここでの「全世界的 вселенский」という言葉は、「世界的 мировой」や［訳語は同じでも вселенский とは別な］「全世界的 всемирный」が含まない意味で、外面的に広いという意味でなく内面的に深い意味で用いられる。言いなおせば вселенский は、分割された世界の個々の部分の集計という意味でなく、超感覚的で、世界精神の内的で生きた一体性（ソボール的一体性）という意味をもつ言葉である。したがって「全世界的事業」について語ることは、精神（道徳）的問題について語ることである。そして彼は、全世界的事業が聖なる［戦争の］日々に祖国を創ることを知って、祖国の事業の全世界的意味を問うのである。[116]

ヴャチェスラフ・イヴァーノフは、人間の思考の空しさを教えるこの戦争で、ロシアが全世界的事業を引き受けるという大きな責任を神から委ねられた、と考える。人間の理性はこの事業を一部しか理解できないができる限り理解し、全世界の根源に真に忠実であれば、我々は揺るぎなき壁、全世界的な光の母に守られるであろう。[117] このような観点からすると、敵国ドイツはどのように捉えられるか？　彼は、統一を成し遂げたドイツ［一八七一年］には肯定的な民族精神の原理を見てとるが、思いがけない贈り物［ドイツ帝国］を摂理の手から受けとる傍ら、彼らは早くも暴力と抑圧を生み、獲得した善を悪用した（この世での罪）、と見る。[118] ヴャチェスラフ・イヴァーノフは、そこにギリシャ悲劇や、ゲーテの『ファウスト』の主人公に見られる狂気を思わせるものを見出す。しかし、悪魔メフィストフェレスに魂を売ってこの世での幸福と不死を手にしたファウスト博士は、最後にグレートヘンによって救われるのに対して、永遠の女性的なるものを信じない現代ドイツに救済はないであろう。[119] このように、彼は否定的なドイツ評価を示す。

では、ドイツの目的は、「勝利への意志」の起点とは、悲劇的で出口なき「世界に冠たる」価値とは何か？　ここでヴャチェスラフ・イヴァーノフは、ドイツは文化という言葉を「公民意識」、「教養」、「啓蒙」などにすり替えるが、そこには理論的には高度なリアリティなしに主観的内容をまとめあげようという意図が、また現実的には世界征服者の主観に一致させようという意志が見られる、と指摘する。ドイツの文化的行動と軍事的行動は一体的本質の二つの面・顔である。それを表すのが、開戦後にドイツ思想のもっとも優れた代表者たち九三名による悪名高いアピール（前述）である。「現代ドイツの文化は世界を奴隷化し、すべてを包括するドイツの意志の組織以外の何ものでもなく、そこには［勝者と敗者を区別する］生物学的公理«sumus qui sumus, vae victis!»以外のいかなる核もない」。このようなドイツ文化のあり様をヴャチェスラフ・イヴァーノフは精神への罵り、無神論と呼ぶ。[120] ドイツ人が文化に関して語ると、彼の耳には民族精神を自殺へと誘う悪魔の誘惑、大審問官の歌の新たな反復、アンチキリストの最後の誘惑と聞こえる、とも言う。[121] ここではニーチェの否定的な言葉が利用されている。

ドイツ文化を徹底的に否定した後ヴャチェスラフ・イヴァーノフは、神の手中にある自分たちの事業の肯定的・創造的な意味を感じつつ言う。戦争は人間の魂の基本的な道を選択するために行なわれる、と。[122] その結果、チュッチェフが預言したように、世界的に巨大なスラヴ族の待望の国家機構があらわれ、ロシアとポーランドはツァリグラードで和解するのか？　スラヴ世界共通の祝日に、ポーランドを解体したロシアの歴史的罪は洗い流されるか？　分割されたポーランドの再生は成るのか？　それとも、血まみれの罪の償いで、ポーランドの身体のように聖なるルーシの至純の肉体は八つ裂きにされるのか？[123]　彼の主張は、一方では祖国の歴史を省みつつ、他方では全スラヴ世界の統合という、さらに大きな問題を孕む夢想を示唆している。ポーランド問題でロシアが犯した罪の意識も彼の脳裏には存在する。さらに彼は、現下の戦争の帰結次第で、ゲルマン主義の勝利によって、キリスト教以前の未開の闇への突入すらも予想する。自分たちはキリストの十字架とともにある、勝利は十字架を担う者が世界の根源たる神に忠実であることを条件とする、と確認して講演は終わる。[124]

c――エルン

哲学者B・Φ・エルン（一八八二―一九一七年）は「カントからクルップへ」[125]で、その博識を敵国ドイツの分析に適用する。開戦によって、突如血に飢えた猛獣となった「哲学民族」とその文化との整合性、カントやヘーゲルをプロイセン・ユンカーの軍国主義的企ての原因とする見方、あるいは、カント、ヘーゲル万歳、チュートンの野獣どもに死を！　等々の議論がまき起こった。エルン自身は、このような単純化した世界史理解に反対する、と称して、以下の三点を確認する。①嵐のようなゲルマン主義の蜂起は、カントの分析によって予め定められている。②クルップ砲はきわめて深い哲学性で満たされている。③カント哲学へのゲルマン精神の内部転写と、クルップ砲へのゲルマン精神の外部転写とが当然、運命的に一致する。[126]　エルンは「カントからクルップへ」というタイトルで論じるのは、偉大なドイツ文化の一体性と連続性のゆえである、という。しかし彼の主張もずいぶんと単純化されており、哲学用語を駆使した戦争プロパガンダといえる。

まず①について。エルンは、カントの『純粋理性批判』に記された現象論が以後のドイツ思想にとり不動の軸となり、ドイツ民族の歴史的自己決定計画に転写された、と見る。すなわち、「理性」の無条件的優越というプロテスタント的雰囲気のなかで全民族の理性がカテゴリカルに、本源的真理と定められた。カント理論はニーチェ以前にすでに古い神を抹殺しており、それ以来ドイツ文化の複雑で巨人的な現象は、ひたすらドイツ精神の探求不可能な深奥部で行なわれるショッキングな神殺しの秘密への全ドイツ的な関与となった、と言うのである。[127]　カントと神のかかわりを説く説とは反対にエルンは、理性と本質＝神とのコンタクトがカントにより「立法的に」断ち切られた結果不可避的に、この世の暴力と権力の王国を、地上の支配、地上のすべての王国と富をドイツのものにするという巨大な夢想がもたらされた、と見る。そして、全世界の軍事的占領と武力による強制的な世界的覇権としてのゲルマン主義が、カント『純粋理性批判』初版の現象論的原理に根をもつ、と推論するのである。[128]

次にエルンは②で、当時世界最強の武器と謳われたクルップ砲はドイツ軍国主義の子でカント哲学の孫、と断定する。彼は、歴史のスタイルを研究し、時代とその秘められた精神の間には驚くべき一致がある、という。その例としてパリのノートルダム寺院の中世のゴシック建築が挙げられる。そこでは外面と内面とが生き生きと橋渡しされ、内面のエネルギーが外面のさまざまな物質的形体（ゴシック建築の塔、彫刻、怪物像、ステンドグラス等々）に転写されているのである。[129] この観点からすると、ドイツ民族が製造した道具であるクルップ砲には、彼らの基本的で深い生命感、哲学用語に表現される強力なものが現れている。クルップ砲はドイツ工業の頂点で、その製造には物理学、力学、数学、建築技術などが最先端まで、前例のない発達をとげ、世代をこえて学者、産業家と政治家の協力と、さらにある秘密の民族的コンセンサス、深く種族的な意志の自己決定とを必要とする。[130]

三段論法の結論部でエルンは、偏見なき歴史家の結論［歴史家というより、哲学を戦争の現実に応用した哲学者というべきであろう］を提示する。「根深い民族的夢想にひたり、嵐のようなバッカス的ゲルマン主義の蜂起は、壮大で衝撃的であるだけでなく、悲劇的で十分に世界的な意味を呈すると思える」。[131] 彼は現代ドイツの光景には古代ギリシャ悲劇の要素が見られる、とヴャチェスラフ・イヴァーノフの比喩［先述の講演］を受けて言う。その要素とは、ギリシャ人の悲劇的破滅の根底に隠されているがしばしば告げられることのない罪で、悲劇の一端緒となったと感じられる、神に対する傲慢である。傲慢はドイツの悲劇の根幹をなす、とエルンは指摘する。ドイツでは、エックハルトに最初にあらわれた形而上学的傲慢が、カント『純粋理性批判』のもっともオリジナルな部分に浸透し、ヘーゲルにおいて広がり、ニーチェで悲劇的狂気へと移行した。傲慢は理性の力の陰りにつながり、ドイツの狂気は科学的・方法論的・哲学的な形態を経て最後に軍国主義的乱行へと進んだ。ドイツの最終的破滅は遠くない。[132]

以上のように敵国ドイツの運命を予言したエルンは最後に、全世界とロシア民族の未来を手中にする偉大な戦いの神に二つのことを祈ろう、と呼びかける。一つは栄光に満ちたロシア軍の、精神的力と偉大な生神女の保護による勝利である。もう一つは、ロシアがヨーロッパの悲劇のカタルシスをもっとも奥深くまで体験し、ロシアがドイツ文化の残虐な現象の周辺を克服するだけでなく、そのもっとも深い原理から自由になること、である。[133]

宗教哲学協会の講演、とりわけエルンの講演について会員の態度を確認しよう。E・トルベツコーイは九月五日に、協会に資金を提供するM・K・モローゾヴァにあてた手紙で概ね次のような計画と懸念を表明している。場所は（音楽院）大ホール、戦傷者に役立てるため有料（最前方の席数列が最高五ルーブリ）、もっぱら今日の問題を扱い、質問なしとする。痛烈で今日許し難く、危険な論争による摩擦を減らすべきだが、ブルガーコフが西欧の腐敗を、神を孕むロシアを、ドイツ語［世界に冠たるドイツ］からの拙く有害なロシア語訳で「世界に冠たるロシア」と語ると、そうなるだろう、と。[134] さらにイリイーンによると、宗教哲学協会会員たちはエルンに対して「ドイツに関し『装甲人間 Бронированный свиш』の題を認めず、『現代ドイツの危機』という題で話させた。だがエルンに譲歩して『カントからクルップへ』という副題は認めた」。[135] これらの証言は、講演の周到な事前準備でブルガーコフやエルンの講演の反ドイツ的論調を少しでも和らげようという意図があったことを示す。しかしエルンの著作では、当時刊行されたか、ペレストロイカ以降の刊行かを問わず、この講演の正式題目は「カントからクルップへ」となっている。

d——ベルジャーエフ

H・A・ベルジャーエフ（一八七四—一九四八年）もイヴァーノフ＝ラズームニクによってメシア主義者の一人として名を挙げられ、批判の対象となっている。しかしベルジャーエフは、ブルガーコフたちが登場した上記モスクワ宗教哲学協会講演会の講師ではなかったようで、講演会での発言を掲載した『ロシア思想』誌に彼の発言は載っていない。そのことが宗教的態度を共にしつつも、メシア主義者のなかでベルジャーエフが微妙に異なる立場にあることを示していると思われる。彼は世界大戦開始の一九一四年八月から同年末までに、戦争をめぐる七編の考察を新聞『ロシアの朝』、『取引所通報』に掲載した。それらの文章はソ連解体後に『戦争の罪——論文集』（一九九三年）、『戦争における未来主義——第一次世界大戦時の評論』（二〇〇四年）に収録された。[136]

両書に収録された大戦勃発直後の彼の発言から、ベルジャーエフの戦争観をうかがおう。発表時期が開戦にもっとも近いのは「戦争と社会主義の危機」（『取引所通報』一九一四年七月二六日）である。[137] それはサラエヴォにおける皇太子夫妻暗殺に応えてオーストリア＝ハンガリーがセルビアに最後通牒を突きつけた三日後、最後通牒が宣戦布告へと変わり、ロシアが動員をかける二日前のことである。そこでは社会主義の危機は明らかにヨーロッパにおける戦争の一帰結であり、国際主義的・空論的・マルクス主義的社会主義（この時点では社会民主主義ともいう）はもはや終わった、と指摘される。彼は社会主義がいうように階級ではなく、個人と同じく国家（ナーツィア）が主体であり人類の生の根本原理である、と主張する。社会生活の悪しきプロセスに対して階級理論はアクティヴな創造性を欠き、パッシヴであることを強制する。それは彼が終生重視する自由でなく、宿命の勝利と見なされ、従って否定されるのである。しかしナショナルな原理と個人主義の原理とが社会民主主義者に、プロレタリアート独裁とその絶対性に徐々に浸透し、空論的純潔性を壊してきた。社会民主主義の危機はベルンシュタイン的修正主義に始まり、社会民主主義を革命的プロレタリアートの宗教から実務的社会改革の党へと変えていった。その時ヨーロッパにおける戦争が起こり、ナショナルな本能と利害が階級のそれより上位にあること、すなわち事実が理論より上位にあることが、ドイツ社会民主党の戦争支持により確認されたのである。[138] ベルジャーエフはまずこのように社会主義を捉える。次に彼は資本主義に目を向け、前代未聞のその生産力の成長はそれのみが幻でなく現実であり、社会主義は資本主義を反映する、と言う。現代ドイツでは侵略的な軍国主義（ユンカー）、緊張しきった資本主義（ブルジョワ）、そして精神においてブルジョワ的な社会主義（都市労働者）が利害対立しながら独自に絡まりあっており、その姿は近代的かつ未来主義的である。ドイツの敗北は軍国主義的・資本主義的・社会民主主義的社会、技術的にもっとも完成されいかなる過去の社会よりも非情な社会の敗北、そして国際的ブルジョワ資本主義とブルジョワ階級以上にブルジョワ的理念に感染した国際的社会民主主義の敗北である。すなわち社会主義の危機はブルジョワ性の危機である、と。[139] この主張にはヨーロッパのブルジョワ社会、そのブルジョワ性「メシチャンストヴォ」に対する否定の念がにじみ出ている。最後にベルジャーエフは戦後には新しい社会形態が現れる、と主張する。すなわち戦争が不可避的に経済生活の部分的社会化、国家によるその調整をもたらし、人間生活の組織化という新たな経験をはぐくむというのである。ただしいうまでもなく社会や国家による経済の調整は、空論的社会主義が予め決めているような形態ではない、とベルジャーエフは宿命でなく自由の立場を念押しする。かくして二〇世紀は、実証主義的世界観の一九世紀が知らなかった課題、自然の力を調整するという、壮大な創造的課題を前にしているのである。[140] 宣戦布告直前のこの論文では、まだ比較的冷静な態度がうかがえる。この一編だけは『戦争の罪』に、以下に採りあげる六編は『戦争における未来主義』に収録されている。

三週間ほど後の「戦争と復活」(『ロシアの朝』一九一二号、一九一四年八月一七日)[141]では、考察がよりドイツに対し攻撃的で宗教的になる。彼は、戦争が神の摂理により不可避的に起こり、ロシアだけでなくヨーロッパに復活をもたらす、としてその意義を確認する。すなわち、戦争・革命・民族移住など、物質的側面、外部に見られる歴史の背後に隠された精神的な力の働きを見て、それこそが生の基本的な動きと結びついている、と述べる。[142]続いて彼は、戦争には「衰弱した生気なき魂を罰し、滅ぼし、浄め、復活させる」という側面があり、そのような生の矛盾を理解しないと抽象的な空理空論に陥る、という。その空論の典型的な例として挙げられるのがトルストイの「無抵抗主義」の理論である。ベルジャーエフによれば、トルストイにあっては本能的な真理が合理主義的に否定され、怒り・名誉・死に至るまでの誠さ・強者のまえでの弱者の擁護といった熱烈な感情的真理が否定されている。そのように空論的な「無抵抗」・コスモポリタニズム、抽象的で生命なき平和への愛・人間愛は、生きている祖国への愛、敵から祖国を守る奔流的な本能、抑圧者・強制者に対する聖なる怒りに場を譲るべきである。[143]ベルジャーエフはこのような表現で「空論」を否定し、祖国の名誉のための戦いを擁護するのである。なお、このような主張から、数年まえに彼も寄稿した論集『道標』におけるインテリゲンツィヤ批判がトルストイにも当てはまる、と考えていることが推測できる。トルストイは大戦勃発の四年足らずまえに没しているが、トルストイの思想は進行中の戦争のなかでまさしくその意義が問われ、異なる立場の論者により、たとえ否定のためであれ、言及されるだけのインパクトをもつといえよう。トルストイとトルストイ主義者、トルストイ主義については、後段でも言及される。イヴァーノフ=ラズームニク、ストルーヴェやプレハーノフもそれぞれ、現実の戦争と絶対平和主義との関係でごく短くだが言及している。

ベルジャーエフとすれば、現在の戦争も摂理により不可避的に起こったことになるが、彼は主戦場のヨーロッパを、永年ブルジョワ的生活に覆われ、過度な敵意と憎悪、忌むべき強欲を背後にそなえた偽善的な幻覚の世界と見る。そこでは軍国主義のみが平和を保ち、民衆の血を吸っている。そして奇妙なことに、ヨーロッパ軍国主義の堪え難い軛からの解放をなしうるのは、戦争だけなのである。[144]「ブルジョワ的」という言葉、先述の「衰弱した生気なき魂」という表現、またここでは使われていないが他の著作ではしばしば顔を出す「メシチャンストヴォ(的)」という言葉は否定的な意味をもち、ベルジャーエフだけでなくブルガーコフにおいても、また立場を異にするロシア・インテリゲンツィヤの発言でも頻出する。

次に否定的に取りあげられるのが、現下の戦争におけるロシアの敵、「戦闘的で侵略的な汎ゲルマン主義、全世界にクラーク手」ドイツであり、そのドイツに対比されるのはスラヴ、ロシアである。侵略的な汎ゲルマン主義と帝国主義の担い［ユンカーの意味］・野蛮な力・威嚇的な文化をもちこむ恒久的な軍国主義の王国、自己満足的な軍国主義を望むドイツと、不自然な汎ゲルマン主義の脇枝であるオーストリア。世界支配をもくろむドイツ帝国主義、衰えたラテン民族にとって代わろうとするゲルマン主義のイデオロギー。若く、将来の希望に満ちたスラヴ民族をドイツ化しようとする願望。スラヴとゲルマンの全世界史的対立。汎ゲルマン主義と汎スラヴ主義の対立。バルカンの諸スラヴ民族と汎ゲルマン主義。以上のようなおなじみの認識と用語が並べられる。[145]

続いてベルジャーエフによると、現下の戦争は汎ゲルマン主義と汎スラヴ主義の戦いであるが、それは国家と国家の争いであるだけでなく、より深くにあるドイツ精神とロシア精神との戦いなのである。戦争は、侵略的・闘争的で軍国主義を異常に拡大し、異郷に領土を求めるドイツ人に対するに、侵略的でなく、攻撃的な軍国主義的情熱とは無縁なスラヴ人、とりわけ防御と無私の献身を精神的本質とするロシア人の間で展開されている。[146] このようなロシア人像が無条件的に前提とされるところに特徴があるが、先へ進もう。この「防御と無私の献身」は国際政治においても表れ、歴史上ロシアは再三にわたり自己犠牲の使命を引き受けた。すなわち、タタールの侵攻からヨーロッパ文化を守り、ナポレオンの侵攻からヨーロッパを救い、スラヴの解放のため、キリスト教徒を迫害するトルコを粉砕した。いわゆる「防波堤としてのロシア」説であるが、ベルジャーエフはそこに「選ばれた者の使命を刻印された不思議で特別な運命」を見る。そして今ロシアが選ばれて使命を果たすべく与えられている課題とは、文化的な技術で武装し、かつてのゲルマン人の野蛮さをそなえたドイツ軍国主義の危険性から、スラヴ民族だけでなくすべての文化的世界を守ることだ、と始まった対独戦争が意義づけられる。[147]「防御と無私の献身」のロシアという表現・思想は、この著述に限らず、ベルジャーエフに限らずくり返されるが、それは論証の必要もないロシアの使命である、と考えられている。

以上のようにロシア（人）とドイツ（人）は対照的な存在とされるが、その関係は単純に善悪に二分されるわけではなく、相互のつながりも指摘される。彼は、帝国主義、ナショナリズム、官僚主義はロシアに接木されたのだが、その際ドイツが小さくない役割を果たした、と見る。つまり、ドイツ人による国内組織への侵食でロシアの国家性は歪められ、機械化、官僚化されたが、そのドイツ人の大量流入がロシア人をドイツ風から解放し、ロシアの魂に合った国家を打ちたてるのに役立つであろう、と。[148] ドイツの影響は認めつつ、その悪しき部分を克服するロシア、という捉え方である。

ベルジャーエフは、「犠牲を通して達成される不可避な歴史の弁証法[149]」を強調する。絶対的な神の下で生きるゆえに、表面的な犠牲の彼方に復活を見出すのである。これは生身の個人の幸福を掲げるイヴァーノフ＝ラズームニクと真っ向から対立する点である。ベルジャーエフによると、平和は道徳的宣伝では達成できず、戦争と、悪のエネルギーの除去によってのみ得られる。つまり、戦争は恐ろしい悪だが、たんに悪なのでなく、地上の多くのもののように多義的なのである。戦争は国民の性格、勇敢な精神を育み、勇敢な魂を強める。また戦争の試練と自己犠牲により柔和・柔弱、ブルジョワ的充足と静穏、個人的・家庭的なエゴイズムが制限される。[150] ここでいう「柔和・柔弱、ブルジョワ的充足と静穏、個人的・家庭的なエゴイズム」は、メシチャンストヴォの一語で置き換えられよう。それは彼とイヴァーノフ＝ラズームニクとが相似た感性をもつことを示すが、にもかかわらず二人の立場は相容れない。ベルジャーエフは戦争に伴うプラス面を以下のように挙げる。すなわち、世界戦争において戦争技術の完成が自己否定へと通じ、平和の宣伝よりもはるかに早く戦争の可能性自体を克服するから、戦争は不可能だ、と彼は主張する。最強の軍備が戦争を抑止する、という論法であろう。また「戦争技術の完成」については、当時の水準としては飛躍的な武器開発と一変した戦法が与えた強烈な印象がうかがえるが、一世紀後の現在からすれば、当時「完成」と見られた技術はいまだ展開途上にあったと言える。加えて、彼には世界戦争が短期で終わる［終わってほしい］という、これも当時一般的な見通しがあった。なぜなら戦争の長期化は、文化国家の絶滅と、ナロードが堪え忍んだことのないほどの零落をもたらすからであり、それゆえにドイツに対する早期の勝利と平和が必須となる。[151] このように戦争によってロシアと世界の復活がもたらされるべきなのであり、それが「戦争と復活」というタイトルの意味するところである。

では、ロシアと世界の復活とはどういうことか？　ブルジョワ的平穏を渇望して道徳性を喪失した諸民族のうちに、人間の本性が秘める英雄的精神の再現。共通の・全民族的な・全世界的なものによる、私的な関心や個人的・家庭的な閉鎖性の支配の打破。祖国と真理を守る戦争による、名誉と市民性の感情と最後の俗物における超個人的な感情の眼覚め。そして、世界戦争の恐ろしい経験による生の宗教的深化と、その秘められた意味の究明。[152] このような主張には、宗教によるこの世の生の一新、メシアニズム的思想が表れている。その際に手本とされるべきはナポレオンを撃退した一〇〇年前の祖国戦争である、とベルジャーエフは言う。当時、ロシア・ナロードは民族的意識を強めたが、それは民族エゴイズム的・略奪的で帝国主義の虚偽を生み出すような意識ではなく、ロシア・ナロードによりヨーロッパと世界のために為される真理の事業の意識であった。この精神を現在の戦争でも継続するべきであり、この戦争でロシア・ナロードは世界の真理の事業のため使命を与えられたことを再認識するのだ、とベルジャーエフは考える。[153] 従来ロシア内部には反目、暴力があり、悪意あるものがたまって壊死と腐敗が始まっている［民族問題もそうだと、彼は考えていると思われる］が、カタストローフ、「浄めの火」だけがロシアを復活させ、ロシアの意志を偉大なる事業へと向かわせることができる。[154] このように現在の戦争の意味が示される。そして「この戦争は［一九〇四〜〇五年の］対日戦争とは違って国家や政府の戦争でなく、国民《ナロード》の戦争となろう。そのような戦争で民衆と社会はより強くなる。戦時に祖国防衛で民衆と社会を一体化し強める道徳性の力が、戦後には平和な生活で働き、新たな力となろう。これらの社会的・道徳的力は、従来の憎しみと空虚、強制と奴隷的従順の雰囲気のなかではもはや生きていけない。ドイツ国民自身にも耐えがたいドイツ軍国主義の軛が世界で倒れれば、全世界の目前で、すべての軍国主義的な主張の不正と虚偽が示されよう」[155]。ベルジャーエフは、戦後には帝国主義と軍国主義の誘惑は永久に消滅し、「軍国主義的帝国主義の抑圧の虚構からの世界の解放は、世界の復活である」という楽観的な展望でもって論考を締めくくる。[156] 開戦直後に発表されたこの論調は、以後も彼の発言の基調となるのである。

「戦争と復活」の他に、ベルジャーエフが大戦勃発の年のうちに発表した以下の五編の記事でも、論旨は概ね変わらない。以下に各編の内容を要約しよう。

「ロシアとポーランド」（『取引所通報』一四四二四号、一九一四年一〇月一〇日）[157] では、ロシアとポーランドの兄弟的和解を呼びかけるロシア軍総司令官ニコライ・ニコラエヴィチ大公のアピール（一九一四年八月五日）「ポーランドおよびロシアのナロードへ」が踏まえられる。ベルジャーエフはこのアピールをポーランド問題の「公正な解決の基礎」とし、力まかせのロシア化でなく、強いロシアが自己犠牲的に先に手を差し伸べて、ロシア民族にとり「内なる傷」であり、不自然なポーランド問題を真理と正義によって解決するよう主張する。[158] 彼は、正教とカトリックの教会分裂という不和を認めたがらないスラヴ主義者や政府の悪意ある自己肯定を指摘する。この発言はネオ・スラヴ主義者に分類される彼としては異彩を放っている。しかし彼がいう問題解決とはロシアとポーランドの再統合達成であり、そのことによりロシアがスラヴの真理を世界にもたらす使命をもつ偉大な国だと自然に知られるであろう、ポーランド問題解決なくしてロシアはバルカン・スラヴ人を解放できない、また再統合はゲルマン主義の危険性とスラヴのゲルマン化を防ぐ砦、という主張が続けば[159]、ポーランド問題解決の提言も、大戦におけるロシアの国家的立場の擁護と変わらず、ポーランド側がたやすく受けいれられないことが予想できよう。

イタリアのマリネッティによる文学・芸術分野での「未来派宣言」(一九〇九年)が、今次の戦争で実行されている、これは未来主義的戦争である、という認識を示すのは「戦争における未来主義」(『取引所通報』一四四五六号、一九一四年一〇月二六日)である。[160]ベルジャーエフは、未来主義的な今次大戦と時代遅れの反動的過去、すなわち後ろ向きのプロイセン・ユンカーの理念との結びつき、工業と不可分であるドイツ軍国主義と二〇世紀的で最新の技術・工業的手法、機械化、人間大衆および人間の生活の自動化を指摘し、[161]ドイツ軍国主義と工業資本主義との結びつきが未来主義的である、と見る。[162]そこでは怪物的な資本主義企業クルップが体現するように、技術が人間の精神を打破し、表面的な有効性が内面的価値を覆い、運動が存在を消滅させ、あたかもH・G・ウェルズの小説の世界を思わせる。[163]ベルジャーエフはこのように、未来派宣言が一部実現されているドイツ軍と未来主義的戦争を描写する。続いてベルジャーエフは、「偽りの文明の成長をふまえた著しい野蛮現象」を指摘する。本来、古代以来の重い過去からの自由［破壊］を求めるラテン世界で生育した未来主義だが、ドイツでは軍国主義と工業に結実し、ドイツの未来主義は人間の魂を押さえつけ、怪物のような、魂なきメカニズムの手段に変える。さらに、技術の進歩が生の有機的一体性を、精神と肉体の有機的つながりを破壊し、細分化・分裂・断絶のプロセスを進める。その結果が現下の戦争に、人類の一部、すなわちもっとも進歩し・改良され・優秀な技術で装備された軍隊をもつドイツ人の野蛮化として表れている。[164]

このような現代文明・機械文明批判は、ここでもまたドイツ人とスラヴ人・ロシア人の対比という言説につながる。古来、種族的に野蛮で粗野なドイツ人(ゲルマン民族)に対して、自由な精神をそなえたロシア人。ゲルマンよりも高度なタイプの、たとえ技術的に遅れ、文明化が進まず古い基盤をもつとはいえ、過去でなく未来を目指すより高い精神的ポテンシャルをもつスラヴ、新しい生活を創造する使命をもつスラヴ。かくしてロシア軍では精神的ファクターが機械的・自動化的ファクターを克服するのである。[165]ロシア軍の精神的な優越が強調されるのは、ベルジャーエフの他の論文、また彼以外のメシア主義者だけでなく、ストルーヴェのような戦争支持者にも共通である。

同じ月にベルジャーエフは、その年ロシアで出版されたリヒテンベルクの著『現代ドイツ』[166]を踏まえて、「現代のドイツ」(『ロシアの朝』二五五号、一九一四年一〇月〈日付不明〉）の考察を進める。彼は、高度な文化をもつドイツ人の近年における野蛮化、粗野な文化破壊、法の無視、戦争における高潔さの欠如等が世界を当惑させる理由を探り当てようとする。その理由を彼は、ここ数十年でのドイツの急速な成長――対仏戦争勝利、帝国成立――、巨大化が真の意味での成長ではなく、逆に民族の衰退・解体・道徳的退化であった、と捉える。いい直せば、現代ドイツ文化の発展プロセスとは、内面的・精神的な中心の外面的・物質的な中心、すなわち軍国主義と帝国主義的な力への従属であった、と見られるのである。[167]ここでもドイツ史の特性――権力を知らず、力をもたず［真の意味でドイツ人の統一国家はなく、「虚飾の帝冠」という表現を想起させる］、文化的エリート層と平均的ドイツ人との間に生じたギャップが指摘される［このような指摘はロシアにも当てはまるであろう］。そのため「哲学者と詩人の国」ドイツには市民性の発達と道徳的な高揚がなく、個人生活で市民は自由であっても［全一的でなく］部分的な人間でしかなく、社会生活では奴隷・メカニズムの構成員にすぎず、ラテン的な市民的誇り・自負心がない、と決めつけられる。[168]さらにはドイツ人には他人の苦しみへの同情というスラヴ的な特徴もなく、普遍的な善と救済についての道徳的な痛みがない。彼らの精神作用は個人的で、その文化は個人的精神の文化であり、また思想家は物質的なことを無視するが、大衆においては物質性が勝利する、と追い打ちが続く。[169]

ドイツ人が歴史において果たした役割はどうか？　哲学・神秘思想・科学・音楽・詩などにおける世界的貢献に対して、ドイツの国家性と社会性、歴史的な力の野蛮で強制的・否定的・暴力的な役割と、歴史と社会性を精神的に変革するに至らないドイツ人の宗教性の力とが否定的に捉えられる。ドイツの個人主義的なプロテスタンティズムは民族の生活に与えるものが極めて少ない。[170]それは地上における神の王国を求めず、スラヴのように来たるべき都を探求せず、教会の伝承と教会生活に有機的に入り込んでいる古代文化の伝承とのつながりも切断した。ここでまたドイツとロシアの対比である。ドイツ民族に対して、ロシアの有機的、継承的で教会を通じギリシャ世界につながる宗教文化、ロシア民族のキリスト教的良心、ということになる。ドイツ文化の頂点と民族の生との隔絶、民族の良心が歴史的試練［現在の戦争は疑いもなく、その一つであろう］に直面したときに表れるもの。精神的、宗教的な支えなしに、野蛮な本能と暴力的な欲情にまかせて数十年で発達させた軍国主義的・帝国主義的な文化。いっそう合理化されたルター主義の退化。ドイツ的な形態で、軍国主義的皇帝支配に反対しながら少しも開明的でない社会民主主義にさえ欠ける世界市民の深い人間的な、寛容な動機。[171] このようにベルジャーエフはドイツ的なものを否定し、ロシア的なものを肯定するのである。彼はラテン的なものに対しては、ドイツ的なものに対するよりもはるかに好意的である。彼にとりドイツ文化は偽文化であり、世界戦争はドイツ文化が主たる文化だという偽りの理念からの解放となるべきなのである。[172] 他方、ロシアには独自の文化の道が、より敬虔な、独自の潜性があり、ドイツ精神はスラヴ人には異質である、と見られる。従って彼は、開戦直後のロシアの首都サンクト・ペテルブルクのペトログラードへの改称にも大きな意味を見出そうとさえする。それは「非ロシア的なナショナリズムの精神と官僚主義の、我々とロシア・ナロードとの戦いの」ペテルブルク時代の終わりの始まりという意味である。[173] この我々とは、ベルジャーエフ自身も含めたインテリゲンツィヤを指すと思われる。戦争がインテリゲンツィヤとナロードをひとつにした、との主張は、先に紹介した。

一九一四年一一月には「神聖な帝国主義とブルジョワ的帝国主義」（『取引所通報』一四四七六号、一九一四年一一月五日）[174]と「人間の眠れる力について（戦争の心理によせて）」（『ロシアの朝』二七二号、一九一四年一一月五日）[175]が発表された。前者では、ローマ帝国に始まりナポレオン帝国までの・神聖性をそなえた帝国理念に対して、一九・二〇世紀のまったく新しい形態のブルジョワ帝国主義にはもはや全世界の超民族的統一、聖なる普遍主義はなく、あるのは利己的な民族国家、地方割拠主義的主張と、貪欲と隷属化による目的達成のみ、と指摘される。[176] 世界大戦はイギリスとドイツのブルジョワ帝国主義の争いであり、両国の帝国主義の特質と、ドイツ帝国主義の生来不幸な運命・不自然さ・暴力的で貪欲な主張と行動がここでも指摘される。[177]

次に、また歴史を踏まえてドイツ帝国が論じられる。ドイツ人は蛮族以来、地方割拠主義的王国を普遍的な帝国と取り違え、宗教改革以後ドイツ人は自らと異質な普遍主義的帝国の理念を抱くが、神聖ローマ帝国の理念はオーストリアへ渡り、ドイツ統一の力は、純粋にゲルマン的ではなく、成り上りものプロイセン（ホーエンツォレルン家）へと移ったことが確認される。[178] 現在のドイツ帝国は偽帝国であり、「世界に冠たるドイツ」は、世界統一、全人類重視の帝国のスローガンではない。ドイツ民族の帝国主義は、民族の個性と同じく人間の個性を圧迫し、強制する。[179] このように否定されるドイツ帝国主義に対して、ここでも被抑圧民族の擁護、諸民族の解放者という偉大で、予め定められたロシアの使命が大戦で徹底されるよう祈られるのである。[180] ロシアの使命という思想は、まさしく通奏低音のようにくり返しあらわれる。

最後の「人間の眠れる力について（戦争の心理によせて）」でも、すでに述べられたことがもう一度くり返される。すなわち、怠惰な人間のうちに眠る巨大な精神を目覚めさせる巨大なカタストローフ＝戦争、それは野蛮な行為と野生化の危険性とともに、新たな生活の復活という希望をもたらす、という主張である。そして戦争とはたんに戦闘・戦場だけでなく、より広く、全ロシア・ナロードが遂行する精神現象としての戦争が重要であることを理解せよ、人間の力を完全に見出すには善だけでなく悪［戦争］も不可欠なのである、という。[181] 現在の戦争は、深い精神的危機、あらゆる価値の再評価に先駆けており、そこで一九世紀から継承された世界感覚・理解の基礎は揺さぶられ、古い文化、国際資本主義、社会主義、帝国主義、軍国主義は危機にある。そして戦後には古い生活が不可能になり、惰性的な継続は死を意味する。「世界戦争は多くのものを、人間の生の不確かさの意識を、人間を超え、人間の生を支配し方向付ける摂理の力の感覚をもたらす」[182]。この特別な力を意識しつつ戦場の英雄に感謝して首を垂れ、新しい生を創造し、ロシアと世界に道を示す英雄の出現に期待して、[183] ベルジャーエフは筆をおく。

以上が開戦の年にベルジャーエフが発表した新聞記事の内容であった。彼は飽くまで宗教の立場でこの大戦を捉えており、現実の政治面での具体的な提言は見出せない。

＊＊＊

最後にもう一点、ベルジャーエフの「戦争とインテリゲンツィヤの認識の危機」（『取引所通報』一四九八五号、一九一五年七月二五日掲載）を取りあげる。発表時期が開戦後一年を経ているが、イヴァーノフ＝ラズームニクが「砲火の試練」でその名を挙げて反論する文書である。この文書はベルジャーエフの戦中から一九一七年一〇月以前の文章をまとめた哲学的‐評論的エッセー集『ロシアの運命——戦争の心理とナショナリティに関する試論』（一九一八年[184]）に収録されており、これは彼が一九二二年にボリシェヴィキ政権によって国外追放される以前にロシア国内で刊行された最後の著である（リプリント版への序文筆者による）。[185]

「戦争とインテリゲンツィヤの認識の危機」でベルジャーエフは、戦争がロシア・インテリゲンツィヤに二つの点で大きな影響を与えたと指摘する。その第一点は、もっぱら国内政治、社会問題に限定されていたインテリゲンツィヤの視野を世界へ、国際政治へ向けさせ、世界におけるロシアの役割への関心を喚起したことである。[186] 彼らはロシア・ラディカリズム、ナロードニキ主義、社会民主主義等どの立場であれ、つねに社会学的あるいは道徳的な抽象的カテゴリーでもって物事を評価し慣れてきた。「国際的」なものをつねに軽視して、それは「ブルジョワジー」に任せていた。しかし、世界戦争が国内生活を決定し、「国際的なもの」を無視できなくなり、伝統的な学説・理論や世界観や感情が壊されていく。その結果、インテリゲンツィヤは従来の「善、正義、ナロードの幸福、ナロードの連帯」だけでなく、「世界的価値の体系における民族性《ナツィオナーリノスチ》の価値」を意識するに至った。民族性の価値よりも善の価値を上位に置くロシア・インテリゲンツィヤの歴史的本能と意識は、女性のそれと同じく弱い。[187] ベルジャーエフはこのように伝統的なインテリゲンツィヤの限界を鋭く突いて民族性を掲げるが、今日の観点からは問題視される表現をも残す。

ベルジャーエフがこの論文で、インテリゲンツィヤを批判して歴史的価値を強調する以下の個所に対して、生身の人間の立場を掲げるイヴァーノフ＝ラズームニクは原文を引用しつつ、信仰と至高の価値を掲げて人間の犠牲を容認する、と批判するのである。[188] ベルジャーエフ論文の『取引所通報』掲載が一九一五年七月一五日であるので、イヴァーノフ＝ラズームニクの「砲火の試練」は少なくともベルジャーエフ批判の個所に関しては同日以後に書かれた、あるいは加筆されたと推測できよう。以下にその原文を引用する（〈〉内はイヴァーノフ＝ラズームニクによる引用では省略されている部分）。「人間の幸福を徹底して実現する観点は、歴史の意味と歴史的価値の否定をもたらす。なぜなら歴史的価値は、人間の幸福〈と経験的生活〉よりも高いものの名において、人間の幸福と幾世代もの犠牲を求めるからである。〈価値を創りだす歴史は本質的に悲劇的で、人間の幸福に対しいかなる中断も許さない。〉歴史におけるナショナルな価値はあらゆる価値とおなじく、人間の幸福を超えて自己犠牲的に確認されることになり、人間の幸福を排他的に最高の規準と確認することと衝突する。民族の価値は人間の幸福の上位にある。〈今日の世代の幸福の観点からすれば恥ずべきこの世に同意できるだろうが、民族性とその歴史的運命の観点からすればできない。[189]〉」。このような観点がまさしくイヴァーノフ＝ラズームニクのそれと相容れないことは明らかで、ベルジャーエフのこの文章は、イヴァーノフ＝ラズームニクを意識して書かれているとの推測も可能であろう。ベルジャーエフが絶対神を前提に、歴史は犠牲を伴うが、その犠牲にも意味が見出せるとするのに対し、イヴァーノフ＝ラズームニクは現在を生きる生身の人間の重視を最優先するのである。

かくしてベルジャーエフは、ロシア・インテリゲンツィヤの戦争への対応をすべて「ロシア的思考の閉鎖的一元論」として否定する。具体的に挙げれば、戦争をプロレタリアートの利害という観点で評価し、経済的唯物論を適用した多くの者、社会学的‐倫理的なナロードニキ主義のカテゴリーを適用した者、あるいはスラヴ派的理論でもって戦争をもっぱら正教のドグマ的観点で見ようとした者、あるいは、独自の抽象的道徳主義の観点から戦争をボイコットしたトルストイ主義者の主張等々である。[190] スラヴ派的理論云々は、彼が自らはスラヴ派的ではないと考えていることを示すと受けとれるが、疑問符が付くところである。

戦争がロシア・インテリゲンツィヤに与えた影響の第二点目は、「主として否定的認識から肯定的認識への移行」である。かつての生産的でなく分配的、建設的でなくボイコット的な生活への態度、非創造的な社会意識から、戦争の辛い経験を経てロシアのナロードと社会には、生産的で創造的なエネルギーが充満し、肯定的なモメントの勝利がもたらされた。歴史的創造が党派・傾向・陣営・グループ間の否定的な戦いよりも優位を占め、建設しつつ公平な分配もできる。未だ歴史において権力に招かれたことがないため、歴史的なものをすべて無責任にボイコットしてきたロシア・インテリゲンツィヤが、今や歴史のなかで建設的な力になるべきである。[191] これは確かに、ロシア・インテリゲンツィヤの抱える問題の一面を突く主張であろう。ベルジャーエフはもう一度、ナロードのなかで弱まりつつある幸福と安寧の理念が、強まりつつある価値の理念に譲るべきこと、ナロードの生の目的は幸福と安寧でなく、価値の創造、自らの歴史的運命を英雄的に耐え抜くことを確認する。そしてこのことは「生に対する宗教的態度を前提とする」のである。[192]

以上の二点を踏まえてベルジャーエフは、リベラルな帝国主義がロシアでは肯定的で建設的な試みであり、彼はそこに歴史的‐具体的なものへの志向を見出す。ただし、それがあまりにも西欧的すぎ、ロシア的、民族的な精神が乏しすぎるので、インテリゲンツィヤはそこに秘められた真理の一滴すら見ようとしない。「わがインテリゲンツィヤの意識は新たな価値によって改革、再生、豊饒化されねばならない。これは戦争の影響下で達成されると信じる」。ここに現下の戦争の意義が見出されるのである。[193] ベルジャーエフはロシア・インテリゲンツィヤ批判の最後に、その再生を願って付け加える。「だがロシア・インテリゲンツィヤの魂には悠久の価値があり、それは深くロシア的である。それはロシアの不可避的なヨーロッパ化のプロセスと全世界史的推移への参入のなかで、残りつづけるべきである」[194]。『道標』をめぐる論争を想いおこすまでもなく、彼が価値を見出すインテリゲンツィヤとは、神の下にあるインテリゲンツィヤであることは大前提である。以上が現実の政治に関するベルジャーエフのもっとも具体的な発言であろう。彼だけではなくどの傾向のロシア・インテリゲンツィヤの主張にも、概して現実の政治や革命運動に関する具体的提言、革命運動の組織化などはおよそ無縁である。彼はヨーロッパ、世界のなかでのロシアという視点をもち、様々な要素を考察に取り入れ、興味深い指摘とともに矛盾する主張も多い。宗教的な発言が政治的な意味をもつことは意識されず、ひたすら宗教的発言を繰りかえし、わかりにくい個所が多い。イヴァーノフ＝ラズームニクが「悪文のベルジャーエフ」（本節の(1)参照）というのは、それゆえであろう。しかし彼は他のメシア主義者の誰よりも戦争に続き革命のロシアについて論じ、ロシア性とは何かを考察しており、開戦直後だけでなくより長い視野で、その思索を跡付けることが必要であろう。

5. 戦争の「社会学的」合理化——開戦支持の社会主義者

(1) イヴァーノフ＝ラズームニクの社会主義者批判

イヴァーノフ＝ラズームニクは「戦争の車輪を回す三潮流」の最後として、開戦前までの国際主義的態度を一変させて戦争支持に転じたドイツ帝国を筆頭とする各国の社会民主党員、ロシアのナロードニキやマルクス主義者を厳しく批判する。前節で見た、信仰と至高の価値のまえに人間を犠牲にするメシア主義的な現代のスラヴ主義者＝超越主義者と異なり、ナロードの幸福から出発して社会主義を唱えた人々が戦争支持にまわった[195]ことに対しては、彼自身が国際派社会主義の立場であるだけに批判は詳しく、他の二潮流に対すると同様以上に厳しい批判が展開される。開戦の年の秋に、大勢に抗して彼と見解を同じくするエスエルは三、四名であった[196]というが、「砲火の試練」では「社会愛国主義」、「祖国防衛主義」の立場をとったエスエル主要メンバーの実名は挙げられていない。開戦から一年三か月余りの一九一五年一〇月、ロシア社会民主労働党（メンシェヴィキ）とエスエルの有志が共同で、パリから「ロシアの意識的勤労住民へ」宛てた祖国防衛のアピールを発表した。推測するに、そこに名を連ねるエスエル党幹部（ブナコーフ、アウクセンチエフたち）やマルクス主義者（プレハーノフ、デイチたちメンシェヴィキ）が、イヴァーノフ＝ラズームニクの批判の対象であろう（後述）。

イヴァーノフ＝ラズームニクはまず、戦争という砲火の試練によってインターナショナルな社会主義の、来たるべき「ナロードの友愛」への途がほぼ灰燼に帰した今、永遠に新しい問題――何をなすべきか？を問い[197]、各国で多くの社会主義者が開戦時にとった態度を列挙する。彼は、思想の優劣を決めるのは数ではない、と言う。それは戦争反対を契機に彼を中心として結成される「スキタイ人」グループでも繰りかえし強調される主張である。その信念はもっとも著名な人物もふくめ圧倒的多数の社会主義者が開戦にあたって従来の信念を変えたという事実をまえにしても、いささかも揺るがない。開戦は「魂の奥底まで貫かれた本ものの社会主義者がいかに少なく、偶然の『同伴者 попутчики』がいかに多かったか」を明らかにしたのである[198]。彼が戦争支持の社会主義者を指すさまざまな表現を列挙すると、民族的社会主義者・戦闘的社会主義者・祖国防衛主義者・社会愛国主義者・社会帝国主義者・好戦的で実用主義的な社会主義者・一九一四年の社会主義者等々がある。

彼の批判の眼は、まずドイツ社会民主党の面々に向けられる。その名と主義・行動を列挙すると以下のとおりである。ダーヴィト（従来の立場は平時のもの、戦時はそれに囚われない）、ジューデクム（エミッサールとして派遣先の中立国で、もっぱら防衛戦を戦うドイツ支持を訴える）、パルヴス（戦時に食糧納入で蓄財）、ハイネ（露骨な「民族的社会主義」へ転じ、外敵からの防衛力低下をもたらす革命、まして社会革命は不要だ、帝政を認め主義主張との矛盾を恐れず革命的言辞を捨てよ、と説くたちである。彼ら「民族的社会主義者」は、「誤解によって社会主義者となった」と決めつけられる。ドイツ以外でも、ベルギーのヴァンデルヴェルデ（義勇兵を募集し、祖国防衛は社会主義者の義務、と述べる。社会主義者として初めて入閣）、フランスのゲードとサンバ（「祖国防衛」内閣に入閣）、反軍国主義者であったエルヴェ（社会主義につばを吐きかけ、国家防衛のみが必要、と発言）。さらにロシアのアナーキスト・クロポトキン公爵（戦前フランスで三年間の軍役期間短縮のため戦った人々のことを「近視眼的」と語る）、社会民主主義者プレハーノフ（戦争二年目の初めに議員たちに対し、戦債に賛成票を投じるよう「聖なるものの名において懇願」し、「反対投票は国民への裏切り」と述べる）、共同声明を発したナロードニキとマルクス主義者（ロシアの全ナロードに「最後の力を振り絞りドイツの強奪者・企業家と戦え」とアピール）。戦争二年目にも発せられた同様のアピール（先述「ロシアの意識的勤労住民へ」）。パンフレット『戦争について』で祖国防衛の態度を表明したプレハーノフ。以上のように戦争支持者・祖国防衛主義者が列挙される[199]。

次にイヴァーノフ＝ラズームニクは、戦争支持の主張を分析し、現状を脱するため採るべき理念を模索する。ロシアの対ドイツ敗戦は自由を目指すロシア国民の敗戦である、と主張する新しい「民族的社会主義」の論拠を彼は次の三点に整理する。ドイツが勝てば、①かつてない償金でロシアを消耗させる。②相当広い領土を奪う。③苛酷な通商契約でロシアの経済を圧殺する。このような戦争支持の論拠三点に対するイヴァーノフ＝ラズームニクの反論は次のとおりである。①の償金はナロードが負担している「血税」より重いのか？　②の領土割譲は空名高い「国家的理念」やロシア「統一」には損失だが、それによりナロードの幸福が失われるのか、それは戦時の数百万もの死を堪える以上に大きい損失なのか？　③ドイツの地主や企業家に有利、働くナロードに不利というが、ロシアの働くナロードにはどうなのか。考えうる通商契約の不利な条項がロシア農民と労働者の血に値することを示せ。[200]

上記のような論拠で勝利に固執する戦闘的社会主義者に次いで、反対に、敗戦がロシアに政治的自由をもたらし、経済的損失を癒してロシア・ナロードに幸福をもたらす、と主張する敗戦主義的社会主義者も取りあげられる。これまたおぼつかない、とイヴァーノフ＝ラズームニクが見る彼らの論拠は、以下のように要約される。ロシアの勝利は国内工業に有利な極端な保護関税設定・企業主の利益につながり、農業の衰退・勤労民衆の不利益をもたらす。反対にドイツの勝利で関税の壁はなくなりドイツの企業主・地主が利益を得るが、ドイツの労働者階級はロシアからの安価な穀物を失う。穀物はロシアの「国内消費」に向けられるだけでなく、ナロードはドイツの安価な工業製品までも手に入れるだろう、と。どちらが勝つにせよ、自らに有利な通商条約を手にして勝者となるのは商人と地主だけで、敗者は敗戦国の勤労民衆だ。これが世界戦争の経済的パラドックスだ、[201]と言うイヴァーノフ＝ラズームニクの見解からすれば、敗戦主義者、祖国防衛・愛国主義者ともに戦争を煽る、と否定的に見られていると推測できよう。国際的であるはずの社会主義者であれば「ギリシャ人もユダヤ人もなく」、自国の民衆に有利で隣国の労働者階級に厳しい方法をとることは当然できないのである。[202]なお、敗戦主義に関しては次項で見るプレハーノフにも言及があるが、イヴァーノフ＝ラズームニクの場合と同じくこの立場の人物名が表立って触れられることはない。

イヴァーノフ＝ラズームニクは、民族的社会主義者は当面の政治的・実用的問題と有益性という観点から戦争に向きあっており、そのような態度は社会主義的世界観の本質と相容れない、と考える。社会主義者であるならば政治的な有益性を考慮するまえに、有益性を達成する方法を最高の価値に合致させることを考えるものだ。さもなければ社会主義者は、信徒団の「幸福」を異端審問の炎と剣で達成しようとした中世の君主となんら変わるところがなくなってしまうではないか。[203] このような観点から彼は、「この戦争遂行にとり、参謀本部に劣らず産業界のリーダーが重要な要素だ」(『タイムズ』紙)というさる商人の言葉が、「解放」、「防衛戦争」、「民族自決」などの言葉が飛び交う人類初の植民地戦争の特徴を表す、と指摘する。[204] 民主主義は砲火の試練に耐えきれず、大部分の社会主義者は消滅し、「祖国防衛主義」や「敗戦主義」がとって代わったが、当面の政治的実用的問題と有益性を追求するそれらの潮流は、社会主義的世界観の本質、民主主義とその基本的価値・本質とはまったく無縁なのである。彼の用語によれば、そのような潮流は社会主義者のメシチャニーン化を示している、と言えよう。社会主義者は無関係な今の戦争で武器をとるべきでも手を拱くべきでもなく、各々が「自分の仕事 свое дело」を続けるべきなのである。[205] イヴァーノフ＝ラズームニクの以上のような発言では、社会主義と民主主義とが不可分なものとの理解が前提とされている。[206] 社会主義的民主主義という表現も見られる。[207] そして彼の思想の特徴であるが、倫理的、道徳的な観点からの主張であって、決して政治的、社会経済的な観点ではないこともわかる。ここで触れられる「自分の仕事」は、彼がしばしば用いる言葉でありその内容は一つではないが、通常は「永遠の価値をもつ文学」への沈潜の意味で用いられる。ここでは「ヨーロッパ的生活の内的秩序の変更」[208]と考えられる。さらにくり返せば、数的な優位が思想の正しさを保障しない、反対に真理はつねに少数者のものである、という生涯にわたる信念が彼を支えるのである。

　では、彼にとり最高の価値とは何か？　真の社会主義者は何をなすべきなのか？が当然に問われるであろう。戦争＝砲火の試練に直面し国際的社会主義は、来たる「諸民族の兄弟愛」への道半ばでその基盤までが崩壊した今、何をなすべきか？　それは「ナショナリズムの精神の誘惑、無気力と絶望の精神による愚弄を克服するという、きわめて困難な内的作業」である、と彼は言う。[209] 前節で取りあげたメシア主義者や歴史の客観的な意味を受けいれる者(マルクス主義者を含む)にとっては、この課題克服の道はまっすぐで容易であろう。しかし歴史の主観的意味を受けいれ、ナショナリティという価値を下位に位置づける彼は、人間のリーチノスチ(個性、人格)という個人的価値と、ナロードの幸福という社会的価値を最高の価値とする。そして彼にとり社会主義とは「ナロードの幸福という社会的価値を重視する世界観」を意味する。[210] なお彼の理論によれば、リーチノスチという個人的な価値は社会主義の下で機械的に実現されるものではなく、社会主義社会でもメシチャンストヴォが優勢になると、新たな覚醒＝精神革命が必要となるのである。

何をなすべきか、何がなされるべきであったか?という古く、かつ永遠に新しい問いによって、イヴァーノフ＝ラズームニクは戦争を支持するナロードニキやマルクス主義者、言い換えれば社会主義者と称するメシチャニーンの態度を批判する。端的にいえば、彼らは「ナショナルな高揚」に感染して植民地戦争・帝国主義戦争・国家間の戦争である最初の世界戦争を、ナロードの幸福につながるナロードの戦争と誤解したのである。[211] 彼らは、いかに粗野な形態によろうともナロードの「解放」のスローガンは、地球上の領土分割をめぐる世界帝国間の戦いのプロセスのなかでは無意味だ、と見抜くべきであった、と彼は言う。[212] その誤解の結果、リーチノスチやナロードの幸福を守るべき広義のナロードニキが、小さいセルビアに対する貪欲なオーストリアの攻撃を知りながら、前者をまじめに助けようとしない、[213] という件には、真理は少数者のもの、という彼の信念とともに、ロシアでは一般的なセルビア寄りの姿勢とが表れている。他方マルクス主義者は、「オーストリアの勝利はセルビアを搾取してその経済的発展を遅らせるだろう」（プレハーノフ）というような、[214] 歴史の「法則」に寄りかかったような月並みな反論しかしない、と指摘される。彼がゲルツェンに倣って歴史の即興性を主張することはすでに述べたところである。イヴァーノフ＝ラズームニクの眼には、彼らはセルビアやベルギーのナロードの運命について真剣に考えない、「実用／実践主義的な政治」や「利益」の観点からしか判断しない、現に「あること」を「あるべきこと」と認めている、と映るのである。[215]

このように指摘するイヴァーノフ＝ラズームニクは、予想される自らへの反論（歴史的価値を否定している、あるいは「国家」の観点でない）に対して、アナーキスティックな一面を垣間見せつつ言う。ロシアによる全ガリツィアとポーランド西部の領有、あるいは国家的課題のためバルカンや両海峡を求める戦い（「ロシアの歴史的課題」）等々が、ナロードにとり一体どのような問題なのか? 「国家的観点」というのはすべてナショナルな利害の統一という「仮定」に基づいているが、この「仮定」はナショナリストが「ナロード」を必要とする時にだけ感銘深く、しかも新たな困難が生じるたびにくり返し用いられるのだ、と。[216] だがそのような民主主義は、「国富はナロードの貧困」という定式を想起させる［彼のデビュー作にして主要著書『ロシア社会思想史』以来、くり返される定式］。両海峡の所有はたとえ「国家の富」だとしても、その獲得のため血を流す「ナロードには災厄」であり、我々はやはり、社会的価値を歴史的価値に優先するべきなのである。[217]

以上のように論じた後イヴァーノフ＝ラズームニクは、リーチノスチとナロードの幸福という彼にとっての最高の価値、古い真理のための戦いの意志を以下のように確認する。それは受け身で穏やかな「トルストイ主義」の真理とは違う。[218] 民主主義は、とくに戦争勃発時には、手を拱いて座ってはいない。民族的情熱を煽らないこと、外敵に対し武器をとれと呼びかけないこと、自らの内なる仕事を遂行すること、ナロードにとり隣国と完全に分かれることが「流血のゴタゴタ」で死ぬよりよい（それに一層「公正」で「有益」）と覚えておくこと。とくにたとえ大国を屈伏させても、小民族を屈伏させることはいけない。[219] ほとんどが否定形で表現されるが、これが彼にとっての民主主義の課題なのである。さらにナショナリズムが戦争をもたらした、と言う彼ではあるが、ナショナリズムの二面性を意識し、ナショナルな要素とインターナショナルな要素の関係を認識する観点が見られる。すなわち、各民族の習慣・言語・文化にはナショナリズムの永遠の力、さしあたり隣接民族を攻撃しない良い力がある［それは大戦を引き起こした『悪い力』と背中合わせであろう］ことを認め、この意味で自分は確固たる「ナショナリスト」で、現代の［好戦的で実用主義的な］「民族的社会主義者」、「社会愛国主義者」と共通するものは何もない、と宣言する。[220] そして習慣・言語・文化の最高の表現である芸術は、根底においてナショナルでナロード的であることを通じて、インターナショナルで世界的なのである（例えばワグナー、トルストイ、ゲーテを見よ）、と付け加える。[221]

最後に「社会主義は死んだ、社会主義万歳」とイヴァーノフ＝ラズームニクはくり返す。[222] 開戦に伴う祖国防衛・社会愛国主義への雪崩れ現象は彼に、またまたゲルツェンを想起させる。一九世紀半ばにゲルツェンは、古いローマ帝国と新しいキリスト教の関係を、古いブルジョワ的ヨーロッパと新しい社会主義世界の関係に準え、未来に希望を託した。二〇世紀初めにイヴァーノフ＝ラズームニクは開戦を支持した社会主義者を旧世界の精神的継承者、社会主義者を称するメシチャニーンと見なした。そして彼は、勝利した社会主義が再びメシチャンストヴォに陥る可能性をつとに指摘したゲルツェンも、自らの没後半世紀足らず、まだ勝利してもいないのに社会主義者が戦争をめぐって内部崩壊するとは予期しなかったであろう、と考える。[223] それに対し反戦を唱える自分たち少数派の社会主義者は、新世界の精神的先触れ＝「永遠の探求と新たに登場する火のなかに自らの運命を定めた者」と位置づけられる。[224]「我らの勝利はつねに前方にあり」[225] が彼の結語である。イヴァーノフ＝ラズームニクの反戦論は倫理的社会主義を踏まえ、モラリスト的色彩すら感じさせて戦争一辺倒の風潮のなかで際立つ。その主張は実際的・現実的な提言とは異なるがゆえに力をもつと同時に、広汎な浸透力に欠けるという面が見えてくる。

⑵ プレハーノフの主張

「ロシア・マルクス主義の父」プレハーノフ（一八五六―一九一八年）は『戦争について――同志3・Πへの答』（一九一四年一〇月執筆）と、その続きという性格をもつ「もう一度、戦争について（同志Н―НОВへの答）」（一九一五年五月執筆）を残している。この二点を通して、彼の戦争に対する態度を検討しよう。祖国防衛を主張する彼は、ドイツ側の戦争責任を重大視し、ロシアが属する三国協商側を擁護する。

まずパンフレット『戦争について――同志3・Πへの答』[226]は、彼の別荘所在地イタリアのサンレモで同志3・Πから手紙（一九一四年九月二七日付け）を受けとり、一九一四年一〇月二七日に即日執筆された。[227]この返信冒頭でプレハーノフは、自らの立場を明らかにする。「全スラヴが今、ロシア帝国を、ロシアのツァーリズムを守れ」[228]。さらに彼は、スラヴ世界全体に注意を払うにはふさわしくないと断りつつ、ただスラヴ人としてスラヴ族に関心を抱き、その試練に大いに同情する、と記す。同時にマルクス・エンゲルス派の社会民主主義者として、「社会現象を種族や民族の観点でなく、階級の観点から見る」と明記し、我々が生きる歴史的瞬間の課題は、階級的観点を、すなわち国際プロレタリアートの観点を守ることである、と述べる。[229]その階級的観点は当然だが、この戦争におけるロシア帝国、ロシア・ツァーリズム擁護論とは相容れないと見られ、多くの批判と、彼による反論をもたらした。彼が相矛盾する立場をとったのはなぜか、彼は自らをどのように正当化したか、を以下に見よう。

まず述べられるのは、戦前のドイツ社会民主党への期待と、開戦に伴うその変節、国際的な影響である。周知のとおり、戦争について国際プロレタリアートは自国政府と対立すると考えられ、その最先頭に立つドイツ社会民主党への期待は大きかったが、同党は戦争支持にまわった。一八七〇年［普仏戦争］にドイツ社会民主党のベーベルとリープクネヒト（父）は、戦債への投票で棄権したのに（エムス電報事件による誤解がなかったら、反対票を投じただろう）、一九一四年との違いはなぜなのか？　プレハーノフはこのように問いかけ、[230]答える。ドイツ社会民主党が、露仏同盟の存在を知りながらドイツ帝国主義によってロシア・ツァーリズムと戦うのは、魔王ヴェルゼブル［旧・新約聖書に出てくる悪霊の君主。ベルゼブブともいう］の助けを借りて悪魔に勝とうとするに等しい。ドイツ皇帝は、一九〇五年にはロシア・ツァーリの唯一の友であったが、一九一四年にもロシアの旧秩序を強化しようとするだろう。[231]戦争を支持するロシア人の間には、ドイツの軍国主義は全ヨーロッパにとり、ロシアの軍国主義よりはるかに危険である、との認識が広まっていた。ドイツの同志たちはこのことを理解するべきだった、とプレハーノフは言う。[232]

次にプレハーノフは、ドイツ社会民主主義者が戦争支持にまわった理由を選挙絡みと見る。彼らはロシア・ツァーリズムよりも自国の選挙民を恐れ、開戦時のショーヴィニズムを見て戦術変更した。くわえて次回選挙で自党と労組員に戦時の熱狂が拡大していると予想し、組織内での衝突と分裂回避のためにはフランス・ロシアとの「防衛的」戦争がより良い、と考え、日和見的決定を下したのだ。[233] このようにプレハーノフは見て、ドイツ社会民主党の修正主義を批判する。修正主義は革命のかわりに改革を、階級闘争のかわりにドイツ国内での連帯を説く。インターナショナリズムが民族主義的改良主義に変わった。「万国のプロレタリア、団結せよ」でなく、「ドイツの全社会階級、団結せよ」だ、と。[234]

ただしこの手紙では、修正主義伸長の理由は詳しく考察されず、イギリス帝国主義の優位が労働者の一部を潤したように［労働貴族の出現］、ドイツ帝国主義の勝利が一部の労働者を潤し、労働者の階級意識を鈍らせて代価を払わせたが、このことがいずれ教訓となるだろう、との見通しが記される。[235]

次にプレハーノフは、マルクス主義本来の姿に立ち戻り、以下のように教科書的に現状を批判する。本来、国際的な革命的社会民主主義では、プロレタリアートは政府の陰謀を暴露し、ドイツ社会民主党のハーゼが開戦直前の本年七月末に反戦会議［国際社会主義事務局第一六回会議。於ブリュッセル］で述べたように、国際関係で「簡単な道徳性と権利」（マルクスの手になる第一インターナショナル創立時の宣言）の支配に努めよ。[236] ドイツがナショナリズムの観点から勝利の戦いを望んでいるのは「道徳性と権利」でなく、ドイツ帝国主義の利益を保証するからだ。［ドイツ社会民主党が議会で戦債に賛成票を投じた］八月四日以降、同党はドイツ・ブルジョワジーとユンカーの帝国主義的政策の、多分もっとも頼りになる支柱だ――これは恥だ！（四回繰りかえし）。[237]

ドイツ社会民主党の変節を非難する傍ら、プレハーノフは帝国主義国に攻撃された国々の自己防衛に共感し、防衛戦争を支持する。ゆえにフランス社会主義者が戦債に賛成し、社会主義者のゲードやサンバが入閣したことは支持でき、彼らを攻撃側のドイツ社会主義者のように厳しく攻撃するべきでない。これはベルギーの場合でも同様なのである、と述べる。[238]

ここで、当然ながら祖国愛の問題が取りあげられる。そこで挙げられるドイツ軍の中立国ベルギー侵入は、対独開戦支持者がまっ先に挙げる理由である。プレハーノフに言わせると、侵入の際ドイツ社会民主主義者は誰よりも大声で抗議するべきであった。どこの国の社会主義者でも、祖国の利害に無関心であれとは言えず、社会主義は決して祖国愛を否定しない。しかし「もし祖国の政策が不公平で、『簡単な道徳性と権利の法則』を侵害するとき、社会主義者は自らの祖国に抗して進む勇気をもて」。これができれば国際的社会主義者であり、その祖国愛にはショーヴィニズムはない。[239]他方、中立国の社会民主主義者からの発言がほとんどないのはなぜか？　やはり中立でいたいからか？[240]　あるいはどちらが攻撃側か、防衛側かが決められない、という理由からか？　この問いに答えてプレハーノフは『共産党宣言』の「プロレタリアに祖国はない」の意味を確認する。彼らの祖国は自国を他国から孤立させようとするべきでなく、自らの利益を彼らの利益と対立させるべきでもない。ネーションを根絶するのでなく、ある民族による別な民族の搾取の停止を要求する。それゆえプロレタリアートは、軛を他民族に負わせる民族に反対して立つ。もしもそのような場合にプロレタリアートが中立の立場をとるなら、それによって自らの国際的観点を放棄することになる。[241]　祖国愛についてのプレハーノフの主張はこうであった。

ドイツの勝利は、全ヨーロッパの不幸だと述べたプレハーノフに対しては、ロシア・ツァーリズムとの和解、汎スラヴ主義等の非難が浴びせられた。彼がこの返信を書くに値する真面目な人物と見る同志3・Пすら、ロシア問題でプレハーノフに疑念を抱き問いただしている、と知った彼は、自らがツァーリズムの非妥協的な敵であり、汎スラヴ主義者ではない、と抗弁する。にもかかわらず彼は、ドイツがロシアに勝つことを恐れる。その彼とは反対に「ロシアの敗戦はロシアにとり自由のチャンスであるがゆえに、ロシアの敗戦を望む」というような社会民主主義者、社会革命派の幾人かの、極端に革命的な思考形態［当然レーニンを指すであろうが、その名は記されない］に反対し、敗戦がある国にとり内的発展の動機となるには、少なくとも一つの条件が必要である、と言う。「それはナロード解放を目指し活発にわき出る泉の源泉を枯渇させないこと」である。なぜなら、その源泉が枯渇すれば、敗戦によって旧制度がこうむるショックが有効な社会的要素が弱まり、敗戦が旧制度を強化しさえするからである。「我々の社会運動の源泉は、ロシアの経済的発展、より正確には資本主義的発展である」。[243]　これがナロードニキからマルクス主義者に転じて三〇年来、揺るがぬプレハーノフの立場である。では、今次大戦でのロシアの敗戦が、その経済発展にとり有害であるとの根拠は何か？[244]
この問いに対しプレハーノフは、帝国主義的政策の本質により、戦勝国は敗戦国を経済的に搾取して自らの経済発展を促進するのに対し、敗戦国の発展は遅れる、現在の戦争ではまだドイツの勝利がありうる、と懸念を示すのである。[245]
それでは、今、戦時に自分たちが採るべき戦術はいかなるものか？[246] この問いに対する彼の答えは次のようになる。あらゆる手段で我らの勤労大衆に、とりわけ我らのプロレタリアートに、ツァーリズムはドイツ帝国主義者の政策にしかるべく反撃する能力を恐ろしく弱めた、と明らかにすること。ロシア軍の軍事的敗北が広く伝えられる時、革命家はこの敗北の政治的原因を人民のまえで執拗に暴露すること、である。[247] これが大戦開始から二か月余り、東プロイセンにおいてロシア軍がタンネンベルクで大敗を喫し、サムソーノフ将軍が自殺した時点での、プレハーノフの主張である。
同志３・Пはさらにプレハーノフに問う。ロシアが戦争で勝てば、強く揺らいだツァーリへの信頼が住民の間でいくらかでも強まるだろう、それはロシアにとり大きな悪ではないか？と。プレハーノフの答はこうである。ロシアの戦勝は敗戦に比べ最小の悪であり、ツァーリズムは一時的に強化されても無限ではなく、経済的発展の途上で敗北し、究極的には破滅するだろう。[248] 彼にあっては経済的発展がすべての根底にある。今日ドイツ帝国主義の敗戦は、ドイツ国内に革命運動を浸透させ、そのことがロシア・ツァーリズム弱体化のチャンス、（戦争を支持した）ドイツ社会民主党右派の敗北となる。ドイツの敗北は、全世界の革命的社会主義にとりきわめて望ましい。ロシアの勤労大衆は外敵との戦いで自律的な活動を経験し、ツァーリズム政府にとり厄介な存在になろう。[249] 以上が、ドイツに対する祖国ロシアの戦勝を、ただし「防衛戦争」においてのみよしとするプレハーノフの主張であった。[250]

＊＊＊

プレハーノフの次の文書「もう一度、戦争について（同志Ｈ－ＨＯＢへの答）[251]」はブルガリアの同志Ｈ－ＨＯＢに対する返信の形をとり、プレハーノフ、デイチたちメンシェヴィキ仲間が一九一五年にパリで出版した『戦争――論文集』に含まれる。執筆の日時は一九一五年五月八日、場所はやはりサンレモである。執筆の日付が開戦直後ではないが、先述のパンフレットの続編的な内容であるので、要点をしぼり取りあげることとする。

プレハーノフは、「戦争について」出版によって各方面から受けた激しい攻撃に対処しつつ、まずプロレタリアートの国際政治の共通概念を確認しようとする。[252] まっ先に取りあげられるのは、やはり帝国議会で軍事予算に賛成したドイツ社会民主党の「裏切り」である。[253] ベルンシュタインはこの問題で、ドイツ社会民主党のように議会で大きな影響力と実務的責任意識をもつ大政党は、セルビアの社会民主主義者、ロシアの社会民主主義者とトルドヴィキなどの小政党のように身軽に、軍事予算反対の意思表示ができない、と自己弁護した（彼の最新著『労働者階級のインターナショナルとヨーロッパ戦争』一九一五年刊）[254]。これに対しプレハーノフは、組織拡大が本来の原則への忠誠心喪失につながるなら、社会民主主義は無力で「小さい」ままでもいいのか？　もしそうなら、決して原則を実現できないではないか。これでは社会主義者の議会活動は一挙かつ永久的な革命戦術の拒否だ、と執拗にくり返すアナーキストが正しいことになる、と反論する[255]。いい直せば、議会活動は国際的社会主義の究極目標実現のための一手段であって、手段を目的より優先するのは誤りである、とプレハーノフは考え、運動がすべてで究極目標はない、と宣言したベルンシュタインの「修正主義」を批判するのである[256]。

　社会民主主義者と祖国防衛の問題も、先の文書に続いて論じられる。プレハーノフは、ドイツの同志たちが決定的な「戦争に対する戦争」で自らの軍を損なうことを恐れた理由を、流血の犠牲と党組織の解体だけでなく、相当数のドイツの組織労働者による参戦拒否への恐れにもあった[257]、と新たに指摘する。それゆえドイツ社会民主党指導者はロシア、フランス、まずはベルギーとの戦いへの参加を恐怖でなく良心にもとづいて決意し、ドイツ・プロレタリアートはロシア・ツァーリズムとの戦いに加わらざるを得ない、というまったく幼稚な人々だけが意味を見出すような理屈をつけたのである[258]。このようにプレハーノフは分析する。さらに、ドイツ社会民主主義者がベーベルやリープクネヒト（父）の発言によって戦争を正当化しようとするのに対し、プレハーノフは指摘する。リープクネヒトは「祖国を擁護する準備がある」と言明するとともに、「戦争は正義でなくてはならない」とつけ加えている、と（一八九一年、エルフルト党大会での発言）[259]。ドイツ社会民主党の現幹部は、オーストリア政府の強力な権勢欲と帝国主義的圧力に端を発する「恥ずべき戦争」を正義の防衛戦争と説明するのに苦労しており、そこには（ベルンシュタインのいう）大社会主義政党の「打算」が働いている、とプレハーノフは喝破する[260]。

　プレハーノフに対して、ジュネーヴのロシア人コロニーで最も「著名な」敵対者［レーニンであろう］が、「古いマルクス主義者プレハーノフが、戦争の影響で観念論者になり、道徳性と権利の法に訴えている」と書いたことに対して、プレハーノフは応える。唯物論者として私は、意識的プロレタリアートの政治についての判断では道徳性と権利をもって考え、我々マルクス主義者はそうせざるを得ない、と[261]。ここで彼が依拠するのは、マルクスの手になる第一インターナショナルの最初の宣言——労働者は政府の外交的悪だくみを監視し、必要な場合にはあらゆる手段でそれと戦え。個々人の相互関係により決まる道徳性と権利の簡単な法が、最高の法であるべきだ——である。このような指示が万国のプロレタリアートを団結させるための決定的な公理であることをマルクスが望んだ[262]、という事実がプレハーノフを支えているのである。これがジュネーヴの「最も著名な敵対者」に対するプレハーノフの回答である。

「祖国をドイツの侵略から守るな、我々は今、運命の時に革命を遂行せねばならない！」という革命的敗戦主義[263]も、第一の手紙に続いて論じられる。プレハーノフは革命を肯定し、彼らの主張は部分的には正しいと見る。しかし、革命は一貫した社会関係の革命化を前提とするが、ドイツ帝国主義者の勝利はロシアにそのようなプロセスの発展を許さないことがまさしく問題なのだ、と」くり返す。プレハーノフの眼には、そのような「革命」はせいぜい「空想的笑劇 грезо-фарс[264]」と映り、ロシアの意識的プロレタリアートはいわゆる革命的敗戦主義を、現在の戦争の問題をジュネーヴの「社会民主主義者」の眼で見ている、と非難していると指摘する[265]。さらにプレハーノフは続ける。戦争は時に革命の母であるが、それは祖国を敵から守るべき政府の無能ぶりにナロードが絶望した結果であり、その絶望に唯一合わせられるのは、戦時の真に革命的な戦術だけなのである。かくして革命的敗戦主義者たちは、「アジテーションをナロードの自然で避けられない志向を断つ方向へ向けて外敵を支持する偽りの革命家」で、その試みは卑しむべきであり、さらに悪いことに失敗の運命にある[266]、と切って捨てられる。後にもう一度、彼らの主張は「ファンタスティックな革命的ユートピア主義」で、つねに主観主義に近く、その故にレーニン［初めてその実名が挙げられる］の革命的笑劇はエスエル党首チェルノーフのそれに似る、とも記される[267]。

さらに倫理に関して、ロマン・ロランの談話（『キエフ思想』紙、一九一五年三月一四日）が取りあげられる。ロランはそこで、人類の進歩的なグループに属する一部の者たちが、権利概念と法感覚の意義を十分に評価せず、組織の力で自分たちの問題が解決されるという思想が労働者大衆にしばしば吹き込まれ、社会問題の倫理的側面を揺るがして目立たなくする人々が大罪を犯す、という意味のことを語った、と言う[268]。そこでプレハーノフは応える。そのような者たちは偽社会主義的「マルクス批判者」で、彼らはマルクス主義者が「道徳的側面」をないがしろにする、と言葉のうえで落胆するのだ。私はカント主義者ではないが、道徳性と権利に関する法則に関してはカント『実践理性批判』の、すべての人が手段ではなく目的として意義をもつ、を想起せざるを得ない、と[269]。すなわち、労働者を目的でなく手段としてあつかう資本の軛から、各国プロレタリアートが自らを解放する戦いが正当化され、同時に「プロレタリアートの外交」の基本法則、すなわちどの民族も他の民族から手段でなく、自己目的として見られるべきで、各民族は自己決定の権利をもつ、というのが、文明化した現代の人類の道徳的法則なのである、と。[270]

戦争と祖国の問題も再び取りあげられる。プレハーノフにとっては、マルクスの手になるインターナショナルの総会宣言（民族の自衛と他国への攻撃を峻別）、リープクネヒトによるこの遺訓遵守声明（エルフルト党大会）が守るべき規範なのである。しかるに近年、イギリスの独立労働党のように、今後社会主義政党は、たとえ防衛戦争という名目であれ、あらゆる戦争を支持することを拒否するべきだとする傾向が出てきているが、これは社会主義者が倣うことはできないトルストイの観点に近い、と否定される。[271] トルストイの思想が、ここでも一言ではあるが言及される。

前文書「戦争について」に続いて論じられる祖国擁護の問題でプレハーノフは、祖国が攻撃されたなら祖国を支持し、祖国が攻撃したなら支持しない、という立場を繰りかえし強調し、理論的な考察を現状に当てはめる。[272] それによると、解放運動の経済的基盤という基本的認識を踏まえれば、オーストリアとセルビアの関係では前者が搾取者、後者が被搾取者であり、セルビアの社会主義者がドイツ・オーストリアの攻撃から祖国を守り祖国の支配階級と協力することは最小の悪なのである。独墺側が非難する「大セルビア主義愛国者の策動」は、全ヨーロッパ世界の利害からは非難されようが、戦争がすでに進んでいる今、その策動にはセルビア民族統一の志向が表されているので、我々社会主義者は原則的にそのような志向を非難しない、とセルビア寄りの発言が見られる。[273] 続いて、もしもロシアがオーストリアとセルビアの対立で後者を擁護しなければ全ヨーロッパ的戦争はなかったかもしれず、ロシアは静観した方がよかったかもしれない。しかし両国の問題でロシアが国際仲裁法廷開催を要求したことは、ベルンシュタインがいう通り、社会民主主義的インターナショナルの要請に完全に一致している、とプレハーノフは言う。[274] 実際にオーストリアは動揺し始め、オーストリアとセルビアの論争が国際仲裁法廷へ向かうと、平和を望まないドイツは急ぎロシアに宣戦布告した。その時、まったく予想外にも、ドイツのわが同志たちは姿を隠し、帝国主義で金儲けしたいとの渇望に圧されて惹き起こされた恥ずべき戦争がドイツ民族生存のための正義の戦争と宣言された。ドイツはまさしく獣の役割で登場したのだ。[275] ヨーロッパにとり現代ドイツの産業帝国主義は、旧約的ロシア帝国主義とは比較にならぬほど危険である。[276] プレハーノフは、祖国ロシア防衛の立場をこのように記す。ドイツとイギリスを比較した叙述がそれに続き、「武装クラーク」［ユンカー］

によりドイツ文化が植えつけられるドイツ帝国主義ははるかに戦闘的、イギリスの帝国主義ははるかに寛大で経済的、政治的に自由である。その原因はドイツ民族の独自性ではなく、ドイツ資本主義が「あまりにも遅くやって来た」歴史的状況に帰せられる。[277] このようなドイツ史把握は、「現代のスラヴ主義者」ベルジャーエフたちの発言と相通じる部分が見られる。

ドイツの勝利・ロシアの敗戦がもたらす結果を、プレハーノフは以下のように予想する。ドイツがロシアに勝てば、開戦の年九月にフランスに押しつけようとした講和条約案（そうなればフランスは終わりだ！　駐ベルリン英国大使フォションとドイツ帝国宰相ベートマン・ホルヴェークの会話）のように、ロシアに厳しい条件を突きつけるだろう。[278] ロシア領ポーランドは併合、住民はロシアへ移住させられよう。そうなればポーランドは終わりだ！　が、プレハーノフはロシアにおける移住の習慣からこれはさほど困難ではない、と見ている。[279] より大きな困難は、かつてタタールの軛がツァーリズムを生んだように、ドイツの勝利がロシアの経済的発展を押しとどめ、ヨーロッパ的ロシアを終わらせ、ロシアの古い政治秩序を恒久化することで、そうなればロシアは終わりだ！と彼は見る。[280]『ロシア社会思想史』執筆の成果でもあろうが、ロシア史を踏まえたこのような展望にたいして彼は、「ロシアはツァーリのものでなく、労働者階級のものだ。この住民の利益を大事にする者は、ロシアの運命に無関心でいられない」[281] と、労働者階級への信頼を表明する。

最後にプレハーノフは自らの見解をまとめる。マルクスは歴史的発展のなかで意識に対する存在の関係を正しく定義した（歴史の唯物論的説明）が、まだ国際的社会主義の勝利を保証してはいなかった。それが保証されるには、今日のプロレタリアートを国際的連帯の精神で育む客観的条件の方が、プロレタリアートのあいだで時に民族的でエゴイスティックな渇望が生まれる条件より強い、とあらかじめ示すことが必要である。そしてこれを証明することはマルクスの批判者たちが思うほどには難しくない、と彼は考える。[282] ドイツ・プロレタリアートは現在帝国主義の勝利による利益に誘惑され、いわば「スト破り」で国際的社会主義に背を向けた。これは彼らの自己認識の発達を阻害し、世界全体のプロレタリアートの共通利害に対して目をつぶらせている。このような状況は世界の他地域のプロレタリアートに、国際的連帯を踏まえた努力の友情ある統一という手段以外に自分たちは解放され得ない、という真理についての知識を浸透させるだろう。これは、先のパンフレットでも触れられたことのくり返しである。こうして、各国プロレタリアートの自己教育が成しとげられる、とプレハーノフは見ている。[283]

戦争が示したことは結局、以下の二点にまとめられる。すなわち、国際的社会主義がまだ堅固な基盤をもたないこと、全世界のプロレタリアートはさらに倦まず自己教育を続けること、の二点である。彼らの自己教育が終わったと考える者は、ファンタスティックな革命的ユートピア主義者である（先述）。では、社会民主主義の課題は何か？　社会民主主義はこれまで文明化したすべての国の労働者の頭脳に深い足跡を残したが、それは戦争予防のためにも、[284] 中立のプロレタリアートを正しい戦術の道に導くためにも、十分ではないとわかった。さらに何倍もの努力が、しかもこれまで以上に系統立った努力が必要だ、というのがプレハーノフの述懐である。彼は、自分たちの究極目的への到達は考える以上に遠いのかもしれない、ともらす。実際そうであるなら、つねにそのことを戦術のなかで考えねばならないが、究極目的達成に反することは何も言っていない、と自説の正当性を強調してプレハーノフは手紙を終える。[285] 彼はあくまでマルクスの理論に忠実であると自負し、いわば教科書的な整合性を保とうとしているように見える。

＊＊＊

最後に「ロシアの意識的勤労住民へ（社会民主主義者と社会革命主義者のマニフェスト）」（一九一五年九月一〇日付け）を見ておこう。プレハーノフは数人のメンシェヴィキの同志たち、社会革命党の中心人物たちと共同でこのマニフェストの原文を執筆し、会議で検討・確定したうえ、パリで発表した。[286] 掲載先は亡命者の新聞『ロシアと自由』一九一五年三号（九月一六日）である。両党共同でのアピールは、前年に続き二度目である［最初のアピールは未見］。マニフェストに署名したのは以下の一二名である。ロシア社会民主労働党員のプレハーノフ、バッハ、デイチ、ジノヴィエヴァ＝デイチ、アクセリロート、社会革命党員のブナコーフ、アフクセンチエフ、リュビーモフ（マルク・３－й）、ヴォロノフ、アルグノフと、第二国会における社会民主労働党議員としてベロウーソフ（メンシェヴィキ）とアレクシンスキーである。署名者はロシア社会主義思想のいろいろな傾向に属し、多くの意見の違いはあるが、「ドイツと戦うロシアの敗北は、自由のための戦いの敗北でもあるという点で明確に一致する」ことが確認されている。[287] このマニフェストの内容は、上述のプレハーノフ自身の二論文と基本的に同主旨であるが、社会主義運動の同志あてでなく、より広くロシアの意識的な労働者・農民・職人・店員など自らの労働で生活を支え、より良い未来を目指して戦っている人々を対象としているだけに、原理原則をふりかざすのでなく、より簡潔に訴えていると思われる。以下にその要旨を記す。

ロシアが祖国防衛に努めなければ、対ドイツ敗戦がもたらす悪影響は膨大な領土、賠償金の要求となり、その負担は働くナロードの背に全面的にのしかかるであろう。このことは一八七〇～七一年のプロイセン‐フランス戦争の例を見れば明らかである。[288] また、戦時下でもロシアの企業家は平時より無欲になることはなく、「工業動員」で儲けて自らの利益には細心の注意を払っても、被雇用者には注意を払わない。[289] 国際的に見ても、ドイツの英・仏・ベルギーに対する勝利は民主主義に対する君主主義の、すなわち新しい原理に対する旧い原理の勝利を意味し、反動派の国際的連帯が強まり、ベルリンがペテルブルクの秩序保持の任にあたることになる。そうなればロシアのプロレタリアートと農民は自国の反動とだけでなく、強力なドイツの反動にも向き合うことになり、自らの解放プラン実現は永く先延ばしになる。[290]

このように祖国防衛を呼びかけた後でマニフェストが斥けるのは、祖国防衛がプロレタリアートと農民の最重要かつ喫緊の経済的利害にかかわることを棚に上げ、「祖国防衛は階級闘争への関与拒否だ」という主張である。また、ツァーリズム政府を憎むあまりドイツに対するロシアの敗北を望む「理性的でない輩」、敵と戦う軍隊の背後での革命的「点火行動」[291]、アナーキストの「全か無か」の戦術等も否定され、「ナロードの外部の敵だけでなく内部の敵」に対する警戒が説かれる。[292] その上で、積極的に勧められることは、自らの代表がすべての機関で、軍需品を取り扱う特別な技術機関（戦時工業委員会等）だけでなく、その他の社会的‐政治的性格の組織（農村自治、農業協同組合、労働者連合、疾病金庫、農村および都市の組織、国会など）にも参加することである。[293]

一八世紀末のフランス革命に倣い、「まず外部の敵に対する勝利、その後に内部の敵の打倒」。これがロシアの意識的勤労住民に求められることである。[294]

6. おわりに

以上、反戦を唱えるイヴァーノフ＝ラズームニクと、彼が批判の対象とする「三潮流」の主張を見てきた。圧倒的な戦争支持の声のなかでイヴァーノフ＝ラズームニクが少数派ではあるが反対の声を上げたことは特筆されよう。その主張が彼の年来の、そして終生変わらぬ思想から出たことは明らかである。数の多さが思想の正しさを決定しない、「真理はつねに少数者のもの」というのが彼の終生変わらぬ主張であった。

本稿では、戦争擁護と批判の主張を原則として開戦後数か月の一九一四年秋にしぼり、たどった。取りあげた各人の戦争を論じた文書は、その後著作集などに再掲載されることが近年まで稀、あるいは皆無のようである。その理由としては、時論的な文書にさほど大きな意味が見出せない、一時的な熱狂が好ましくない、各人の生涯・思想全体のなかで位置付けるに値しないと見なされた等が挙げられよう。そのような文書を一〇〇年後に取りあげる意味を問うに、人類史上初のヨーロッパを主舞台とする戦争下で燃えあがったナショナリズムの高揚のなか、いかに時流に抗して自らの信念を貫きうるか探ることが挙げられよう。また、戦争擁護と批判の論理にロシア思想の特性を見出せるか、という問いでもあろう。取りあげた各人、とくに戦争支持派は主敵ドイツの否定に集中しているが（オーストリアにはほとんど触れられないのも特徴）、本来、ドイツ側の見解や、ロシアの同盟国における論調も併せ見るべきであろう。この戦争では同盟国であるが、英仏両国とロシアの間の相互認識も単純なものではなかろう。この点はロシア側の視点だけでなく、各国の歴史研究者相互の情報交換・研究交流が必要と思われる。[295] その上で、浮かび上がった二、三の問題点に触れて終わることとする。

＊――ナショナリズム、ネーションの問題

ナショナリズムに浮かされた開戦後数か月の時点での戦争擁護と批判の発言から感じられるのは、ロシア国家（内実はともかく、巨大・強大な、独立したスラヴ人の国家）の存在がロシア・インテリゲンツィヤの思想・筆致に与える影響が大きいということである。それは例えば、国内の被差別少数民族の視点に立ち難い、スラヴ世界における民族問題を論じることが少ない、あるいは論じる際に比較的安易に考える傾向に表れているといえるのではないか。イヴァーノフ＝ラズームニクの場合、国内の民族問題に関してほとんど言及がない。オーストリアに対抗するセルビアへの共感が垣間見られるのは、インターナショナリストとしての自覚と、世界大戦当時の状況によるのであろう。セルビア支持という点では、開戦支持のプレハーノフも同様である。反ドイツ主義の色濃いメシア主義者の場合、正教による一体性意識、解放者としてのロシアの意識が民族間の問題を覆い隠すためか、ポーランド以外には具体的に言及することがほとんどない。

＊――メシチャンストヴォ問題

イヴァーノフ＝ラズームニクが批判的な意味で用いる用語にメシチャニーン мещанин（メシチャーネ мещане）、メシチャンストヴォ мещанство、メシチャンスキー мещанский があり、訳語として俗物、俗物性、卑俗性、小市民性、そして俗物的、小市民的が挙げられる。イヴァーノフ＝ラズームニクは、この用語はゲルツェンが最初に倫理的な意味で用いた、と指摘し、そのような用法を自分はゲルツェンから受け継ぐ、とかねてからの主張をくり返す。イヴァーノフ＝ラズームニクがメシチャンストヴォという単語を社会学的と同時に倫理的な意味で用いるところに彼の主張の特徴があることはすでに述べた。

　ブルガーコフやベルジャーエフにあっても、反メシチャンストヴォ、反ブルジョワの気分は強い。彼らメシア主義者はこの用語についてとくに解説することはないが、それが意味するところは非正教世界、近代化された人間タイプから成る社会への拒絶感という精神（道徳）的要素が強い。反メシチャンストヴォはロシアの独自意識の裏面であろうが、メシア主義者たちが独自性を主張する根源はキリスト教＝ロシア正教にあることは言うまでもない。同じキリスト教でありながら、時代に応じて変化することで勢力を拡大したカトリックに対して、正教は変化を排して原始キリスト教の姿を保持することを尊んだ。その正教をビザンチン帝国から継承したロシアでは近代以後もなお、二〇世紀初めにおいてさえ、宗教が西欧におけるよりも大きな意味をもつ様子がうかがえる。カトリックに対する正教の強い対抗意識は周知の通りであるが、カトリックから別れたプロテスタントと近代世界への批判意識は大戦時に敵国ドイツ批判と重なり、メシア主義者の発言に見られるとおりである。

　しかしリベラルにあっては、近代化された人間タイプの社会に対する拒絶感が比較的うすく、ロシアと西欧の近さを前提としていると推測できる。一九〇五年革命後の一〇月宣言がもつ意義を高く評価するのはその表現であろう。他方、先に取りあげた人物・論文に見る限りでは、彼らにはメシチャンストヴォを忌避するのと背中合わせにロシアの優位を強調するという感覚はうかがえない。マルクス主義者にとっては、メシチャンストヴォは町人身分、小市民という意味で捉えられ、未来の社会主義社会、無階級社会では存在しえないと考えられるゆえに、特に重視されないと言えるのではないか。

　第一次世界大戦以前から、いわゆる「ロシア・ルネサンス」期に、立場は異なるが新しいロシアを目指す人々が宗教の革命的な力という側面を意識し、宗教と革命、宗教の革命、革命における宗教等の問題と苦闘したことが思い起こされる。『道標』をめぐる論争に見られるように、ロシア・インテリゲンツィヤは神なき徒輩である、とメシア主義者から批判された。しかし、そのインテリゲンツィヤが、否定しながらも自らキリスト教的・ロシア正教的ないわば体質を拭い去れないように思われる。[296] メシア主義者の戦争論を批判するイヴァーノフ＝ラズームニクの場合無神論者ではなく、道標派を全否定せずに批判するだけでなく自らとの共通点をも挙げ、後に革命の高揚した気分のなかで「変容 преображение」を語り、エセーニンやブローク、ベールイの詩への解説で宗教性に触れるなど、宗教に対してレーニン、ボリシェヴィキの立場とは明らかに異なっている。他方、彼らには経済的観点でもって現実を捉えるという態度・方法は見られない。

＊――政治と宗教の問題

精神性を重視するロシア・インテリゲンツィヤにあって政治問題を具体的に解決する提案の欠如と、神のものとカエサルのものとを峻別するロシア思想の特徴（それが正教に由来するか否かも含め）という問題を理解するには、彼らが戦争に続く革命のなかでさらに何を求めたかを探る必要があると思われる。

本稿で取りあげたのは哲学者、文学者あるいは文筆家であり、精神（道徳）面に重心を置く人々である。彼らの思想・理論の展開は戦争という現実を論じながら、問題の具体的解決に関わる提案をする姿勢はうかがえない。このような姿勢も現世の政治をツァーリのような主権者に一任するロシア的思考の一特徴ではないかと思われるが、このような問いはあらためて考えるべき大きな問題点であろう。

第V章 「スキタイ人」の流浪

1．はじめに

イヴァーノフ＝ラズームニクは一九一二年のヨーロッパ旅行時まずベルリンに立ち寄り、その地での滞在を踏まえて論文「人間と文化——旅の思想と印象」を発表した（『遺訓』一九一二年六号）。その論文は「スキタイ人」のペンネームで発表され、ペンネームおよびドイツ＝西欧文明への批判的発言は、彼が思想の継承者をもって任じるゲルツェンに倣うものであった。[1] イヴァーノフ＝ラズームニクにとりベルリンは、避けるべき都市として刻印された。[2]

第一次大戦に際しては戦争反対、一九一七年の一〇月革命は支持と、当時の大勢とは異なる途を選んだ彼は、国内戦期にヴランゲリ率いる白軍のペトログラード接近時に身の危険を感じながらも、亡命は「罪である」かのように見て拒否した。当時彼と緊密に接していたシチェーインベルクはこれを「奇妙なナショナリズム」と記している。[3] しかし彼はすでにボリシェヴィキ政権にとって「目障り」な存在と見なされており、一九一九年二月には捏造された「左派エスエルの陰謀」の嫌疑により同政権下で最初の逮捕を経験している。釈放後、一九一九年一一月から彼を中心としてペテルブルクを本拠に発足した「自由哲学協会《ヴォリフィラ》」は、文相ルナチャルスキーの好意的態度もあって社会団体として登録を許可され活発な文化活動を展開していたが、一九二四年には登録を却下され終止符を打たれた。それ以前の一九二一年にはヴォリフィラでともに活動したアンドレイ・ベールイがベルリンへ亡命（二年後に帰国）、A・シレイデルたち左派エスエル関係者がベルリンに開いたスキタイ人出版社のつてでイヴァーノフ＝ラズームニクも出国可能であったのに、彼は留まった。一九一二年のベルリン経験が、祖国を離れ生きることを拒否させた要因と見られる。一九二二年末にボリシェヴィキ政権によって多くの哲学者たちが強制的に乗船させられ国外追放となった（「哲学の船」）際も、周囲の人々の予想に反し彼の名はなぜか追放者リストになかった。ヴォリフィラの中心的なメンバーではシチェーインベルクが追放者リスト入りしていた。しかし、国内に留まった彼も平穏な日々を許されたわけではない。元来、文学に携わることをすべてに優先し、文献・資料類の収集・整理に注力し、物質的に贅沢な日々とは無縁の彼であったが、日常的な監視下で一九二〇年代前半には著作の発表はほぼ禁じられ、生活は困窮した。制限・妨害を受けつつも辛うじて資料編纂の仕事、意義を感じられないような書物の翻訳や百科事典の項目執筆等が生計を支えた（本書第Ⅱ章4、ゴーリキーの発言参照）。しかし一九三三年、一九三七年と逮捕、家宅捜査、長年にわたり収集・整理した文献・資料類の多くの押収・廃棄、尋問・入獄と流刑の日々が続いた。彼は生涯を懸けた文学の世界から事実上追放されたのである。政治の世界とは距離を保ったにもかかわらず、彼は存在しない「ナロードニキ主義の思想‐組織的センター」の中心人物としてつねにГПУ《ゲーペーウー》にマークされていた。一九三〇年代の短い間隔での逮捕・入獄と三年間の流刑終了後もツァールスコエ・セロー（一九一八年にジェーツコエ・セロー、さらに一九三七年からプーシキンと改称）の自宅には戻れず、モスクワから一〇〇km以遠に家族と離れて一人住まいを余儀なくされた。そうした日々に、ボリシェヴィキではあるが文学・文化遺産の保護に理解があり、彼の文学面での能力を認める国立文学館館長B・Д・ボンチ＝ブルエーヴィチの尽力で、同館非正規職員として辛うじて文学の世界とのつながりが保たれた。それはブロークの詩に関する長年にわたる研究、ベールイとの往復書簡集の原稿執筆、モスクワでギムナジア時代からの親友A・H・リムスキー＝コルサコフ（一八七八—一九四〇年。作曲家H・A・リムスキー＝コルサコフの長男）の資料整理、モスクワとザゴールスクでもう一人の親友M・M・プリーシヴィン（一八七三—一九五四年）宅での資料整理などであった。リムスキー＝コルサコフとプリーシヴィンは、三〇年代にイヴァーノフ＝ラズームニクの逮捕・流刑によってほぼすべての友人が連絡を絶つなか、変わらずに彼との連絡を続けた数少ない親友である。ちなみにもう一人の彼の親友、演劇家B・Э・メイエルホリドは彼と同じく一九三〇年代に抑圧の対象となり、一九四〇年に処刑された。イヴァーノフ＝ラズームニクが自宅で過ごせるのは、国立文学館からの出張命令を受けてレニングラードおよびプーシキンの文学コレクション調査のため、三か月ごとの仮滞在許可を更新しつつ、であった。[4] 彼は精神的にだけでなく、肉体的にも国内を流浪していた、いわば「国内亡命者」であったと言えよう。

イヴァーノフ＝ラズームニクがナチス・ドイツ軍占領地からの強制移住者として再びヨーロッパの地を踏んだのは最初の旅からほぼ三〇年後、一九四二年二月のことである。彼が住むプーシキンは芸術家と文学者が多く住み「ミューズの都市」と呼ばれるが、レニングラード攻囲戦における最前線の一つとなり、一九四一年九月半ばにナチス・ドイツ軍に占領された。被占領地住民となったことも彼にとり一種のドイツ体験であったと言えよう。彼と妻ヴァルヴァーラ・ニコラーエヴナは五か月後、ドイツの「強制移住」列車でソビエト国境を越え、思いがけずドイツ占領下の西プロイセンの小都市コーニッツ（ドイツ語・ロシア語名。ポーランド語ではホイニツェ）郊外の移住者用監視収容所 Beobachtungslager に送りこまれた。それ以降、大戦終結から一年一か月後に没するまでの四年余り、彼は異郷を流浪した。その足跡はコーニッツと「プロイセンのスタルガルト」のドイツ側収容所二か所、リトアニアのパネヴェジース郡ダニリシキ（コヴノ〈現カウナス〉北方、直線距離で約九〇km）の従兄弟宅、再びコーニッツで今度は友人宅、さらにドイツのシュレスヴィヒ・ホルシュタイン州のレンズブルク、そしてミュンヘンの従兄弟の息子宅に及ぶ。この間、彼は逮捕・入獄・流刑と監視下の生活が常態であったソ連では得られなかった自由の下、ヨーロッパ各地の亡命ロシア人の旧友・知人、あるいは新たな知人と文通し、リトアニアの従兄弟宅とコーニッツの友人宅では短期間ながら原稿執筆に集中し、ヨーロッパでの出版を試みた。

かつてヨーロッパ＝ドイツ文化に強烈な否定的反応を示した「スキタイ人」イヴァーノフ＝ラズームニクは、ほぼ三〇年後の四年間、ヨーロッパでの「自由な」日々をどのように生き、ヨーロッパをどのように受け止め、評価したか？本章では彼の回想記『監獄と流刑』では筆が及んでいない、占領下のプーシキンから異郷で没するまで数年間の軌跡をたどる。主な手がかりとなるのは以下の文献・資料である。ナチス・ドイツ軍の攻撃下にイヴァーノフ＝ラズームニク夫妻と同じ防空壕に避難したことも含め、占領下の生活を記録したプーシキン市民Л・オーシポヴァ（本名О・Г・ポリャコーヴァ、一九〇二―一九五八年）の「対独協力者《コラボラントカ》の日記」[5]、戦前からイヴァーノフ＝ラズームニクと親しくし、「強制移住」生活をともにした同市在住の児童文学作家Е・А・シードロヴァ（エヴゲーニヤ・モル、一八九九―一九八一年）[6]、その娘で子供のころから彼を知る作家И・Н・ブシマン（一九二一年－？）[7]、やはりプーシキン居住のSF作家A・ベリャーエフの娘で、（当時一三歳でイヴァーノフ＝ラズームニクを直接には知らなかったが）コーニッツとスタルガルトの収容所生活を経験したC・A・ベリャーエヴァの証言[8]、イヴァーノフ＝ラズームニクの一九四二年分だけが記された日記風メモ帳[9]、コーニッツ以降、彼が亡命生活に関して情報交換だけでなく生活面でも援助を受けた旧友・知人たちとの文通、そしてそれらの資料（アメリカ合衆国のアマースト大学ロシア文化センター所蔵）に光を当てた研究者O・ラエフスカヤ＝ヒューズの論文と編著書[10]、そして第二回と第三回のイヴァーノフ＝ラズームニク国際研究・報告会の報告・資料集などである[11]。

まず、イヴァーノフ＝ラズームニク夫妻が被占領地住民となって以後の流浪の軌跡を確認しておこう。

ナチス・ドイツ軍占領地住民　一九四一年九月～一九四二年二月
コーニッツの収容所　一九四二年二月～一九四三年二月
スタルガルトの収容所　一九四三年三月～一九四三年八月
リトアニアの従兄弟ヤンコフスキー宅　一九四三年八月～一九四四年二月
コーニッツのヴェルディンク宅　一九四四年三月～一九四五年一月
コーニッツから連合国占領地への避難行　一九四五年一月二七日～二月二〇日
レンズブルクの知人宅（または国連救済復興機関内）　一九四五年二月二〇日～一九四六年三月
ミュンヘンの従兄弟ヤンコフスキー宅　一九四六年四月～六月九日

2. 占領地住民

独ソ開戦から二か月余の一九四一年八月、ドイツ軍の先鋒は急速にレニングラードに接近、都心から二〇数キロ南方のプーシキンではドイツ軍による砲撃と空爆、ソ連軍による反撃の砲弾が飛び交い、市街地もエカテリーナ宮殿も破壊されていった。イヴァーノフ＝ラズームニク夫妻も前線の接近に伴って九月前半を防空壕で過ごした。ソビエト当局はそのような状況下でも住民の疎開を禁止していたというが、九月一七日夜に店舗の食糧もすべて撤収してレニングラードまで退いた。[12] イヴァーノフ＝ラズームニクは一八日早朝に市内でドイツ軍先鋒隊の姿を見ている。それ以前に彼と妻は娘イリーナがいるレニングラードへ避難しようとしたが、すでに特別な通行証なしに列車に乗ることはできなかった。実はそれ以前、イヴァーノフ＝ラズームニク夫妻は当局からの召喚に応じて九月二日に、二度と帰宅できないかもしれないと覚悟して二人でレニングラードの中央警察署に出向いたが、理由を告げられることなく帰宅を許されていた。当の本人たちには隠されていた事情はこうであった。すなわち、ドイツ軍接近以前にプーシキン市当局は、イヴァーノフ＝ラズームニク夫妻を含め好ましからざる住民四〇〇名とその家族の逮捕・追放を計画しており、すでに八月末には夫妻の行政的追放が一旦決定されていたのである。しかしその直後、イリーナが独ソ開戦から赤軍に勤務した事実［「思想穏健ならざる」両親のために逮捕され勤務中断］が指摘され、追放措置の再調査が提案されていたため、九月二日の出頭時に決定の通知・執行が延期されたのであった。こうした事情が明らかになるのはドイツ軍によるプーシキン占領後、ロシア人により組織された都市管理局が、プーシキン市警察と地区内務人民委員部の部屋を調べた結果であった。[13] イヴァーノフ＝ラズームニクがこの都市管理局に加わっていたか否かは明らかでない。彼が占領下で飢えに苦しめられながら、ドイツ軍のもとで働いて生活を維持しようとはしなかった（下記のオーシポヴァの証言）ことを考えれば、不参加であったとも考えられる。

そのような裏面を知る由もない夫妻にとって、避難のためレニングラード行き列車乗車許可証の申請が危険この上ないことは火を見るより明らかであろう。もっともイリーナによると、最後に会った両親の様子は次のようであった。ドイツ軍の接近が伝えられ列車が運行停止になると歩ける人々は徒歩で逃げだしたが、体力が衰え、たがいに体を支えあって暮らす両親は、たとえ歩き出したとしてもとうてい目的地まで行きつけなかったであろう。母親はすっかり白髪になっていた。イリーナは戦後五年経ってこのようにプリーシヴィンに語っている（プリーシヴィンの日記、一九五〇年九月二一日）。[14] もう一人、一〇歳台でプーシキンのイヴァーノフ＝ラズームニク宅をしばしば訪れ、イリーナとは終戦まで交流があったＨ・Γ・ザヴァリーシナは証言する。イリーナはドイツ軍による占領一週間まえに帰宅して砲弾の飛びかうなか、両親のために菜園のジャガイモを取り入れたのが最後となった、と。[15]

九月一八日にはドイツ軍機が宣伝ビラを撒いた。「ジードと政治委員をぶちのめせ」等、愚劣で間違った言葉づかいのビラは悪夢のような印象をもたらし、皆は死を目前にしたような気分になった。イヴァーノフ＝ラズームニクは、このビラはドイツ人を貶めるためボリシェヴィキが撒いた、と推測した。[16] 占領はイヴァーノフ＝ラズームニクの運命に大きな転換をもたらした。逮捕・追放されるはずであった九月一九日の二日まえにドイツ軍先鋒部隊がプーシキンを占領したため、彼はソビエト政権下で四度目の逮捕とレニングラード州外への追放を、そしておそらくは身の破滅を免れたのであった。

占領下のプーシキン市の状態を、住民の証言と数字でもってまとめたツィピンの資料選集によって概観しよう。占領直前のプーシキンの人口はほぼ三万五〇〇〇人だったが、ドイツ軍の命令によって同年一一月に行なわれた登録（義務的）では五一〇〇人余を数えるにすぎなかった。実際は翌一九四二年初めまでで五〇〇〇人から八〇〇〇人近くだったとされる。その数は同年五月までに一三〇〇人、夏が終わるまでには二五〇〇人から三〇〇〇人以下になり、ドイツ軍に使役される男性がほとんどであった。一九四三年一二月には残った住民はすべて町から移動させられ、翌一九四四年一月にソ連軍がプーシキンを奪回した時はほぼ無人都市だった。占領下のプーシキンで死亡した一万八三六八人の内訳は次のとおりである。空爆による死者二八五人、餓死者九五一四人、銃殺（子供五〇人を含む）および絞首刑による死者八四七七人、拷問後の死者は一二一四人。また一万七九八六人が奴隷＝労働力として他地域へ送り出され、そのうちのれほどが帰還できたかのかわからない。[17]

占領下の住民には過酷な日々が続いた。冬を迎えるにもかかわらず燃料の不足、伝染病（チフス、赤痢）の蔓延、早くも九月に始まった食糧不足と餓死者の続出、占領軍設定の立入り禁止区域に食糧を求めて入り込む住民の射殺や処刑、人肉食のうわさ、そして「劣等人種」に対するドイツ兵の略奪・暴行や気分次第での発砲等々である。ドイツ軍は住民の市街地への、また市街地からの出入りを禁じた。そのためプーシキンからわずか三㎞離れたパヴロフスクには市場もあり、郊外へ出れば食糧購入や物々交換の可能性があったにもかかわらず、市街地から出ることは命がけであった。住民は身内であれ赤の他人であれ死者の埋葬も満足にできず、飢えのため精神を病む者も見られた。そのような状況下でイヴァーノフ＝ラズームニク夫妻が過ごした五か月ほどの日々を、あまり多くない手がかりから再現すると以下のようになる。

彼の自宅も立入り禁止区域内にあり、膨大な書籍・資料を擁する自宅を追われ移り住んだ市中心部のアドレスはわかっていない。ドイツ軍用のバーニャ（慰安施設）で働いて食糧や便宜を得ていたオーシポヴァによれば、自分たちとは違って「イヴァーノフ＝ラズームニク夫妻の事情は我々より厳しかった。彼らは原則としてドイツ軍供給の食糧を得るために働こうとしなかった」（一九四一年一二月二〇日）[18]ために夫妻は慢性的に飢餓状態にあった。それでも降誕祭（一九四二年一月七日）に、夫妻はオーシポヴァ夫妻宅で一夜を過ごした。双方が探してやっと手に入れたろうそくを灯し、不味いキャベツスープ、小麦粉の残りで焼いたティーカップの受け皿ほどに小さな焼菓子《レピョーシカ》、パン、ごくわずかなマーガリン、お茶と砂糖でほぼ満腹感を得られたように感じた。語り合い、詩を朗読し、コリャダー（降誕祭前夜に歌われる予祝の儀礼歌）を歌い、冗談を言い合う何時間かは飢え、貧しさや希望のなさを忘れさせた。この時イヴァーノフ＝ラズームニクは、戦後に開かれる宴に皆を招いた。レニングラードに長年保管してあるコニャック（彼の洗礼時に教父から贈られた、その時点ですでに五〇年もの）を一緒に飲もう、と。[19]このコニャックは実在したのか、皆を慰め楽しませるため彼が考え出したフィクションであったのか。確かなのは、彼の両親が息子にロシア正教徒として洗礼を受けさせたことと、戦後の宴が実現しなかったことだけである。

付け加えれば、イヴァーノフ＝ラズームニクは戦火で破壊され飢餓に苦しむプーシキンで、占領軍とは別に「本を救え！」と呼びかけ人々を組織する熱意あふれるインテリゲンツィヤの一人として、本を破壊（爆撃、降雨、ドイツ兵による捜索、ドイツ兵士だけでなく派遣された専門家により貴重書と見なされたものの奪取あるいは買取り、住民やドイツ兵による焚き付けとしての利用等）から守る行動に積極的に加わった。自らがその行動の成果享受はおぼつかなくても、「精神的栄養である我々の本」を集め、安全と思われる場所——市図書館あるいは自宅に保存しよう、「本はモノでなく、我々の友であり、救わねばならない！」という運動のアピールが伝えられている。老いも若きも、教授も学生も、この運動に携わった。[20]しかし、立入り禁止区域には保存の手が及ばなかった。現実に彼の自宅では、大型の書架一一本に収められていた五〇〇〇から一万点といわれる書籍、同じく書架二本に保存・整理されていた文学的資料（ブローク、ベールイ、ソログープ、レーミゾフ、エセーニン、クリューエフ、ザミャーチン、その他数多くの作家たちに関する）、何十ものファイル、手紙約五〇〇〇通（ベールイ、ブローク、ヴャチェスラフ・イヴァーノフやその他シンボリスト詩人、すべてのアクメイストたちの／との）が大部分消滅した。[21]ドイツの親衛隊保安部SDから幾度かやって来た人員が、それらの貴重な資料の一部を運び出した。ドイツ軍退却後、一九四四年八月に同市居住の作家Д・E・マクシーモフは、トラック一台分の文献・資料の残骸をイヴァーノフ＝ラズームニク旧居跡から回収した。現在ペテルブルクのロシア科学アカデミー文学研究所

（プーシキン館）所蔵のイヴァーノフ＝ラズームニク・フォンドがそれである。[22] 文学は彼にとり心の支えであった。彼はドイツ軍占領までに避難した防空壕内でも、文学に関する興味深い話で皆を元気付け、砲撃で一瞬のうちに跡形もなく消え去る恐怖を一時忘れさせた、と伝えられる。[23]

しかし状況は日々悪化した。そのなかで一九四二年一月一六日、イヴァーノフ＝ラズームニク夫妻は、委託店でコックの取れたサモワール（六〇ルーブリ）を分割払いで買い、この行為を「朗らかな無分別」と称した。サモワールは皆がツァールスコエ・セローから逃げだそうと目論んでいるのに、「たとえ餓死に脅かされても自発的にツァールスコエ・セローを出て行かないというシンボル」とされた。しかしその後「占領軍司令官は食糧を求めて出かけることを禁止し、目前の餓死がきわめて現実的になった」。薪がなくなり、一月最後の彼のメモ帳では「我々は一月中、徐々に死に近づいている」。二月三日には「病の床に着き、かろうじて歩行。ヴァーリャ（妻）も同様」であった。[24] オーシポヴァは二月一一日に「最近イヴァーノフ＝ラズームニクをほとんど見なくなった、彼らは限界までいったか？」と記している。[25]

3．「異郷」への旅立ち

ドイツ軍が占領地の惨状軽減と市中心部の空白地帯化を意図していたことは先の記述からも推測できる。また、戦時下での労働力確保のためロシア以西の占領地へ、数多くの「東方労働者《オストアルバイター》」を送り出したことは周知の事実である。占領政策は厳しかったが、同じソ連市民でもドイツ人、フィン人、沿バルト人に対しては、比較的穏やかだったという。[26] 一九四二年二月、沿バルト方面に親戚をもつ住民と「民族ドイツ人 Volksdeutsch」の移住募集があったのは、空白地帯化のための一手段でもあったろう。ここでいう民族ドイツ人とは、ドイツ人を先祖にもつロシア人、ロシアに植民したドイツ人、そして主にポーランドに移住したドイツ系ロシア人を指していた。[27] イヴァーノフ＝ラズームニクは母方の従兄弟がリトアニアにおり、若い頃は毎夏を従兄弟宅で過ごすのが常であった。さらに彼の妻（旧姓オッテンベルク）の両親はドイツ人であり、彼女はドイツ語に堪能であった。夫妻の窮状からして沿バルトに親戚、「民族ドイツ人」と二つも条件がそろえば、先述の「自発的には出て行かないというシンボル」月賦購入にもかかわらず、移住者募集に応じるしかなかったであろう。それはソ連の強制収容所からドイツの監視収容所への旅であった。[28] かつてゲルツェンに倣い、野蛮人の眼で文明の欺瞞性を見抜く「スキタイ人」のペンネームでヨーロッパ＝ドイツ文明を批判的に描いた彼にとり、そのヨーロッパへの脱出／西漸であった。

希望者を募るとはいえ、移住は強制と表裏の関係にあった。イヴァーノフ＝ラズームニク自身、自発的移住の呼びかけが強制的になることを予見していた。[29]「ロシアのジュール・ヴェルヌ」と呼ばれるプーシキン居住のSF作家アレクサンドル・ベリャーエフ（一八八四－一九四二年）一家の例を挙げよう。彼自身は一九四二年一月六日に餓死したが、彼の母（スウェーデン系）と妻は民族ドイツ人と認定され、家族は移住に応じなければ銃殺されたであろう、という。[30]占領側の強制がなくてもソ連国家では、たとえ戦火の下でのやむをえない事情とはいえ敵であるドイツ軍占領地に居合わせたソ連住民は対敵協力者・スパイ扱いされ、極めて厳しい運命に向き合わされたことは周知のとおりである。ベリャーエフ一家もイヴァーノフ＝ラズームニク夫妻とともに移住列車に乗車した。他に移住に応じたプーシキン市民のなかには、収容所でイヴァーノフ＝ラズームニクのスケッチを残した画家О・Ю・クレーヴェル（一八八七－一九七五年）とその家族もいた。

移住のための出発日時（一九四二年二月五日）は前日の午後三時に、翌日正午と告げられた。イヴァーノフ＝ラズームニク夫妻は大慌ての準備で「必要なものはゼロで不要なものばかり」詰めた小さなカバン八個をもち、彼は飢餓からくる下痢の身を両脇から抱えられて無蓋トラックに乗り、荷物の上に身を横たえた。残留したオーシポヴァは、彼が目的地までたどり着けるか危ぶんだ。彼女がイヴァーノフ＝ラズームニク夫妻の姿を目にしたのはこれが最後である。[31]

一九四二年二月五日、移住者はまず極寒のなか、移住列車が出発するガッチナ（プーシキン南西約三〇㎞）までトラックで移動した。その沿道には死体がつらなり残されていた。移住者はガッチナでは暖房のないバラックで一晩、出発を待った。移住列車にも暖房はなかった。ブシマンはエストニアのレーヴェリ（ターリン）に親戚がいたが列車は同地を通過し、ラトヴィアのリガで停車しても誰一人下車を許されず、ドイツ占領下の西プロイセン（現ポーランド）まで走った。イヴァーノフ＝ラズームニク夫妻もリトアニアの従兄弟宅へ行けず、一〇日間の列車旅の後二月一五日に彼らが到着したのはダンツィッヒ（グダニスク）から一〇〇㎞ほど南西の小都市コーニッツ（ホイニッェ）の移住者用監視収容所であった。[32]ここが「スキタイ人」＝イヴァーノフ＝ラズームニクにとりほぼ三〇年ぶりの、そして以後数年を過ごすことになるヨーロッパの始まりであった。

4. 監視収容所

(1) バラックでの日常生活

イヴァーノフ＝ラズームニクにとり久々のヨーロッパ＝監視収容所での日常生活を、同じ収容所で過ごしたC・A・ベリャーエヴァ、シードロヴァの回想やラエフスカヤ＝ヒューズ、シェロンの論文によって再現しよう。[33] コーニツ郊外の強風吹きすさぶ野原に建てられたバラック群は周囲を鉄条網で囲まれ、その外へは所長の許可なしには出られなかった。バラックは全部で一五棟、各棟には二二室、一室に二段ベッドが四床置かれ、全体で三〇〇〇人近くが収容されていた。そのほとんどがレニングラード近辺からのドイツ系住民、エストニア・ラトヴィア・リトアニアのバルト三国人、そして一部にヴォルガ・ドイツ人であった。まず検疫が行なわれ、収容当初バラックの一棟でチフスが発生すると外から鍵がかけられ、入居者は二六日まで建物から出られなくなった。室内設備はトイレ、温水・冷水のでる洗面台、シャワー室、洗濯場に乾燥室と一通り備えられていた。しかし、一〇日ほど水が出なかったという例も見られる。食堂二か所は居住棟とは別にあり、バラックごとに順に食べに出かけた。当初こそ量は不足だが質は悪くない食事が出された（朝はブラックコーヒー、パン、マーガリンかフルーツゼリー）が、食堂で働くリトアニア人が不正を働くようになると食べられないほどに質が落ちた。春先には雑草の新芽や、去年畑の畝に捨てられ凍ったキャベツの芯もすぐに食べつくされた。夏になるとスカンポの新芽を摘むため収容所の女性全員が動員され、監視役の女性が一人付いて摘んだスカンポをこっそり持ち帰らないよう見張っていた。もしも見つかると大声で泥棒呼ばわりされた。行進中には拳が時折とんできた。夏季に人手が足らなくなると、女性はその地の農家へ手伝いに出された。ただ働きだったが野良で食事が出るので、収容所食堂での食事とあわせ二食分が得られた。何十人かの女性は隣町の缶詰工場で、加工まえの乾燥キノコの検査業務に携わった。工場へは列車で往復し、武装したリトアニア人警官が付き添った。被収容者にはまるで動物園の檻のなかの動物であるかのように、地元住民の好奇の眼差しが注がれた。

イヴァーノフ＝ラズームニクは入所から一か月経った三月一五日に、一か月が一年のようだ、と記している。三月には同室者八人中二人が死んだ。当初五月か六月あたりには収容所から出られるものと期待していたが、七月末まで待たされた挙句に出所不可とされた。所内の規則は厳しく、九時消灯・笛の合図で七時起床・八時ベッド収納、無許可で収容所区域からの外出禁止、巡回、ロシア語の本や蓄音機の没収、ロシア語での文通禁止（ただし六月初め～一〇月。この間に彼は妻の助けを得てドイツ語で手紙を出したが、事務的な内容に制限され、書く回数が減った）、七月から室内のストーヴ使用禁止、すなわちストーヴでの補助食調理の禁止、規則違反を犯したバラックに対する飢餓的配給食の罰則等々であった。各バラックには「リンツ」、「カルルスバート」などドイツの地名が付けられており、イヴァーノフ＝ラズームニク夫妻のバラックは「エッセン Essen」で、これは皮肉にも「食事《エッセン》」と同音であった。バラックの同室者には、詩人の故В・И・アンネンスキー（詩人И・Ф・アンネンスキーの息子）の妻・娘と妻の姉妹がいた。収容者は互いに行き来し、あるいは食に関して、あるいは文学談義に花を咲かせた。そうしたことができるのは収容所長による放任策の結果であったが、厳しい所長に交替すると制限された。ブシマンはアンネンスキーたちやその他の人々とイヴァーノフ＝ラズームニクのバラックに時々集まって語りあい、彼から興味深い話を聞き、時には政治的な議論を交わしたと記す。そのような時に彼は戦争の結末を予測し、英米の勝利を疑わずに大きな期待をかけていた。また戦後の世界情勢については、民主主義強国とソ連との協力継続という考えは否定していた。プーシキンの防空壕での会話は文学的な話題に限られていたが（それでも多くの文学者たちを知っているイヴァーノフ＝ラズームニクの話は大層興味深かった）、ソ連国境を越えたここではより広く意見が交わされたようである。彼らは画家О・Ю・クレーヴェルの部屋でも何回か集まった。

　収容所外の世界についての彼らの話題はまず戦争、前線のこと、またツァールスコエ・セローやペテルブルクのことであった[34]。ここで時間的にはさかのぼるが、出国前のイヴァーノフ＝ラズームニクの見解を確認しておこう。彼はヒトラーの政権奪取一年後に悲観して自殺したドイツの作家ヤーコプ・ヴァッサーマンの事例をまえにして、ヒトラーには（たとえ我々の一生であれ）生涯が、ゲーテには世紀が与えられる、ゲーテの方がヒトラーよりも強い、と「悔い改めない楽観主義」の立場を表明していた（ゴルンフェリドへの手紙、一九三四年五月八日）[35]。一九四一年の独ソ開戦の四日前には、スロニームスカヤに宛て、政治は汚れてはいるが料理や洗濯と同じく不可欠な仕事で、一方を捨てて他方だけで生きるべきでない。「社会的関心」なしで自らの生の範囲を狭めるのでなく、「全面的に」生きるべきである。自分は両面で考え、苦しむため生きたい、と記す。これは彼が『生の意味について』で主張したことを想起させる（スロニームスカヤへの手紙、一九四一年六月一八日)。[36] 彼はこの手紙の末尾で通常の「P・イヴァーノフ」でなく、珍しく「スキタイ人」と署名しているが、そこには信頼できると見た若い世代へメッセージを伝えようという意図が込められているのではないか。続いて独ソ開戦から約三週間後には同じくスロニームスカヤに、我々の黙示録的時代を生き抜きその結末を見届けよう、と書く。さらに彼はドイツの敗北を確信して、競馬になぞらえ次のように付け加える。自分は政治家ではないが「ヒトラー」と名乗る馬に何の価値も認めず、その馬が勝ちを重ねれば重ねるほどまったく相手にしない。彼の命運は、いつのことかはわからないが尽きた。チャーチル氏は一九四三年か一九四四年と言っているが、と(一九四一年七月一四日)。[37] ヒトラーに対する彼のこのような認識は最後まで変わらなかったと見られる。

収容所で反ヒトラーの気持ちを秘めつつ、彼は限られたニュース源(『ダンツィヒ前哨 Danziger Vorpost』紙とロシア語の『新しい言葉 Новое слово』紙)によってではあるが戦況を追い、一九四二年初めには日記代わりのメモ帳に以下のような見解を記している。この三年間に見られる軍事的誤りは、①ドイツがダンケルク後にイギリスに進攻しなかったこと、②リビア陥落後にイギリスがイタリアを海へ追い落とさなかったこと、③ドイツが一九四一年九月半ばに退却するロシアを急追しレニングラードに突入しなかったこと。そのうえで世界大戦はドイツの負けだ、と断言している。七月九日にはツァールスコエ・セローの破壊を新聞で知り、そこには石ころ一つ残らないだろう、ペテルブルクでは何が残るだろうか?と故郷を想う。九月一七日には、ツァールスコエ・セロー占領とペテルブルク包囲一周年、と記す。その他にきわめて簡潔に「プールコヴォ占領」(八月七日)、「ドイツ軍、ツァリーツィン[スターリングラード(現ヴォルゴグラード)]北方でヴォルガ河畔へ」(九月四日)、「新たなうわさ:スターリンが米英と〝断絶〟、独と単独講和交渉……誰が信じようか」(一〇月二四日)、「アフリカで最初の後退」(一一月六日)、「スターリングラード沈黙」(一二月七日)、「東部戦線でドイツ計画的退却」(一二月二二日)などと記されている。[38] できる限り客観的に状況を把握しようとする様子が読みとれる。

(2) 外部への発信1——リトアニアの従兄弟一家

イヴァーノフ=ラズームニクは収容所から外部との連絡を試みた。まず一九四二年三月、リトアニア在住の母方の従兄弟П・К・ヤンコフスキー(ヤンカウスカス。一八六〇年生まれ。元ペテルブルク交通研究所教授)に手紙を出し、二か月かかったが従兄弟家族から返事が届いた。返事を待つ間、三月二〇日以後に妻が三週間病気（頭に腫物、衰弱）、四月から五月にかけて彼自身が極度の消耗で倒れ五週間診療所で過ごし（左足甲部の蜂巣炎）、あまりの痛さに、今、コーニツで道を終えるのは無念、とメモ帳に記す。[39] 病気は診療所のいくらかましな食事と読み書きができる静かな環境で回復した。その直後の五月一九日にやっと受けとれた手紙で従兄弟本人は前年一一月に死亡とわかったが、その家族からは一緒に住むよう招かれ、「ヴィルノ（現ヴィリニュス）大学が私（イヴァーノフ＝ラズームニク）の教授職の件を請願した！！？？」と伝えられた。収容所を出る方途をいろいろ探っていた彼はすでに二月一九日の「メモ帳」に、「カウナスの大学でロシア文学を講義する可能性の問い合わせ」と記しており、この件を従兄弟への手紙に書いたものと思われる。[40] リトアニアの従兄弟ヤンコフスキー宅はカウナスに比較的近く、家庭環境も従兄弟と相似たイヴァーノフ＝ラズームニクはこのような出所後の身のふり方を考えついたのであろう。以後、ヤンコフスキー一家から定期的に文通・差し入れ・現金が送られるようになった。それまでイヴァーノフ＝ラズームニク夫妻には現金がなく、常に飢餓状態にあり、替えの下着もなく、当地に親戚がいる同房者から入手して「復活大祭（この年は四月五日で、正教会とカトリック教会で大祭日が一致し、盛大に祝われた）までに入浴し、着替えられる」というありさまであった。しかし夫妻をリトアニアの自宅へ招こうとの従兄弟家族の申請は二度不許可になった。一度目は六月であった。七月には新たに照会がなされ、八月には健康状態を考慮し二〜三か月田舎へ移して休息させたいと医師の要請文を付けて請願が行なわれた。しかし一一月中旬にカウナスのドイツ当局から再度却下された。[41] イヴァーノフ＝ラズームニクにとり、当初はごく短期間と予想していた「ロシアの監獄からドイツの監獄へ」という状態に終わりはまだ見えなかった。このような収容所生活の間、イヴァーノフ＝ラズームニクは収容所を出る手段について種々意見を求める一方で、先述のように収容所外の世界、とりわけ戦況とペテルブルクおよびツァールスコエ・セローに関するニュースに関心を寄せている。彼ら夫妻は毎日午後四時にブシマン一家を訪ねた。あるいは同室者アンネンスキー一家も一緒におしゃべりし、茸狩りに行き、町はずれまで散歩して夕陽を眺めることもあった。これが厳しい収容所生活での安らぎの一時であった。[42]

入所から一年近くなる一九四三年初め、収容者の一部はコーニツから「プロイセンのスタルガルト」（現在名は「グダニスクのスタルガルト」）の収容所へ移された。イヴァーノフ＝ラズームニク夫妻にとり二番目の収容所での生活は半年足らずで終わったが、ここでの居住条件はコーニツより大幅に悪化した。同じく移されたブシマンたちは木造家屋を割り当てられて比較的自由に過ごせたが、イヴァーノフ＝ラズームニク夫妻の住まいはコンラートシュタイン精神衰弱者治療院の敷地内に建つ石造家屋で、騒音や心をかき乱される患者の振舞いや扱いを毎日見聞きし、悩まされた。前収容所と一変して口うるさく粗野な所長による「劣等人種」管理は厳しかった。[43]

のべ一年半にわたる収容所生活中、思いがけない希望の光となったのはコーニツ在住のバルト・ドイツ人法律家オラーフ・F・ヴェルディンク（一八九三―一九六〇年）の存在であった。[44] 彼はモスクワ大学法学部を卒業後まずエストニアで予審判事を務め、ドイツ移住後コーニツで働いていたが、収容者中にイヴァーノフ＝ラズームニクがいることを知って一九四二年六月に彼を訪ね、物心両面で援助した。夫妻が収容所から外出できるよう計らって自宅に招き（七月一〇日が最初）、家族ぐるみで交際した。その後外出は一旦禁止されたが、八月末には恒常的な外出許可証（週三回、各回二～七時間）の入手に成功し、薬局、市場、商店へ行き、街をただ散歩し、ヴェルディンク宅で夕食を摂り、休息できるようになった。言うまでもなくヴェルディンク宅を規則的に訪問できることは、収容所生活のなかで心身ともに大きなプラスであった。ヴェルディンクは自宅のロシア古典文学と亡命文学の大部の蔵書（イヴァーノフ＝ラズームニクの編纂書であるグレーチ『我が生涯の記』一九三〇年刊を含む）[45]を夫妻だけでなく、他の収容者にも開放した。ここでイヴァーノフ＝ラズームニクは読書し、ピアノを弾き、妻ヴァルヴァーラは刺繍をするなど休息の一時を過ごした。これらはすべてヴェルディンクの尽力あってのことである。彼は一〇月二〇日をすぎた頃、イヴァーノフ＝ラズームニクの当時未完の回想記の中心となる「記念日」の章（一九三三年二月、夫妻の結婚と彼の作家生活三〇年という二重の記念日当夜の逮捕、サラトフ流刑出発前まで）の朗読を聞いた。さらにイヴァーノフ＝ラズームニクが収容所で書いたジナイーダ・ギッピウスやアレクサンドル・ブロークに関する論文の内容も聞いた。彼はイヴァーノフ＝ラズームニク夫妻をスタルガルトの収容所へも訪ねている。一九四三年の復活大祭後に五月一五日から三週間、休暇中の留守番役という名目でコーニツの自宅をイヴァーノフ＝ラズームニク夫妻に明け渡した。[46] さらに先のことだが、夫妻が収容所出所後に身を寄せたリトアニアの従兄弟宅を赤軍進攻により約半年で追われると、一九四四年三月から一九四五年一月末まで自宅に受けいれた。しかし、さらなる赤軍の進撃によって彼自身も西へ、連合国軍地域へと逃れ、戦後は西ドイツのニーダーザクセン州に住んでバルト・ドイツ人に関する系譜学者としても名をなした。『ドイツ・バルト伝記事典』、『エストニア文学史』にその名が見られる。

一九四三年八月、イヴァーノフ＝ラズームニクの妻ヴァルヴァーラがやっと「民族ドイツ人」と認定され、夫妻は収容所を出てリトアニアの従兄弟ヤンコフスキー宅へ移った。幼い時から毎夏を過ごし、かつて学生デモで逮捕・追放された際も滞在先に選んだ地で、彼は長年にわたる束縛から解放されて猛烈な勢いで原稿を書き続けた。しかしソ連赤軍の進撃に追われて一九四四年三月、約半年ぶりにコーニツへ舞い戻り、ヴェルディンク宅に受けいれられて一年足らずを過ごした。ここでも筆を休めず以下の原稿が生み出され、ドイツだけでなくチェコスロヴァキア、フランスでも出版の途を探ったが日の目を見ることはなかった。それらは歴史‐文学史的論集『冷めた観察と悲しい印象』(原稿は印刷所に渡された後、一九四四年に爆撃のため、組版とも消滅)、様々なテーマからなる大部の論文集『宛名のない手紙』(原稿はプラハへ送られた後は行方不明)、『作家たちの運命』と『監獄と流刑』(ヨーロッパ各国で出版の話があったが実現せず、戦後アメリカ合衆国で刊行) である (詳しくは本章6(2)参照)。もう一点、著者が自分にとりもっとも関心があるという文化‐哲学的テーマの『人間の擁護 (弁人論)』は、原稿が完成されたか否か両説あるが、未だに公刊されていない (本書補論参照)。

(3) 外部への発信2――『新しい言葉』紙

収容所生活から脱出のため外部への連絡にはいま一つ、イヴァーノフ＝ラズームニクが生涯にわたって求め、心の支えとしていた文学に関わる仕事につながる途があった。すなわちベルリンで刊行され、当時ヨーロッパで唯一のロシア語新聞『新しい言葉 Новое слово』[47]の紙面を利用するというものである。同紙は唯一のロシア語紙であることから、その政治的立場とは別にロシア人亡命者の間でも広く読まれていた。もっとも彼は当初、これが親ファシスト紙だとは知らず、同紙に投稿したことを後にくり返し悔やんでいる。入所からほぼ一か月、彼は偶然手にした同紙三月一日号でプラハにある二つの亡命ロシア人文学サークルのアドレスを知り、三月二六日に哲学者ラプシーンと文学者ベームに手紙を出した。[48] プラハには他に、かつて『遺訓』誌に彼を引きいれともに編集に携わった親友ポーストニコフ夫妻、文学史家リャーツキー、哲学者ロスキーたちがいた。

イヴァーノフ＝ラズームニクはさらに、自らのルポルタージュ掲載を望んで『新しい言葉』紙編集部に連絡した。そのやり取りを、彼のメモ帳に見ておこう。三月三〇日にイヴァーノフ＝ラズームニクは『新しい言葉』紙編集部に手紙を出し、四月二日には全権編集者H・Φ名の返信を受けとった。編集部はイヴァーノフ＝ラズームニクの名をよく知っており、無事にドイツに来られたことを喜ぶ、どのような原稿を送ってもらえるのか、現在どのような状態でドイツ支配地に生活しているのか（逃亡者か、捕虜か）と尋ねてきた。イヴァーノフ＝ラズームニクは四月六日に再度の連絡で、自分は民族ドイツ人（妻は旧姓オッテンベルク）の移住者グループの一員として、前線の爆撃と半年間の飢餓生活後にコーニツに来た、検疫期間中この地の収容所に居り、その先のことは間もなく決定される。一、二週間後には原稿を送れる見込み、と答えた。[49] このやり取りからも、彼がコーニツの収容所暮らしは間もなく終わり自由になれる、と考えていたことがうかがえる。以上のようなやり取りがあって、イヴァーノフ＝ラズームニクは、一九二三年の『頂点』「ブロークとベールイを高く評価する論文集」以降初めて発表する論文「スルタン・マフムードの二つの生」（自伝的文章）を書き、『新しい言葉』紙に掲載を始めたのである。[50]

五月一〇日を皮切りに『新しい言葉』紙で、彼は自らをはじめとしてソ連における文学者・文学界のルポルタージュを連載し、国境の彼方の様子を伝えた。閉ざされた国からの最新の情報は亡命ロシア人の間だけでなく、より広く大きな反響を呼んだ。連載は一九四三年五月まで、計一四回に及んだ。連載の第一回目では編集部まえがきが、（パヴレンコフの百科事典によると）「つねに鋭く戦闘的なマルクス主義の敵対者」による「世界でもっとも幸せな国」の「奈落巡り」（編集部によるタイトル）と煽っている。[51] さらに内容の勝手な変更、「恥知らずで何も知らない何点もの削除」と併せ、イヴァーノフ＝ラズームニクの意に沿わないことが多々あった。彼の不満を列挙すると、「校正の意味なし。前代未聞！」（第二回、五月一七日）、ソログープに関する論文には最初から「想像できないようなタイトルと省略」（第三回、五月三一日）、同論文の完結部は「半分以下しか残らず」（第四回、六月四日）という具合である。[52]

ロシア・ソ連からの亡命者の波は、一九一七年革命直後の亡命者が第一世代、この時期は第二世代に当たる。第二世代はほとんどが脱走兵か、強制労働のため連行された「東方労働者」で、彼のような知識人は極めて稀であった。当時のイヴァーノフ＝ラズームニクに関して亡命評論家B・K・ザヴァリーシン（一九一五―一九九五年）は、生前以下のように証言している（シェロンへの私信、一九九四年五月九日）。[53] イヴァーノフ＝ラズームニクが入所したコーニツの収容所は当初、「強制移住収容所」でなく「東方労働者」収容所と呼ばれていた。彼が私宅へ移るためには、収容所内で自らの存在をなんとか根拠づけねばならなかった。彼はアルフレート・ローゼンベルクの本部のため働くよう提案を受けたが、彼にとりこれは道徳的に受けいれ難いことだった。その時『作家たちの運命』の構想が生まれたが、彼は『新しい言葉』紙への掲載を長く決心できなかった。原稿は同紙編集部のデスクに届くまえにH・H・ブレシコ＝ブレシコフスキー（E・ブレシコ＝ブレシコフスカヤの息子）、C・A・アスコリドフと著名な遺伝学者チモフェエフ＝レソフスキーが通読した。チモフェエフ＝レソフスキーはスターリン、ヒトラーの両体制とも恐ろしいが、何らかの点でヒトラーのドイツにメリットがあると見た。こうしてイヴァーノフ＝ラズームニクはまったく心ならずもルポルタージュを『新しい言葉』紙に引き渡した、と。この証言中のローゼンベルクの本部云々の件は他に情報がなく、確かめられない。三人がイヴァーノフ＝ラズームニクの原稿を事前に読んだ、との証言だが、三人の人物と編集部との関係、イヴァーノフ＝ラズームニクのどの原稿をいつ読んだかという点も含め、これまた確認できない。

彼は閉ざされた国境の向こう側の状況、その地の作家たちの運命についてソ連国外へ、一九一七年革命以降のロシアからの亡命者むけのみならず、より広く最新の貴重な情報をもたらした。しかし『新しい言葉』紙への寄稿をもって、イヴァーノフ＝ラズームニクがナチスに協力的であった証拠と見なす人々も存在した。寄稿以前のソ連出国も、祖国を捨ててドイツへの逃亡・裏切りと断罪された。そのような見方は彼の名誉回復後も時おり見かけられる。例えば、在外ロシア人によるロシアとその哲学的文化を論じたマースリンとアンドレーエフの二人である。彼らの著では、おなじ亡命者であってもベルジャーエフは軍国主義と侵略に対して「ロシア理念」を提示したが、イヴァーノフ＝ラズームニクの方は「裏切り者で占領者への協力者となった」ロシア・インテリゲンツィヤの一人として挙げられる。[54] これは典型的なソ連時代の評価である。

彼の『ロシア社会思想史』第五版（生前最後の版）はソ連崩壊後のロシアで初めて再刊されたが（一九九七年）、註釈と後書き「我が意志の達せられんことを……（イヴァーノフ＝ラズームニクの生涯と本）」を担当したザドロジニュークとラーヴリクの文章も、イヴァーノフ＝ラズームニクに対して批判を秘めた微妙な書き方をする。[55] 彼らはイヴァーノフ＝ラズームニクの論文が載った号は読んでいないと断りながらも、『新しい言葉』紙の印象が決して良くない、と記す。ここには間接的なイヴァーノフ＝ラズームニク否定の気配がうかがえる。二人の後書きはイヴァーノフ＝ラズームニクの『ロシア社会思想史』に対するプレハーノフの書評「現代メシチャニーンのイデオロギー」に言及し、ナロードニキ主義ではなくマルクス主義への評価が強く感じられ、イヴァーノフ＝ラズームニクの評価がどうにも歯切れが悪い。彼らは哲学事典類では彼の項目を担当しているが、イヴァーノフ＝ラズームニクの著作を広く・詳しく読んでいるわけではなさそうで、彼の名誉回復以後の研究成果を参照した形跡も見られない。そのような後書きに対してイヴァーノフ＝ラズームニク研究の第一人者ベロウースは以下のように批判的書評を記している。ソビエト時代の画一的思想史研究から自由になった後に「序文と後書きのスペシャリスト」が生まれたという状況下で、彼ら二人には基本的な事実からして誤りが多すぎ、解釈にきわめて問題が多い。例えば、イヴァーノフ＝ラズームニクの誕生月日の誤り（一八七八年一二月一二日を一一月一三日に）、雑誌『遺訓』刊行のイニシアティヴはイヴァーノフ＝ラズームニクでなくチェルノーフにあったこと、ヴォリフィラの名称変遷をめぐる混乱した記述、「弁人論」については何もわかっていないと書くような認識不足、『新しい言葉』紙を『ロシアの言葉』紙と誤記、そしてイヴァーノフ＝ラズームニクの哲学の評価の誤り等々である。『ロシア社会思想史』第五版そのままの再版で、註は今日の研究の成果をまったく反映していないとも指摘される。[56]『ロシア社会思想史』に本格的に註をつけようとすれば片手間の作業ではすまないことは明らかであり、二人の註釈と後書きは不十分であると言われても致し方あるまい。その背後には『ロシア社会思想史』再刊に際し出版社側の事情が働いたとも考えられる。

5. 亡命作家たちとの交流

イヴァーノフ＝ラズームニクと幾人もの亡命ロシア人との間に交わされた手紙に目を転じよう。ラエフスカヤ＝ヒューズが紹介するアメリカ合衆国のアマースト大学ロシア文化センター所蔵の手紙などの資料は、イヴァーノフ＝ラズームニクの従兄弟家族から掌院イオアーンが受け継ぎ、彼の死後にアマースト大学に収蔵されたものである。言うまでもなくそれらは彼らの間で交わされた手紙のすべてではない。すでに公刊された手紙以外に未発掘のものもあろうし、消滅したとわかっている手紙もあることを予め念頭においたうえで、戦時下における新旧亡命者の書簡による交流を通して亡命生活の実態と、亡命がもたらしたものを知ることが本節の目的である。

『新しい言葉』紙にはソ連から「解放」されヨーロッパに到着した市民のアドレスを掲載する「捜索」欄があり、イヴァーノフ＝ラズームニクは同紙三〇号（通算四一二号一九四二年四月一五日）に自らの所在を次のように公告した。[57]

作家イヴァーノフ゠ラズームニク、解放地域から到着。すべての友人・知人に下記アドレスへ連絡を乞う：イヴァーノフ゠ラズームニク、バラック収容所「エッセン」、バラック八号、コーニッツ（西プロイセン）

公告への反響は在プラハのベームとポーストニコフ夫妻、ゲオルギー・イヴァーノフ（ビアリッツ［ドイツ］より）、在パリのレーミゾフ夫妻、ニーナ・ベルベーロヴァからと相次いだ。イヴァーノフ゠ラズームニクが生きてソ連国境を越え、今ドイツ占領下のコーニッツにいる、というのは大きなニュースであった。一九一七年以前からの知人・友人だけでなく、ニーナ・ベルベーロヴァのようにイヴァーノフ゠ラズームニクとロシアで直接には交わらなかった世代の人間にとってもそうであった。以下ではパリ（およびその郊外）在住の三人、プラハ・グループの三人、掌院イオアーンやその他の三人の順でイヴァーノフ゠ラズームニクとの交流の跡をたどる。同じ時期に複数の相手との連絡が行き交い、文通相手ごとに交流の概要をたどるため、以下の記述に重複が見られることをあらかじめお断りしておく。

(1) パリ・グループの人々

a――ニーナ・ベルベーロヴァ

Н・Н・ベルベーロヴァ（一九〇一―一九九三年）は一九二二年に詩人で夫のВ・Ф・ホダセーヴィチ（一八八六―一九三九年）とともにヨーロッパへ出国し、その年から作家として世に出た。一九二五年からパリに住み、亡命者の雑誌や新聞の編集にも携わった。一九五〇年に米国に移り住み、イェール大学、プリンストン大学で教育と研究に携わった。以下ではニーナ・ベルベーロヴァからイヴァーノフ゠ラズームニクへの四通、その逆の一一通によって二人の交信の要点を見よう。[58] その数はレーミゾフや、プラハのポーストニコフ、ベームとの通信に比べて少なく、かつ比較的短いものが多い。しかし、イヴァーノフ゠ラズームニクよりほぼ一世代若く、革命後に登場した作家からの便りであり、また最晩年の彼に渡米の途を示唆したのはおそらく彼女である。彼女とレーミゾフ、ザイツェフの三人は、イヴァーノフ゠ラズームニクの手紙ではたがいに連絡があるものと見なされており、事実そのようである。彼女はイヴァーノフ゠ラズームニクへの最初の手紙（一九四二年四月三〇日）でこう書いた。

……『新しい言葉』に載った貴方の公告で、私は非常に驚き、興奮しました。貴方は「十二」や「スキタイ人」論の執筆者、ベールイやブロークの友人、ヴォリフィラの協力者御本人なのですか？　こちら国外では、貴方は三年ばかり前に死んだ、との噂が流れたのです。

もし御本人ならば、喜んでお返事を受けとります。どのようにしてドイツに来られたのですか？　何か必要なものはありませんか？　ペテルブルクから来られて長く経つのですか？……

続いて彼女は、パリ在住のイヴァーノフ＝ラズームニク旧知の作家としてザイツェフ、シメリョーフ、ベルジャーエフ、ブルガーコフ師、南にいるブーニン、生きていてももう死んだかのようなバリモント、イタリアにいるヴャチェスラフ・イヴァーノフの名を挙げる。そして自分は作家で、ここで何冊もの本を出し、当地の雑誌や新聞（がある限り）に執筆してきたこと、一九二二年から一〇年間、共に出国したホダセーヴィチの妻であったが彼は死んだことを伝える。[59]返信（一九四二年五月一一日）でイヴァーノフ＝ラズームニクは、貴女とはかつてペテルブルク（おそらくヴォリフィラ）でわずかに会ったことがある、と書いたが、この指摘に対する彼女側の反応は手紙のどこにも見られない。イヴァーノフ＝ラズームニクは自分の死亡のうわさは誇張されすぎだが、自分は「肉体的でなく市民的には何度も死んだ」と記す。彼は亡命ロシア人の文学書や雑誌と、タバコを希望した。[60]

これに応えて彼女は五月二六日に、明日郊外の自宅から四〇㎞ほど離れたパリに出かけ、本やタバコを収容所へ送れるかどうか問い合わせる、と答える。彼女は続いて彼が知りたがっている亡命ロシア人作家たちについて伝える。ブーニンと、四〇歳で優れた散文作家シーリン（ナボコフ。カデット幹部В・Д・ナボコフの息子）の名が挙げられる。彼女の方が知りたがったのは、アンドレイ・ベールイの最期、ゴーリキーの死、アフマートヴァの安否、ツヴェターエヴァの自殺などソ連内部の様子である。彼女は自らのことも語る。亡命から二〇年、一九四〇年六月のナチス・ドイツによるフランス占領以後二年、亡命者たちは離散し、東部戦線で戦っている友人たちもいる。自分は結婚して家と庭や菜園も、本も仕事もあり幸運だが孤独だ、と。そのような状況下にまったく思いがけないイヴァーノフ＝ラズームニクの出現は、彼女には「長年誰も自らの意志でペストの地からやって来ない」が、「貴方は私にとり、二〇年の嵐の後でついに岸辺に届けられた貴重な器だ」と好意的に受けいれられた様子がうかがえる。[61]

その後両者間の通信は九月三日付けのベルベーロヴァのドイツ語ハガキまでなく、この間に彼女はイヴァーノフ＝ラズームニクとザイツェフの間で交わされた手紙（五月一三日、二七日、六月七日）を読んでいる。ハガキには、占領地パリからコーニッツへの物品送付は禁止とわかった。イヴァーノフ＝ラズームニクが『新しい言葉』紙に掲載中のルポルタージュを［六回掲載中の］二回分読み、そこで触れられたЮ・Г・オクスマン（一八九四―一九七〇年、文芸学者）やその他の運命が気の毒だ、いつまでコーニッツにいるのか？　返事がほしい、と書かれている。[62]

イヴァーノフ＝ラズームニクは九月三〇日付けのドイツ語のハガキ（ロシア語の文面、あるいは口述を妻ヴァルヴァーラがドイツ語に移したのであろう）に書く。六月九日から収容所ではロシア語による発信が禁じられたため返事を書かなかったが、ロシア語手紙を受けとることは禁じられておらず、連絡をもらうのは大層嬉しい。自分の運命は不詳、レーミゾフ夫妻、ザイツェフに会うことがあればよろしく、と。[63]

一二月二三日、イヴァーノフ＝ラズームニクはハガキで、ロシア語での発信解禁と新年の挨拶、収容所暮らしが一〇か月になり、アドレスは元通り、連絡をもらうのは嬉しい、と短く記す。[64]

一九四三年になり三月一九日、イヴァーノフ＝ラズームニクはハガキで、まずスタルガルトの収容所へ移された、と新アドレスを告げる。パリ居住者ではレーミゾフとだけ文通している（ザイツェフに新年の挨拶は出した）、シンボリストの最後のモヒカン（ヴャチェスラフ・イヴァーノフが生きているなら彼を除いてだが）バルトルシャイチスがパリにいると最近聞いたが本当か、アドレスを知っているか。バリモントが死んでデカダン派の最後のモヒカンとしてジナイーダ・ギッピウスが残っているのと同様だ、と。Ю・К・バルトルシャイチス（一八七三―一九四四年）とは『遺訓』誌でともに働き、イヴァーノフ＝ラズームニクが人間として好感が持てたという人物である。収容所生活が二年目となり、「我が運命を大いに気にする人なし」という状態である（レールモントフの詩「遺言状」一八四〇年からの不正確な引用）。[65]

四月二四日、復活祭の祝辞後、前便にあった私に一〇〇〇フラン送るという件は、その気持ちに大いに感謝するが、自分たちはここで困っていない。どうかパリで大層困窮している作家たち［レーミゾフ夫妻が頭にあったのではないか］のために使ってほしい、と謝絶する。だが本を送ってもらえれば嬉しいが、送付禁止が解けるまで待とう。新聞掲載論文への好意的反響に感謝し、新聞に書くのは苦手だが、最近四回分（そのうち三回はソビエト文学がテーマ）の原稿を送った、と知らせる。[66]

次は一〇月二〇日、リトアニアの従兄弟宅に移りすでに三か月。貴女、レーミゾフ、ザイツェフから返事がない。どちらの手紙が届いていないのか？とあり、やはり外国はコーニツより郵便事情がかなり悪そうである。大いに仕事がはかどって一点が終わり、二、三点目が控えている。今日の世界的な諸事件の広がりからすると本どころでないが、せめて「手紙どころでない」とはならぬことを、と願う。[67]

一二月二一日、新年の挨拶。当地へ来て夏の半ばに貴女、レーミゾフ、ザイツェフに連絡したが誰からも返事がない。一〇月二〇日にレーミゾフから詳しいハガキが届いた［保管されず］。ここで当分、静かに暮らす。仕事がはかどるが、今の時代に出版など先のことを誰が言えようか、と。[68]

一九四四年になり二月二〇日、リトアニアでの田舎暮らしを切り上げ三月中頃に戻る予定のコーニツ（ヴェルディンク宅）のアドレスを告げる。ここにどれほど居るかわからない。我々はおそらくさらに放浪の運命にある。どんな巨船に自分の乗った丸木舟がうまくたどり着けるのかわからない。少なくとも終戦まで放浪は続くだろう。このように見通した後に流浪者の立場で付け加える。定住しているあなた方がうらやましい。爆撃下でも自宅に住む方が、爆撃はないが安住の地もなく暮らすより良い、と。さらに彼が気に入って旧居の部屋で壁にかけていたペトロフ＝ヴォートキンのリンゴの画［八〇×六〇㎝］の件を持ち出して言う。移住や日常生活に金が必要だ。パリのコレクターがこの画に一〇〇〇ライヒスマルクの値をつけたが、リュクサンブール美術館に彼の画があったのではないか。照会が可能だろうか？個人の所蔵より美術館に納まる方が望ましく、ペトロフ＝ヴォートキンが何年か学び住んだパリに画があるのがふさわしいと思う、と相談する。この画の件は、一九四二年四月にプラハのベーム宛ての手紙で最初に触れられるが（本節の⑵bで後述）、それ以来二年経っても未解決であるとわかる。リトアニアの田舎で七〜八か月暮らし仕事がはかどったが、万一パリにいつか行けて親しい仲間が集まり、書いたものをあれこれ分かち合えたなら——カタツムリの歩みだが、おそらく戦争終結の後になるだろう、と願望を記す。[69]

二月二六日。一月三〇日付けハガキを受けとった。手紙よりハガキの方が早く確か。田舎暮らしは終わり、三月半ばからの新アドレス（コーニツのヴェルディンク宅）を再通知する。[70]

四月七日、イヴァーノフ＝ラズームニクは二月半ばにパリの三人組にリトアニアの田舎から手紙を出したが、貴女には届いていないらしく、返事がない。二月末にまた三人にハガキを出し、レーミゾフからは返事があった。返事が欲しい、書留で出してみてほしい、封緘手紙も届いている、と要望する。今は放浪の始点コーニッツで心地よい部屋に住み、家主の大部の蔵書にピアノもある。静かに仕事ができる。届いていない手紙で、自分の本とその出版可能性について書いた。返信があればより詳しく書留で答える、と。結びで復活大祭を祝い、将来も互いに「キリスト復活！」と言えることを願う。[71]

＊＊＊

この手紙以後、両者の連絡は二年間中断する。大戦終結からほぼ一年たつ一九四六年四月七日、イヴァーノフ＝ラズームニクはキール運河沿いのレンズブルクの新しいアドレスから、ニーナ・ベルベーロヴァにフランス語で連絡した。彼女、レーミゾフ、ザイツェフの安否を訊ね、妻ヴァルヴァーラ・ニコラーエヴナの死（三月一八日）を知らせた。イヴァーノフ＝ラズームニクの当地でのアドレスは、英軍占領地域内の国連救済復興機関 UNRRA 内で、郵便物は英国経由でパリに届けられるのである。[72]

五月三日、ニーナ・ベルベーロヴァはイヴァーノフ＝ラズームニクの久しぶりの手紙に喜んで応えた（フランス語）。彼女はしばらく音信のない彼が大層遠く［ソ連軍占領地？］へ行ってしまったか、と考え心を痛めていた。すぐにパリの亡命者仲間――レーミゾフとザイツェフに貴方の新アドレスを伝える、と言う。彼女も自分の現況を伝える。ブロークの伝記をフランス語で書き、新聞や映画シナリオの仕事など順調に仕事をしている。在フランスの亡命者たち――ザイツェフ、シメリョーフ、レーミゾフ、ゲオルギー・イヴァーノフ、ブーニン、テッフィ、アダモーヴィチの様子が伝えられる。その後彼女はアメリカへと話題を転じて言う。私は在米の友人たち（ケレンスキー、ゼンジーノフ、ニコラエフスキー）と連絡を取っている。彼らは私に渡米するようにと言うが、二〇年住んだパリを離れたくない。いったいアメリカで何をするのか？と［その後一九五〇年に彼女はアメリカへ渡った］。そして、在米の知り合いゼンジーノフが貴方のことを訊ねてきている。これから彼に、貴方が無事で元気だと知らせる、と言う。彼女はイヴァーノフ＝ラズームニクに、ドイツに留まるか、それともアメリカへ行くかと尋ね、万一のため、ゼンジーノフ（誠実な人で、貴方のためにできることを何でもするだろう）のニューヨークのアドレスを教える。さらにメンシェヴィキの『社会主義通報 Социалистический вестник』誌の誰かを知っているならば、とそのアドレスとニコラエフスキー、アブラモーヴィチ、ダリン、ヴォーリン、シヴァルツ、デニケ、アロンソンの名を挙げる。[73] ベルベーロヴァのこの示唆が、元来プラハを「約束の地」と考えつつその他の方策をも探り、すでに母親の実家オクーリチの親戚を通じて北米情報をも手にしていた（本章6(1)で後述）イヴァーノフ＝ラズームニクに、具体的な行動へと一歩踏みださせたと考えられるのではないか。

しかしイヴァーノフ＝ラズームニクの生命は、ベルベーロヴァの返信から一か月足らず後に尽きた。それから三か月ほど後にベルベーロヴァは、在米のボリス・ニコラエフスキーへの手紙（一九四六年九月一七日）に概ね以下のように書いている。П・А・ベルリン［一八七八－一九六二年。亡命の評論家］によれば、イヴァーノフ＝ラズームニクは社会復帰訓練組織ORT員の彼に届いたアメリカのヴィザを手にして喜びのあまり死んだ。彼にアメリカ行きの可能性を最初に話したのは、多分、私だ。今年の春、彼は（やむをえぬ諸事情により）二年ぶりとなった手紙で、今はシュレスヴィヒにおり、国連救済復興機関で働いていると連絡してきた。彼にはアメリカ在住のゼンジーノフや貴方の、また雑誌社のアドレスを伝えた。ＯＲＴが彼に救いの手を差し伸べたようだ。だが彼は貧しく、三月に妻を失ってもはや生きるため闘う力がなく、彼の心臓は悲しみを耐えたようには喜びに耐えられなかったのだ、と。[74] ゼンジーノフたちがイヴァーノフ＝ラズームニクの遺稿出版に努めたことは後述する（本章6(2)）。

b――ボリス・ザイツェフ

ニーナ・ベルベーロヴァより二〇歳年長で、イヴァーノフ＝ラズームニクとほぼ同世代のБ・К・ザイツェフ（一八八一－一九七二年）との文通は、かつての二人の関係（厳しい批評家と、批評される作家）をのりこえたものとなっている。紹介される両者の手紙は三通（ザイツェフ発は二通）である。ザイツェフは一九二二年にソ連を出国して翌年からパリに住み、多くの作品と翻訳（ダンテ『神曲』他）を出版した。ザイツェフは『新しい言葉』紙五月一〇日号掲載のルポルタージュ「奈落巡り」（編集部が著者に無断で付けたタイトル）でイヴァーノフ＝ラズームニクの体験を「興奮して」読み、一九四二年五月一三日に彼宛てに手紙を書いた。[75]「二〇年！　そしてついに『あちらから』の声、生き残ったロシア文学の声、我々の魂の文化の声だ……。異郷へようこそ、歓迎」。続いて、二人はロシアでは親しくなかったが、今はずっと近いはずだ。我々をつなぐ教養があり、それが共通の言語を生みだす。貴方がソ連で二〇年を過ごして反ボリシェヴィキとなったことが、大いなる切り札だ！とイヴァーノフ＝ラズームニクを受けいれる。イヴァーノフ＝ラズームニクがカシーラに一時住んだことも、ザイツェフには感慨を覚えさせた。イヴァーノフ＝ラズームニクはサラトフ流刑期間終了（一九三六年二月）後の同年秋から次の逮捕までの一年間、自宅に戻れずカシーラ（モスクワから約一〇八km南）で一人暮らした。それはモスクワとペテルブルクから一〇〇km以内に住むことを禁じられたため、たとえわずかでも文学関係の仕事が得られる可能性を求め、できるだけモスクワに近い地を選んだ結果であった。[76] カシーラはザイツェフの父親の所領から三〇kmあまりの距離に位置し、彼にとりなじみの小都市であった。このような偶然も一九二二年からの亡命者にとり心を動かされることであったと見える。

その後、亡命者の消息が伝えられる。パリにいるレーミゾフのアドレス、故人となったのはメレシコフスキー［一九四一年一二月九日没］、もっとも影響力のあった『現代雑記 Современные записки』を編集したB・B・ルードネフ、さらにホダセーヴィチ、シェストーフたちで、老いて精神を病み生ける屍となったのがバリモント、と。存命者はテッフィ、シメリョーフ、ヴャチェスラフ・イヴァーノフ（在ローマ）、ベルジャーエフ、ブーニン。一九四〇年のドイツ軍によるパリ占領後に渡米したのがアルダーノフとシーリン（ナボコフ）。ザイツェフから出されるソ連国内の作家たちに関する質問は、ツヴェターエヴァの死、アフマートヴァの安否、故Г・チュルコフ夫人のナジェージダ・グリゴリエヴナやИ・A・ノヴィコフについて等である。互いの蔵書壊滅への嘆き、生活苦のなかでも書物への愛情が綴られる。

イヴァーノフ＝ラズームニクは五月二七日にザイツェフへの返信で、自分たち二人をかつての忘れ得ないロシア文化の断片の一部と感じ、あなたの心のこもった手紙によって、戦争のためバラック収容所に投げ出された孤独から救われる、と感謝する。[77] ザイツェフは六月七日に再度イヴァーノフ＝ラズームニクに手紙を出し、自分が亡命した一九二二年と現在では状況が違うが、あなたが鉄条網の内側から出てまともに生活できることを望む、と言う。そして亡命者の生活ぶりや、自分と同世代でイヴァーノフ＝ラズームニクの親友であったベールイやブロークを思い起こす。ザイツェフは彼らシンボリストがイヴァーノフ＝ラズームニクの影響下に「スキタイ人」で活動したことを、過ぎ去ったことで今は何も悪感情を抱いていない、と書く。『新しい言葉』紙のイヴァーノフ＝ラズームニクのルポルタージュに期待し、続きを待つ。ザイツェフもイヴァーノフ＝ラズームニクを知らない彼の妻も亡命地で二〇年間反ボリシェヴィキの立場を貫き、今は同じ立場となったイヴァーノフ＝ラズームニク、この「著名な作家、ベールイやブロークの友人であるあちらからの人」の言葉に期待するのである。[78]

***

以上の他にもう一通、ラエフスカヤ＝ヒューズの資料集以前に公にされた手紙がある。それは上記手紙からほぼ四年経った一九四六年五月八日、イヴァーノフ＝ラズームニクが自らの死の一か月前にミュンヘンの従兄弟宅からザイツェフに宛てた手紙である。その文面から二人の間で前回の連絡は一年以上まえであったとわかる。はたして届くかどうか危ぶみながらの投函であるが、「常なるものは何もない我らが黙示録的な時代」に、今日パリのレーミゾフにも連絡する、と書いている（次に見るように、五月八日付け手紙がレーミゾフに届いている）。手紙には、「四三年間手を取りあって石ころだらけの小径を歩んできた」妻に二か月前に先立たれ、黙示録的時代を「独り、どこで、どのように、この先何によって生きていくのか見当がつかない」様子が記される。加えてポーストニコフの悲劇的運命［本国送還 репатриация、生死不明］を彼の妻からの連絡で知り、「我々の世代は祖国でも異郷でも、いかに数多くの厳しい運命を定められていることか――まだ終わりが見えない」と綴られている。ザイツェフはこの手紙に、書きこんでいる「イヴァーノフ＝ラズームニクの手紙。彼自身はまったくあっという間に逝ってしまった――散々苦労して。安らかな眠りを[79]」。

C――レーミゾフ夫妻

イヴァーノフ＝ラズームニク夫妻とレーミゾフ夫妻――アレクセイ・ミハイロヴィチ（一八七七―一九五七年）、セラフィーマ・パーヴロヴナ・ドヴゲッロ（一八七六―一九四三年、古文字・古文献学専門家）――とは、長期にわたりきわめて親しい関係にあった。イヴァーノフ＝ラズームニクはレーミゾフが出版者、さらには広範な読者との関係を悪化させ作品が剽窃の疑いをかけられた時も彼を擁護し、彼を早くから評価して作家として一人立ちする過程で精神的にも経済的にも援助した。編集者としても『十字架の姉妹』などレーミゾフ作品の出版を促した。二人はともに「スキタイ人」メンバーであったが、一九一七年の革命をめぐって相異なる見解を抱いた。その後イヴァーノフ＝ラズームニクはヴォリフィラでの活動に集中し、白軍がペテルブルクへ迫り身の危険が予想された時も出国を拒否した。レーミゾフ夫妻は一九二一年に亡命の途を選び、ベルリンを経てパリに住み、二〇年が経ったのである。

レーミゾフ夫妻は『新しい言葉』紙の公告でイヴァーノフ＝ラズームニクの生存と収容所のアドレスを知り、一九四二年四月二〇日付けでイヴァーノフ＝ラズームニク夫妻へ手紙を出した。[80] まず夫が友人の出現に驚き、再会を切望し、彼の著書一点[81]を入手できたこと、ベルリン在住の文学史家で近しいアルトゥール・リューテル（レーミゾフ作品のドイツ語訳者。本章5(3)d参照）のアドレスが伝えられる。そしてプリーシヴィンの消息はないか、君は元気か、研究で何について言及したか、仕事が継続できるのか、と二〇年ぶりに矢継ぎ早の質問である。続いて同じく驚いた妻セラフィーマも返信を期待しつつ、この二〇年間しばしばあなたのこと、（一九一〇年夏に両家族がバルト海のオーランド諸島中の）ヴァンドロック島に滞在したこと、そしてヴァルヴァーラ・ニコラーエヴナを思い出していた、と記される。先年（一九三八年）死亡したシェストーフもあなたを思い出していた、とも告げられる。

イヴァーノフ＝ラズームニク夫妻はこの手紙を四月三〇日に受けとり、五月一日にレーミゾフ夫妻への返信（ハガキ）で、二〇年以上も切り離されて会うことも望めなかった末に連絡できたことを喜ぶとともに、このハガキが無事届いたならば詳しい手紙を出す、と言う。これは収容所内および国際間の検閲もふくめ戦時下の通信事情を考慮してのことで、レーミゾフ以外の誰に対しても同じような連絡の仕方である。自分たちの将来のことはまだわからないが最善を願い、少なくともソ連での長年の入獄や流刑後の休暇を期待している、と言う。結びで復活大祭にかけ、我々もたがいに復活を、と願う。[82]

五月四日、イヴァーノフ＝ラズームニクはハガキで、先のハガキの内容をくり返した。[83] その理由は、ゲオルギー・イヴァーノフからの手紙（四月一八日、本章5(3)b）への返信が料金不足で一〇日後に戻ってきたので、念のためレーミゾフ宛てのハガキも切手を貼り足し再度投函したのである。レーミゾフ夫妻からの手紙を、一年前に「信じられないことが実現する」などと誰が信じられたか！と喜ぶ。返信が届いたらすぐ手紙で詳しく書く。収容所のアドレスはもう一か月半は有効だろう、それ以上ではない、と間もなく収容所を出られると予想している。そして、我々四人はプーシキンの遺訓を実行し「生きるよう努めたのだ」！と、プーシキンからП・А・プレトニョーフへの手紙（一八三一年一月二一日）の言葉を少し変えて締めくくる。この遺訓は他の亡命者との通信でもしばしば用いられる。

以下ではこの手紙以降、翌一九四三年末までに交わされた一八通（レーミゾフ側から三通、イヴァーノフ＝ラズームニク側から一五通）を項目別にまとめて概観する。両夫婦の文通では（ベルベーロヴァの手紙で触れられたように）送付禁止のためであろうが、物品援助の話は出てこず、ソ連国内と亡命の両文学・文学者関係の話題が大部分を占める。

①〈亡命生活について〉：レーミゾフは新亡命者イヴァーノフ＝ラズームニクに、二〇年に及ぶ自身の亡命生活の一端を記す。当地にはロシアの本なし、ベルリンはもっと多かった。ここ何年か、自分が初心者かよそ者の執筆者であるかのように感じてきた（五月一六日）。[84] イヴァーノフ＝ラズームニクの本を図書館へ探しに行ったがなく、ここにはロシアの本がベルリンよりも少ない。困難な時にロシアではサルビアの葉をタバコの代用に吸っていたが、当地ではニガヨモギだ（五月一九日）。[85]

一〇月二一日、[86] イヴァーノフ＝ラズームニクは、ジナイーダ・ギッピウスが『生きている人々』（一九二五年。プラハで刊）を著し、ブロークの思い出と関わってスキタイ人出版社のイヴァーノフ＝ラズームニクを「暗い人物」、「左派エスエルともボリシェヴィキの仲間ともつかぬ裏切り者」と否定的に書いているにもかかわらず、同書が気に入った、と言い、彼女のつらい運命――高齢と孤独を気の毒に思う。さらにジナイーダ・ギッピウスの妹タータとナータが[87]「ノヴゴロドから五月二七日に」ドイツへやって来たが、やはりパリへ行けないのか？　彼女たちは今どこにいる？と自らと同じような境遇の二人に言及する。その後唐突に、カルタショーフはどこにいる？と尋ね、「我々はみな、風に吹かれる木の葉のように投げ散らされた」と記す。コーニツの収容所での日々、そして亡命先での知人・友人との連絡が、カルタショーフが会長であったペテルブルク宗教哲学協会と鋭く対立した過去を三〇年経って想起させたのであろう（本書第Ⅲ章4参照）。

一九四二年一二月二三日、イヴァーノフ＝ラズームニクからレーミゾフ夫妻へ新年とロシアの降誕祭の挨拶（他にザイツェフ、ベルベーロヴァ、ベーム、ステプーンにハガキ、ポーストニコフ、イオアーン、リューテルに手紙）。二人から精神の元気さと肉体の健康を、我々を忘れるな、もしかしたらいつかまた会えるかもしれない、と書く。[88]

一九四三年四月二五日、イヴァーノフ＝ラズームニクからレーミゾフ夫妻へ復活大祭を祝うハガキ（五月三日着）。[89] 三月一七日付けの手紙は受けとったか？　受けとったら、どんな生活か一筆ほしい。手紙なしだと大変退屈だ、と［この手紙の二〇日ほど後、五月一三日にセラフィーマ・パーヴロヴナ病没］。

一〇月二〇日、イヴァーノフ＝ラズームニクからレーミゾフへ、リトアニアのダニリシキ（従兄弟宅）からのハガキ。[90]

これが届くのはセラフィーマ・パーヴロヴナ没からもう半年、ついに彼女と会えなかった。君とは会えることになるだろうか？　私の手紙に君は応えないが、受けとったか？　我々がリトアニアで親戚の領地に住んで三か月、依然として不確かな時を過ごしている。連絡がほしい――書留がベストだ、と。リトアニアの片田舎は、郵便事情がかなり悪かったようである。今日、ザイツェフとベルベーロヴァにハガキを出したところ、彼らも私を忘れてしまった、と愚痴をこぼす。やっと収容所暮らしから自由になったものの、戦況次第でこの地での日々も終わるかもしれない、と亡命生活の不安定さが表れている［約六か月後の一九四四年二月にコーニッへ逆戻り］。

②〈文学者・文学界情報〉：レーミゾフからイヴァーノフ＝ラズームニクへの質問はまず、イヴァーノフ＝ラズームニク以上に付き合いが長いプリーシヴィン［の本］は［検閲で］損なわれたのか（一九四二年五月一六日）[91]、スヴャトポルク＝ミルスキーはどこにいるか？（同五月一九日）[92]などである。イヴァーノフ＝ラズームニクは答える（五月二七日）[93]。共通の知人について、ザミャーチンは在パリで、国内ではヴャチェスラフ・シシコーフは結婚（イヴァーノフ＝ラズームニクとはかつて同じ建物に住む。夫婦は今、封鎖下のレニングラードに）、かつての「スキタイ人」仲間オリガ・フォルシは有名作家になり「スターリン賞」を受賞した、と伝える。プリーシヴィンについてはとくに詳しく、彼は安泰で検閲による削除もなく[94]、元気で猟銃を手に一日四〇露里を行く。そしてイヴァーノフ＝ラズームニクが国立文学館（ボンチ＝ブルエーヴィチ館長）の仕事でモスクワに滞在してプリーシヴィンの資料整理に従事していた時、彼は自分の目のまえで［一九〇三年以来ともに暮らしたエフロシーニヤ・パヴロヴナと］離婚し、イヴァーノフ＝ラズームニクの助手として働いていたＢ・Д（ヴァレリヤ・ドミトリエヴナ・リオルコ）と再婚した、と伝える[95]。イヴァーノフ＝ラズームニクの方はレーミゾフに、亡命者情報を尋ねる。我らの「シーリン」（作家ナボコフのことでなく、かつてシンボリストの作品を多く刊行した「シーリン」出版社や『遺訓』誌に出資したキエフの製糖業者Ｍ・И・テレシチェンコ、一八八六―一九五六年。臨時政府で蔵相、外相）はどこにいる？と訊ね、ジナイーダ・ギッピウスの妹二人がドイツへ到着したことを『新しい言葉』紙で知った、と書く。イヴァーノフ＝ラズームニク自身はこの間、君とザイツェフの本を読む、二〇年間の「文盲撲滅」［亡命文学を読めなかったこととその克服を、ソ連におけるキャンペーンのスローガンを応用して表現］のためもっと読まねば！と言う（一九四二年五月二七日）[96]。レーミゾフの本ではとりわけ評判が良い、一九一七年の日々を描いた『旋風のルーシ』を読みたい。いつの日か受けとって通読したいものだ、と言う（六月二九日、ドイツ語）[97]。これに対しレーミゾフは七月

一六日、[98]同書は誤植が多い、と応える。続いて君の『新しい言葉』紙の論文をいつも待っている。君の編纂・註釈付きのグレーチ回想記（Н・И・グレーチ『わが生涯の記』一九三〇年）を通読した、と知らせ、さらに自著について書く。亡命者に関する情報交換も多く、詩人で雑誌『アポロン』（一九〇九—一九一七年）編集者С・К・マコフスキーのアドレスが通知される。

八月五日、ドイツ語のハガキ[99]で、イヴァーノフ＝ラズームニクはレーミゾフの先便に応える。君の未知の著作リストによだれが出る。我々がおなじ雑誌で協力するまでには全部読みたい。だがいつのことか？　時間が経てばわかるだろう。状況（と収容所）とアドレスが変わったら長い手紙を書く。二〇年の長い、とても長い手紙をもらい、それがいつの日かロシア文学史に入れれば素晴らしい、と。

一〇月二一日、イヴァーノフ＝ラズームニクは国内居住者に関する情報を提供する。[100]たくさんの人々について尋ねられたが、何人かのことはわからなくなった、例えばС・Я・オーシポフだ。フェージンとレオーノフは在モスクワ、アリャンスキーは国立出版所勤め。私の入獄と流刑で多くの人の消息がわからなくなった。理由は知人の多くが「被抑圧者」に会うと避けるからだ。ただしプリーシヴィンは別だ、と知らせる。付け加えれば、プリーシヴィンは流刑中のイヴァーノフ＝ラズームニクに手紙や新刊の自著を送り、定期的に金銭的援助を行なった。イヴァーノフ＝ラズームニクが流刑先のサラトフでГПУから大学図書館司書の仕事を打診された（暗に情報提供者となる勧め）が断れたのも、親友の援助あってのことであった。手紙に戻ると、話は一転して、君のザミャーチンに関する論文は読まず、知らずだ。そのことはザミャーチン夫人には残念だが、彼女はどこにいる？　ミハイル・イヴァノヴィチ・（テレシチェンコ）がパリにいるのに一度も君に会いに来ないとは、不当にも「シーリン［出版社］」時代を忘れたか。「シーリン」は彼の記憶から消えないだろう、と。さらに亡命者の著述について触れる。ギッピウスの『生きている人々』を読み、その本は気に入ったが、ブロークを論じるなかで私を「裏切り者」と書いており、ブロークに関してギッピウスに応える論文を書いた［印刷所への砲撃のため原稿が消滅した『冷めた観察と悲しい印象』］。彼女がこれを読めたら面白いのに、まず無理だろう。このように言いつつ、論敵となった彼女のつらい運命——高齢と孤独に同情する。シメリョーフの『新しい言葉』掲載の短編を「才能なし」、彼はもはや「窒息者」だ、と断じる。その他にパリの「老いた親衛隊」は誰だ？　知っているのは連絡してきたザイツェフ、ベルベーロヴァだけ、それにゲオルギー・イヴァーノフもだ。連絡をくれ、忘れるな、もしも会えたらお茶を飲みながら話すのだが。いつか実現することを、と願う。

一九四三年三月一七日、イヴァーノフ＝ラズームニクからレーミゾフへ。バルトルシャイチスがパリにいると知らせてくれて驚き、応える。彼のアドレスを知っているなら私のアドレスを知らせてやってくれ、彼に会うなら私のアドレスと挨拶を伝えてくれ。彼にはとても会いたい。[101]

③〈パリ行きの話題〉：一九四二年五月一八日、セラフィーマ・パーヴロヴナからイヴァーノフ＝ラズームニク夫妻への手紙には、都合のよい時いつでもパリへ来るように、と記される。彼女はよく知っているイヴァーノフ＝ラズームニク夫婦の子供や姪たちはどうしているか、Л・Д・ブローク（詩人ブロークの妻、一八八一－一九三九年）の死因、Е・Ф・クニポーヴィチ（文芸学者、評論家、一八九八－一九八八年）に会ったかどうか、その他の人々のことを訊ねる。故Я・П・グレベンシチコフ（書誌学者、一八八七－一九三五年）が持ってきたロシアの土が小箱に入れて保管してあるから来たら見せてあげる、という件には亡命者の郷愁がうかがえる。[102]

しかし、イヴァーノフ＝ラズームニク夫妻はパリ行きの話には悲観的である。九月二九日、ヴァルヴァーラ・イヴァーノヴァはセラフィーマ・レーミゾヴァへの手紙（ドイツ語）で、パリへの招待に感謝し、プーシキン（ツァールスコエ・セロー）でドイツ兵から、パリはもっとも美しい都市の一つと聞いた、と記す。だが「希望」と「可能性」とは違う。いくら話し合っても、戦争が終わらないとパリ行きは無理だろう、と慎重である。[103] イヴァーノフ＝ラズームニクも一〇月二一日に以下のように書く。パリ行きはすばらしいが、ネクラーソフが言った「天国は近い、で、ドアはどこだ？」（『ロシアは誰に住みよいか』第一部第二章より）を思い出す。その話にはまだしばらくは触れずに、せめて当面は手紙をやり取りして互いに視界から消えないようにしよう。とはいえ君は定住者、我々夫婦は幹から落ちた樫の葉っぱで、どこへ運ばれるかわからない。連絡をくれ。もしも会えたならお茶をまえにして話すのだが。いつか実現するように、と。[104]

翌一九四三年三月一七日、イヴァーノフ＝ラズームニクの手紙[105]にもパリ行きの話題が登場するが、前年よりも悲観の色が濃くなっている。セラフィーマ・パーヴロヴナと君には「会う」だけでなく、二〇年余り積もる「真剣かつ長期的な」会話を始めたい。戦争が長引いている間、パリへの道は予約されているとして、我々はパリで何をするのか？　古参住民の君はどういう風に生活するかがわかっても、生活はたやすくないことは明らかだ。そもそも誰にとって生活がたやすいだろうか？　時代は困難で重く、たやすく考えられない。グルジア軍道の難所だった巨石は誰をも巻き込まずに断崖から落とされて今はないが、世界的な巨石［戦争］は無数の人々をなぎ倒すだろう。今日最良の願望として、プーシキンが手紙で触れたように「生きるよう努めよう」と言おう。あなた方二人に心からの挨拶を——今は直接でないが、いつかはブアロ（レーミゾフ夫妻のパリの住所）で個人的にあなた方にこう言おう、と。

一九四四年になると戦況も進み、イヴァーノフ＝ラズームニクが滞在するリトアニアでもソ連軍がドイツ軍を撃退していき、この年の手紙には終末の接近が語られるようになる。彼はソ連軍の進攻により、やっとたどり着いたリトアニアの従兄弟宅をほぼ半年で後にしてコーニッへ舞い戻り、三月からヴェルディンク宅に身を寄せざるを得なくなった。

二月二日、イヴァーノフ＝ラズームニクはレーミゾフにハガキで、移動予定を告げる。[106] 久々の連絡だが君たちのことを忘れていたのでなく（その反対）、旋風の日々で、一日一日が飛ぶように早く、時間はゆっくり進んでいる。と言うよりもその逆だ。概してシェークスピアによれば「世のなかは関節がはずれて」当分正常に戻らないだろう（『ハムレット』第一幕第五場より）、とこの間をふり返る。七〜八か月、姪（従兄弟の故П・К・ヤンコフスキーの娘Н・П・ヤンコフスカヤ〈ヤンカウスカイテ〉＝リレエヴァ）宅で田舎住まいしたが、今はこの地を去るため旅の支度中と、三月中頃からのアドレス（ヴェルディンク宅）を前もって告げる。そこにどれほどの期間いるかは状況次第だが、連絡はそちらへしてほしい、と言う。今日はパリへ、ベルベーロヴァとザイツェフに連絡し、後者から手紙を受けとったところである。新聞で一月初めにバルトルシャイチスの死を知り、また一人、友を失い「彼とも会えなかった！」と記す。イヴァーノフ＝ラズームニクはレーミゾフの暗い手紙で一つ喜ばしいことは、君が仕事に励んでいることだ、と書く。我々は皆この世で働くがその全部は残らない、我々の仕事はそんなものだ。そして生涯の最後の日々に「後世の記憶のため」仕事して過ごすことは素晴らしい。運が良ければもう少し生きて再会し、我々のまえで過去何年かに書いたものを朗読してほしい、と願う。

二月二六日、イヴァーノフ＝ラズームニクはレーミゾフへ、ハガキでアドレス変更を再度確認する。[107] リトアニアでの休暇は終わり、三月後半から連絡はハガキでなく封書で、と依頼し、リトアニアの片田舎より早く手紙が着くよう願う。そして、今日はマースレニツァだ、ブリヌイを食べて昔を思い出そう！と呼びかける。追伸にザイツェフ、ベルベーロヴァにも書いた、と記す。受けとったハガキへのレーミゾフの注記「三月二〇日」は、着信日であろう。

四月七日、イヴァーノフ＝ラズームニクからレーミゾフへ。[108] このハガキが復活大祭ころにつくことを。キリスト復活！　夫婦二人で慣行に従って君に三度キスし、一か月後に一周忌を迎えるセラフィーマ・パーヴロヴナを想い出している、と。先ごろ『現代雑記』の旧号で君の短編『カバのクラン』を読んだ、プーシキン、トルストイ、レスコーフ、ドストエフスキーは偉大な夢の宝だが、レールモントフを忘れるな、とロシア文学論を挿入する。レーミゾフの本の原稿執筆終了を祝い、いつかロシア語で出ることを期待する。イヴァーノフ＝ラズームニク自身は従兄弟宅滞在中に手持ちの古い資料によって原稿四点（それぞれ一二リスト）を仕上げ、妻がタイプ打ちしたと告げる。「出版は全部、我々の時代以後に可能性あり」。三月末から滞在するコーニツ［ヴェルディンク宅］では、独立した部屋で心地よく暖かで、家主のフラットには大部の蔵書があり、街は小さく静かで、仕事に便利だ、と告げる。

五月三一日、イヴァーノフ＝ラズームニクからレーミゾフへ、これが一九四四年最後の手紙である。[109] セラフィーマ・パーヴロヴナの命日（五月一三日）の手紙を受けとって彼女のこと、君のことを思い出した。時は流れ、我々を待たず、なんと早く一年が過ぎたことか！　そして我々夫婦はもう二年半も祖国なしとは信じられない——君はもう二三年とは……。亡命者の間には、戦況のせいもあってか、帰国の念が浮かんでいるようである。イヴァーノフ＝ラズームニクは書く。最近ザイツェフが手紙で、帰国するか、どう思う？と尋ねてきた。聖書の言葉で答えた（昨日投函）——「私はこれをあなたの目に見せるが、あなたはそこへ渡って行くことはできない」（旧約・申命記三四—四）これが我々の運命だ、と。我々が異郷で働く最後の時が、間もなく来るだろう。たくさん仕事をした君のことが嬉しい——フランス語でなくロシア語でどんなに通読したいことか！　母語で出版できる日を運にまかせ待とう。その試みを今でもやっている、と次のことを知らせる。フライブルクの出版社が『作家たちの運命』（印刷全紙一〇枚）と『監獄と流刑』（同一四枚）の二点をすぐにロシア語とドイツ語で出版すると提案してきた。原稿を送ったが今、出版の可能性を全然信じていない——そんなことにかまっていられない！というのが実情だろう。レーミゾフの手紙に知り合いの名前——オリガ・エリセエヴナ（・コルバシナ＝チェルノーヴァ。ヴィクトル・チェルノーフの前の妻）、ペラゲヤ・イヴァノヴナ（テレシチェンコの妻）を見出し、「シーリン」出版社や『遺訓』から三〇年が過ぎ、セルゲイ・ポルフィリエヴィチ（ポーストニコフ。彼とはしょっちゅう連絡している）やザイツェフから、それに同世代の皆から手紙をもらったが、はたして終わりが見えない戦争終結まで多くの者が残れるだろうか？　イヴァーノフ＝ラズームニクは急き立てられるように問いかけ、プーシキンに倣って「生きるよう努めよう」、今後も手紙を書いてほしい、と手紙を終える。

＊＊＊

この手紙以後、二人の間の連絡はほぼ二年の空白を見る。その間イヴァーノフ＝ラズームニク夫妻はコーニツからレンズブルクへ避難し、その一年後の一九四六年三月一八日にヴァルヴァーラ・ニコラーエヴナは亡くなった。四月にミュンヘンの従兄弟宅へ移ったイヴァーノフ＝ラズームニクは、一九四六年五月八日レーミゾフに手紙を出した[110]（この手紙の日付の下に、レーミゾフは六月五日と書き込んでいる。受取日であろう）。まず例によって元のアドレスに連絡してみて返事があればもっと詳しく書く、と言いつつ、二年ぶりの手紙には暗黒の一年間――昨年四月から妻ヴァルヴァーラが重症で一一か月間床に伏した後、今年三月一八日にレンズブルクで死亡したことが告げられる。四三年間手を取り合ってともに人生の小径を歩んできたが、今は短い余生を独りで終えねばならない、これがたやすくないことをセラフィーマ・パーヴロヴナに先立たれた君は一番よくわかるだろう、と訴える。今後どこで、どうして、何をして生きていくかまったくわからず、誰の負担にもならないためには、大きなロシア人居住区があり仕事が得られる所に行かねばならない。以前はまっ先にパリを考えたが、現状では実現するとは思えない、君はどう思うか？と問いかける。他の友人たちのことも気がかりである。ごく最近、ポーストニコフ夫人から夫の厳しい運命［逮捕と本国送還］を知ったところだ。彼女は君が、パリの息子の許へ行ったロスキーからすっかり話を聴いて知っており、私に連絡した、と考えている。彼女はベーム［逮捕・処刑］やその他の人々のことを何も知らせてくれない。君は何か知っているか？ザイツェフやベルベーロヴァに手紙を書く。君の返事があれば、たくさんのことを書く。そう長くは連絡しあえない、と。このような言葉は自らの死を予感しているかのようである。ヴァルヴァーラの墓の土をもっているが、どこに撒くべきなのか？我々はもう五年も、世界史の風の吹くままに寄る辺なく漂っている。長らく錨を下ろしている君は幸せだ、と。ここでもまた、定住地をもたない流浪の日々への嘆きが記される。

六月五日、レーミゾフはイヴァーノフ＝ラズームニクへさっそく返事を書いた[111]。まず、君の声は嬉しいがヴァルヴァーラ・ニコラーエヴナの訃報に泣いた、と返す。自分自身のことについては「監禁所に入っているかのように暮らしている」と認める。［妻セラフィーマの死から］三年間、引きこもって人に会うことも稀だ。視力は一五ジオプトリー、右目は九割方見えず、片目で電灯の光では書くのに大層苦労する。冬に暖房のない部屋で冷え、歩行が不自由だ。いつも窓際の机に向かっていて、食事の用意のためにだけ台所へ行く。外気に当たらないようにし、パンとタバコの支給時に出かけるだけだ。手許の時計は短針だけで四六時中回っている。ひと口でいえば「やっとこさ生きている」状態が記される。それでもレーミゾフは、自分の仕事に関しては思い通りにならなくてもともかくも継続し、今は一七世紀の記録に取り組んでいる様子である。ここ何年かにロシア語での出版二回、フランス語で三冊出した。フランス語訳の訳者と校正者のための費用がかかり、お金はほとんどなくなる。当地の週刊紙にはまったく関わらず、書いても年に一度だけ、「支援」のためだ。これがまさに人生最後の日までの運命だ。ベーム、ポーストニコフについてはわからない。外出しないからロスキーとは会わず、彼も来ない。パリで君には何もないと思う。ロシア語の本は出ない。そしていつも後悔しているがこれは私感で、ザイツェフやベルベーロヴァは人前に出ている、と同じパリ組でも違いがうかがえる。最後に「さようなら、ラズームニク・ヴァシーリエヴィチ！」と、この四年間の手紙で初めての別れの言葉は、あたかもこれが最後の手紙となることを予感したかのようである。この手紙はイヴァーノフ＝ラズームニクの生前には届かなかった。

レーミゾフはその年出版した夢についての著の最終章で次のように書いている。「『イヴァーノフ＝ラズームニクが死んだ』と伝えられ、彼からの手紙があって数日は信じたくなかった。ある晩、イヴァーノフ＝ラズームニクが夢に出てきて言った。『私が死んだと言われているが、信じるな。私は元気で名前を変えただけだ』。私はそれを信じ、皆にイヴァーノフ＝ラズームニクは名前を変えてアメリカにいる、と断言した。が、彼は本当に死んだのだ」[112]。視力を失ったレーミゾフは友の死後一一年、一九五七年まで生きた。

(2) プラハ・グループの人々

第一次大戦後、新生チェコスロヴァキアのプラハではマサリク大統領の肝いりでロシアから知識人が招かれて活躍の場を得、亡命者が多く集まっていた。古くは人民の意志派の古参ナロードニキ・ルサーノフ（一九三九年没）も住んでいた。ベルジャーエフやブルガーコフもこの地に滞在したことがあった。哲学者ロスキー、ラプシーン（彼らはともにボリシェヴィキ政府により一九二二年に「哲学の船」で追放）、エスエル党員で書誌学者、『遺訓』誌にイヴァーノフ＝ラズームニクを招きともに編集に携わったポーストニコフ、文学史家・評論家リャーツキー、言語学者で文芸学者ベームたちがいた。彼らの講演活動とアドレスを『新しい言葉』紙の広告で知ったイヴァーノフ＝ラズームニクは、一九四二年三月二九日（『新しい言葉』紙四月一五日号へのアドレス公告の前）にプラハの二教授、リャーツキーとラプシーンに手紙を送った。まったく予期せぬイヴァーノフ＝ラズームニクからの連絡に驚いた彼らはすぐにポーストニコフにも連絡し、何をなすべきかを話し合った。彼らの返信で執筆日付がもっとも早いのはベームとポーストニコフ（四月九日付け）である。以下ではリャーツキー、ベーム、ポーストニコ夫妻とイヴァーノフ＝ラズームニクとの手紙に見られる亡命者の生活を追っていこう。

a――エヴゲーニー・リャーツキー

E・A・リャーツキー（一八六八―一九四二年）はイヴァーノフ＝ラズームニクより一〇歳年長で、革命前にロシアで評論家の地位を確立していた。『ヨーロッパ通報』の文学欄などを主導し、かつてイヴァーノフ＝ラズームニクの『ロシア社会思想史』を書評したことがある。[113] 一九一七年にフィンランドへ出国、スイスを経て一九二二年にチェコスロヴァキアへやって来た。それはチェコスロヴァキアのマサリク大統領によりプラハでロシア人民（自由）大学設立に関わるよう招かれたからであった。彼はカレル大学のロシア語・ロシア文学講座教授に、また出版社「炎《プラーミャ》」の最高責任者の一人となり、自らも雑誌に執筆し、ゴンチャローフ等の研究に携わった。ロシア人亡命者の社会活動にも積極的にかかわり、「チェコスロヴァキアにおけるロシア作家の福祉改善委員会」を率いた。彼はかつて故国で文学史家A・C・ヴェンゲーロフ教授のプーシキン・セミナー参加者であり、また義父となった文学史家A・H・プイピン（チェルヌイシェフスキーの従兄弟）の文書類の相続者の一人として、相続資料を自らの手で出版することもあり、プラハ在住亡命者のなかでも恵まれた地位と生活を享受していた。

彼はイヴァーノフ＝ラズームニクから届いた思いがけない連絡に応えて、「ソ連天国」脱出を喜び、プラハへ来るようにと誘い、夫人への花束代わりにと一〇ライヒスマルクを送金した（五月七日受けとり）。イヴァーノフ＝ラズームニクは同日付けの礼状で、リャーツキーの著書二点を送ってほしい、と頼んだ。しかし彼は高齢かつ長らく病身で、イヴァーノフ＝ラズームニクとの連絡は彼の人生最後の二か月間に三回だけであった。イヴァーノフ＝ラズームニクが望んだ著書を受けとったのはリャーツキーの死（七月七日）後となった。[114] 彼が長年プラハで築いた地位に鑑み、もしも元気で存命ならば、イヴァーノフ＝ラズームニクの状況改善のために何らかの助力ができたのではないか、との推測が可能かもしれない。

b――アリフレート・ベーム

А・Л・ベーム（一八八六―一九四五年。ビョームとする説あり）はキエフ生まれのドイツ系ロシア人で、ペテルブルク大学歴史＝文学部を卒業後、ロシア科学アカデミー手稿部に勤務した。リャーツキーと同じくヴェンゲーロフ教授のプーシキン・セミナーに参加し、若きЮ・Н・トゥイニャーノフやА・С・ドリーニンたちと交わった。一九一九年に出国し（革命時に外国に滞在中ともいう）、一九二二年プラハに落ち着き、カレル大学ロシア語教授となった。彼は亡命ロシア人の文化活動に積極的に取り組み、「詩人の庵《スキート》」（後に「庵」と改名）グループを組織した。ドストエフスキー研究者として知られる。一九四五年五月、ソ連軍のプラハ占領時もその地に留まっていて逮捕された後のことは長らく不明であったが、近年、逮捕後すぐ処刑されたことが明らかになった。

ラエフスカヤ＝ヒューズが紹介するのは、ベームからイヴァーノフ＝ラズームニクへの手紙七通（一九四二年四月～八月）だが、後者から前者宛ての手紙はジョルジュ・シェロンとリリア・シェロンにより、プラハ民族文学博物館文学アルヒーフ所蔵の二九通（一九四二年三月～一九四四年一二月）が紹介されている（ペテルブルクの『星《ズヴェズダー》』誌、二〇〇二年一〇号）[115]。イヴァーノフ＝ラズームニクは二年九か月の間に月一回以上の割合でベームに連絡しており、今回わかった範囲内では両者のやり取りがもっとも頻繁である。これらの手紙から亡命者と亡命生活の内実を読みとってみよう。

イヴァーノフ＝ラズームニクが収容所外の世界へ最初に出した手紙の一通がベーム宛て（一九四二年三月二九日付け、ドイツ語）である。それは、もしも私の名前を覚えていて援助してもらえるならば、と運に任せて書かれた。文面はコーニツの収容所のアドレス（手紙、小包とも送付可）を記し、私と妻のプラハ行きの件をドイツ当局に照会してもらえるかどうか、一時的に物品と食糧の援助を得られればありがたい、それらの経費は仕事が見つかり次第返済する、そしてプラハの新聞・雑誌を送ってもらえればありがたい、というものである。[116]

イヴァーノフ＝ラズームニクから「まったく予想外の」連絡を受けたベームは、同じ教授用住居に住むラプシーン、ロスキーと相談して考えた結果を以下のように伝えた（四月九日）[117]。①夫妻を収容所から救出しプラハ入りの権利を手にすることはほぼ不可能。当地で我々の可能性は限られており、何か獲得することはきわめて困難。名目的に存在する「ロシア作家とジャーナリスト協会」の会長に連絡して何か探ってみるが、貴君も現在地で尽力されたい。そうすれば当地から支援しやすくなろう。ただ、当地での何かの仕事は他所より少なく、当地を目指すのは無意味。②貴君を少しでも物質的に援助するため、力の及ぶ限り貴君の友人たちとともに努める。食糧は配給用切符で最小限しか手に入らず、難しい。③ロシア語新聞は『新しい言葉』だけで、他にロシア語出版物はない。同紙の旧号が手許になければ送る。④当地では貴君と親しいポーストニコフに貴君の手紙のことを昨日伝えた。彼が貴君のアドレスに直接連絡する。以上の実務的な知らせに楽観的な見通しはうかがえない。さらにドレスデン在住のステプーンのアドレスが伝えられる。ベーム個人としては今後も連絡をもらい、少しでも援助できれば嬉しい。近くわずかだが金銭的援助ができるよう望んでいる。ラプシーンとロスキー（彼は間もなくブラチスラヴァで教授職就任のため移住）からもよろしく、と記す。

イヴァーノフ＝ラズームニクはベームの返信＝「文化的世界との最初のつながりの糸」を大いに喜び、四月一四日に第二信を送った[118]。当時、足部の蜂巣炎で収容所内の診療所暮らしを余儀なくされていた彼は、ベームとポーストニコフから同日に手紙を受けとり、ヨーロッパで生きる手がかりをつかめた、と感じたことであろう。しかしベームの返信は先に見たとおり、プラハ行きはほぼ不可能と告げ、その他の項目でも大きな期待は望めそうにない内容であった。そこでイヴァーノフ＝ラズームニクは当面、自助努力――ベルリンの民族ドイツ人移住センターを通して収容所を出る方途を探る、と決めるのである。彼はベームに、プラハの事情を知らずに食糧・金銭援助を打診したことを詫びる。次に彼は自筆原稿発表の可能性を探るだけでなく、自立した日々の生計とベルリン行きのために必要な現金収入を得るため、破壊された自宅から携えてきた貴重な資料に言及する。それは三点、すなわちH・A・クリューエフの未発表の長編詩「焼け跡《ポゴレリシチナ》」と、ソログープの自筆日記（一八七六～一九〇八年。印刷全紙でおよそ一〇枚）が出版できないか、さらに友人ペトロフ＝ヴォートキンの画「リンゴ」がプラハの美術館になければ提供する用意がある、というものである。ともかく収容所を出てどこであれ文化的中心地へ行き、過去四分の一世紀に何がなされたかを知りたい、そして自らは貴方たちヨーロッパ人には未知のことを語りたい。これがイヴァーノフ＝ラズームニクの望みである。文明化したヨーロッパを批判的に見ていた「スキタイ人」＝イヴァーノフ＝ラズームニクは、まさにそのヨーロッパで生きる道を探り始めた。

そのためこの地での彼の大きな仕事は、亡命ロシア作家が発表し、ソ連では手に取れなかった作品を読むことになるであろう。

四月一九日、ベームはイヴァーノフ＝ラズームニクに長い返信を書いた。[119] この手紙の後半部には前便とは異なる調子が表れてくる。まず少ないが援助金をまとめ役のポーストニコフに渡したことを伝え、続いて、どこか収容所より文化的な中心地へ移り住む許可を得るため、一時ベルリンへ行く許可を得るよう勧める。プラハも移住の候補地だが、前便で言ったように特に有利な地ではない。文学の仕事で収入を得るのはあきらめねばならない。悲しいことにロシア語だけでなく、今はどこでも出版はできない。このようにプラハの現状を伝えた後、イヴァーノフ＝ラズームニクが出国時に携えてきた未公刊資料（クリューエフ、ソログープ）の件に応えて言う。それらはきわめて貴重な資料だが、今は沈黙を守り、しっかりと保持しておくように。複雑な状況を知りつくし、ここでのロシア人の生活をよく調べて信頼する人々にだけ話せ、と。もう一件のペトロフ＝ヴォートキンの静物画については、ドイツ人コレクターに売れば相当な額になる、と示唆する。イヴァーノフ＝ラズームニクはこの件を他の亡命者たちにも相談しているが、ほぼ二年後の一九四四年二月のニーナ・ベルベーロヴァへの手紙（先述）でも触れられているが依然として進展がなく、その後の成否も不明である。

現実的な話題が終わると、手紙は文学に関わる話題に転じる。二人はそれぞれ祖国での自宅書庫の崩壊を惜しみ、イヴァーノフ＝ラズームニクが一九三〇年に出版した『サルティコフ＝シチェドリン　生涯と作品――その一　一八二六年～一八六八年』に対するベームの書評、[120] 二人が一致するレーミゾフへの高い評価とパリでの彼の窮状とアドレス通知、メレシコフスキーの死、ドストエフスキー研究家でソ連に暮らすベームの学友ドリーニンの近況への問いなどが話題となる。ベームがゲオルギー・イヴァーノフ（本章5(3)b参照）のアドレスをイヴァーノフ＝ラズームニクから初めて聞くという点からは、パリとプラハの間での連絡がさほど密でないことがうかがえる。ベームは次のように手紙を締めくくる。将来会いたい、会えば時間を隔てていても二人の間には共通の言葉がすぐに見つかるだろう。気を落とすな、二〇年前自分の一か月の亡命の旅で、わずかなセルビアの小銭とそこでは通用しないロシアのチェルヴォネツ紙幣の束を手にベオグラード駅に放り出された際の喪失感を想起するが、それでも今は何とかやっている、と亡命生活の新参者を励ますのである。

ベームのこの手紙からもうかがえるが、彼はロシアでは個人的に親しくなかったイヴァーノフ＝ラズームニクとの交信で、そして疑いもなくポーストニコフの影響もあったと考えられるが、文学者イヴァーノフ＝ラズームニクを理解し徐々に心を開くようになったと見える。両者の手紙で呼びかけの言葉にその変化が表れている。イヴァーノフ＝ラズームニクは最初「深く尊敬するA・Л・ベーム教授殿」、二回目からは「尊敬するアリフレート・ベーム」と呼びかけ、ベームの方は「尊敬するラズームニク・ヴァシーリエヴィチ」で始めていたが、五月初めからはたがいに「親愛なる（洗礼名・父称）」と書くようになっている。ベームが、ところで君はタバコを吸うのか、紙巻きたばこはあるのか？と尋ね、あるいは少し先の五月二五日にベームが、学術的な仕事に惹かれるが体力がもたない、自分は体重四二kgだ、と嘆き、［おそらくポーストニコフから］君は四〇kgと聞いたが、と書くあたりは両者の接近の表れであろう。さらにイヴァーノフ＝ラズームニクはどうやら忘れていたようだが、かつての二人の文学にかかわる接点がベームから次のように指摘される。第一次大戦まえにベリンスキーの名声を奪うアイヘンヴァリドの著述に対する反論をベームが雑誌『遺訓』に投稿し、同誌文学部門の責任者イヴァーノフ＝ラズームニクによって採用されたが、大戦勃発に伴う政府命令により、同誌はまさにベームの原稿が掲載されるはずであった一九一四年八号から廃刊となったという事実である。ベームはかつて身近にあった『遺訓』誌を想起し、同誌に関わっていたエスエルのA・A・ギゼッティ、П・ヴィーチャゼフ（＝Ф・И・セデーンコ）やЮ・Г・オクスマンの安否を尋ねる。[121]

時間的には前後するが、イヴァーノフ＝ラズームニクは四月二六日、ベーム（とポーストニコフ）に、異郷で物質的にだけでなく、手紙で精神的にも支えられ二か月まえの収容所入所当初よりはるかに元気になった、と感謝する。同じ手紙で彼はベルリンのロシア語新聞『新しい言葉』に連絡し、収容所のアドレス公告と原稿掲載を申し込み承諾を得たが、送付された同紙既刊分に掲載されている記事の質の低さを知って自分の決断に疑問を覚え、ルポルタージュ掲載をどう思うかベームに尋ねる。[122]『新しい言葉』紙への掲載に対してベームは、軽率だと危ぶみ（五月六日）、[123]さらに、君の運命についてはポーストニコフとつねに考えている、入手できず飢餓状態にあるタバコも少しは手に入れた、と伝えたうえで、最初の手紙とは一変した将来の見通しを述べる。君にはプラハが一番よいのではないか、ここは君のような書籍人にとって可能性が他所より大きく、［民族ドイツ人の］君の妻君ならドイツ語教師の定職が見つかり、君は需要の多いロシア語教師となって自由な時間に図書館へ行って原稿を書きためられよう、と。ベームは次のような表現でイヴァーノフ＝ラズームニクを受けいれる。「我々（何年も国外で生きてきた自分たちと、かの地ですべてを生き抜いた「君」）の出会いが神意によるものであり（仰々しい言葉で失礼。だが運命的と言うより良かろう）、そこから多くを期待する」と。

ベームの忠告どおり、『新しい言葉』紙への「軽率な」投稿への「報い」は、同紙編集部による無断での原稿の歪曲・削除等として表れた。第一回目のルポルタージュ掲載日の前日（五月一一日）、イヴァーノフ＝ラズームニクはベームへの手紙に記す。[124] 第一論文（五月一〇日号）のこれ以上ないような陳腐なタイトル（「奈落巡り」）、自分があずかり知らず、勝手で間違いだらけの序文と、全体にわたる乱暴な省略。第二論文（五月一七日号。タイトル「スルタン・マフムードの二つの生」）では一九一九年まで、すなわち文集『スキタイ人』に関する部分はすべて削除され、「そして私は一九一七〜一九一八年には何事もなかったかのように、監獄の羽をつけたクジャクのようにお散歩だ！」。たしかに一九一七年前後から一九二二年まで、すなわち彼が（ボリシェヴィキとは違う意味で）一〇月革命を支持し、スキタイ人グループからヴォリフィラで活動した期間の記述は抜け落ちている。それは「誰が悪いのでもない、自分でやったことだ！」。彼は元来、読み、書き、発表することを習いとしてきたが、ソ連では長年発表を禁じられていた。そしてソ連を出国したにもかかわらずドイツ側収容所の鉄条網のなかで無為をかこち、執筆・発表の意欲に突き動かされて自作を掲載した後に覚える同紙への疑念、後悔と不満が表れている。しかも彼は同紙が反セミティズムの新聞とは知らずに投稿したのである。明らかに情報不足のまま、ヨーロッパで唯一のロシア語新聞（したがって亡命者をふくめ、その立場の別なく広く読まれていた）ということで、長年抑えこまれてきた発表を焦った結果だった。彼の一連のルポルタージュは、閉ざされた世界の様子を垣間見せる内容の衝撃力だけでなく発表紙の政治的性格のため、後々問題視されることになる。

以上が、イヴァーノフ＝ラズームニクとプラハ＝ヨーロッパの亡命者・亡命世界との最初二か月足らずの接触の状態・雰囲気である。以下ではイヴァーノフ＝ラズームニクとベームの両者が良い関係を築いて以後の手紙から、二人の間で交わされた話題を数点にしぼり探ってみよう。

①〈物的援助〉：　亡命以前からイヴァーノフ＝ラズームニクと親しかったポーストニコフがプラハ・グループからの連絡役と決まったため、ベームからの／への手紙で援助物資のことはほとんど話題にならない。ただ、ともにヘビースモーカーである両者の間でタバコをめぐるやり取りが多い。一九四二年五月三〇日、イヴァーノフ＝ラズームニクはポーストニコフ経由でベームから物品・本・食糧を受けとり、ベーム宅の食糧事情が悪いと聞くのにこのように送って

もらい困惑する、今後は食糧やタバコは送らないでほしい、と書く。[125] 六月七日には、家庭の食糧事情が厳しいのに送られてくる食品と、ベームが自分の吸う分を削って送ってくれるタバコに感謝するとともに、今後タバコは送らないでほしい、と再度申し出る。[126] しかし八月一七日、ベームは休暇でひと月ほど田舎へ行くまえに、ポーストニコフを通じてタバコを少々送る、とハガキを出す。[127] 一二月四日、イヴァーノフ＝ラズームニクは先日ポーストニコフ経由でタバコを受けとった礼とともに、タバコ送付の謝絶をくり返し、次のように言う。監獄や収容所で、吸える日の喜びを先取りしつつタバコなしの日々に耐える習慣を身につけたから、タバコだけでなく当地より少ないと聞くパンもどうか送らないように、とくり返すが、何度言ってもむだであるらしい。[128] 一二月二三日の手紙にも、ベームが新年のプレゼントに紙巻きタバコと紙を贈ってくれる、とポーストニコフから聞き、自分用が不足しているのに贈ってくれるとは、受けとらないでおきたいくらいだ、という表現で感謝する。[129]

②〈収容所出所の手探りと「約束の地」〉：イヴァーノフ＝ラズームニクが、「民族ドイツ人」としてコーニッツへ来た自分たち夫婦はせいぜい一、二か月で収容所を出られる、と予想していたことは、彼が収容所から知人たちに出した手紙に記されている。彼はポーストニコフ夫妻あげての同居提案を受けプラハ移住を目指した。しかしすでに述べたように彼らの出所手続きは遅々として進まず、収容所暮らしは結局ほぼ一年半になった。ベームとの手紙にこの問題を追っていこう。

一九四二年五月一五日、プラハ行きの考えに対しベームが賛成に傾いたことをイヴァーノフ＝ラズームニクは喜ぶが、ポーストニコフ夫妻の熱烈な歓迎ぶりにはもちろん大きな喜びと同時に、ためらいも覚える。実際にプラハでどのように生活を築くか（職種を問わず、ロシア語・ラテン語・ギリシャ語から、物理‐数学部卒だから初級・中級・上級数学も教えられるし、そうするが）、ドイツ語をよく身につけている妻の方が順応しやすい、と述べるほど、彼とベームは心理的に近づき、互いを受けいれるようになったと見える。[130]

七月三一日、イヴァーノフ＝ラズームニクは、収容所で首を長くして待っていた［民族ドイツ人の移住を取り扱う］委員会が仕事を始めた、と「大ニュース」を知らせている。[131] ベームは八月一七日、ハガキで、これから休暇で田舎へ行く、と返した。これが今回紹介されたベーム側の最後の一通である。[132] これで二人の連絡が終わったわけではなく、以下ではベームからの通信内容は、イヴァーノフ＝ラズームニクが出した手紙の文言によって推し量る。しかし、「大ニュース」

からほぼ一か月経った八月二五日（本節5⑶ａで後述のように、イオアーン師の援助でベルリンへ行き、事態の打開を計った後）、イヴァーノフ＝ラズームニクはハガキ（ドイツ語）で、我々が委員会へ行き、彼らは昨日帰って行ったので、将来への大きな希望を抱く。忍耐強くし、電撃的な結果は期待しないことに決めた、と告げる。[133]依然として進展はなく、揺れ動く亡命者の気持ちが表れている。四月に連絡のついた従兄弟家族による出所申請（六月）は、すでに七月に却下されていた。八月には再度の申請が行なわれたが、一一月にまた却下された。この間、イヴァーノフ＝ラズームニク夫妻は掌院イオアーンの助力で八月にベルリンへ行き、収容所出所のために動いたにもかかわらず事態は進展しなかったのである。そうこうするうちに年末になり、一二月四日の手紙である。[134]収容所では、数百人のドイツ系ロシア人「植民者」が「東方」領土へ送られ、近日中に六〇名の教員と医療従事者が続くだろう。残った二千人は、クリスマスまでに新しい移住民（今回はクロアチアから）に収容所を明け渡すため近々移動する、との噂がたつが、誰も「カササギが尾にのせて運んできた」噂など信じないという雰囲気である。そしてイヴァーノフ＝ラズームニク夫妻は依然として出所もかなわぬままである。彼はこの間ルポルタージュを掲載中の『新しい言葉』紙編集部から、夫妻のために二フラットを用意するからベルリンへ出てくるようにと誘われたが断った、と明かす。ルポルタージュ掲載に際しての度重なる不満、そして何よりも同誌の政治的性格を知って判断したと思われる。しかし執筆意欲はまったく衰えていない。

年が替りコーニツからスタルガルトの収容所へ移動後、一九四三年三月一五日には、二年目に入った収容所でのまったく無意味な暮らしを嘆き、苦笑するしかない。プラハで君たちが歩む道はバラで覆われているわけではないが、それでもボタン穴には自由のバラが挿されているように思える、しかしそのバラに香りはない。それは我々が生きる時代の問題だ、との認識が示される。[135]六月一七日には、「旧帝国でのみ有効」のパスポートを受けとり、本来なら今日、旧帝国領域（行先はハンブルクともいう）へ出発するはずのところ、少なくとも月末まで延期された、とある。[136]おそらく収容者としての移動で、出所許可を得てのことではないと思われる。七月三日にはスタルガルトから短く最後の連絡で、おそらく六日か七日に収容所を出る、返事がないので新アドレスは伝えない、と言う。[137]

約三か月後の一九四三年一〇月一三日の手紙が、収容所を出てリトアニアの従兄弟宅から最初の連絡、翌一九四四年二月五日が同地から最後の連絡である。同地とプラハ間の手紙は三週間ほどかかり、コーニツよりも距離を感じさせる上に、同地への郵便物は我々にはほとんど来ないが、書留でないと届かないらしく、途中で行方不明になった手紙もあったようである。一〇月一三日の手紙[138]では、八月に収容所を出てリトアニアの従兄弟宅へ国境を越えて移動後、ベームの夏季休暇が終わるころまで連絡せず、明日の生神女庇護祭（一〇月一－一四日）まで過ごした。その間のことはセルゲイ（ポーストニコフ）への書留便で記した、という。後者への連絡は前者にも伝わるという前提下に書いている。そして最終的にはプラハ行きを望む気持ちが、以下のようにうかがえる（一九四四年二月五日）[139]。奇妙なことに、我々はリトアニアの田舎からプラハを約束の地のように眺めるが、プラハの住人はおそらく、田舎のお屋敷にちょっと住んでみようと喜んで我々と入れ代わるだろう。グリボエードフが、我々がいない所が最良［『智慧の悲しみ』第一幕第七場、チャーツキーの台詞より］と言ったがまさにそうだ。私と妻はプラハを夢見て、ベルリンのロシア語新聞の「プラハ・クロニクル」を読んでうらやましく思っており、いろいろな「おしゃべりども」が好きな時に自由にプラハへ行き来しているると知ると一層うらやましい、と。

従兄弟宅での自由の日々は約半年で終わり、イヴァーノフ＝ラズームニク夫妻は一九四四年三月から再度コーニッツへ舞い戻ってヴェルディンク宅へ身を寄せた。五月一七日、亡命文学を全部知り、何かを主張するにはプラハへ、つまりポーストニコフの勤める蔵書豊かな図書館へ行く必要がある。しかしその可能性は今年初めには見え始めていたが、今はますます疑わしくなっている、と彼は認識するが、そこには戦況が反映している。新聞［『新しい言葉』か？］では東西からの「侵入」が始まって道路はすべて閉鎖されるので、コーニッツに腰を据えて大いに仕事をすることで逃れるしかない状況となっている、と諦観がうかがえる。[140]七月六日、イヴァーノフ＝ラズームニクはプラハでベームと間もなく会える、という望みをもはや抱いていない。ポーストニコフの知らせでは、プラハ移住の公式手続きが試みられているものの、現在の諸条件下では現実に信じられない。我々の二年半に及ぶプラハ行きの試みは、あたかも千夜一夜物語のスルタン・マフムードを思わせる。自分たちがはたしてどこにいるのかわからず、近年の経験（ソ連の監獄から最前線での爆撃と被占領地住民経験、西プロイセンの収容所まで）を経て自分たち夫婦は東方の運命論者になった。プラハへ行くにせよ、コーニッツに留まるにせよ、我々はどこかもっと西方へ連れていかれることはないだろう［西方でなければ、赤軍支配下の地域となろう］。彼はこのように悲観的な見通しを示す。それでもやはり、プラハへの執着は断ちがたいようである。プラハで会えたら何か月でも語り合おう、未来の談話の代わりに手紙を待つ、との言葉はそれを示している。次便では、現在まったく無用だと意識してはいるが私の第五、第六の著について話そう［実際は次便に言及なし］。ポーストニコフへの手紙で書いたが、ナポレオンの言葉「大事の時に自らの小事に注意を向けよ」なしに生きられない、と締めくくられる。[141]

八月になると戦況はますます切迫の度合いを深める。ベームは何が起ころうとも現在の場を動かないと決心したようである。しかしイヴァーノフ＝ラズームニク夫妻は動かねばならず、どのようにして、いつ、どこへ?が問題である。ポーストニコフからは、プラハの門は夫妻のまえに閉ざされた、と連絡があった。もはやベームと出会い、手紙で書けなかった諸々のことを語りあうことはほぼないと決まった（八月一八日の手紙）[142]。

③〈著述の進展と出版計画〉：　先に述べたようにイヴァーノフ＝ラズームニクは、一九四二年五月からベルリンの『新しい言葉』紙にルポルタージュを発表し始めた。同紙での発表は翌年五月まで計一四回を数えた（死後に『作家たちの運命』として出版）[143]。そのテーマは以下のとおりである。自身の経験を伝えた最初の二回（奈落巡り、スルタン・マフムードの二つの生）、フョードル・ソログープ（二回）、作家たちの運命Ⅰ・非業の死を遂げた者たち（二回）、同Ⅱ・窒息させられた者たち（二回）、同Ⅲ・順応した者たち（以下、いずれも各一回）、ニコライ・クリューエフ、奴隷根性、ファンタスティックな歴史、「プロレタリア文学」と「社会主義リアリズム」、ソビエト文学Ⅰ・詩、同Ⅱ・散文。これらのルポルタージュ執筆に際し彼は、強制移住時に持参した資料以外にヴェルディンク宅の蔵書を利用したであろう。

一九四二年一二月四日のベームへの手紙でイヴァーノフ＝ラズームニクは、クリューエフについて書き始める、と知らせる（『新しい言葉』に一二月二〇日掲載）。次いで「目撃者 Очевидец」のペンネームで『作家たちの運命』シリーズ以外の小品を書きたい、ともらす。そして［封鎖中の］ペテルブルクに留まった人々の運命を知りたいが、もしも神が世紀を与えるならば時が来てすべてがわかるだろう。ボリシェヴィキのスローガン「追いつき追い越せ」をもじり、我々全員のために（戦争、ボリシェヴィキその他諸々を）「待ち抜き生き抜け」と記す。[144]さらに一九四三年二月二日には、先にポーストニコフに送ったクリューエフの作品「焼け跡」の抜粋を送り、将来出版できるか判断したい、と編集者としての仕事にも意欲を見せる。[145]

一九四三年六月一七日には、バグローフ某から一巻もののロシア語の百科事典（ベームが文学部門の主任）への執筆依頼が舞い込んだことを告げ、以下のように続ける。一九二〇年代中頃に一二分冊を一巻にまとめた百科事典［ソビエトで最初の『最新百科事典』、一九二六－一九二七年］がソイキン出版社から出たが、ロシア文学部門とその全人名は自分が編纂した。もしもこの百科事典が手許にあり役に立つならば、自分の執筆項目を全部提供する、と。ベームがイヴァーノフ＝ラズームニクの執筆を計らい、イヴァーノフ＝ラズームニクからの返礼の意味があるのではないか[146]。

リトアニアの従兄弟宅へ移り最初の一九四三年一〇月一三日の手紙[147]では、自由の日々が次のように記されている。最初の二か月は休養、ロシアでは入手できない文学を一日中、三か国語で数千冊の蔵書［従兄弟の？］から読む。九月から仕事、『作家たちの運命』仕上げ（印刷全紙約一〇枚、全二五話。死後出版の同名著とは構成が異なる）、「エセーニン最後の夜」、「ローザノフの墓」などセンセーショナルな内容もあり、文学に関心をもつ読者向けで、狭い関心のもの。出版に関しては考えず、そもそも出版社が見つかるか疑問。その他に何点か仕事をする予定だが、今は語るも笑止。周辺の世界が倒れるまではどうか？　我々は世界の瓦礫の下で、自分の仕事とともに生き残れるか？と。従兄弟宅での約半年は、イヴァーノフ＝ラズームニクにとり大戦勃発後もっとも落ち着いて仕事に取り組めた時間であった。その成果が四か月足らず後の、当地で最後の手紙に記されている。

一九四四年に入り二月五日[148]、自宅から持ち出した資料から本四点分の原稿が書け、それぞれ二部タイプ打ちでき、五点目が控えている。四点の出版のため最良の日を待っている。戦争のため万一の場合を考慮しタイプ原稿各一部をプラハに送り保存したい、とポーストニコフ宛てに書いた。だが、このような物の国外送付がはたして検閲でどうなるかはまだわからない。そこで少なくとも原稿の内容を伝えて、半年間の田舎暮らしがまったく不毛ではなかったことを君に知らせよう、と詳しく書く。四点は次のとおりである。①『作家たちの運命』印刷全紙一二枚ほど。②『監獄と流刑』ほぼ同じ紙数、「アクチュアルな」内容、現状では出版を考えるのは不適、少数の読者向け。③『冷めた観察と悲しい印象』歴史‐文学的論集、印刷全紙一二枚かそれ以上。取りあげられるのはアンドレイ・ベールイの『ゴーゴリの創作技法』と回想録三部作や小説『仮面』、ジナイーダ・ギッピウスのブローク論や日記その他、ソログープの『日記』や彼についての大部の論文その他。ソログープの『日記』は内容が予想を越え不気味で、世に出せるかどうか未決定。ポーストニコフには、二人で茶を飲みながら出版の可否を決定するまで延期、と書いたがその際は君も同席してほしい。④私にとっては一番興味ある（が他人にはない）『人間の擁護［弁人論］』、他とほぼ同じ紙数。ヴォリフィラで一九一九〜一九二四年に読み上げた文化哲学的テーマの報告が基。以上、書きに書いたが自慢するのでなく、反響が知りたい。それが人々と交流できるプラハ行きを夢見るもう一つの要因だ、と。これで四か月にわたる文通中断の理由も推測できるというものである。

以上でリトアニアからの手紙は終わり、一九四四年二月末、赤軍の進撃に追われてイヴァーノフ＝ラズームニク夫妻はこの地を発ち再びコーニツへ、ただし今回は収容所でなくヴェルディンク宅へと避難する。ここからベーム宛ての八通が一九四四年四月から一二月の間に送られた。

一九四四年五月一七日、プラハへソ連軍と連合軍が迫るなか、執筆中の二点（『監獄と流刑』、『作家たちの運命』）は、フライブルクの出版社からロシア語とドイツ語での出版申し込みがあり、前者の原稿を送ったところ、後者は仕上げ中で一か月後に送ることになっているというが、イヴァーノフ＝ラズームニクは出版に関しては悲観的である。差し当たりベームを含む何人かの友に知ってもらえば十分だ、という気持ちがうかがえる。北プロイセンの気候と相まって、イヴァーノフ＝ラズームニクの気分は晴れない。[149]

七月六日、一か月前に受けとったベームから久しぶりの手紙に答えて、遅まきながらの返事である。この間彼は、『監獄と流刑』（印刷全紙二二枚）の完成に集中し、タイプ打ちして数週間後にポーストニコフへ原稿を一部送るまでこぎつけた、時間と意欲があればポーストニコフの所で読んでもらえれば嬉しい、しかし内容を広めないようにしてほしい、と用心深く書き添える。イヴァーノフ＝ラズームニクは、この本はその内容から今読むにはまったく値せず、数年遅かったか、逆にヨーロッパの生活を数年先取りしているのかもしれない、と考える。フライブルクの出版社の求めに応じてタイプ原稿を送るとはいえ、まったくむだと確信している、と複雑な心境を漏らす。『冷めた観察と悲しい印象』原稿もポーストニコフの手許にあるが、これまた同じく今日のおぞましい日々には無用だ。もし悪いことはまだ先のことしても、おそらく若者はより良い日を迎えるだろうという希望だけは残る（というような観察が何世紀もの間、多くの人々を欺いてきたのだが）、と屈折した気持ちが表れている。以上のような文面からは、ついに回想記を書き上げたが、自らは言うまでもなく、存命の人物を取りあげた文章がソ連当局の眼に止まることへの警戒・恐怖感がうかがえる。[150]

④〈文学をめぐる論議〉：イヴァーノフ＝ラズームニクとベームをはじめ亡命者の間では、どの項目よりも文学（者）、特に亡命文学（者）の話題になると手紙はどうしても長くなる。便箋がもう三枚になり四枚目に入らないように（長いと所内検閲の目に留まりやすい）、あるいは投函の時間が迫ってきたから続きは次便で、と打ち切られることもある。新亡命者イヴァーノフ＝ラズームニクにとっての課題は、閉ざされたソ連国内の事情をヨーロッパに伝えるとともに、ソ

連国内では読めなかったヨーロッパの亡命文学の動向を知ること（彼にとっての「文盲撲滅」）、そして自らが知るソビエト文学と突き合わせてどのように評価できるか考察することである。以下にその一部をたどってみよう。

ベームは一九四二年五月六日、イヴァーノフ＝ラズームニクが知らない若い亡命作家シーリン（ナボコフ）の評価を以下のように伝えた。本物の作家、（君はおそらくあまり好かない）ブーニン以降、現在もっとも強力な人物。作家にとり母語環境なしでいることが最大の不幸と知るゆえに、独自の「凝縮」言語を創作。それは「実験的」言語ともいえるが、独自の魅力があり、「死んでいる」とも言える高度な言語の文化で、思わず魅入られる技法。最高の「文学的」作家でロシアの偉大な成果を吸収しているが、信仰なき、神なき作家。したがってその虚構／創意に魅入られるが、我々にとり重要で本質的な何か新しいことを知りたいという渇望は満たされない。彼にあっては「作家業《ピサーチェリストヴォ》」が自己目的、自己確立である。彼はくり返しでなく独自な、きわめてロシア的な現象だ。[151] 以上がベームのシーリン評価である。紹介を受けたイヴァーノフ＝ラズームニクは五月一五日、数多いシーリンの作品をまだごく一部しか読んでいないが、と断りつつ次のように述べる。もしも「文体は人」ならば、私が読んだ文体の抜粋は、私の小説の主人公ではない人間が描いている。その理由は君自身が手紙に書いている。彼に対する私の第一印象はこうだ。長く生きるほど（したがって多く読むほど）、それだけ一層自分は大いなる技法を伴う「純粋文学」が嫌になる時がある。「純粋文学」を大いに「評価する」が、大いに「愛しはしない」。愛にこそすべてがあるからだ。「パルナッソス派」を評価するが、ヴェルレーヌを愛する。（君と同様に）ブーニンを評価するが、愛しはしない（君の見立ては正しい）、と。そこでトルストイの『闇の力』から引いて、「正気に戻れ、ミキータ！　魂が肝腎だ！」［第三幕第一六場。悪＝「闇」のなかに深入りする息子ニキータに向けた信心深い父アキームの台詞］といつでもくり返そう、と言う。このような文学観ゆえに彼にとり、まとまりなく全然アカデミックでもないプリーシヴィンの［自伝的小説］『カシチェーイの鎖』の方が、ブーニンの全小説を併せたよりも評価されるのである。同じくシーリン＝ナボコフの長編小説を読めば将来彼を評価するだろうが、「愛する」ことはないだろう。君（ベーム）の評価に従って彼をただならぬ「文学の巨匠」と判断するが、彼は「信仰も神もない」作家、すなわち何ら必要ない作家だ。なぜなら「その他のすべてが文学」なのだから（ヴェルレーヌ「詩法」より）、と。イヴァーノフ＝ラズームニクは、自分の言うことは時代遅れで書くうえでは不都合であろうが、「魂」と独自の「技法」はほぼつねに結びつき、その逆ではない。ゆえに魂なき技法はしばしば生まれるが、（つねに独自の）技法なき魂は生まれえないのだ、と述べる。[152] ここには文学に対するイヴァーノフ＝ラズームニクの考え方が表れている。[153]

文学を話題にするとどうしても手紙が長くなることを彼らは意識するが、中断することは難しい様子が読みとれる。ベームの五月六日の手紙の続きであるが、シーリンやブーニンの後は亡命作家の作品から評論活動に転じ、「詩の不可能性」を主張するアダモーヴィチと、良い詩を書こうと言うホダセーヴィチの「詩論争」（ベーム自身はホダセーヴィチを擁護）に話が及ぶ。ベームは、イヴァーノフ＝ラズームニクがひとりで問題解決を図る［旧］亡命者にはない優位性をもつ、と考え、外国の文学［亡命文学］を消化吸収して批評することを大いに期待している。閉ざされたソ連内部の文学を知るイヴァーノフ＝ラズームニクが、ヨーロッパで亡命文学を知ってソビエト文学と比較考察してほしい、という願いはイヴァーノフ＝ラズームニク自身の課題と一致する。ベームの親友Д・И・チジェフスキー（一八九四―一九七七年。当時ハレ大学でロシア文学史、哲学史を講義）がイヴァーノフ＝ラズームニクの文学活動を知り、いくらかでも日常生活に役立つように、と金銭をベームに寄せてきたのも、旧亡命者のそのような願いの表れと見てよいのではないか（五月二五日、ベームの手紙[154]）。

シーリン以外の亡命文学に関しても話題は尽きない。一九四二年六月七日、まだ収容所生活四か月ほどのイヴァーノフ＝ラズームニクにとり、亡命文学を知ることが目下最大の関心事であるが、ベームと見解を異にする場合も当然ながら生じる。例えばベームが前便（五月二五日）で紹介した批評家П・М・ビツィッリの「ゾシチェンコとゴーゴリ」は、彼には気に入らない。そもそも彼はゾシチェンコを評価しない。亡命者の雑誌『道』、『新しい都市』、『ユーラシア人』、『数』、『現代雑記』、『ロシアの意志／自由』等で亡命文学を知れば知るほど「身につく」とは見なさない。それでも「思いきって自分の意見をもつ」と言う。その際に彼が念頭に置くのは、大学で学部の枠を越えて師事したА・С・ラッポ＝ダニレフスキー教授（社会学・歴史学）が語った研究方法である。教授は、研究とは未知の歴史現象に前もって仮説なしに取りくんで事実の密林で迷い、従来の仮説を変更して新たに事実を記録する、これをおそらく幾度かくり返すのだ、と伝えたのであった。イヴァーノフ＝ラズームニクはロシア・ソビエト文学へのアプローチに際し自らの「偏見にとらわれた仮説」が正しく、証明された、と考える［「偏見にとらわれた」は言うまでもなく謙遜の意味である］。そして亡命文学にもこの仮説を適用してアプローチ中で、今のところ仮説は揺らいでいない、とする。その仮説がどのようなものかは、手紙が四枚目にまでわたるので中断され、この日は触れられない。[155] しかし次回（七月三一日）にその続きは見出せず、二年後の一九四四年五月一七日、リトアニアの従兄弟宅から再度コーニツに戻ってからの手紙に記される見解がそれに該当するのであろう。それによると、ソビエト文学に関して彼が述べた定式「価値あるものはすべて革命前の文学世代の人々によって与えられている」が亡命文学にも当てはまる、というものである。[156] このような見解は『新しい言葉』紙掲載のルポルタージュ「一三、ソビエト文学Ⅰ・詩」（一九四三年五月一二日）に表明されている。[157]

一九四二年一二月四日の手紙でイヴァーノフ＝ラズームニクは、「生命を維持する肉体の糧から魂の糧へ」と目を転じて書く。ここ半年でポーストニコフから送られた［ソ連では読めなかった］何十冊もの本や、当地で幸運にも読めた『ロシア革命アルヒーフ』全二二巻［ヴェルディンク蔵書と思われる］によって教養を補えた、とこの時点での総括を下す。とはいえ依然慎重で、まだ半ば無学で初等教育が終わった段階であり、さらに教養を完全にするためポーストニコフの図書館でなお数百冊を読む信念と希望を捨てていない。我々が出会ったときに詳しく話そう、と。[158] これらの言葉から推測するに、イヴァーノフ＝ラズームニクはソ連国内では接しえなかった亡命ロシア文学を知ることで、ソビエト文学との関係、双方に共通する部分を確認したのではないか。

亡命者と国内居住者の詩と詩人に関してイヴァーノフ＝ラズームニクの見解が示されるのは、彼がスタルガルトの収容所へ移された後である。一九四三年三月二五日には、亡命ロシア文学者たちの情報が書き連ねられる。バリモントの葬儀を知らせるレーミゾフとザイツェフの手紙、『遺訓』誌でのかつての仲間バルトルシャイチスがリトアニアでなくパリにいて、バリモントの葬儀に出ていたとの情報、バリモント死後デカダン派の最後の一人となったジナイーダ・ギッピウス、死んだオソルギン、生きているブーニン、テッフィの様子などが次々記される。他方、ロシア国内の文学については、あらゆる抑圧にもかかわらず、多くの不滅の作品を生み出した、とエセーニン、クリューエフ、プリーシヴィン、アンドレイ・ベールイの『モスクワ』等を挙げる。先にイヴァーノフ＝ラズームニクが送ったクリューエフの『焼け跡』とイヴァーノフ＝ラズームニクの抜粋による説明が大層気に入ったと聞いて喜び、ブロークの『十二』と比べてどうか?と尋ね、フレーブニコフの「夜の捜査」（一九二八年にレニングラードで初出）を読んだか?と尋ねる。さらにベームが共同編集者である亡命者の詩集『庵 Ⅲ』は大層弱い、と評し、ヴャチェスラフ・イヴァーノフがダンテ『神曲』の地獄編をロシア語に訳したとか、すでに『神曲』全三編が訳されていると聞くが、とニュースを記す。相変わらず文学となると知識欲旺盛で話題は尽きない。[159]

批評家イヴァーノフ＝ラズームニクによる詩（と散文）の発展についての主張は、一九四三年六月六日に記される。[160]「ヨーロッパ」のロシア詩についてはわずかしか知らないが、ロシア詩は新たな形式が見出されるまでは下り坂を歩むのではないか、もっともこれは詩だけでなく散文でも言えることで、文学は金の時代から銀、銅の時代へと進むと言うではないか。さらにある民族の文化的開花は二〇〇から三〇〇年の期間に限られる。ドイツ（バッハからワグナーまで。ハウプトマンとズーデルマンは下降、凋落）、イギリス、フランスなどどこでもそうだ。ロシア（ロモノーソフから現代？）だけが例外ではなかろう。だがこれは提起するだけで十分な大問題で、時が解決するだろう、と述べる。詩人については、パステルナークが死んだとの情報の正否を問われ、一九四一年夏までパステルナークがモスクワで元気にしており翻訳に携わっていたことが伝えられる。ヴャチェスラフ・イヴァーノフと彼の息子の情報、イヴァーノフ＝ラズームニクが詩人としても人間としても愛したバルトルシャイチスのパリのアドレスと元気で作詩していることは、ザイツェフから伝えられた。文芸学者でゲルマニストのФ・А・ブラウンの死（前年）、古典文芸学のФ・Ф・ゼリンスキーがバイエルンに住み、古代宗教に関する大著を出版した等のニュースが記される。またレーミゾフの「四〇年間ともに旅した」妻セラフィーマ・パーヴロヴナ死去（五月一三日）の知らせに彼の孤独を想い、「このように約束の地に至らないのは、明らかに我々の世代だけの運命ではない」と結ばれる。ソビエト国内情報とヨーロッパの亡命者情報が次々と明かされる。

次の手紙は一九四三年一〇月一三日、リトアニアの従兄弟宅から最初の連絡である。[161]そこでイヴァーノフ＝ラズームニクは、亡命文学においても自由な発言が禁止されることを問題にする。事情はこうであった。エスエル系の『ロシアの意志／自由』紙一九一九年一二号に、ブーニンの詩――冷たく、死んでおり、テクニック的にも悪い見本――についての論文（筆者А・エイスネル）が載っていた。これはイヴァーノフ＝ラズームニクの眼にはまじめな批評と映ったが、ブーニンに好意的でない批評論文に対し編集部は、もし批評者への憎しみが生じてもすべて執筆した者のせいだ、とする脚註を付けたのであった。この一件がイヴァーノフ＝ラズームニクに亡命者の世界における検閲の存在に気づかせ、自由な亡命者の言葉の不自由さの例に反発させたのである。パリのニーナ・ベルベーロヴァの手紙にも、そのような例がいくつも指摘されていたことも併せ、彼は言う。個人の評価については非合理的なことも多く、論じるべきでない。例えばフレーブニコフを高く、グミリョーフを低く評価するのは自分の好みだから。文学に対する検閲に関して論争の余地はなく、たとえ共産主義の監獄であれ、亡命者の全員一致 consensus omnium であれ、厭うべき現象だ、と。これが帝政ロシアに続きソ連でも言論抑圧を経験したイヴァーノフ＝ラズームニクの見解である。

＊＊＊

以下では亡命文学中、ベームの著述に関わる部分に的を絞り両者の交流を跡付ける。ベームが自分の論文の抜き刷りや著書を送り、イヴァーノフ＝ラズームニクがそれらを読み批評を返すことで、二人は互いをより理解していく。収容所で手紙なしの生活は退屈だ、手紙が欲しい、とくり返すイヴァーノフ＝ラズームニクにとり、読み、書くことは生きることである。

最初の言及は一九四二年五月一五日である。[162] イヴァーノフ＝ラズームニクは、ベームのドストエフスキーを論じた小冊子（何を指すか不明）を読み、（お世辞抜きで）満足した、次は何度も耳にする君のドストエフスキー研究書も読みたい、と不本意な収容所暮らしでも貪欲である。

五月三〇日、イヴァーノフ＝ラズームニクからベームへのハガキ。[163] ベームの手紙と著書『ドストエフスキーの創作の源泉——論文集Ⅲ』（プラハ、一九三六年）を同時に受けとった。本はただちに通読後、最大限大事に保管して返送する、と書く。

六月七日、[164] イヴァーノフ＝ラズームニクは、一部フォルマリズムにつながるとベーム自身が言う上記著書について、それまで危惧を抱いていたフォルマリズムとフロイト主義を一部認め、ロシア・フォルマリズの不幸と罪、ロシアのフロイト主義者И・Д・エルマコフに言及する等、視野を広げる様が手紙に見られる。その他、ドストエフスキー研究家でベームの大学での友人ドリーニンとかつて話したこと、全三巻の予定が一巻しか出版されなかったイヴァーノフ＝ラズームニクの著『サルティコフ＝シチェドリン』と、家宅捜査・押収のため失われた資料（イヴァーノフ＝ラズームニクによるサルティコフの同時代人批評家からの聞き取り）等、話題は尽きない。

一九四三年二月二日、[165] 先に送ったクリューエフ『焼け跡』抜粋の感想を問い、（先にも書いたが）君と話ができる日が来るのを期待している、と結ぶ。

一九四三年三月八日。[166] このごく短いハガキでは、移動させられたスタルガルトの収容所のアドレス通知と、ベームの著書『ドストエフスキー――心理分析的エチュード』を通読して大いに満足した、と書く。
一九四三年三月一五日には、二年目に入った収容所でのまったく無意味な暮らしを嘆き、苦笑するしかない現状が記される。その中でベームの著『ドストエフスキー』に大いに満足し、極めて巧みで良い発見が多い。その本の細部については手紙では書けない、出会った時に話そう、と言う。だが自分自身は、ベームほど「フロイト主義者」ではなく、フロイトの著書に興味深いことをつねに見出しはしたが、それはほぼつねに論争の余地もあることだった、と言い「フロイト主義者」のことはもう書かない、と付け加える。[167]
一九四三年三月二五日、ベームがロシア文学と文学者の殉教史を書いていると知り、このテーマではブーニンの『村』を参照、と助言する。さらに、より広くロシア・ナロードに対象を広げるべきだ、との考えを述べる。続けて、君のような亡命者は、我々のようなボリシェヴィズムの圧迫下にある者に劣らず抑圧を経験した。「君たち」と「我々」とは自らの運命に面と向かって相対するに値する。もっとも私は亡命文学を半年間読んだが、まだそれを論じることはできず、未だ道半ばである、と言う。さらに、殉教史と聞いてソビエト体制下での被抑圧者を考えているようだが、より広く、以前からの宗教的な意味での殉教者は含まれていなかったかのどうか。このような疑問がわく、と記す。イヴァーノフ＝ラズームニクは、ベームのこのテーマがきわめて広く興味深いと認め、それは大論文となろう、はたしてどこで印刷するのか？と心配する。[168]
イヴァーノフ＝ラズームニクの六月六日の手紙[169]から、復活大祭後にベームが長い手紙で、ソ連で四分の一世紀にわたる反宗教闘争の様子を質問したとわかる。彼はロシア文学の言語の発達にとっての教会の意義というテーマで書くなかで、このような問いを発したのであろう。イヴァーノフ＝ラズームニクは返事が遅れた理由（五月一五日から三週間、コーニツのヴェルディンク宅に留守番を兼ねて滞在したため）を記して詫びた後、一般化しすぎることを恐れつつ、自分の見聞を伝える。すなわち、教会に留まったのは少数だが、崇拝者――しかも年寄りだけでなく、コムソモール・タイプの若者でいっぱいになった。（自らの流刑先であった）サラトフでは一五歳ほどの少女が、茨の冠をかぶったキリストのイコンを誰の肖像かと訊ねたかと思うと、その女友達三人が、私が偶然立ち寄った教会で熱心に祈っていた。一般化が難しいのは、多くのことが家庭の奥に隠されているためだ。その上、都市下層民は「無神論」に毒されている。このことは言語にもかかわる。ゾシチェンコが自作で「記録した」舌足らず косноязычие というのは都市の俗物的住人だけの特徴ではないか。ソログープが農民の奥深い文化と都市労働者階級の浅い文明を対比したが、彼は多くの点で正しかった、と。イヴァーノフ＝ラズームニクは自分の見聞の範囲でしか語っていないが、ボリシェヴィキ政権発足から四分の一世紀ばかりの時点で、無神論を踏まえる政権の思惑と政策によっても宗教消滅へ向かう一面的な現象は見られない様子が示されている。

次は一九四三年一〇月一三日、[170] 八月に収容所を出てリトアニアの従兄弟宅に移って最初の手紙で、七月にベームからの手紙と論文を受けとってから約三か月ぶりの連絡である。後者の論文は大層興味深く読んだ、というが、何を指しているのか不明である。

一九四四年二月五日、[171] 三か月以上も無音の後、リトアニアから最後となる手紙では、一月一〇日付けのベームからの手紙が先週やっと届いた、とあり、プラハとの距離を感じさせる。ここでの日々は変わりなく手紙に書くこともない、と言いつつ手紙が届くのを待ちわびる気持ちに変わりはない。ベームがここ半年かけ仕上げた小冊子『教会とロシア文学の言語』（一九四三年、プラハ）が読みたいが、プラハからリトアニアへ郵送できるだろうか、それより我々が「カタツムリの歩み」でプラハへ着くまで延ばすのが良いと思う。新聞でバルトルシャイチスの死（一月三日）のニュースを知った。我々はまた半年も連絡が途絶えないことを願う、と締めくくる。

一九四四年四月一二日コーニツから。[172] この手紙を君が受けとるのは復活大祭だろう――キリスト復活！　君が光の早課に、すばらしい、全キリスト教会で唯一の復活大祭の礼拝に参列する（または、した）とはうらやましい。その礼拝は仰々しいカトリックにも、合理的なプロテスタントにもない。このことは教会人でも何でもないがロシア人の私には、とくに明らかだ。再度のコーニツから最初の手紙はこのように始まる。これまでのイヴァーノフ＝ラズームニクの主張、とりわけ宗教哲学協会との確執からすると意外な感がするかもしれない。だが彼がロシア正教世界に生まれ育ったこと、無神論者ではないこと（それゆえに宗教哲学協会への期待の裏返しとして対立があった）、異郷での環境や連絡相手の立場などを考慮すれば奇異なことではなかろう。ベームへの手紙だけでなく、流浪時のイヴァーノフ＝ラズームニクの手紙には、多くのロシア人の場合と同様に、宗教にもとづく挨拶の言葉、復活大祭の祝意などが普通に見られる。

しかし、二人は互いの著書（および原稿）については、率直な意見を交わしあった様子がうかがえる。復活大祭のプレゼント──無事に届いたベームの小冊子『教会とロシア文学の言語』に対して、イヴァーノフ＝ラズームニクは次のように批評する。まだ詳しく読んでいないが、論争の出発点はロシア文化に対しビザンチズムは有益か有害か、という問題だ。これはミレル、プイピンや今日ではシペートまでもが関わる「もしも、もしも、もしも〜なら、という夢のような話」で、「もしも」ルーシがツァリグラードでなくローマから按手を受けていたなら、などのつまらない問題、未知数が多くて解答不能な方程式だ。自分はこの論争には関心がない、と。この発言はベーム著の内容というよりも、そのテーマに関連して従来交わされてきた論争に向けたものである。ベームの著自体は、ロシアの教会がビザンチズムの観点から出発してロシアの文化に与えたものを説得的に集めている。もしもビザンチズムも、タタールもロシア文化に多くの陰影をもたらしたというなら、そこに神意によるロシアの運命があり、そのことについてはチャアダーエフからブロークの詩「スキタイ人」まで多くのことが語られてきた。だがこれはもう手紙には大きすぎるテーマだ、と。

ベームの著から転じてイヴァーノフ＝ラズームニクは、自著［『監獄と流刑』原稿のことか？］がベームをいら立たせるのはたがいの世界観が違うため当然だ、と認め以下のように続ける。たとえば君が私の「失敗」と見なす「スキタイ人主義」は私にとっては「飛躍」であり、「赤い虚構 красные вымыслы」に関しても君にとってはもはや古代史だが、私にとっては焦眉の問題だ、というように見解がぶつかるがこれは理解できる。私は亡命文学における新人 homo novus で、君がもう二〇年まえに読んだような作品を初めて読んでいる。それは君にとっては大過去、私にとっては現在だ。それでも我々がジナイーダ・ギッピウスやブーニンを同じように評価する妨げにはならない（ギッピウスは鋭い批評家でよい詩人だが、散文家としては弱い。ブーニンは大作家だが、ノーベル文学賞というほどではない）。ソ連の「赤い虚構」と並び、在外ロシアの「白い虚構」があることを私はこれまで彼らの文学を読んだかぎりで知った。もし我々が出会うなら（そのことについて今のところいくらか希望はあるが、確信はまったくない）丁々発止とやり合おう。手紙で論じるにはこのテーマは大きすぎる。このようにイヴァーノフ＝ラズームニクは記す。ベームの娘イリーナ（一九一六―一九八一年）から贈られた小詩集の感想も出会ったら本人に話そう、ともかく君と会ってたっぷりと話そう、とプラハ行きと出会いへの願望が、諦めの気持ちも伴いながらくり返される。「白い虚構」が何を指すかについて具体的な言及がないが、先述の亡命者の世界における検閲の存在、自由な亡命者の言葉の不自由さという問題もその一部と思われる。

五月一七日、ベームの小冊子『教会とロシア文学の言語』をめぐり、イヴァーノフ＝ラズームニクは次の手紙でも言及する。[173] 筆者はベームの小冊子を読んでいないが、この問題を今少し、イヴァーノフ＝ラズームニクの手紙を手がかりにして追っていくこととする。イヴァーノフ＝ラズームニクはこの小冊子を読了し、「専門家でなく一読者の意見」を以下のように述べる。大いなる関心をもって通読し、多くの点で同意するが、同著にあるものに対してではなく、ないものに対して反論があるという。あるものに対しては、よく拾い上げられているが引用が多すぎ、テクスト自体が引用に埋もれている。だが根本的なのは――まったく弁護／護教的であることが論文にないことに対していたずらに疑いを呼び起こすことだ。具体的に言うと、何よりもまず、論文の課題にビザンチンの影響の「痕跡」はプラスかマイナスか？という、従来の論争点の検討が入っていないことだ。思うに、「西欧派」チャアダーエフの堕落したビザンチンについての一世紀前のテーゼに戻る必要はないが、「スラヴ派」キレーエフスキーの類似の「一九世紀」に言及するべきだ。我々に対するビザンチンの影響は、文化の全分野で、特にロシア語に対し、肯定的だけでなく否定的でもあった。論文では基本的論点――ロシア語と教会スラヴ語の闘いが回避され、教会とロシア語（より広くはロシアの民族文化）との闘いにはまったく沈黙が守られているではないか。「まったく当事者間でしか通じない文書的な」教会スラヴ語と、会話の言葉との隔たりが一六世紀末までに拡大し、双方の対立が時とともに尖鋭化していったこと、死んだ教会語とのどのような闘いで生きた言葉が生まれてきたか？を書くことが著者の課題であるはずで、著者は続編を書くべきだ。このように述べた後イヴァーノフ＝ラズームニクは、次のように断る。批評は論文にあるものを評するべきなのに、自分は論文にないものを検討しており、批評として存在権がない、と。この手紙では、かつて彼にしばしば見られた、辛辣すぎ、意図せずに相手の人格を否定してしまうような、と言われた批判（本書第Ⅲ章の註100を参照）は抑制されているようである。

　一九四四年一二月二三日、[174] コーニツから最後の手紙では、戦線がますます狭まりドイツ側が追い詰められるなかでも、（ベームの前便を受け）没後二五年のレオニード・アンドレーエフの評価をめぐりイヴァーノフ＝ラズームニクもベーム同様に、他の作家たち以上にアンドレーエフを評価する。さらにこの時期に自著の印刷とはお笑いだ、生き残ればその本を見ることだろうが、問題は誰が生き残るかだ、とこれもまさに戦火に呑み込まれようとする日々の心境が記される。「君が新しい年に、現在の厳しい時代に『生き残り』の一人であるよう心から願う。できる限り手紙を書いてくれ、そして君に惹きつけられた者を覚えていてくれ」これがベームへの最後の手紙の結びである。

⑤〈戦況と彼らの運命〉：一九四四年には戦況の大勢が見えてきた。夏以後の二人の文通に、戦争終結への歩みと、そのなかで生きる二人の様子を見ていこう。八月八日、約三週間まえに受けとったベームからの便りに、彼の休暇終了時を見計らってイヴァーノフ＝ラズームニクは応える。[175]彼は「総力戦」が戦時共産主義を思い起こさせる、と記す。それは自分たちがその前夜にあって、国家の重圧がますます強まっていくと予想せざるを得なくなっている、ということである。戦争はこれまでは攻撃下の地域外では強く感じられなかったが、今や目前への接近が感じられるようになったのである。具体的には、自分たちがアリの作業に携わる間に世の中で起こった破滅的な惨事、と新聞で読んだニュースが記されている。それは、チェコスロヴァキア大統領ベネシュが再度ロンドンからモスクワへ飛び、在チェコの亡命ロシア人全員の追放に同意したらしい、との記事である。これでヨーロッパのロシア文化全般が打撃を受け、ロシア人の大ディアスポラも終焉へ向かうことになろう。プラハで起ることはパリにも関連する（これまた新聞で、モスクワとド・ゴールが合意、とある）、と記す。戦争終結を目指す各国指導者の交渉と思惑に運命を左右されつつ、イヴァーノフ＝ラズームニクは自分たちの運命を極度にペシミスティックに考えざるを得なくなっている。それでも、少しでいいから手紙を書いてくれ、もう書けなくなるかもしれないから、最悪を待って最良を期待する、と手紙をしめくくる。

このような状況下で七月と八月、（ベームに倣って）イヴァーノフ＝ラズームニクは『大尉の娘』、『死せる魂』、『戦争と平和』を生涯で最後かもしれない、と思いつつ読み返している。『戦争と平和』は『エヴゲーニー・オネーギン』（こちらはほぼ暗記しているので読み返さなかった）と世界観が共通だ、と彼は感じるが、詳しい説明はない。通読して『戦争と平和』を七度書き直したトルストイ自身が気づいていない三点の間違い、「批評家は指摘しない類のちっちゃな、しょうもないこと」を見つけた、と危機のさなかにユーモアを交える。さらにレスコーフ、クリュチェフスキーを読み返し、『ロシア革命アルヒーフ』を全巻、その他いろいろ読むなど学生時代の反政府デモでカザーク兵の革鞭による顔面殴打以来、片目が不自由であるにもかかわらず、読書力は衰えていない。読むのは原稿を書き終えたからだが、まだ何かを書くつもり、ただし「書き物机のなかに」で、運命が我々を現地にとどめ、どこか彼方へ向かわせない限り何かして時間を埋めねばならない、と戦火が迫りくるなかでの日々を示している。

一〇月三日、[176]暮らしはこの半年変わらず、世界的な問題では自分は楽観主義的だが、個人の運命に関しては悲観主義的だ、と切迫感が強まり、運命によりプラハへ行けないことを大層残念がっている。しかし「生きるよう努めよう」とすると、まったく「切実でない」問題が生じる。それはソログープの『日記』と彼を扱ったイヴァーノフ＝ラズームニクの大部の論文の保存か破棄か、という問題である。この件をイヴァーノフ＝ラズームニクはプラハの友人たちに相談しており、彼自身とベームの意見は保存、ポーストニコフ夫妻はさしあたり意見保留、イヴァーノフ＝ラズームニクの妻ヴァルヴァーラは絶対破棄というように別れた。この問題考察に際し二例が、すなわちゴンチャローフが生前に、自分の死後に手紙はすべて破棄、と「死後の意志」を示した例、ミハイロフスキーが、著者にそのような権利はなく書いたものはすべて破棄されるべきでない、と語った例が挙げられる。戦火はもはや避けられないが、ロシア文学は残るだろう。ロシア一九世紀～二〇世紀の文学でソログープが残り、彼の伝記や歴史家も必要とされ、もしかすると私の長大な論文や彼の日記が必要かもしれない。こう考えてイヴァーノフ＝ラズームニクは、保存か破棄かの問題で保存に傾くのである。だが彼は、このような問題をすべて戦火が解決するだろう［一九四一年に自宅の書庫が破壊されたように］とも考え、少し待とう、世界中ではるかに重要な諸民族の全世代の運命が今、解決されつつある、とこの話を終える。ベームの健康を案じ、妻に先立たれたパリのレーミゾフを思いやり、我々も皆、間もなく彼の立場となるだろう、と手紙は締めくくられる。

一一月五日、[177] 時は流れて元に戻らず、今年一九四四年も濃密な事件に事欠かず、あまりに速い時の流れに時間感覚を失っている、という。そのような状況下で、イヴァーノフ＝ラズームニクは自分たちの行く末の輪郭を描く。それによると、人類は滅びることなく生きるよう運命づけられるが、我々新・旧の亡命者はともに死の淵にある、となる。彼はさる友人（元ツァールスコエ・セロー住人でラーゲリ経験者）のザルツブルクからの手紙で、街はいま、ベオグラードから避難してきた旧亡命者であふれているが、それだけでなく、四〇〇〇人の旧亡命者が「自発的にベオグラードに残り運命を待っている」ことを知る。「彼らは一生放浪生活に倦み疲れ、『人民の父』の裁きを待つことに決めた」のだ。さらに新聞でさかんに書かれているが、「ヨーロッパのボリシェヴィキ化」が本当なら、旧亡命者の君も、新亡命者の我々は一層のこと、ただでは済まないだろう。恥ずかしくない死に方のため、迫りつつある諸事件にいついかなる時でも備えねばならない。諸事件は急速に歩を進めている、と。このような手紙は、破局の接近をひしひしと感じさせる。

一九四四年一二月二三日、[178] 再度のコーニツから、そしてこれが二人の間の最後の手紙である。古くおぞましい一九四四年が新しい一九四五年にはもっとましになるよう願い、しかし仮借なき現代にこの願いは実現不可能と知りつつ、それでも我々ふたりが新しい年もたがいに祝えることを願う。しかし生きようと努めても、それは自分たちで決められない、と冷静さ、あるいは諦念がうかがえる。諸民族／民衆と我々個人の歴史的運命の達成を期待しつつ、再びナポレオンの名句「大事の時に自らの小事に注意を向けよ」を想い出しながら自分の仕事に取り組もう。さもなければウワバミの大口の前のウサギのように生きることはできないから、というのが迫りくる大惨事をまえにした心境である。

ほぼ一か月後の一九四五年一月二七日、イヴァーノフ＝ラズームニク夫妻は「本国送還」を避けてコーニツからドイツ西部へ、連合軍占領地域を目指す避難の旅に発ち、ベルリンを経て二月二〇日に英国軍占領下のレンズブルクにたどり着いた。そこが最初から目的地であったのか、それとも避難民の流れに乗った結果だったのか。彼のメモ帳には、コーニツの収容所仲間のレンズブルクでのアドレス（ただし彼ら夫婦の新アドレスとは別）が記されているので前者ではないかと思われる。慌ただしい出発時に失くした自分の原稿についてイヴァーノフ＝ラズームニクが従兄弟の息子Γ・Π・ヤンコフスキー［おじの死後、その遺稿継承者］に尋ねたのに対し後者は答える。「タイプ打ち原稿が本当に全部なくなったのか、たぶん四部あったのに。自分の手許には一部もなく、残念。なくなったなんて！」（一九四六年二月二四日）[179]。大切な原稿や蔵書等の保持の件は友人たちとの連絡にも記されていたが、失われたのがどの原稿のことなのかは明らかでない。

ベームはどのような意図でプラハに留まることを決意をしたのか。彼がイヴァーノフ＝ラズームニクの最後の手紙を受けとった日から約四か月後の一九四五年五月九日、赤軍がプラハに入り亡命者が次々と逮捕されたが、その多くは後に監獄、ラーゲリ、流刑から帰還している（ポーストニコフの例参照）。しかしベームは五月一六日、防諜部隊《スメルシ》が予め準備していたリストによって逮捕され、銃殺された[180]。

C――ポーストニコフ夫妻

編集者・出版者・書誌学者セルゲイ・ポルフィリエヴィチ・ポーストニコフ（一八八三―一九六五年）は活発なエスエル党員で、革命前には『遺訓』誌でイヴァーノフ＝ラズームニクと共に働いた。妻エリザヴェータ・ヴィクトロヴナ・ポーストニコヴァ（一八八四―一九八一年）も元エスエル活動家であり、双方の夫婦はきわめて親しかった。ポーストニコフは一九二一年に妻とは別々にフィンランドへ出国し、エストニア、ベルリンを経てプラハに落ち着き、終始エスエル系の出版活動に携わった。『ロシアの自由／意志』紙（一九二二年から）、エスエル党中央機関誌『革命ロシア』（一九一九年からタルトゥー、ベルリン、プラハで発行）、『社会主義者‐革命家』誌（一九二七〜一九三二年、パリ）である。プラハでは約一〇万点の文献・資料、ロシア在外雑誌二〇〇〇セットを所蔵する「ロシア在外歴史アルヒーフ РЗИА」司書として収集・分類に携わった。『ロシア革命及び国内戦のビブリオグラフィー（一九一七〜一九二一年）：РЗИА図書館カタログより』（プラハ、一九三八年）はその一成果である。その他に未刊の回想記が残されている。ポーストニコフは一九四五年五月、赤軍のプラハ占領後スメルシに逮捕され、ソ連へ連行されて裁かれ、かつてのエスエル党所属と反ソ活動の罪で五年間をセヴェロウラリスクの労働矯正ラーゲリで送った。刑期終了後は廃疾者としてウクライナのニコポリで自分の姉妹の保護下に喫茶店の玄関番（月給二〇〇ルーブリ）を勤め、糊口をしのいだ。フルシチョフによるスターリン批判後「恩赦」を受けて一九五七年にプラハへ戻り、残る人生を書誌学にささげた。妻エリザヴェータは夫の死後一六年間プラハで生き、回想記を残した。

　ポーストニコフ夫妻はイヴァーノフ＝ラズームニクがベームに宛てた最初の手紙（一九四二年三月二九日）を読んで以来、九月までの五か月間に二〇回、つまりほぼ週一回のペースでイヴァーノフ＝ラズームニクに手紙を出している（うち二回は妻エリザヴェータが執筆）。その中には相当な長文もある。さらに二年半の間をおいて一九四五年三月の二通（夫婦で一通ずつ）、夫の「本国送還」後の一九四六年に妻が書いた一通が残されている。

　ポーストニコフはベームに、コーニツの収容所からイヴァーノフ＝ラズームニクの手紙が届いたことを一九四二年四月八日に知らされ、ベームと同日の四月九日にドイツ語で「我が愛する友」イヴァーノフ＝ラズームニクへ最初の手紙を書いた[181]。彼は親友夫妻の日々の生活を何よりもまず心配し、食糧配給券はあるか、足らなければ自分たちの券を一部送る、他に必要なものがあれば知らせろ、できることは何でもする、と書く。それから文学関係の話題——ロシア語の新聞・雑誌は『新しい言葉』以外にない、一九三九年に八〇歳で死んだルサーノフ、パリにいるレーミゾフ、ここプラハにいるロスキーたちの情報、ベームを通した文学史家リューテルへの連絡等々へ移る。今後の生活面では、イヴァーノフ＝ラズームニクの妻ヴァルヴァーラならドイツ語で図書館の仕事が君よりもたやすく見つかるだろう。今回はドイツ語で短く書いたがロシア語でもよいのか、と慎重さも見せる。ポーストニコフ（夫妻）の手紙には、友人夫妻を心配する気持ちがあふれている。以下ではその内容を、いくつかの項目にまとめて概観しよう。

①〈現金・食糧・その他の物品援助〉：　ポーストニコフ夫妻はイヴァーノフ＝ラズームニク夫妻を次々と物質的に援助する。具体例を挙げよう。金が必要というのは当然で了解。返さなくてよい、気にするな（四月二五日）[182]、送った金はある文学フォンドの残金から出たもので、負い目に感じて返す必要は絶対にないし、返せないものだ。君への援助はすべてが喜びだ（五月七日）[183]、金は［収容所からの出所を決める?］委員会が予想よりも早く決定するため必要だろう、くり返すが返済の必要はない（六月四日）[184]と念を押す。物的援助の実態を一部示そう。一〇〇〇コルナ（一〇〇ライヒスマルク）を送付、さらに一〇〇ないし二〇〇マルクを予定、健康状態はどうか、何か必要な薬があるか？（四月一四日）[185]。明日か明後日に小包を（食糧もふくめ二kg）、数日の間に衣類も送る。自分の服は君には大きすぎるが、材質はよいので作り直せ。二二日（水曜）にもう一三〇マルク送る。リャーツキーと話し、彼もいくらか送金したとのこと（四月二〇日）[186]。二三日にブルカ、二一日に本三点、二七日月曜に最初の衣類、本をもう三点（ザイツェフ、レーミゾフ、В・Г・フョードロフの著）送る（四月二五日）[187]。九kgの荷物発送、ヴァルヴァーラに役立つ物、君にはスーツ、夏用コート、下着その他。昨日ザイツェフ、レーミゾフ、フョードロフの本三点と、亡命文学に関する拙論文二点の抜き刷りを発送（四月二八日）[188]。一〇〇マルク送る。ともかく委員会が予期せずすぐ決定するかもしれず、手許に現金が必要だろう。借りたくないという他に拒否する理由はあるのか？　くり返すがこの金は返す必要はない。ベームからのパイプタバコと蜂蜜、それに少しだが砂糖・マーガリンにパンを送る。食糧と、衣類や本等の物品は別々に送らねばならないとわかった（五月二四日）[189]。ヴァルヴァーラ・ニコラーエヴナが入用という同種療法の薬を探してみると言ったが（四月二五日）[190]、プラハにはないとわかった（五月七日）[191]、との連絡もある。小包の無事到着を連絡の度に確認しつつ、一九四二年最後の手紙までこのような調子が続く。プラハ、コーニッツともドイツ支配下にあったため外国向け郵便物検閲ではなく、郵便事情は悪くなかったようである。七月八日の手紙は、三日に本、今日パンを二kg送った。残念ながらここ二か月、パンを一人当たり週に一・五kgしか受けとれず、頻繁に送れない。ベームのタバコも同様、とプラハの実情を伝える[192]。七月二〇日に三年間の病から癒えた妻エリザヴェータは、イヴァーノフ＝ラズームニクの妻ヴァルヴァーラへ、つぎを当てたストッキングと古いマフラーしか送れなくてすまない、今は何も手に入らない、と書く[193]。五月一六日、エリザヴェータは、収容所の日課と「メニュー」を手紙で読んで自分たちは食べ物がのどを通らなかった、（貴方が病気で寝ている）一〇日間で二kgやせたというのはまさしく飢餓だ。自分たちの分を減らして貴方たちにパンを送っていると思わないよ

うに、今はやせないように食べないといけない、と書き送る。[194] 収容所内よりもプラハの日常生活は物質的に恵まれていると思われるが、戦時下、占領下で決して有り余っているわけではない（「天国ではなく、物があふれているわけではないが他所よりはまし」）中での援助である。五月二四日には、ペトロフ＝ヴォートキンの画のサイズを知らせろ、当地で提案してみる、[195] と言い、六月一九日には、この画のことは、好意的に解決しようという人がいるものの現物が手許にないと難しく、金額も従前以上になるか不明、自分で決めよ、と書き送っている。[196] 亡命文学者の本や雑誌はしばしば送られており、五月一二日には『現代雑記』誌は精神的栄養の白パン、『ロシアの意志／自由』は黒パンという記述がある。[197] 五月一四日には一九三〇年代パリのロシア人の雰囲気を伝える小雑誌『出会い』、『新しい都市』、『新しい家』、『屋根裏部屋』、『新しい新聞』、『道』等が送られる。[198] 七月二九日には、イヴァーノフ＝ラズームニクの前便に対してであろうが、そちらで当地より多くパンを得ていると嘘を書くな。自分の分を減らして送っているのではなく、もっとたくさん送れないのが残念だ。明日一kg送るからしっかり食べてくれ。送った本は送り返さなくていい。おそらくもうすぐ出所なら、本をもう送らなくていいのか……と。[199] 終始細々と、善意にあふれた文面である。

②〈収容所出所の模索と「約束の地」プラハ〉：ポーストニコフは四月一四日、収容所を出たらどこへ行くのか、プラハへ来るならわが家へ来い。二部屋と台所もある、と書く。[200] 四月二八日には、同意するならこちらへ来るよう手続きするが、君の「市民的身分」はどうなっているか、身分証明書はあるか?と尋ね、[201] 以後も出所について種々思案する。五月七日、プラハへ来られるようにとベルリンに連絡したが回答受取日は不明。[202] 五月一二日には、七月までに君たちを「入手」できたら、ともに住む日を待つ気持ちを記す。[203] 五月一六日、エリザヴェータは、貴方がた二人は、我々二人の子供であるかのように愛しい、と書く。[204] 五月二四日（精霊降神祭）[205]、夫は、ベルリンに連絡したが頼みのドイツ人教授がなぜか行方不明で、このルートでの出所は当面なし。自分で委員会に申請し、その際、私（肩書は、ボヘミア・モラヴィア内務省ロシア歴史文書館主任）がプラハへ招待していることを示せ、とアドヴァイスする。さらに、君には病後の養生と出所が必要だ。すべてうまくいって、君が愛する文学の仕事に戻れるよう期待する、と記す。ヨーロッパ情勢に目を向けるために、収容所で入手しやすいヒトラーの『我が闘争』とローゼンベルクの『二〇世紀の神話』を読むよう勧める。続いてロシアの生活――ボリシェヴィキの支配形態に対しエスエル側からの否定の言葉が見られる。「もしも巨大なナロードの運動がマルクス主義によって圧殺され歪曲されなかったなら、ロシアの動きは違っていただろうに」。[206]

六月四日の手紙は、前日にイヴァーノフ＝ラズームニクから長文の手紙で、リトアニアの従兄弟ヤンコフスキー一家から返信が届き（五月一九日）夫妻は従兄弟宅へ招かれたこと、ヴィルノ大学で教授就任の可能性があることを知らされての連絡である。リトアニアへ二か月行って乳製品を摂り、それからプラハの我々の所へ来い。［しかし］ヴィルノ大学はパリ大学同様に信頼できない、と忠告する。プラハへ（移住を）請願せよ、政治的な妨げがなければ解決するだろう、と予想する。[207] 六月一九日には、すぐに出所できるのか？　君はリトアニアの親戚の所へ二か月行って栄養をつけ、体重を増やすなどして正常な体重に戻すことが必要だ、と記す。[208] 七月二日には、私は今日五九歳になり残りの人生はそう多くないが、少しでも祖国に住みたいものだ、当地のロシア人墓地には一〇〇〇人近い死者が葬られており、その中には君の知人も多く、彼らもロシアへ戻ることを夢見ていた、と郷愁を書き留める。[209]

七月二〇日、エリザヴェータは以下のような見通しと示唆を記す。収容所を出られるかどうかは貴方の側の奔走に懸かっている。ドイツ人を故郷へ入居させる委員会（ＳＳの下部機関）は、元ソ連市民に対し特別に厳しく注意を払う。貴方のソ連での一〇年にわたる経験、『新しい言葉』掲載の（この時点で）ルポルタージュ四点、反ボリシェヴィキ的気分に加えてもう一つ必要なのは、同紙編集員デスポトゥーリのような人物自身による評価だ。プラハで働くにはドイツ語とロシア語の知識に加えて政治的信頼性が必要で、デスポトゥーリの忠告を聞き、その名を挙げることに対する同意を得ることだ、と。さらに、夫の計画ではまず兄弟［従兄弟］宅へ行って栄養を摂ってからプラハへ移るというが、その地は［ソ連との］国境に近く、また［戦争でプーシキンと］同じ事態になる可能性がある、と懸念を示す。イヴァーノフ＝ラズームニク夫妻がプラハへ来ることを前提にして、彼女は当地の日常生活を描写し、チェコ人について自分の感触を記す。我々はプラハで住民の憎しみを感じることなく、静かに暮らしている。だが今は民族的本能が尖鋭化していて、時に住みたくなくなることもあるようである。さらに、なぜ家族（娘イリーナと）一緒にロシアを出なかったのか、と家族ぐるみで親しくしていた様子をうかがわせる。さらに彼女は亡命者としての警戒心も示して、ボリシェヴィキには注意して、収容所を出たら通信のさいは氏名を変えよ。トロツキーと息子の暗殺の例もあることだし、と忠告する。[210] イヴァーノフ＝ラズームニクはこの忠告に従い、手紙は妻の名で、妻の死後は親戚か友人の名で連絡を受けるようにした。

九月八日、ポーストニコフは（リトアニアの従兄弟宅へ行く計画について）、君はそこできっと回復しロシア文学のためもっと働くだろう、と確信する。我々はこちらで君たちを待っている、と最後まで両夫婦がともに住むことを考えている。[211]しかしイヴァーノフ＝ラズームニク夫妻の出所とリトアニア行きが実現したのは、それからさらに一年近く後のことで、プラハ行きはついに実現しなかった。

③〈著述活動〉：イヴァーノフ＝ラズームニクはソ連で長年禁じられた自らの原稿発表の場を求めており、ポーストニコフとの連絡では当然これが話題になる。ポーストニコフは言う。四月二〇日、原稿公刊についてプラハではロシア語の出版社はほぼ活動せず、ロシア語雑誌もなく、当面ロシア語での文学活動は控えねばならない、自分にドイツの出版社とのつながりはない、と。ただ手がかりとなりそうな人物としてロシア文学者でイタリア語雑誌『東ヨーロッパ』編集者ロ・ガットー教授（『エヴゲーニー・オネーギン』のイタリア語訳者）の名を挙げ、リャーツキーも彼をよく知っている、と付け加える。[212]四月二八日、ポーストニコフは自分の夢想だが、と断りつつ提案する。君がプラハで『二〇世紀ロシア社会思想史』[『ロシア社会思想史――一九世紀ロシアの文学と生における個人主義とメシチャンストヴォ』の続編]を書くのはどうか？　自分が勤める図書館にはそのために必要な文献はもちろん、雑誌・パンフレット類など全部そろっている、と勧める。ちなみに同図書館のカードによると、イヴァーノフ＝ラズームニクの著作は一六点が所蔵されているとのことである。[213]五月七日には、『新しい言葉』紙には書かない方がよい、この点で私はベーム（五月六日付け手紙で「危険で軽率」と忠告）と同意見、と懸念を表す。[214]続いて五月一四日、同紙は豊かで執筆料も標準的だろうが、書き手は少なく、公衆は文学的に「資質が高くない」と追記する。[215]プラハの友人たちの忠告より先に同紙に投稿したイヴァーノフ＝ラズームニクの後悔は、先に触れたとおりである（ベームへの手紙、五月一一日）。しかし五月一六日、同じ問題で妻エリザヴェータは自分の考え方を伝える。ベームは貴方が『新しい言葉』紙に投稿したと聞いてひどく心配した。[しかし]貴方が同紙に登場したことは我々を間接的に利することになる。なぜならすべての亡命者にとって我々（エスエルあるいは社会主義者一般）はボリシェヴィキと同じと見られているから、と。[216]ここには異郷で亡命者として暮らす立場と、政治的見解の違いから生じる亡命者間の対立がうかがえる。五月二四日の夫セルゲイの手紙には、イヴァーノフ＝ラズームニクの『新しい言葉』掲載のルポルタージュ最初の二回分（彼自身の体験紹介）を読んで受けた特別な印象が記される。ソ連における抑圧、インテリゲンツィヤ裁判で起訴された人物がいともたやすく自分に不利で馬鹿げたことばかりしゃべる様子を読み、ボリシェヴィキ体制下のインテリゲンツィヤの生活を想いうかべてきた。だが凝縮され

たゆえに鮮明な君のルポルタージュを読むと、チェキストのやり方がまたまたわからない、と。[217]

④〈亡命者、亡命文学に関する情報〉：四月二〇日、ポーストニコフは亡命文学者について情報を伝える。亡命文学者事典を最近作成したB・Φ・ブルガーコフ（レフ・トルストイの最後の秘書）、もっとも有名で新しいと見なされる亡命作家シーリン（ナボコフ）、年配者ではブーニン。その他アルダーノフ、故メレシコフスキー、多作なレーミゾフ、かつてプラハに一か月滞在し作家同盟からの追放について語った故ザミャーチンなどの名が挙げられる。亡命文学者を知るには、『現代雑記』七〇冊（一九二〇－一九四〇年）を読む必要がある、と言う。評論ではアダモーヴィチ、詩では亡命から帰国後自殺したツヴェターエヴァの名が、その他に平均的な亡命文学者が挙げられ、その中の一人、ドレスデン在住のステプーンのアドレスが知らされる。[218] 四月二八日にはレーミゾフ夫妻、ピョートル・ストルーヴェ、シメリョーフ、オソルギン、スホムリンたちの名が挙げられる。[219] 五月七日にはジナイーダ・ギッピウスに始まり故シェストーフ、ロスキー、ベルジャーエフ、マリア姉（クジミナ＝カラヴァエヴァ）、ゲッセン、ヤコヴェンコ、チジェフスキー、フロロフスキー、ミリュコーフ、セヴェリヤーニン、ホダセーヴィチ、ゲオルギー・イヴァーノフと次々と亡命者の名と出版物や近況を知らせる。イヴァーノフ＝ラズームニクの問いに答えユーラシア主義者について、彼らは多く出版し、豊かな人々で、才能ある人が多いが、今は他と同様に沈黙している、と紹介がある。図書館司書として亡命者文献をチェックしているだけあってポーストニコフの紹介は非常に広範囲に及び、詳しい。[220] 五月一二日には『現代雑記』や『数』だけでなく、その他の小雑誌数点を郵送してパリのロシア人の雰囲気を伝えようとする。[221]

五月一六日、エリザヴェータは長患いが治り初めて手紙を送り、二〇年の空白を埋めようとするかのように多数の亡命者に関する情報を連ねる。その中ではゴッシプ的な話題、例えばプイピンの相続者という恵まれた立場のリャーツキーに対し亡命者間に漂う微妙な空気にも触れられている。[222] 七月二日、ポーストニコフは未だにドイツ語がやや苦手な様子を訴える。君の妻ヴァルヴァーラが来たらドイツ語を習うのだが。ドイツ語の読み書きはできるが、話す方はかんばしくない。私の妻は知っている単語は少なくてもよくしゃべる。［公共機関勤務者は］ドイツ語の口頭と筆記の試験があり、合格すればいいのだが。ヴァルヴァーラならここで仕事がすぐ見つかる。一刻も早く収容所生活を切り上げて一緒に住もう。今日は私の五九歳の誕生日、できるだけ故郷で、長生きしたいものだ、と記す。長年祖国を離れ、さらにドイツ併合下のプラハで暮らす亡命者の境遇・心境が示される。[223]

七月二九日には、ゴーリキーかドストエフスキーかをめぐりプラハで六年ほどまえに生じた論争が紹介される。ポーストニコフは、問いの設定自体がばかげている、と考えているが、当地の教授たち（ゴーリキーその他ロシア作家の翻訳者を含む）はゴーリキーに軍配を挙げたという。ポーストニコフ自身や亡命者たちのことも触れられる。休暇が明け明日から出勤で、勤務は七時から五時まで、今、図書館の仕事として『ロシア思想』、『遺訓』、『現代世界』といったロシアの雑誌を比較中だ。イズゴーエフと知己を得、彼はとくに辛辣な批評家であったが控えめな人でつねに他人から距離をとり、かつての思想上の敵に対するいらだちを感じさせた。そのようなことはストルーヴェや『ロシア思想』の協力者には一切うかがえなかった、と。リャーツキーの死や、かつてプラハにいた文化人たち——アストロフ、ザヴァツキー、ノヴゴローツェフ、キゼヴェッテル（РЗИА館長）、モギリャンスキー、ミャコーチンの名が挙げられる。しかし、今は世代が替った、とプラハの亡命者の三世代を紹介する。第一世代にはルサーノフ（旧人民の意志派、エスエル）のように、ポリグロットでどこだろうが住んだ所が我が家と感じるコスモポリタンが多かったが、トルドヴィキのペシェホーノフは当地で陸地に打ち上げられた魚のように暮らし、道標転換派になった。当地で高等教育を受け、専門職につく実務家の第二世代にはそのような人物はほとんどおらず、当地で慣れた生活条件が見出せない国へ戻る考えはない。第三世代は傷つき破壊されたロシアでは陸に上がった魚と感じるだろう。現在プラハにはロシア語ギムナジアが一校（かつては二校）あり、第三世代の子供たちが学ぶ。彼らはここで生まれ、異言語・異文化のなかで育ち、ロシアへの愛を植え付けようとしてもロシア人とは言えない、と。ポーストニコフがこのように考えるきっかけは、最近受けたドイツ語試験でドイツ人教授に、帰国したいか？と質問され、もう一度ロシアで働きたい、と答えたが、実際は亡命生活に精一杯で六〇歳で祖国に何ももたらせないことへの疑念が生じ始めたことであった。我々旧世代はボリシェヴィキによる文化の担い手根絶後のロシアに行けば、ソ連の新世代のなかで異人であろう。それにしてももう一度、生まれた地の自然のなかで住んでみたいものだ、というのが二〇年の亡命生活を経験する彼の願いである。[224]

九月八日ポーストニコフは、イヴァーノフ＝ラズームニクのルポルタージュ（『新しい言葉』八月二六日掲載の「作家たちの運命　I・非業の死を遂げた者たち」）で、親しかった作家ピリニャークの死を知り驚く。セデーンコ［一八八六－一九三八年。歴史家でコロス出版社主。ペンネームは「ヴィーチャゼフ」］は亡命するべきだった、何度も忠告したのに、と元エスエル仲間の死を悼む。さらに、たまたま手許にあったヴャチェスラフ・イヴァーノフとゲルシェンゾーンの注目すべき往復書簡『二つの隅から』を読み、その一方（前者）は亡命し、他方（後者）はモスクワで早死にした。何人の人々がそのように死んだことか、と嘆きつつ、君をここで待っている、と言う。[225] この手紙が一九四二年最後の手紙になるが、実際には連絡がここで途切れたわけではない。

＊＊＊

イヴァーノフ＝ラズームニクとポーストニコフ夫妻とのさらなる連絡の証しとして、約二年半後のヨーロッパでの戦争終結直前と翌年の計三通の手紙が残されている。ポーストニコフ夫妻がイヴァーノフ＝ラズームニクから、レンズブルクの新アドレスを記した封緘ハガキ（発信日不明）を受けとったのは一九四五年三月五日のことである。やっとわかった友のアドレス宛てにポーストニコフはすぐ返事を書いたが、その手紙の紹介はない。ポーストニコフ夫妻は翌三月六日に二月一八日付けのイヴァーノフ＝ラズームニクのハガキを、三月七日にハガキ二通（二月一七、一九、二二日付け）をまとめて受けとった。イヴァーノフ＝ラズームニクはレンズブルクへ近づきつつ頻繁に発信し、それらが戦乱のなかでともかくもプラハへ届いていることがわかる。レンズブルク到着直後には、鉄道駅で夫妻が収容所仲間グラドツィン夫人宅へ行くため夜明けを待っている、とあった。これらの連絡を受けた後、エリザヴェータ・ポーストニコヴァは三月八日付けでイヴァーノフ＝ラズームニクに返事を書いた。[226] 彼女は、きわめて多くの人々が東方から徒歩でベルリンへ逃げ、容赦なく爆撃を受けたなかにイヴァーノフ＝ラズームニク夫妻も居合わせたのではないか、と恐れていた。彼らがベルリンのシテッティン駅から出したハガキが届いていたからであった。しかし夫妻はベルリンから北寄りのコースをとって爆撃を逃れつつほぼ一か月の避難行の末、キール運河沿いのレンズブルクにたどり着いたのである。当時プラハでは他都市よりも遅く初の爆撃後で、警報が鳴り響いて不安を煽り、蒸気機関車が狙われて郵便物その他すべてが極端に遅れるという状態であった。エリザヴェータはイヴァーノフ＝ラズームニクの従兄弟の娘Н・П・ヤンコフスカヤの息子ダニーラの死を知らせ、プラハへの包囲攻撃を待つなか、もし我々が会えなくても貴方たち夫婦を愛する、と締めくくる。追伸で、画家クレーヴェル〔元ツァールスコエ・セロー住民で、イヴァーノフ＝ラズームニクの収容所仲間。本章4⑴参照〕一家が元気だと知って喜び、郵便事情が回復すればすぐにパンを送る、と書く。

三月二七日、ポーストニコフからイヴァーノフ＝ラズームニク夫妻宛て手紙は、連合軍によるプラハ攻撃の本格化をまえにした心痛が記されている。[227] 君たちがコーニツを去る際に何度手紙を書いたことか、だが答えはなかった。なぜ届かなかったかわからない。最近、レンズブルクのアドレス宛てにドイツ語のハガキを出した。同じ内容で何度か連絡した、この手紙もその一つだ。一通だけが君に届いた。君の手紙はベームに届いた。電報を打とうとしたが、受け付けられなかった。もし我々の手紙が届かなければ絶望に襲われる、と。この後、ポーストニコフは五月にソ連のスメルシに逮捕され、「本国送還」となった。

夫の逮捕から一〇か月、安否がまったくわからない中、エリザヴェータ・ポーストニコヴァはイヴァーノフ=ラズームニクからの一九四六年一月八日付け手紙を二月一三日に受けとった。その喜びと、孤独の涙のなかで彼女はヴァルヴァーラの病状を心配する返事を一九四六年二月一四日付けで出した。[228] 彼女はパリのレーミゾフに尋ねればイヴァーノフ=ラズームニクのアドレスがわかると考え、ブラチスラヴァからパリへ移住するロスキーに会うためウィーンまで行ったが会えなかった。もし会えてアドレスがわかれば、イヴァーノフ=ラズームニクの衣類や毛皮服のせめて一部でも送れたのだが（アメリカで売って生活費に充てられる、と彼女は考えた）、と悔やむ。それらの衣類はイヴァーノフ=ラズームニクの従兄弟の息子の一人B・Π・ヤンコフスキーが置いていったもので、彼は戦時中プラハのポーストニコフ宅へ幾度か来ていたらしい。[229] 彼がイヴァーノフ=ラズームニクの渡米計画をポーストニコヴァに知らせたのであろう。彼女は、自分の食生活はまずまずで、UNRRAの援助なしでやっている、パンは十分あり、そちらへ送って生活の足しにできる、と孤独の日々にあっても何よりも大事な食の問題に気を配る。そして「ある意味麻薬のような」自分の日々の生活サイクルを次のように書き記す。一二時まで各施設を駆けまわり、それから台所の小型簡易ストーヴ《ブルジューイカ》に水を張って生徒たちの許へ行く。それは一時間を倍に延ばして時間つぶしをするためだ。夕方五時から朝の五時までは読み続ける。そんなことのくり返しだ。私が泣くとイヌが吠えて止めさせる、と。当時の郵便事情を考えると、エリザヴェータのこの手紙がヴァルヴァーラの最期（三月一八日）までに届いたかどうかはわからない。

(3) その他の人々

パリやプラハのようにロシア人亡命者が多く集まる都市以外からも、イヴァーノフ=ラズームニクのアドレス公告に応じて直接連絡する人々、あるいはすでに連絡した人からの紹介で連絡の糸がつながった人々がいた。その中でラエフスカヤ＝ヒューズの資料集には四人が登場する。四人はそれぞれイヴァーノフ＝ラズームニクを受けいれ、彼の亡命生活に関わった点ではこれまでに取りあげた人々と変わりはない。掌院イオアーンはその立場を生かしてイヴァーノフ＝ラズームニク夫妻の運命を変えようと試みた。ゲオルギー・イヴァーノフはパリに居を構えながらベルベーロヴァたちとは連絡がなかったようである。ステプーンとリューテルはプラハ・グループと、またリューテルはレーミゾフとも通じ合っており、具体的な提案でイヴァーノフ＝ラズームニクを援助した様子がうかがえる。

a――掌院イオアーン（シャホフスコーイ）

イヴァーノフ＝ラズームニクがヨーロッパで連絡しあった人々のなかで、直接に会えたのはベルリンの聖ヴラジーミル教会主任司祭イオアーンだけである。イオアーン（一九〇二―一九八九年。俗名Д・А・シャホフスコーイ、公爵）は、一〇歳代半ばで短期間白軍に加わったが、一九二〇年に亡命し主にパリで文学活動に携わった。その後聖職者となり、パリを皮切りに一九二七年からユーゴスラヴィアで、一九三二年から一九四五年までベルリンで務めた。ドイツ当局からは好ましからざる聖職者と見なされ活動を制限されていたが、ドイツによるロシア占領に共産主義体制粉砕の神意を見た。独ソ開戦後に多くの東方労働者に接した。一九四六年以後アメリカ合衆国へ移り、晩年の勤務地から「サンフランシスコのイオアーン」として知られる。一九四八年からほぼ四〇年間、ラジオ放送「アメリカの声VOA」でロシア人へ毎週語りかけた。彼からイヴァーノフ＝ラズームニク宛ての手紙四通（一九四二年六月一一日、同二七日、八月一七日、一九四五年三月七日）が公刊されている。イヴァーノフ＝ラズームニクが一九四二年中に彼へ手紙を出した日付はメモ帳に記されている（七月二〇日、八月四日、九月二四日、一〇月一〇日、一二月二三日）が、ベルリン爆撃（一九四四年一一月二八日）によりイオアーン師の文書類が焼失したため手紙は残っていない。

一九四二年六月一一日[230]、先にイオアーン師からイヴァーノフ＝ラズームニクへ手紙が送られた経緯はわからないが、貴方の洗礼名と父称を知らずに失礼する、祖国の本格的な文学人の到着は初めてだ、と書きだされている。収容所にさらに長くいるのか、出所したらどこへ行くのか、何をする予定か？と問い、何か役に立てるかもしれない、という気持ちが示される。二人の間でも他の通信者の場合と同じく、亡命文学者と国内文学者に関する情報交換が行なわれる。イオアーンはフランス在住の亡命文学者一〇名余を列挙し、かつて雑誌『ブラゴナメレンヌイ』をともに発行したスヴャトポルク＝ミルスキーの帰国後の運命にとくに関心を抱いている。[231] この後六月二三日にイオアーンは、イヴァーノフ＝ラズームニク夫妻が驚くほどの量の食糧（缶詰、乾パン）や石鹸など貴重な品々を送っている。[232]

六月二七日の手紙[233]では、イヴァーノフ＝ラズームニクの収容所出所が中心的な話題で、そのために必要なことをイオアーンは示唆するだけでなく、経済的援助も行なう。具体的には、イヴァーノフ＝ラズームニク夫妻に一か月ベルリン滞在の便宜を計らえる、と伝える。出所のためにはベルリンでしかるべき部署へ行くことが最重要として、自分が不在でも秘書C・C・リュビームツェフがすべて取り計らうこと、『新しい言葉』編集者のデスポトゥーリに対し自分の名前を直接出してもよいことを伝える。先述のようにイヴァーノフ＝ラズームニクは五月から同紙にルポルタージュ連載を始めたが、タイトル「奈落巡り」の例をはじめ編集部による無断での変更や乱暴な省略への不満（本章4(3)、5(3)c参照）をイオアーン師への手紙で訴えたとわかる。しかし師はこの不満に対して、「論文がすぐに、真に『ダイナミックな』価値を有するため」編集が必要だったのだ、と編集者側の視点でイヴァーノフ＝ラズームニクを諫める。

イオアーンは、我々二人は多分［一九世紀にそれぞれ亡命生活を送った］ゲルツェンとペチョーリン（一八三五年にロシアを出てカトリックに改宗し、聖職者となった）が出会った時以上に親しくなれる、と考える。なぜかと言えば、時代が逆説的で、他のどの時代にも似ていないためかもしれないが、別な理由のせいかもしれない、と言う。別な理由とは亡命の環境の違いであろうか。彼は一九二二年の亡命以来、ロシアの「全人類」でもなく単なるロシア人でもないことを忘れなかった……そしてナショナルな災厄［ナチス・ドイツとの戦争であろう］さえも我々の感情に奥深さをもたらすのだ（地理的に自国国境外で生まれた者にさえも）、と信仰者の立場から、かつ古参亡命者の心情を新亡命者に伝える。さらにこの手紙から、イヴァーノフ＝ラズームニクがイオアーンに正教会の問題で批判的な見解を投げかけたことが読みとれる。イオアーンは答える。貴方は「在外正教」の一面を見ている。我々の多くは教会をその真の本質において理解し愛することを学んできた――美的にではなく、子供時代と祖国についての「精神的」回想としてでもなく、たとえ世界でもっとも高度な何らかの目的達成の手段としてでもなしに、と。イオアーンのこのような答えは、イヴァーノフ＝ラズームニクがかつてペテルブルク宗教哲学協会員と展開した論争とつながるような問題意識を披露したのではないか、と推測させる。付け加えればイヴァーノフ＝ラズームニクはこの年の一〇月二一日、パリのレーミゾフに宛てた手紙[234]で、国内外の文学者たちについてふれつつ、ところでカルタショーフは今どこにいる？と唐突に尋ねている（本節(1)c参照）。

以上のような話題だけでなく、イヴァーノフ＝ラズームニクが『新しい言葉』紙に掲載中のルポルタージュ（この時点で四回掲載）を読んでいるイオアーンは、さらなる執筆に必要な紙と（当時なかなか入手し難い）万年筆を贈るよう手配する。さらにイヴァーノフ＝ラズームニク夫妻がコーニッツからベルリンへ出かけるのに必要な程度の小切手を送り、もしも不要だったらベルリンで返してもらえばよい、と言って、夫妻のベルリン到着以前に六〇マルクの小切手を送った（七月三日）[235]。夫妻が一時的に収容所を出てベルリンへ行くうえで、イオアーンの助力は大きな意味をもったであろう。

八月一七日、イオアーンは、貴方のベルリンでの用事を委員会が認可するよう期待する、と書く[236]。イヴァーノフ＝ラズームニクがイオアーンに直接会ったのはこの手紙のちょうど一週間後、夫婦でベルリンの師宅を昼の一～二時の間に訪問し、さらに夜七時から八時半、ともに街へ出てホテルで夕食を摂り、師にシーリンのイコンの画集を贈った。師は「心やさしく誠実な人という好印象」とメモ帳に記されている[237]。イヴァーノフ＝ラズームニクにとり三〇年ぶりに訪れ、かつて否定的な印象を記したにベルリンついては、今回とくにふれられることはない。

＊＊＊

イオアーンの次の連絡は三年弱の空白を経て、大戦終結二か月前の一九四五年三月七日付けで、イヴァーノフ＝ラズームニクがレンズブルクから久しぶりに出したハガキへの返信である[238]。このハガキは郵送でなく人づてに渡ったのかとも推測される。返信には久しぶりの連絡を喜び、長い続便を待つ、自分は［ベルリンにソ連軍が迫ったのでドイツ当局による移動禁止を無視して教区を離れ］ミュンヘン郊外［の知人宅に数か月］に滞在中で、キール運河辺りは今、静かで一息つけるだろう、と推測する。ここで、スラヴ派が西欧を徹底して有害だと考えたことが無意味だった、と話がとび、西では（隅々までも）太陽がたくみでより賢く照らし、ロシア人が秋のように褒め詠うのは無理もない、と感想が記される。イオアーンは、先にイヴァーノフ＝ラズームニクの出版計画について聞いていたらしく、連絡が途絶えていた間に貴方の本はどうなったか、コーニッツ以外の地で出たことを望むが？と尋ねる。そして、我々や貴方に紙は「馬にとっての干し草のように」不可欠のもの、わずかだが送る、次の連絡のさいは疎開事情と生活資金について詳しく教えてほしい、正確さは友好に値するから、とイヴァーノフ＝ラズームニク夫妻の生計に気を配る。しかし、これが両者の最後の連絡となった。

イオアーンには一九四五年にベルリンから転属の話があり、一九四六年にアメリカ合衆国へ渡った（当初ロサンゼルス、次いでブルックリンからサンフランシスコへ）。イヴァーノフ＝ラズームニクの遺品中に、渡米したイオアーンへの連絡が試みられた証しがある。ハンブルクのロシア正教会からレンズブルクのヴァルヴァーラ・イヴァーノヴァ宛てのハガキ（一九四六年三月三〇日付け）が残されており、問い合わせに答えてアメリカにおけるイオアーンのアドレスが伝えられているのである。[239] ヴァルヴァーラ名での通信は、先述したエリザヴェータ・ポーストニコヴァの忠告に従ったのであろう（本章5(2)c参照）。ヴァルヴァーラはハガキ到着前に亡くなっていた。妻に先立たれたイヴァーノフ＝ラズームニクは四月にミュンヘンの従兄弟宅にたどり着き、イオアーンの跡を追うかのように渡米を目指すがかなわず、生を終えるのである。

b——ゲオルギー・イヴァーノフ

アクメイズム詩人Г・В・イヴァーノフ（一八九四―一九五八年）はチェーカーにより銃殺されたН・С・グミリョーフの友人であった。一九二二年に妻で詩人のИ・В・オドエフツェヴァと亡命し、翌年からパリに住む。同じパリ在住亡命者でも、先に取りあげたパリ・グループ三人とは親しくなかったようである。

ゲオルギー・イヴァーノフは、『新しい言葉』紙で知ったイヴァーノフ＝ラズームニクの「ソ連地獄」脱出を大変喜び、一九四二年四月一八日、手紙で尋ねる。二人はロシアで個人的に知り合うことはほとんどなかったが、かつてイヴァーノフ＝ラズームニクが私をアクメイズムの故に罵ったことを覚えているか、と（『遺訓』一九一三年五号）。そのように昔のことを書きたてたのはイヴァーノフ＝ラズームニクを拒否するためではない。彼が今、どこでどのようなラーゲリにいるのかを問い、一九二二年に亡命した自分と、ずっと「あちら」にいた彼が大変多くのことを互いに伝えあえると考えたからである。ゲオルギー・イヴァーノフはアフマートヴァやマンデリシタム、詩人М・Л・ロジンスキーの運命、自分のいなかったロシアについて大いに知りたい、と言う。そして彼は「この手紙には何かずっとこの世を超えたものがあり、我々はどちらも、あたかも成層圏のどこかで突然出会った幽霊であるかのようだ。あなたが助かったことが最も重要だ。私はあなたの名前とアドレスを見て魂を揺さぶられ、喜んだ」と記す。[240]

その手紙をイヴァーノフ＝ラズームニクは一週間後に受けとったが、検閲マークのためにアドレスが正確に読みとれず、四月二五日にもう一度確認のハガキを出して言う。もしこのハガキが無事に届き、返信が受けとれればその時はより詳しく書くことにする。ともかく温かい手紙を喜び、今のところ「隔離／検疫中」で、収容所暮らしはもう一か月か一か月半は続きそうだ、その後我々――ロシアの被占領地から連行された民族ドイツ人――の運命がはっきりするだろう、と知らせる。ゲオルギー・イヴァーノフの質問に対しては、まずは手短にマンデリシタムの死、アフマートヴァやロジンスキーが一時的には活動できたが、ペテルブルク（レニングラード）から疎開できたのか、それとも厳しい包囲下にあるのかは不明、と書く。そしてロシア人作家グループのうちの誰が無事にフランスに居るかを知りたい、と告げ、「あなたと私のように信じられない出会いをするのは、これはいってみれば一種の『キリスト復活！』です」と応じる。追伸で、可能なものだけでも本がほしい、文学に飢えている、と記す。[241]

五月二六日、ゲオルギー・イヴァーノフはイヴァーノフ＝ラズームニクへ詳しい返信を送った。[242] もう一度、後者が奇跡のように助かったことで味わった大いなる喜びを強調する。『新しい言葉』紙に掲載され始めた後者の論文（この時点で最初の二回分、筆者自身の体験を記す内容）を読み、そのタイトルに沿って言う。イヴァーノフ＝ラズームニクの四分の一世紀の悪夢をカリフ、スルタン・マフムードの二分間の夢とはよく言った。だが二分後に頭を水から上げたスルタンは、再びスルタンになったのか、我々は、無数の犠牲者は、そしてロシアは？と問うのである。その後はロシア国内の作家と、主としてフランス在住の亡命作家の情報が連ねられる。イヴァーノフ＝ラズームニクから伝えられたマンデリシタムの非業の死、グミリョーフ夫人と息子、詩人B・A・ゾルゲンフレイ、A・Д・スカールジン（ヴャチェスラフ・イヴァーノフ研究者）の所在などがイヴァーノフの関心である。亡命文学に関しては、フランスでは一時、亡命者の詩が「開花」したこと、『数』の最初の三、四号でいくつかの分野では悪くなかったが、あなたが受ける印象が興味深いこと、『現代雑記』、『環』の名、『数』は亡命版の『天秤座』だ、等々。個々の作家については、メレシコフスキーは最近死亡、ジナイーダ・ギッピウス、ブーニン、アダモーヴィチ、イリーナ・オドエフツェヴァ（彼自身の妻）は生存。シーリンとアルダーノフは渡米。ベルジャーエフは許せないほどボリシェヴィキを理解し、元気だがどこに居るかは知らない。自然死した人々の他はみな健在で、暮らしぶりの良し悪しはあるが、ほぼ全員が何らかの才能により出版や講演で活動し、もちろんのことあなたの経験ほどひどい暮らしはしていない。戦争までの二、三年には皆がふさぎこんで意気消沈し始め、集会出席者が二〇〇人から五〇人に減ったが、これは祖国を出て四分の一世紀もの間聴衆／教室なしで殻にこもり生きてきたので避けられないことだ。多数の者にとり肉体的にまずまずの生活にもかかわらず、ロシアが欠けていることが悩みとなった。どんなロシアか、そこで何が生じているかについて論争に終わりがない。あなたが亡命雑誌を入手すれば火星旅行のような大いなる知的慰めが得られよう、と。このようにパリの亡命者の世界が描かれる。そしてイヴァーノフ＝ラズームニクの今後について、出所後何をしようと考えているかを問い、続いて以下のように願う。その時へ向かって神よ、モスクワを占領させたまえ、あるいはもっと遠くまでも、と。ボリシェヴィキがさらに長く持ちこたえるとは信ぜず、崩壊の暁にはロシア文化の焼け跡で破片を探し出してかつての姿を示すことを、我々の他に誰ができようか――狂人の館で死なず、勲章受領者にもならなかった我々以外に？　私はすでに何年も、まさにこうしたことを待ち続けている。心からの挨拶を送り、返信を待つ、と。

しかし、その後二人の文通は続かなかったようである。ゲオルギー・イヴァーノフの手紙に表れた気分が、政治の言葉でなく文学の言葉で語ることを守ったイヴァーノフ＝ラズームニクに合わなかったのであろうか。『新しい言葉』紙掲載の後者の記事が関係するのか。イヴァーノフ＝ラズームニクが発送・受領した手紙を記したリスト（一九四二年七月一五日～一二月三〇日）に、五月二六日の手紙以後、ゲオルギー・イヴァーノフの名はない。[243]

c――フョードル・ステプーン

哲学者で歴史家Φ・A・ステプーン（一八八四―一九六五年）は、ハイデルベルク大学で博士号（ヴラジーミル・ソロヴィヨーフの歴史哲学）を取得し、第一次大戦時はシベリアで軍隊に勤務、一九一七年の革命後に臨時政府の軍コミッサールとして働いた。一九二二年に国外追放され、ベルリンの宗教哲学アカデミーで講義（一年のみ）。その後ベルリン、パリ、プラハ、ウィーン、ドレスデンで主にロシアに関する講義をドイツ語で行ない暮らしを支えた。著作は『ロシアについての思想』の他、数多い。ロシアの「諸思想」をドイツ語に翻訳、ベルリンのロシア哲学アカデミーと、作家・ジャーナリスト連盟に加わった。一九二六年からドレスデン大学で社会学教授。一九三七年にナチス政権により失職し、講義と出版を禁止された。一九四五年二月のドレスデンじゅうたん爆撃の際は家族ともども命だけはとりとめた。戦後ミュンヘン大学で教鞭をとり、アメリカにも活動の場を拡げた。ミュンヘンで没。

ステプーンは最初、イヴァーノフ＝ラズームニクの洗礼名と父称のイニシアルしかわからず、二人が決して親しくなかったことがうかがえる。一九四二年五月一四日付けのステプーンの手紙からわかることは、イヴァーノフ＝ラズームニクがポーストニコフからステプーンのアドレスを聞いて先に連絡したこと[244]、イヴァーノフ＝ラズームニクが自分の原稿（「記念日」——回想記の中心的な章）出版の場とペトロフ＝ヴォートキンの画の売却の件を尋ねたこと、生活と収容所を出るために八月までに必要な資金を借りたいと頼んだことである[245]。ステプーンも他の亡命者と同じく、イヴァーノフ＝ラズームニクからの手紙に驚き、まず、貴方の自宅のアルヒーフ破壊は大層残念、いつかソログープの日記を通読してみたい、あまり先にならないうちに二人が会うことが重要だ、と応える。ペトロフ＝ヴォートキンの画の件では、今のドイツで前向きの答えはできないが、何とかなるか試みよう、と言う。回想記についてもドイツ語での出版もたやすくないが、回想の「記念日」をドイツの出版社に提示するためドイツ語への翻訳者候補について、最近リガからやって来た人物の名を挙げ配慮の姿勢を示す。そして今後のためにイヴァーノフ＝ラズームニクの言語と、居住地、収容所での検疫終了後の居住権などをより具体的に知りたい、と書く。八月までに必要なライヒスマルクについては、将来の収入と画と原稿から得られる可能性を担保に何とか集められる、と答える。さらにこの手紙と同時にセルゲイ・ゴールヌイ＝オツープ（ベルリンで技師）、ニコライ・セルゲーヴィチ・アルセーニエフ（ケーニヒスベルク大教授）など自分の知人にも連絡し、力をあわせれば何か考えつくかもしれない、と言う。文面から見ると、ステプーンは相当に几帳面な性格であると感じられる。彼の側の関心は、二人に共通の知人——アフマートヴァ、ペトロフスキー、グリフツォフのこと、それにアンドレイ・ベールイの遺作について知りたい、というものである。

イヴァーノフ＝ラズームニクはこの五月一四日の手紙への返信を、自分の運命が明確になるまで待とうとしたが、この間彼の収容所出所の件に進捗はなかった。そこで六月五日の遅めの返事で彼はまず、ステプーンの協力、アルセーニエフやオツープへの連絡に感謝する[246]。この間彼は、プラハの友人たちが気前よく送ってくれた文献を読み、亡命文学の分野での自分の「文盲撲滅中」である、と告げる。彼が読んだのは『現代雑記』、『ロシアの自由／意志』、『数』、『道』、『新しい都市』や「ユーラシア主義者たち」の文献である。しかし二か月では二〇年の蓄積を読みつくせず、自分の文盲はまだ「撲滅」されておらず、ある輪郭はできつつあるが少なくとももっと読まねばならない、と他の亡命者への手紙でも見られる認識を記す。そのなかでステプーンの論文を興味深く読み、賛成する個所（『新しい都市』掲載論文）と賛成できない個所（『現代雑記』五四号のブーニン論）がある、と言う。続いて、一九三九年の世界的カタストローフ［第二次大戦勃発」後は、「二〇－三〇年代の」文学がもはや大過去になり、自分の「文盲撲滅」も歴史的関心にすぎず、まったく「アクチュアル」でない。だが一九一七－一九一八年の革命は過ぎ去り、ブロークの「十二」やフレーブニコフの「夜の捜査」は残った。現在の旋風の年々から何か残るだろうか?と記す。これが入欧して数か月、自らの運命が未だ定まっていない時点での彼の述懐である。そして亡命生活ではまったくの新参者である自分が、『新しい言葉』紙をろくに読みもせずにルポルタージュ原稿の一部を送ったことを間違いだったと認める。その後同紙に載ったメイエル某のサルティコフ＝シチェドリンやベリンスキー論、俳優ブリュメンタル＝タマリンの卑屈なルポルタージュその他多くを読んでこの新聞のレヴェルを知ったが、すでに遅かった。すぐにその報いが生じた――私のルポルタージュは歪められて掲載された、「レオニード・アンドレーエフ張り」の表題（「奈落巡り」）、乱暴な省略と挿入。心底おののきながら、ソログープに関するルポルタージュ（始まりは五月三一日）、クリューエフ、ブローク、ベールイ……の号を待っている。まったく「望んだ」のではなく軽率な行為に走った、これは有罪で、情状酌量に値しない。このように彼は自分を責める。それでもイヴァーノフ＝ラズームニクは書き上げた『監獄と流刑』の要約である「奈落巡り」を、どこかドイツの出版社に翻訳して提出しようと考えている。アルトゥール・リューテルがベルリン、ミュンヘン、ライプツィヒ、ケーニヒスベルクやザルツブルクの出版社をいくつか教えてくれた。彼には本の詳しい内容とドイツ語「要約」を送った。彼の助言に従って「奈落巡り」と「スルタン・マフムードの二つの生」（五月一七日号掲載）をドイツ語に訳し、出版社の一つに送る。このようにイヴァーノフ＝ラズームニクは収容所からも自著出版を試みているが、その意図は生前ついに実現せずに終わった。

　この手紙から二年半ほど経ち、ヨーロッパの戦況がさらに終末に近づきつつある一九四四年一一月一〇日、イヴァーノフ＝ラズームニクはステプーンへ手紙を出した。[247] この度は再度のコーニッツ（ただし、収容所でなく友人ヴェルディンク宅）からである。文面から四か月ほどまえの七月初めに彼はステプーンに返事したが、その後連絡がないことがわかる（書いていないのか、ドイツの郵便ではまれなことだが郵送中に紛失か。後の例は自分にも経験あり、と）。さしあたり静かなコーニッツで聞き、考えたことが伝えられる。事態の推移次第で現アドレスもいつまでもつか不明であるし、すでに何人もの通信相手――レーミゾフ、ザイツェフとの連絡が途絶え［一九四四年八月パリ解放によってか?］、自分のリガやリトアニアの友人たちのように、間もなくポーストニコフ夫妻やベームとの連絡もなくなる、と予想している。

彼は現在の戦争を「第二次七年戦争」と呼ぶ。トルストイ『戦争と平和』の説に当てはめれば、現在の戦争はまずヨーロッパの西から東への破滅的動き、次いで東から西への反動を想起させるが、その範囲はずっと広い。すなわち反動は東西でなく四方から集中し、我々はその力の真中で押しつぶされることになり、これは十分に厳しい状態で、ダヴィデ王の賛歌（の変形）を思い起こさせられる。「あなたの息／精神からどこへ行こうと、あなたの前からどこへ逃れようか？」と。あなたはドレスデンで必要に迫られても、戦争から逃れられるような場所がないのではないか？いったい戦争の結果、我々のうち誰が生き残るのだろうか?と憂慮する。かのドレスデンじゅうたん爆撃はこの手紙の三か月後のことである。

イヴァーノフ＝ラズームニクがザルツブルクの知人から得た情報として、街にあふれるベオグラードから避難したロシアからの旧亡命者と、亡命生活を終えようと自発的にベオグラードに留まった四〇〇〇人のこと、新聞によると、四分の一世紀もベオグラードに住む旧ロシア亡命者たちがはや逮捕されソ連邦に送還されていること、もし西と東がドイツを打ち破れば、「人民の父」が彼らを裁きの場に引き渡せと要求し、あなた方旧亡命者も、私たち新逃亡者も……。ベームへの手紙（一一月五日）に記されたことが、ここでもくり返され、「本国送還」の脅威接近が感じられる。そのような状況下でも彼の心懸かりは文化の問題である。もしごく少数でも残れば、在外ロシア文化を戦前の規模でうまく組織／調整できるだろう――多くの出版社、新聞、『現代雑記』その他等々を。彼はこの文化系統がすっかり再生不能となることを恐れる。しかしながらごく少数者が手のかかる仕事を再開するようになるのを受け身で腕組みしているべきでない――もし今、どの新聞も書くように「ヨーロッパのボリシェヴィキ化」が実際に起これば、条件は第一次大戦と革命の後よりも計り知れないほど難しい。解決はどうやら二〇世紀後半に避けられない第三次世界大戦を待たねばなるまい……。このようにイヴァーノフ＝ラズームニクは楽観できない見通しを記す。最後に、あまりに先のことでなく今に目を向けて彼が訊ねるのは、著書は仕上げたか?との問いである。彼自身も、最近へロス出版社 R. Herros Verlag と『監獄と流刑』の（ロシア語での）出版契約にサインしたが、出版の実現は極めて疑わしく、一九四五年に本どころではないだろう、と考えている。ともかく――郵便局が動き、手紙が配達される限り――あなたがすべてうまくいき（新聞では名高いドレスデン攻撃のニュースになぜか出くわさない）、あなたの著書が仕上がり、あなたが元気いっぱいと感じているとわかれば嬉しい。手紙はこのように終わる。

コーニツから避難してレンズブルクにたどり着いたイヴァーノフ＝ラズームニクは、ドレスデン爆撃のほぼ一か月後の一九四五年三月二六日、郵便事情と爆撃からの避難のため届くかどうか案じながら、ステプーンの元のアドレスに手紙を出した。[248] ともかく届いたら返事がほしい。一か月間難民状態でキール運河沿いのレンズブルクに到着し、一か月前に手紙を出したが、返事がなかった。最近、プラハのベームから手紙が届き、あなたから何か連絡がないかと訊ねてきたので、一か月前の手紙が届いていないとわかった。そこでもう一度、我々の間の途切れた糸をつなごうとしている、と。ステプーンはドレスデンから避難しており、連絡はつかなかった。

それから一年半余りたった一九四六年六月三日付けでイヴァーノフ＝ラズームニクはミュンヘンの従兄弟宅からステプーンに手紙を出した。これが現在公刊されている彼の手紙中、最後の一通である。[249] それによると、イヴァーノフ＝ラズームニクは最近ステプーンの論文を『南ドイツ新聞』で読み、同時にリューテルからの手紙でステプーンのアドレス（ミュンヘン近郊）を知り連絡したのである。そのなかでイヴァーノフ＝ラズームニクは、次のように記している。

（時計の振り子の動きでなく、体験によって考えれば）我々がドレスデンとコーニツで文通しあってから一世紀が過ぎた――あなたがミュンヘンへ来られるなら、お会いできれば大層嬉しい。私は従兄弟宅で独立した部屋を得て、出版の見込みはまったくないが仕事をしている。私はコーニツから（レンズブルクまで）逃げる時に多くのものを失ったが、貴方はドレスデンを去る時に一番大切な原稿を守れたか？と尋ねる。イヴァーノフ＝ラズームニクは妻に先立たれた後ミュンヘンへ移って数週間、著述を続けることで埋められることのない空虚さを満たしていたと思われる。彼はステプーンに、私に手紙を書くときは従兄弟宛てにして、私の名前は書かないように、と念を押す。その理由は、自分たちが強制的「本国送還」というダモクレスの剣の下で暮らしており（捕虜や独軍占領地住民となったソ連市民の扱い、ポーストニコフの例参照）、UNRRAとUNOの保障に期待しているからである。「しかしながら我々個人のみならず世界の運命においても、この先予想外のあらゆる事態に備えねばならない。今後あらゆる多くのことがあるだろう」。これがイヴァーノフ＝ラズームニクの生涯最後の手紙の締めくくりである。彼はこの手紙を書いた後、夜間に脳卒中で倒れ、意識を回復しないまま六月九日に六七歳六か月の生涯を閉じた。遺体は六月一三日、ミュンヘン南西部の広大な公園墓地ヴァルトフリートホーフ旧区域の第六六区画に埋葬された。ミュンヘンの在外ロシア正教会聖ニコライ聖堂が「ラズームニク・イヴァーノフ、元ロシア国民、作家」の死亡および埋葬証明書を発行している。[250] 墓は身元引受人不在で二〇年後に撤去され、共同墓地に合葬された。

d――アルトゥール・リューテル

А・Ф・リューテル（ルーテル。一八七六―一九五五年）はオリョール生まれのドイツ人文芸学者・ロシア文学史家・翻訳家。家系は宗教改革者マルティン・ルターに連なるという。モスクワ大学卒業後、同大学でドイツ語を教える（フョードル・ステプーンはその時の生徒）。休暇で家族とともにドイツ滞在中に第一次大戦が始まって「敵国臣民」は帰国できなくなり、ロシア人捕虜の文化的教育（没収書籍による図書室設立、パンフレット作成等）に携わった。戦後ライプツィヒで司書として務め、ドイツ語で『ロシア文学史』（ライプツィヒ、一九二四年）を著した。同書は国境を越えたロシア文学研究、ロシア文化理解を進めるうえで大きな貢献と評され、彼は一九二六年にロシア文学愛好家協会の数少ない外国人会員に選ばれた。翻訳者として彼はドストエフスキー、トルストイ、チェーホフ、レスコーフなど一九世紀の作品だけでなく、レーミゾフ他の二〇世紀ロシア文学をもドイツ語に訳した。第二次大戦中の一九四三年一二月、ライプツィヒへの爆撃で彼の貴重な蔵書・資料は灰燼に帰した。彼のことが近年まであまり知られなかった背後には、以上のような事情があろう。[251]イヴァーノフ＝ラズームニクはレーミゾフからの手紙（一九四二年四月二〇日）でリューテルのアドレスを知り、五月にはリューテルに連絡する意志をベームに告げている。二人の間ではそれ以来、連絡が続いていた。リューテルは、上記のロシア文学史執筆に際しイヴァーノフ＝ラズームニクの『ロシア社会思想史』が貴重な手引きとなった、と告げる。またイヴァーノフ＝ラズームニクの回想記出版の仲介を私的に買って出、レジュメあるいは詳しい目次をドイツ語に訳すよう提案したが、出版社の意欲とロシア文化に対する関心の欠如という状況下で全訳は進めないように、と忠告した。[252]このようにリューテルはドイツでの豊富な人脈・情報を生かし、イヴァーノフ＝ラズームニクの運命打開に最後まで関わった人物の一人である。後者の最晩年の一九四六年二月、四月、五月に書かれたリューテルの手紙三通から亡命者と亡命生活の様子を捉えよう。

一九四六年二月二四日付けのリューテルからイヴァーノフ＝ラズームニクへの手紙には、後者からの二月一二日付け手紙と、一月末に一九四五年年二月二五日付けの手紙（レンズブルク移住通知）を受けとった、一一か月かかっても届く、純ドイツ的な郵便の遅いが正確なこと、とあり、二人は以前から文通していたことが裏付けられる。リューテルはレンズブルクで知り合いも本もないイヴァーノフ＝ラズームニクが何らかの助言を得られそうな人物として、ボン在住のエーリヒ・ミュラー博士を紹介する。[253]

一九四六年四月一〇日の手紙[254]でリューテルは、三月半ばに妻に先立たれたイヴァーノフ＝ラズームニクに弔意を表す。三〇年ほど前の自分の経験――モスクワの財産喪失も、ドイツでの半ば戦争捕虜状態をも共に生き、長患いの末に亡くなった自らの妻のことを想起するが、自分の場合はロシアでもドイツでも耐えねばならなかったあなたには及ばない、と。イヴァーノフ＝ラズームニクはミュンヘンの従兄弟宅のことをリューテルに伝えていたようで、後者はミュンヘン行きを大いに勧める。そしてその地の文部省で要職を務めるハンス・フォン・エッカルト教授（一八九〇―一九五七年。社会学、ロシア文化・宗教社会学教授。モスクワ大卒業。ハイデルベルク大の教授職をヒトラーの権力奪取後解雇。一九四六年復職）、ミュンヘン大学スラヴ学講座のP・ディース教授（一八八二―一九六三年）を紹介する。さらに（先便で名が出ている）エーリヒ・ミュラー博士の手許の全書類とともにイヴァーノフ＝ラズームニクの手稿が消滅した、と書いている。このことから、イヴァーノフ＝ラズームニクがリューテルの教示で［参考意見を聞くためか、出版のためか］ミュラー博士の許へ手稿を送っていたが、この件では友人の配慮があだとなったと推測される。

リューテルの手紙には、大戦終結へ向かうなかで、赤軍占領地域から伝わる嬉しくないニュースが記されている。劇やコンサートに「全力」、ライプツィヒの「ドイツ図書館」はロシアの司令部のため科学の全分野にわたる目録を昼夜兼行で作成、ГПУはなお活動中だが、ドイツ人よりもソ連兵を恐れている、ハレ大学ではマルクス主義入門講義の開講等々。さらに祖国へ送り返されるいわゆる「東方労働者」に関わる話題が登場する。彼らのなかに帰国を拒む者が相当数いたことは知られているが、この問題はイヴァーノフ＝ラズームニクのような立場の人間にとっても切実であった。戦後の混乱下にリューテル自身はマールブルク大学で講義し、В・П・ズーボフ、チジェフスキーと三人で東欧文化研究サークルを結成して研究と「東方の芸術と文化」の公開講演を進めていることが再度伝えられる。

リューテルは一九四六年五月六日、受けとったばかりの四月四日付け手紙に返信した[255]。そこでは、イヴァーノフ＝ラズームニクのミュンヘン到着を祝って言う。心配事を忘れて休み、「思索し創造する」力を新たに見出すように、と。またドレスデンから逃れたステプーンはテーゲルンゼー［ミュンヘン南方五〇㎞］に住み、おそらく度々ミュンヘンへ行き来するだろう、との情報を伝える。さらに彼が記すのは、先便で触れた帰国拒否者の問題ともつながるが、ミュンヘンンのUNRRAの大学のことである。これは「ソビエト支配下のバルト三国へ戻りたがらない学生・教授のための機関」だが、彼はそこに平和の確かさを信じられない理由と現状を見て、奇妙さを覚えて言う。あたかも未解決の紛争が戦争なしに解決されるよう願いたいものだ――さもないとメレシコフスキーの「ヨーロッパは存在した」との予言的語句が当たってしまうから、と。彼自身はもうすぐ七〇歳になることを意識し、自分は我が兵士たちが語っているように完全な「講和」までは生きられないが、「運命の瞬間にこの世を」去りつつ、「至福」を味わうことのないよう望みたいものだが、差しあたりこれはまだ幻想だ、との認識を示す。今後もミュンヘンでどのように落ち着き、「アメリカ」計画がどうなっているかを知らせてほしい、と手紙は締めくくられる。イヴァーノフ＝ラズームニクの渡米のための試みはリューテルにも伝わっていることがわかる。リューテルはロシア、ドイツの双方の言語・文化に通じ、第一次大戦時には民族と国籍の不一致により厳しい日々を強いられた。彼はその経験も踏まえてイヴァーノフ＝ラズームニクの異郷での生存の試みを支え、後者の最期のひと月前まで実務的な助言をしていた様子がうかがえる。

6．最後の日々と遺稿

(1)　北米への視線

イヴァーノフ＝ラズームニクはもはや故国ロシアへの想いを断ち切ったようである。かつて「スキタイ人」のマクシマリズムの精神を高く掲げ、一九一二年に旅行者としての滞在経験を踏まえてヨーロッパ文明を批判した彼が、批判先の地での日々を総括するため、一九四二年から四年の歳月はどのような意味をもったのであろうか。すでに見たように一時はプラハが彼にとり「約束の地」と考えられた。パリ行きの可能性も考えられたであろう。しかし、イヴァーノフ＝ラズームニクの亡命期間中に、パリやプラハと並びヨーロッパにおける亡命ロシア人の一大コロニーであるベルリン居住者との連絡、『新しい言葉』紙からの誘い以外にベルリン移住の話が出てこないのは、たんに偶然とばかり言えないものがあろう。彼にとっては一九一二年に滞在したベルリンの名は、人類の血に流れるメシチャンストヴォの強烈な毒のシンボルであり、まさにその毒性が致命的な影響を与える「ストリキニーネ」のように響くのであった。[256]

一九四五年一月二七日から、イヴァーノフ＝ラズームニク夫妻は赤軍の進撃に追われコーニッツを発ち西へ、ベルリンを経由し連合軍支配地域へと戦火のドイツを難民となって移動し、二月二〇日にキール運河沿いのレンズブルクにたどり着いた。エリザヴェータ・ポーストニコヴァから贈られ「イヴァーノフ＝ラズームニクのアドレス、一九四五年」と自筆された小さなメモ帳・住所録からわかることは、彼がこの間コーニッツの元収容所仲間たちと連絡を取りあい、その一人И・Н・グラドツィンが住むレンズブルクへやって来たことである。イヴァーノフ＝ラズームニク死亡当日（一九四六年六月九日）に書かれたグラドツィンからの手紙が遺品のなかに残されているが、当地でのアドレスはグラドツィン夫人宅ではなく別の女性宅である。[257] レンズブルクでのほぼ一年におよぶ難民生活についての数少ない手がかりとして、一九四六年四月七日、イヴァーノフ＝ラズームニクがニーナ・ベルベーロヴァに宛てた手紙で、シュレスヴィヒのUNRRAを自らへの連絡先としていることが挙げられる（前述）[258]。このアドレスと先の（グラッドツィン夫人ではない）女性宅とは街路名までが同じであり、個人宅にUNRRAが置かれていたとの推測も可能であろう。

レンズブルクでの生活が一年近くになり、ヤンコフスキー（息子）夫妻がイヴァーノフ＝ラズームニクと何回か試みた連絡が一九四六年初めにやっと成功した。夫妻はミュンヘンの従兄弟宅に招かれたが、ヴァルヴァーラ・ニコラーエヴナがほぼ一年間寝たきりで（リンパ腺炎）移送できる状態になかった。三月一八日に妻を見送った後、彼はミュンヘンの従兄弟宅へ向かい、四月からその地で人生最後の数週間を過ごすことになる。[259]

イヴァーノフ＝ラズームニクはコーニッツの収容所を出て以後も、可能な限り各地の親戚・友人・知人との連絡に努め、現状を打開する途を粘り強く探っている。そのなかで彼は、おそらくパリのニーナ・ベルベーロヴァの示唆（一九四六年五月三日付け手紙。本章5⑴a参照）でアメリカ渡航の手続きをする以前から、北米渡航情報を入手していた。彼の遺品中には、その証しが残されている。例えば、元エスエルで反ボリシェヴィキ運動に加わり一九二二年に国外追放された社会学者ピチリム・ソローキン（一八八九―一九六八年）の手紙である。[260] ソローキンはUNRRAからイヴァーノフ＝ラズームニク移住への援助が必要だと伝えられ、一九四六年一月三一日付けの手紙をUNRRA経由で後者に送った。そこでは、イヴァーノフ＝ラズームニクが大学で講義するにはアメリカで名を知られていないことを惜しみ、ニューヨークのロシア人の二組織に援助要請したことと、論文発表の場としてロシア語の『新しい雑誌 Новый журнал』（編集長M・カルポーヴィチ）が伝えられている。

もう一つの証しは、イヴァーノフ゠ラズームニクの母親の実家オクーリチの親戚縁者との連絡である。おじД・О・オクーリチの息子С・Д・オクーリチは一九一〇年頃（?）にオクーリチ゠オクシャ（?）の名で詩集を出しているようである［?はイヴァーノフ゠ラズームニク自身による「おそらく」という表現。下記註262参照］。このС・Д・オクーリチがイヴァーノフ゠ラズームニクの『新しい言葉』紙における公告に応え、カナダのヴァンクーヴァーから一九四二年四月一七日付けでハガキを出している。[261] そこには「恥ずべき人生の恥ずべき結末！」に始まり、イヴァーノフ゠ラズームニクに対して極めて厳しい言葉が連ねられている。彼のイヴァーノフ゠ラズームニク批判の概要は次のとおりである。最初にボリシェヴィキ化したゴーリキーの盟友の一人。数多くの最良の人々が精神的、肉体的な飢え／欠乏のために、ソビエトの「天国」、あるいはチェーカーやゲーペーウーの弾丸のために滅びゆくことも考えずに、ボリシェヴィキの勝利と支配の下で彼らとともに生活し働いた。ジードどもの両手を握った。「成果」を賛美するが、その貴方のご主人様に終わりがやってくると、一貫性からだとしても運命を共にせず、沈みゆく船から逃げ出すネズミのように解放された（何からか？）地域からドイツのラーゲリへ、明らかに無料の八号室へ、貴方の四分の一世紀の支配者たちと死闘を繰り広げる国へ「やって来る」――これはこの上なくナイーヴな愚かさで、そして貴方の理想など決してなかったこと、すべてが「出ていけ、俺に場所をよこせ！」の定式通りに進むことを証明している。ひょっとすると「やって来た」のは貴方のご主人様にいま書くためだったのか？　これが貴方の呼びかけへの応答の一つだ、と。イヴァーノフ゠ラズームニクはこのハガキに「大層特徴ある通信。四二年四月二一日」と書き込んでいる。С・Д・オクーリチの見解は反ボリシェヴィキ、反セミティズム、保守派に典型的なものであるが、かつてのイヴァーノフ゠ラズームニクの活動、ゴーリキーとの関係（本書第Ⅱ章参照）などはよく知らずに書いている様子が読みとれる。

イヴァーノフ゠ラズームニクはИ・К・オクーリチとは長らく家族情報をやり取りし、カナダ移住の可能性も尋ねたようである。[262] И・К・オクーリチはカナダ移住が難しいことを、入国条件に関する新聞記事の切り抜きとともに伝えている（一九四六年二月一四日）。その四日後の二月一六日に彼は、『新しい雑誌』と新編集者カルポーヴィチ、寄稿者名を詳しく挙げる。その中でかつて「スキタイ人」グループやヴォリフィラでの仲間であった芸術家М・В・ドブジンスキー（一八七五―一九五七年。一九二五年にリトアニアへ出国、一九三九年からイギリスとアメリカ居住）の名とアドレスが伝えられる。また、同誌には原稿掲載だけでなく、移住の手助けが得られるかもしれないと、編集部のアドレスも伝えられる。

И・К・オクーリチはさらにГ・К・ギンス教授に連絡し、同教授からの回答をイヴァーノフ゠ラズームニクへの手紙（五月一二日）で知らせている。[263] オクーリチは、ギンスが列挙したアンケート項目すべてに答えて自分の許に送るように、とイヴァーノフ゠ラズームニクに言う。オクーリチはギンスの手紙を踏まえてイヴァーノフ゠ラズームニクのカリフォルニア移住の可能性を検討している。「私はあなたの従兄弟イヴァーノフ゠ラズームニクがサンフランシスコにやって来て新聞社で働きさえすれば喜んで歓迎する、との保証を得た」（ギンス）。この新聞社とは、サンフランシスコで一九二一年から発行の『ロシアの生活 Русская жизнь』を指すと思われる。[264] さらに手紙にはアメリカ合衆国の移民規則でヴィザ取得に必須の条件――当該者が社会的に問題ないと確かな人物から保証されること、特定の労働現場は禁じられることが記されている。そのうえでギンスは、イヴァーノフ゠ラズームニクのサンフランシスコ移住に対し個人的に関心を示して、もし恒常的な監督者がなく大きな欠陥が生じている新聞社に、読み書き能力を備えた文化人が入るならば大変嬉しい、と手紙を締めくくる。このような連絡にイヴァーノフ゠ラズームニクは渡米の新たな可能性を感じたであろうが、この件が進んだ場合、彼は否応なく戦後の冷戦のさなかに身を投じることになったであろう。以上がイヴァーノフ゠ラズームニクが死の直前まで、新たな地での生活を探っていた証しである。

ここでイヴァーノフ゠ラズームニクの死の二週間後に、しかし彼の死の事実は知らずに、ニューヨークの『新ロシアの言葉 Новое русское слово』紙に載った「イヴァーノフ゠ラズームニクの運命」（六月二四日）と題する無署名記事に触れておこう。この記事は、彼のロシアからドイツへの自発的逃亡とベルリンでの積極的協力を非難している。さらに同記事は、イヴァーノフ゠ラズームニクがドイツ敗北後にフランス入国ヴィザの入手に失敗し、在米の旧知人のつてでアメリカ入国ヴィザの取得を試みており、事情をよく知らないさるロシア人学者が彼に助力している、と続ける。この「卑劣な」記事に対しБ・И・ニコラエフスキーがП・А・ベルリンへの手紙（一九四六年七月一四日）で厳しく批判している。よく調べもせずにいきなり死刑判決を下すべきでない、概して亡命問題の最高調停員とうぬぼれて無責任な政治的態度をとる輩がいる、と。[265] ここには在米ロシア人の間における意見対立が反映されていると見られる。この無署名記事の論調はソ連の公式見解と一致するが、記事執筆者が誰で、自身はどのような経緯・立場でアメリカにいるのか不明である。

(2) 遺稿をめぐって

おじイヴァーノフ＝ラズームニクの遺稿を引き継いだГ・П・ヤンコフスキー（一九〇四―一九八一年）は、一九四六年夏に遺稿のタイプコピーを二部作り、一部をカナダのИ・К・オクーリチへ送った。一九四八年にヤンコフスキー一家がアメリカ合衆国へ向かう際に、遺稿のオリジナルは手許のスーツケースに、コピー一部は船倉の荷物室に保管のトランクに納められて大西洋を渡った。一家がアメリカ合衆国に到着した時、オリジナル原稿はまったく思い当たる節もないまま消え失せていたが、コピーの方は無事であった。カナダのオクーリチへ別送されたコピーも無事に届いた。[266]

一九五一年に『作家たちの運命』が、ニューヨークの「文学フォンド」から刊行された。『監獄と流刑』はまず一部分が英訳され、一九五一年から翌年にかけて『ロシア評論 Russian Review』誌に掲載された。[267] また最終章「復習」の一部が「エジョーフシチナ」のタイトルで『社会主義通報』誌に原語で紹介され、元エスエル党首チェルノーフが追悼の意をこめたまえがき「P・B・イヴァーノフ＝ラズームニク」を添えた。その概略は以下のとおりである。イヴァーノフ＝ラズームニクはナロードニキ的インテリゲンツィヤであり、エスエル的世界観の持ち主であったが、本性政治的でなく文学的なテーマで執筆した。彼とは見解の対立が、とりわけ一九一七年にあったが、彼は明晰な知性、文学的才能、自由と人間性の理念への忠誠心を一途に持ち続け、全人生を賭けてこれらを擁護した。[268]

チェルノーフのまえがきに「編集部より」の文章が続き、イヴァーノフ＝ラズームニク＝対独協力者説を否定する。[269] その根拠として「プラハの著名な文学者」に宛てたイヴァーノフ＝ラズームニクの手紙二通から一部分が引用され、彼は『新しい言葉』紙がどのような新聞か知らずにルポルタージュを掲載した、と弁護している。その一通目は一九四二年四月二八日付けで、イヴァーノフ＝ラズームニクはプラハの友人たちから忠告を受ける前に同紙に投稿したことを自らの誤りと認めている。この手紙の断片は何点かで表現が異なるものの、大部分はベーム宛ての手紙と一致する。ただしイヴァーノフ＝ラズームニクがベームに宛て『新しい言葉』紙に投稿した、と書いたのは四月二六日で、『社会主義通報』の「編集部より」に記された日付と二日違うという疑問が残る。なおベームがポーストニコフと一致して『新しい言葉』紙への投稿を危険で軽率と忠告したのは五月六日のことで、ポーストニコフの同様な忠告の手紙は五月七日付けである。イヴァーノフ＝ラズームニクの同紙でのルポルタージュ発表は五月一〇日が最初である（本章4(3)参照）。あるいは、イヴァーノフ＝ラズームニクが四月二八日にポーストニコフ宛てに上記の部分を含む手紙を出したとも考えられるが、いずれにせよその手紙はなく、確認できない。もう一通は翌一九四三年二月一一日付けで、『新しい言葉』紙に対する否定的な見方が記されている。そこでは、ベルリンへ行けたが行かなくてよかった（神の救いだ）。行けば同紙と近い関係をもたねばならなかった。去年の春、どこへ突き進むのかわからずに同紙に入り込んだだけで充分で、監獄や収容所暮らしの方がましだ、と述べられている。イヴァーノフ＝ラズームニクからベーム宛てにこの日付の手紙はなく、ポーストニコフ宛てかと思われる。これら二通の手紙を引用紹介したのは、次に述べるようにイヴァーノフ＝ラズームニクの遺稿二点の全面刊行に力のあったB・M・ゼンジーノフ（一八八〇―一九五三年）の可能性が高いのではないか。彼はエスエル中央派に属し、同党機関紙『人民の事業』編集の仕事で一九一七年からイヴァーノフ＝ラズームニクを知っており、ベルリンの『新しい言葉』に掲載される後者のルポルタージュに注目して直ちに出版を目指した。親ナチス紙に発表することは対独協力だ、との非難のなかで、ゼンジーノフは同紙に問題があることは認めつつ、その非難は不公平に思える、と言う。未公刊の講演で、彼は概ね以下のようにイヴァーノフ＝ラズームニクを擁護する。[270] 資料を読めば、彼は自分の信念に反することは言っていない、彼はヒトラーに取り入るようなことをまったく言わず、言っているのはボリシェヴィキとソビエト政府に対する苦く、厳しく、容赦ない言葉と見解のみで、ロシアに対してはそのような言葉はまったくない。彼が『新しい言葉』に執筆したことから明らかなのは、誰もが愛さないボリシェヴィキとソ連政府を彼が憎んでいることだ。彼が非難されるとすれば、憎しみが強いあまりにこのような新聞への論文掲載に同意したことだけだ。

『監獄と流刑』の原稿をめぐっては出版までにさまざまな計画や思惑が錯綜した。[271] ゼンジーノフがカルポーヴィチに宛てた手紙（一九四九年九月一九日）によると、その事情の概要はこうである。まずカナダのオクーリチからカルポーヴィチへ原稿が送られてきた。ゼンジーノフは、特別に興味深く貴重なのでぜひともロシア語と英語訳で出版されるよう望んだ。出版についてはH・Д・ナボコフ（作曲家・音楽評論家。作家B・ナボコフの従兄弟）によると、ジョージ・ケナンがざっと目を通し大いに喜んだ。彼の推薦があってアメリカの良い出版社を見つける助けになり、ナボコフ、ニコラエフスキーと私がもう出版社探しと交渉を始めている。長い序文執筆を依頼する候補者として、まだ我々の会話と夢のなかでだが、アーサー・ケストラー、ジョージ・オーウェル、アーサー・シュレジンジャーの名が挙がっている。近日中に実際の見通しをはっきりさせたい。手稿は今、ニコラエフスキーの手許にあり、彼は自分に手稿を渡した君［カルポーヴィチ］が法的責任者だと考えている。ロシア語での出版がもちろん望ましい（英訳では短縮）。アブラモーヴィチが近日中に、イヴァーノフ＝ラズームニクに関するチェルノーフの論文を添えて『社会主義通報』に抜粋を掲載する（前述）。以上のような事情からは、冷戦時に在米のロシア人亡命者だけでなく、アメリカ合衆国内の雰囲気もうかがえる。ゼンジーノフは当時ニューヨーク郊外にいたヤンコフスキー家でイヴァーノフ＝ラズームニクの日記（本書では「メモ帳」と訳している）、彼が出した手紙のコピーと彼への手紙を読んで興味を抱いた。ゼンジーノフは『新しい雑誌』への日記掲載を望み、同じ日々と諸事件［レニングラード封鎖］を記した作家・詩人ヴェーラ・インベルの日記への良い補足と訂正になりうる、と考えた。Н・Д・ナボコフにも、イヴァーノフ＝ラズームニクの遺稿抜粋を自分たちが関わるフランス語の雑誌『証拠 Preuves』に載せたい、との希望があり、ゼンジーノフはフランス語での出版にも賛成していた。[272]しかし遺稿出版に際しては、Г・ヤンコフスキー一家、とりわけ妻В・ヤンコフスカヤが、出版によって目立てば「本国送還」につながると懸念していたこと、先に出版された『作家たちの運命』の原稿料との比較で金銭的要求の問題が生じたこと、版権所有者の問題の三点で手間取った。ゼンジーノフはこうした障害を乗りこえて一九五三年初めにニューヨークのチェーホフ出版社から『監獄と流刑』出版へこぎ着けた後、同年一〇月に亡くなった。チェーホフ出版社はアメリカ合衆国の間接的支持の下、東欧財団およびフォード財団によって冷戦のさなかに一九五二年から四年間だけ存在し、一五〇点以上の文献を出版した。それらは文学作品、証言・体験集を含めてソ連からの亡命者の証言の集積である。同書の英語訳の話もあったようだが、当時は抜粋が『ロシア評論』に掲載されるにとどまった（前述）。英語への全訳が実現したのは一九六五年のことである（ただし一部省略あり）。[273]これらの事情には第二次大戦直後、冷戦期という時代の雰囲気がイヴァーノフ＝ラズームニクの遺稿の取り扱いにも影を落としていたことが映し出されている。ニューヨークで刊行されたイヴァーノフ＝ラズームニクの遺稿二点がロシアで初めて刊行されたのは、ペレストロイカとソ連邦解体後の二〇〇〇年のことであった。

＊＊＊

回想記を秘かに執筆することは、ソ連国内では言うまでもなく「本国送還」されずにソ連国外にいても、執筆者自身だけでなく、たとえ仮名を用いても登場する数多くの人々を破滅させる危険性と背中合わせであった。さらにイヴァーノフ＝ラズームニクは一九三九年六月一七日、モスクワのタガンカ監獄釈放時に、獄内での見聞や体験を決して誰にも話さない、この義務を犯して逮捕・投獄されればもはや出獄は望めない、と記した文書に署名させられていたのである。[274]このような制約を考えれば回想記原稿が紛失・破壊を免れて残ったことは奇跡的といってよい。それはカシーラの小さな仮住まいの家宅捜査時に、食器棚代わりに立てて使われている大きな木箱の上部の二枚の板の間に隠されて発見を免れた。戦時の砲撃によりプーシキンの自宅で多くの資料が破壊された時も無事で、強制移送時に持ち出され、戦下の避難行や郵送、そして大西洋横断の移住の船旅も経て活字となったのであった。

『監獄と流刑』はソルジェニーツィンの『収容所群島』で言及されている。彼はイヴァーノフ＝ラズームニクが表面的、個人的で単調なジョークが多い、と言いながらも一九三七～一九三八年のエジョーフ体制下の獄房内の生活がよく書かれている、と注記する。[275]自らの体験を記録として残すイヴァーノフ＝ラズームニクが細部にこだわるのは当然であり、収容所群島の全体像を文学的に考察しようとするソルジェニーツィンとは見方が異なるのもこれまた当然であろう。『監獄と流刑』は『収容所群島』の基盤となる無数の資料の一つとして評価されているのである。

『監獄と流刑』は言うまでもなくソ連では禁書であったが、ベリヤが読んだと伝えられ、他の禁書と同じく、時とともに知識人の間に知られていった。詩人・評論家で児童文学者でもあるコルネイ・チュコフスキー（一八八二―一九六九年）は、一九一七年革命後にイヴァーノフ＝ラズームニクと接触する機会があったことを日記に記しているが（本書第Ⅱ章４参照）、一九六二年六月一六日の日記に同書を読んだ印象を次のように記している。これはスターリン、エジョーフやその手先どもの反インテリゲンツィヤの策略を告発する恐ろしい本だ。奴ら人間のクズどもは束になってもインテリゲンツィヤの方が強いことがわからず、インテリゲンツィヤを根絶やしにしたいと思い、自律的に考えるインテリゲンツィヤを憎んだ。［恐ろしい本というわけは］なぜなら奴らによって痛めつけられた無数のインテリゲンツィヤの一人がすり抜けたなら、その一人が奴らを永遠に呪い、その宣告が全人類に承認されるからだ、と。[276]

イヴァーノフ＝ラズームニクの国外での死を知ってか知らずか、ソ連では戦前の彼への告訴に関連して一九五二年に捜査が行なわれたことがKГБ《カーゲーベー》の文書に記されている。そこで情報が得られなかった結果、二年後にこの件は取り消された。しかしさらに二年後の一九五六年、イヴァーノフ＝ラズームニクに対する一九四一年八月末の追放提案にもとづきアルハンゲリスク州でＫＧБが一か月半捜査した結果、当該人物は同州に来ていない、とされた。この件がＫＧБの記録に記載されなくなったのは一九六二年のことであった。[277]その直後の一九六六年にソ連で刊行の『簡略文学百科事典』では彼に関する項目が設けられはしたが、氏名の表記で「イヴァノーフ＝ラズームニク」と力点の位置が誤っている（彼自身が『監獄と流刑』で、自分の姓は「イヴァノーフでなく、イヴァーノフ」だ、と書いている）。四〇年ばかりの否定的評価、無視の間に正しい姓すら忘れられたのであろうか。その項目の説明では、彼は観念論的、非マルクス主義的世界観の持ち主と型通りに批判される。彼の晩年については、一九四一年にプーシキンでドイツ軍占領地域に居合わせ、その後ドイツに住んで死に、反ソ的回想記を出版した、と比較的淡々と記されている。[278]他方、彼の「祖国への裏切り」をなおも指摘するのは、『サルティコフ＝シチェドリン著作集』第八巻（一九六九年）の人名註である。[279]イヴァーノフ＝ラズームニクは対独戦前のソ連でシチェドリン研究の第一人者であり、シチェドリンの著作集編纂や伝記執筆で彼ほど詳細な仕事ができる研究者は他にいなかったようである。その仕事はくり返された逮捕・入獄と三年間の流刑で中断されたが、彼の地道な作業は上記のシチェドリン著作集の註にも生かされている。しかし表立って彼の名を挙げ業績を称えることは慎重に避けられた。以後も一九八九年の「名誉回復」まで彼を正面から取りあげることは控えられたが、本書で見てきたように一九八〇年代になるとブロークやゴーリキーとの係わりを手がかりにして、徐々に光が当てられるようになったのである。

補論

未刊の『弁人論』周辺

1．はじめに

イヴァーノフ＝ラズームニクがソ連邦で「作家」としての活動を禁じられて七〇年近く、そして死後四〇年余の一九八九年、ペレストロイカのさなかに彼は名誉回復された。封印を解かれた彼の旧著『ロシア社会思想史』の復刊や、一九三〇年代末から原稿のまま放置されていたアンドレイ・ベールイとの書簡集が刊行された。もはや彼の名を伏せる必要はなくなった。彼の「個人・作品・文化における役割」をテーマとする国際研究・報告会も三度開催された。それ以後ロシアだけでなく欧米でも、彼の「再発見」が進んでいるが、とくに一九一七年革命の年から一九二〇年代前半が注目の的である。主なテーマとしては、第一次世界大戦前から彼を中心に形成された「スキタイ人」[1]グループと、このグループを受け継ぐ「自由哲学協会《ヴォリフィラ》」（一九一九～一九二四年）で中心的役割を担った彼とその仲間たちの活動がある。加えて、彼の未刊の著『弁人論』（『人間の擁護』とも記される）の探求がある。『弁人論』は、彼自身が自らの思索と活動の集大成と位置付けているが、著書と呼ぶには注釈が必要であろう。その理由は、著者自身が何度か言及し、原稿の一部の朗読を聞いたという友人たちの証言があり、一九二〇年代初めに出版予告が散見されるものの、この著は未刊で文字通り「幻の書」なのである。原稿は完成された、あるいは完成されていないとの両説がある。さらに原稿が亡き著者の従兄弟の子孫（カリフォルニア州在住）の手許に私蔵されて研究者のアプローチを許されず、人目に触れないまま今日に至っているという事情がある。

これまでにイヴァーノフ＝ラズームニクの『弁人論』を取りあげ活字にしたのは、ロシアの研究者В・Г・ベロウースである。彼はパリで一九四七年から刊行されているロシア語新聞『ロシア思想』に二度にわたり、出典は記さないエセー風の紹介文を掲載した（一九九五年）[2]。さらに著書『ヴォリフィラ、あるいは社会の自己認識に照らした文化の危機』（二〇〇七年。ヴォリフィラ三部作の最終巻）の一章で、学術論文としてこのテーマを論じた[3]。そこでは、イヴァーノフ＝ラズームニクの著『生の意味について』（以下では『生の意味』と表記する）やその他の著書、新聞掲載のエセーでは言及されなかった「イヴァーノフ＝ラズームニクからアレクサンドル・ブロークへの手紙（一九一八年九月二〇日）」が検討されている。本章は資料をめぐるこのような事情と研究の現状を確認しつつ、上記の手紙もふくめ現在のところ利用できるかぎりの資料によって「幻の書」に周辺から光を当て、原稿が公刊される日に備えて問題を整理することを目的とする。推測で論じざるを得ず、試論的なものとなることは言うまでもない。

2.『弁人論』をめぐる情報

弁人論 Антроподицея という用語では、世界における悪の存在に対して創造主たる神を弁護する弁神論（または神義論）（Теодицея。英語では theodicy）を踏まえ、この語の神（Тео-）が人（Антропо-）に置きかえられている。ロシア宗教思想のなかで弁人論はヴラジーミル・ソロヴィヨーフ以来、フロレンスキー、ベルジャーエフなど、キリスト教の立場の哲学者や思想家により論じられている。ベルジャーエフの著『創造の意味』（一九一二―一九一四年執筆）では、「『弁人論』は『弁神論』へ至る唯一の道」とされる（同書結論）。イヴァーノフ＝ラズームニクの場合は、同じ語を用いながらその中身はより世俗的で、正統教会側からすれば反キリスト教的と受けとられよう。ちなみに彼は『弁人論』執筆に力を注ぐより一〇年余り前に「マルクス主義批判」（一九〇九年執筆）においてすでにこの語を用いている。それは、彼の最初の著『ロシア社会思想史』（一九〇七年刊。実際には一九〇六年末）に対する「ロシア・マルクス主義の父」プレハーノフの長文の批判「現代メシチャニーンのイデオロギー」に応えた、これまた長文の反批判論文である。そこでの弁人論という語の用い方は次のとおりである。すなわち、人間のリーチノスチ（個性、人格）というテーマは「傑出した」テーマである。マルクス主義者はつねにこのテーマにまったく無関心であった。他方、ナロードニキ主義はつねにこのテーマから出発し、ここに永遠の真理である我らの弁人論の核心が存在する、と。[4]「弁人論」あるいは「人間の擁護」というテーマは、彼のナロードニキ主義の信念をマルクス主義と対比するなかで打ち出されたのである。

およそナロードニキ、あるいは二〇世紀のナロードニキと言われる人々の間では農村共同体の問題への関心がきわめて著しい。イヴァーノフ＝ラズームニクも一九〇五年革命時に居住地ヴラジーミル県で共同体農民にアピールし、立ち上がった農民の姿を共感をこめて雑誌で伝えた。[5] しかし以後はそのような関心を文字に留めず、ひたすら文学の言葉でリーチノスチの問題に集中した。『ロシア社会思想史』に続く彼の第二の著『生の意味』（一九〇八年刊）は、前著より成熟した著書である、という著者の自信にあふれた言葉が残されている。[6] さらに一九一八年に彼は、『弁人論』の骨子は『生の意味』にすでに記され、そこで提起された世界観的立場はその後も変わらなかった、と述べている（本章5で述べるブロークへの手紙参照）。

一九一七年以降、『弁人論』にかかわる発言は彼自身の口からも、また彼の友人たちからも聞かれる。イヴァーノフ＝ラズームニクは後年、回想記で『弁人論』は「ヴォリフィラ」における五年間（一九一九年―一九二四年）の不屈の仕事を哲学的に総括して書かれた、と述べている。[7] さらに歴史家・書誌学者で彼と親しいエスエルのヴィーチャゼフ＝セデーンコへの手紙では、「『人間の擁護』は私の最後の著書で、［最初ではなく］最後に焼くブリンはお団子にしたくありません」と書いている（一九二三年三月一二日）。[8]「最後に焼くブリン」という表現には、集大成的な著というだけでなく、当時、ボリシェヴィキ政府の検閲のため著作を自由に刊行できなくなりつつある彼の立場が示唆されているとも推測できよう。

一九一七年にイヴァーノフ＝ラズームニクと知り合い、ともにヴォリフィラの活動を支えたシチェーインベルクは、一九六八年～一九六九年に漸次公表し、一九九一年に一冊にまとめられた回想記『我が初期の友人たち――一九一一年～一九二三年』を残した。同書はヴォリフィラ時代の友人たちをふり返り、「弁人論（人間の擁護）は弁神論に対するものので、彼［イヴァーノフ＝ラズームニク］の最初で最後の言葉だ」、「彼は（『弁人論』の）いくつかの抜粋を私に読んで聞かせた」と述べている。[9]

この幻の著の原稿執筆当時の情勢をまとめると、以下のとおりである。イヴァーノフ＝ラズームニクが同著を執筆し始めたのは一九一八年後半、すなわち前年の二度にわたる革命から国内戦へと、政情が未だ定かでない時期である。当時、彼を中心とする文学者たちの「スキタイ人」グループは、政治的には無党派ではあるが左派エスエル党にシンパシーを抱き、同党の機関紙誌の編集に携わり、作品を発表していた。ヴォリフィラにも「スキタイ人」グループから農民詩人以外のメンバーが参加している。左派エスエル党は一九一七年一二月からボリシェヴィキと連立政権を構成したが、ドイツとのブレスト講和条約締結をめぐって対立し一九一八年三月連立を解消、七月にはボリシェヴィキ政府に対する反乱を起こし、即日鎮圧された。同年後半に党機関誌『われらの道』がボリシェヴィキ政府により破壊され、スキタイ人たちの出版物による評論活動の可能性がなくなった。翌一九一九年二月、イヴァーノフ＝ラズームニクは「左派エスエルの陰謀」という捏造された嫌疑により、ソビエト政権下では最初の逮捕を経験し、それまでに書きためられた『弁人論』の原稿は、他の多くの文書もろともチェーカーによって押収された。しかし逮捕から二週間後の釈放のさいに原稿は返還された。取調べ官はおそらくその内容を理解できないまま、「原稿の完成を祈る」といったという。なお、彼の逮捕時に押収された住所録から、ヴォリフィラに関係していた多くの友人たち（ブローク、シチェーインベルク、レーミゾフ、ザミャーチン、ヴェンゲーロフ、ペトロフ＝ヴォートキン、レムケ他）も逮捕されたが、ブロークとシチェーインベルク以外は即日、あるいは翌日には釈放されている。[10]

『弁人論』または『人間の擁護』出版に関する情報は、一九二一年〜一九二三年頃の刊行物末尾の広告・新刊予告で数か所確認できる。ナロードニキ系の協同組合出版社「麦の穂《コーロス》」からは、イヴァーノフ＝ラズームニクの著書数点が「著作集」として刊行された。同社刊行の彼の『頂点』（一九二三年。ブロークとベールイが二〇世紀文学の山並みの頂点、と評価）巻末には彼の著作リスト一九点が挙げられており、その最後の一点が『人間の擁護』（刊行準備中）である。[11] 彼の論文集『貴重なもの――文化的伝統に関する一九一二年〜一九一三年の論文』（「時代《エポーハ》」社、一九二二年）の巻末には、「イヴァーノフ＝ラズームニクの本」が一六点挙げられており、その最後の一点が『人間の擁護』（準備中）となっている。[12] さらにヴォリフィラ会員K・エルベルクの著書（ベルリンのスキタイ人出版社）巻末の同社刊行書リストには、「スキタイ人叢書」の一冊として『人間の擁護――精神的マクシマリズムの基礎』が見出せ、刊行間近と思わせる。[13] しかし一九二三年以後、前記の『頂点』を最後にイヴァーノフ＝ラズームニクは検閲によって自著（新刊だけでなく、既刊の再版も）刊行を「内容にかかわらず」禁止された。国内だけでなくベルリンでも刊行が実現しなかった事情は明らかでない。『人間の擁護』も、もう一点の『ロシアとヨーロッパ』（ヴォリフィラでの活動が反映されていると推測される）も日の目を見ることはなかった。[14]

帝政期に学生デモで逮捕・退学と地方への追放を経験し、その措置が解除された後も郵便物開封をはじめとして警察の監視下にあったイヴァーノフ＝ラズームニクは、大学の研究者から、独立した文筆家・評論家として生きる途へと転じ、『生の意味』をはじめ多くの著書を刊行した。一九一七年の革命後ボリシェヴィキ政権下でも彼は「好ましからざる作家」リスト入りしていた。スターリン時代の彼自身と原稿の運命をさらに見ていこう。著書出版を禁じられ、文学にかかわって収入を得る途を絶たれた彼は一九世紀ロシア文学関係書の編纂、翻訳数点、百科事典の項目執筆（砂を咬むような何の興味もわかない作業）等で糊口をしのがざるを得なかった。彼が辛うじて編集・執筆できた『ロシア文学論文集』（一九二四年刊）では自らの名を秘し、「イッポリート・ウドゥーシエフ」という皮肉なペンネームが用いられた。[15]ウドゥーシエフは動詞ウドゥシチ удушить（窒息させる）を踏まえたペンネームであり、グリボエードフ『智慧の悲しみ』（第四幕第四場）の一登場人物の名である。後に彼は『作家たちの運命』で、ソ連で作家がたどった途を「非業の死を遂げた者」、「窒息させられた者 задушенные」、「順応した者」の三タイプに分類し、自らを第二のカテゴリーに入れた。[16]

以上のような日々ではあったが、一九二〇年代はその前後の時期に比べれば、イヴァーノフ＝ラズームニクにとり比較的平穏に過ぎたといえる。この間に彼は、サルティコフ＝シチェドリンとアレクサンドル・ブロークの著作集編纂の作業に従事した。しかし一九三三年二月と一九三七年九月には「ナロードニキ主義の思想的‐組織的センター」の中心人物という容疑で彼の逮捕・家宅捜査・証拠物件押収が行なわれ、彼が収集・整理した膨大な文献・資料が失われたが、幸い『弁人論』の原稿は押収を免れた。エジョーフ体制下で一九三七年九月の逮捕・入獄から一九三九年六月に釈放された彼は、プーシキン（一九三七年にジェーツコエ・セローから改称）の自宅にすぐに戻れたわけではなかった。そのためモスクワ国立文学館長В・Д・ボンチ＝ブルエーヴィチの尽力で同文学館の非正規職員として、いずれも親友であるМ・М・プリーシヴィンとА・Н・リムスキー＝コルサコフの許で文学資料の収集・整理のためモスクワに居住、その後レニングラードおよびプーシキンへ出張命令を受け、三か月間の一時滞在期限の終了ごとに更新許可をくり返した。

翌年夏からは同館レニングラード全権代表の肩書を得て、滞在許可を更新しつつ何とか自宅に留まった。その一年後にナチス・ドイツとの「大祖国戦争」が始まった。ドイツ軍は一九四一年九月にレニングラード攻囲戦における一最前線であったプーシキンを占領し、この都市に住む彼と妻ヴァルヴァーラ・ニコラーエヴナは否応なくナチス・ドイツ軍占領地居住民となった。自宅は爆撃によって屋根が崩落し、長年にわたって収集・整理した膨大な文献・資料類は甚大な被害を蒙った。数か月後、飢餓に脅かされる日々に占領軍による強制と自らの選択の結果夫妻はソ連を出て、一九四二年二月、ドイツ占領下の西プロイセン（現ポーランド）の小都市コーニッツ（ドイツ語・ロシア語。ポーランド語ではホイニツェ）の監視収容所で暮らす運命となった（詳しくは第V章参照）。この時、自宅から辛うじて持ち出せた原稿のなかに『弁人論』もふくまれていた。コーニッツに次いでスタルガルトの収容所で計一年半暮らした後、妻が「民族ドイツ人Volksdeutsch」と認定されて夫妻は収容所を出て、戦火を避けつつ一旦リトアニア、再びドイツ軍下のポーランド（コーニッツ）、そしてドイツ西部へと流浪の日々を送った。その間に『人間の擁護（弁人論）』を印刷全紙一二枚ほどにまとめた様子が、一九二〇年代初めからプラハで亡命生活を送る文芸学者アリフレート・ベーム宛ての手紙（一九四四年二月五日）に次のように記されている。（他人にとってはいざ知らず）自分にとって一番興味があり、一九一九年から一九二四年にヴォリフィラで講義した文化の哲学関係のテーマであること、称賛とはいわないがせめて反応が聞きたく、それが友人・知人が住むプラハ行きを夢見る理由の一つである、と。[17]

一九四五年二月、赤軍の進攻を避けてコーニッツを発ち、一か月後にたどり着いたシュレスヴィヒのレンズブルクではほぼ一年、妻に先立たれて三か月足らず後、一九四六年六月イヴァーノフ＝ラズームニクはミュンヘンのΓ・ヤンコフスキー（従兄弟の息子）宅で他界した。ヤンコフスキーのおじの原稿の一部は戦火のドイツで爆撃のためすでに失われていた。その中には、印刷所で製版済みの原稿もあったが、『弁人論』など一部はなお、筆者の手許で無事であった。まさに「原稿は燃えない」（M・ブルガーコフ）で残ったのである。

ヴォリフィラの日々に、事実上の会長イヴァーノフ＝ラズームニクと学術書記として緊密な関係にあったシチェーインベルクは回想記で述べている。『弁人論』原稿は戦時にドイツで行方不明となった。このことを義務として書いておく」と。[18] ただし、行方不明との情報は誤りである。ヤンコフスキー一家は一九四八年末に残されたおじの原稿を携えてアメリカ合衆国へ渡り、そのうち『作家たちの運命』（一九五一年）が文学フォンドから、次いで『監獄と流刑』（一九五三年）が、冷戦期に短期間で亡命ロシア人文献を数多く出版したチェーホフ出版社（ニューヨーク）から刊行された。[19] しかし、『作家たちの運命』の著者紹介（無署名だが、エスエルのB・M・ゼンジーノフ執筆）で「新たな人類の宗教の構築、文化的‐哲学的性格の労作[20]」と紹介された『弁人論』は日の目を見ず、原稿は先述のとおりヤンコフスキー家の子孫の手許にあるが、研究者の会見申し込みすら受け付けられていない。[21]

3. 若き日の探求

イヴァーノフ＝ラズームニクは回想記や履歴書に、自身のギムナジア期以前の伝記的な情報を記していない。判明しているのは両親のこと、出生地がチフリス（現トビリシ）であることだけである。[22] そこで空白を埋めるために、既刊の研究論文に見られるわずかな手がかりから若きイヴァーノフ＝ラズームニクの思索の跡を確かめておきたい。ブレジネフ時代末期の一九八一年にイヴァーノフ＝ラズームニク復権の口火を切ったA・B・ラヴローフは、ブロークとイヴァーノフ＝ラズームニクの手紙計三一通に註をつけて発表し、二〇ページにわたってソ連期でもっとも詳しくイヴァーノフ＝ラズームニクを紹介する序文（註一二六項目）を付した（『文学遺産』九二‐二）。その際駆使されたのは、ペテルブルクのロシア科学アカデミー文学研究所（プーシキン館）所蔵のイヴァーノフ＝ラズームニク関係の未公刊文書である。その一つが「我が世界観[23]」（一八九五―一八九六年筆）のタイトルで、「ギムナジア生期（一八八八―一八九七年）から人生の道にむかって道徳的‐哲学的な関心、体系的思考の素質を示していた」（ラヴローフ）彼の試論である。彼はそこで世界観の基礎としての生の目的という問いを提起し、天文学が自然科学でもっとも重要であり、人間社会のさらなる向上にとりもっとも有意義だと考え、ギムナジア卒業後ペテルブルク大学物理‐数学部へと進んだのである。彼は「我が世界観」で哲学の根本的問題——神の存在に言及し、教会の教義とは一線を画しつつ、神を「すべて真理へ向かう永遠の志向」、魂の不死と理解している。その上でイヴァーノフ＝ラズームニクは合理主義的、「啓蒙的」な立場によって、人類の哲学‐歴史的発達のプロセスを描いた。それによると人類史は「悟性 **рассудок** と想像／空想 **воображение** との闘い」と見られ、「想像／空想」のうちには宗教も含まれる。想像は徐々に悟性にとって代わられる。「人間が頂点にまで発達すると、想像のまったく混入しない理性 **разум** だけが支配する」。ずっと後に彼はこの文書の欄外に次のように書き足している。「私が一五歳の少年時［一八九三―一八九四年］に、どのように信と不信の間を揺れ動いたかを追跡するのは大層興味深い。神と霊魂不滅を信じると主張しつつ、実のところ私はこれを自分に納得させようとするだけで、問いから逃げていた」。続いてイヴァーノフ＝ラズームニクが一八九〇年代末に当時流行りの実証主義の見地から哲学的な著述を残していると主張しつつ、ラヴローフと同じく未公刊文書を踏まえ、イヴァーノフ＝ラズームニクが一八九〇年代末に当時流行りの実証主義の見地から哲学的な著述を残しているとして、ラヴローフと同じく「我が世界観」の概要に触れる。さらに大学入学後の二点の文書、「科学の形而上学的理解」（一八九八年）、「物理学の哲学」（一八九九―一九〇〇年）の名を挙げている。[24] 以上が『生の意味』刊行から一〇数年さかのぼった時点でのイヴァーノフ＝ラズームニクの知的探求の片鱗である。「世界観の基礎としての生の目的」という問題意識は、『弁人論』へと至る彼の思索の出発点と考えられないか。彼がいつ頃、自らの立場を転換させたのかを確認する手がかりはないが、一九〇八年刊の『生の意味』では実証主義が明確に否定されている。[25]

以上の手がかりを踏まえてイヴァーノフ＝ラズームニクの思想形成の道を推測していくなかで、彼が後々折にふれ厳しく批判する（本書第Ⅲ章、第Ⅳ章参照）セルゲイ・ブルガーコフの主張とのかかわりという、一見意外に思える問題が浮上する。すなわち、イヴァーノフ＝ラズームニクが『生の意味』で展開した「内在的主観主義」は先行するブルガーコフの主張を意識し、その主張から重要と考えられる問題点を抜きだして異なる解釈を提示し、正反対の結論を打ちだしたと言えるのではないか。両者は世紀交替期を挟んで思想的転換（ブルガーコフはマルクス主義から、イヴァーノフ＝ラズームニクは実証主義から）を遂げた点では共通する。先に名を挙げた大学入学後の二点の文書は、内容は不詳で題名だけからの推測であるが、転換後のブルガーコフによる形而上学の権能という主張と通じる部分があるのではないか。ただしブルガーコフ側は、活字にしたなかでイヴァーノフ＝ラズームニクの名にふれることは管見の限りまったくない。ここで言うブルガーコフの主張とは「哲学的タイプとしてのイヴァン・カラマーゾフ」（一九〇一年）[26]である。この論文は彼の思想的転換の跡を示す論文集『マルクス主義から観念論へ』（一九〇三年）に収録されている。以下に必要な限りでブルガーコフ論文の要点を記し、イヴァーノフ＝ラズームニクとのかかわりの可能性を推測してみよう。

「哲学的タイプとしてのイヴァン・カラマーゾフ」は、マルクス主義から観念論へ転じたブルガーコフの最初の発言で、ドストエフスキー『カラマーゾフの兄弟』から次男イヴァンを取りあげ論じている。彼は広く世界観の社会学的側面への熱中の時代から形而上学への転換という時代の変化と、自身の転換のなかでイヴァン・カラマーゾフを論じる。

そこでは形而上学と宗教の立場から、イヴァンの提起する問題を手がかりとして、一九世紀に支配的となった進歩の理論とその典型的表現である社会主義の理論全般が位置づけられる。さらにゲーテが創造した一八世紀人ファウストと比較して、ドストエフスキーによる一九世紀人イヴァンに典型的に示されるロシア・インテリゲンツィヤの特質が描かれる。以下にその内容をかいつまんで示そう。

　イヴァンが弟アリョーシャとの対話（『カラマーゾフの兄弟』第二部第五編「プロとコントラ」の三「兄弟、近づきになる」、同四「反逆」）で提起したのは、未来の調和を得るために現在の人間が支払わねばならぬ代償の問題である（いわゆる「カラマーゾフの問い」）。ブルガーコフは、イヴァンの問いは一九世紀に優勢となった進歩の理論、その代表的な表現形態である社会主義の教義への疑念である、と指摘する。彼はイヴァンの問いに、はしなくも現代の偶像に祭り上げられているニーチェと同様な無神論的非道徳主義《アモラリズム》を見つつ、以下のように述べる。イヴァンは未来の調和の代価（マルクスの言う新しい社会の「生みの苦しみ」）に対して、「是が非でも解決するか、さもなくば道徳的な死のみ」と感じて疑念を呈し、苦悩し、病に陥っている。決して社会主義者ではないイヴァンの問いは、実は現在の不調和は未来の調和によって償われる、と強調する無神論者、当代の唯物論者と社会主義の教義が問い続けるのと同じ問いなのである。この問いは世界的な問題かつ解決不可能な問題、形而上学の根本問題で神義論の問題であり、最大多数の幸福の増大を進歩とみなす幸福論的な進歩の理解の観点では解決されない。この問題は形而上学的で宗教的なジンテーゼという方法によってのみ、解決ないしは除去される。このようにブルガーコフは主張する。

　さらにブルガーコフはイヴァンの懐疑を歴史のなかで捉え、未来の天上の生とこの地上の生の観念の変化、神人に代わる人神への信仰と結びつけて言う。この地上の生を未来の天上の生への準備と見なす古い信仰・観念は一九世紀に破壊されるか揺さぶられた。代わって、我々の生は未来の天上の生ではなく地上の生への準備である、という見解、すなわち宗教に代わって科学的な装いをとる進歩の理論が、コント流に言えば人類教が現在は支配的位置に座っている（ドストエフスキーの表現によれば、人神の出現）。けだしブルガーコフによれば、あらゆる世界観の根底には信仰が、あらゆる宗教的世界観の根底には論証できず、論証よりはるかに高所に立つ何かがあるのである。ドストエフスキーを高く評価するブルガーコフは、『カラマーゾフの兄弟』に挿入される「大審問官の伝説」は神義論を提起し、ロシア文学によるもっとも貴重な創造である、と考える。彼によると、大審問官は反キリスト（ニーチェ）であり、社会哲学におけるニーチェの根本的モチーフは大審問官のそれとまったく同じである（人間の倫理的平等の否定、奴隷と主人の異なる道徳）。ニーチェの教義（愛や共苦の否定、戦争の賛美、民主主義の諸理想の完全否定等々）は病理学的な奇形性を示しているのである。

かくしてイヴァンの問いは、一九世紀的世界観のもっとも本質的な側面＝人類の無限の進歩への信仰、進歩への利他的献身に懐疑を抱くものであり、進歩の理論一般すなわち科学的社会主義、社会主義理論全般への懐疑である。イヴァンの疑念は、科学的な装いの普遍的世界観、より広くは宗教としても理解されうるような社会主義の理論、その基本的信仰個条に対する疑念なのである。その三点とは、①没個性的な進歩あるいは他人の幸福のために自らの幸福や利益を犠牲にするよう命じる道徳的規範の義務、②未来の世代の幸福が現世代の不幸を贖うという進歩の代償（進歩の理論の純粋に幸福論的所説）、③こうしたすべての犠牲のうえに生まれる人類の未来である。

ブルガーコフは最後にイヴァン・カラマーゾフとゲーテのファウストを対比して、一八世紀と一九世紀という二つの時代の相違を見る。ファウストは一八世紀の懐疑を体現し、理論理性を批判する。彼は神学の後見を斥け、自らの足で歩こうと努め、自らの力を初めてはっきり理解しつつある西欧思想の象徴である。個人主義の時代の苦悩と疑惑を体現し、社会的活動は彼にとり理論的な応急措置 pis aller である。ファウストは世界的形象であると同時に徹頭徹尾ドイツ人であり、時に俗物性の匂いすら伴う。西欧のインテリゲンツィヤには、自己満足と文化的ブルジョワ性が付きまとう。

他方、ファウストを受け継ぐイヴァンは一九世紀の懐疑を体現し、実践理性を批判する。彼は社会主義の時代の懐疑的な息子で、その懐疑は（経済学的でなく、道徳的な意味における）社会主義の問題を突いている。イヴァンは徹頭徹尾ロシア人かつロシアのインテリゲンツィヤであり、世界的問題を大いに好み、しばしば長口舌をふるい、自己を分析し、病的なまでの良心の呵責に苦しむ。この良心の病が西欧のインテリゲンツィヤとは異なるロシア・インテリゲンツィヤの最大の特質であり、ロシア文化、ロシア哲学の発展の性格を規定する。

ブルガーコフのイヴァン・カラマーゾフ分析はロシアの哲学論・インテリゲンツィヤ論へと行きつく。それによると、良心の病によって発展の性格を規定されるところにロシア哲学思想の理論的不毛性の原因がある。ロシア哲学は理論のなかに良心の問いへの答えを、実践的な指示を求めるゆえに認識論その他への関心が薄く、価値ある理論的結論に到達しえない。トルストイに見られるように倫理の問題が好まれて哲学のすべてとなり、ロシア哲学の生命と完全な形而上学的弱さがそこに産まれる。良心の病がロシア民族の特質となるのは、ロシアにおける理想と現実、良心や理性の要求と実生活の間に横たわる大きな溝・不和の存在ゆえである。それは最先進のヨーロッパ思想と同じ歩みのロシア・インテリゲンツィヤの思想と、ヨーロッパに数世紀遅れるロシアの現実との不一致のゆえである。ここからロシア・インテリゲンツィヤが道徳的な屈辱を意識し、民衆に対する道徳的義務感を生じさせ、民衆との完全かつ創造的な結合が妨げられているのである。

以上のようにブルガーコフは哲学的タイプとしてのイヴァン・カラマーゾフを分析し、進歩の理論を否定して自らの思想的転換を明らかにした。彼の論文「進歩の理論の根本的諸問題」(一九〇二年[27])はこのような主張をより広く、詳しく展開したといえる。ではイヴァーノフ゠ラズームニクは、ブルガーコフの主張を同意、反論を含めてどのように受けとり、イヴァン・カラマーゾフについて正反対の結論に至ったか。詳細な分析を行なう余裕はないが、主要な問題点を列挙しよう。

＊ 実証主義から観念論への転換、マルクス主義批判、進歩の否定という点でイヴァーノフ゠ラズームニクはブルガーコフと同じ道をたどったことになる。ただし、ナロードニキの前者と元マルクス主義経済学者の後者とでは、マルクス主義の理解が異なることは予想できるであろう。そしてイヴァーノフ゠ラズームニクはゲルツェンの思想の後継者と自認するが、ブルガーコフはゲルツェンをも論じており(論文「ゲルツェンの魂のドラマ」[28]一九〇二年)、検討が必要であろう。

＊ イヴァーノフ゠ラズームニクはナロードニキ主義゠社会主義の信奉者ではあるが、無神論者ではない。彼は広義の宗教意識についてのブルガーコフの見解に近いが、神が存在するとしたうえで、神を受けいれるか否かを問題とする態度をとる(本章4参照)。しかしこのような立場の人間はブルガーコフからすれば無神論者であろう。

＊ 未来の調和のために現在の犠牲を已む無しとする進歩の理論、社会主義、マルクス主義の理論に対しイヴァーノフ゠ラズームニクは反対する。またブルガーコフが言う、そのような犠牲の宗教的意味をも否定する。そして神を否定しつつもこの世を受けいれるイヴァン・カラマーゾフを肯定する。

＊ ブルガーコフによる観念論の立場の主張では道徳性、倫理が重視される。この点はイヴァーノフ゠ラズームニク

により吸収されているが、彼は社会主義と倫理を、社会主義と個人主義を不可分のものとする。

＊ブルガーコフが無神論者ニーチェを否定することは言うまでもない。若きイヴァーノフ＝ラズームニクがニーチェに傾倒した片鱗は、一九一七年刊の文集『スキタイ人』第一号の巻頭論文「スキタイ人」（いわゆる「スキタイ人」宣言）に、また『弁人論』をめぐるブロークとの対話（本章5参照）にも表れている。ただし彼の著述中にニーチェの名が登場することは極めて稀である。

以上のような問題点は、次節で検討するイヴァーノフ＝ラズームニク「生の意味再論」に見出せるであろう。

4.「生の意味再論」について

イヴァーノフ＝ラズームニクは『生の意味』刊行の翌一九〇九年執筆の「生の意味再論」（以下では「再論」と略記）で、この著書で記した自らの立場を簡潔に再説明する（『創造と批評』一九一二年に収録）。ここではこの論文によって彼の主張を確認しよう。[29]

イヴァーノフ＝ラズームニクは、人間の生には何らかの客観的目的があるか？という何千年にもわたって問われてきた永遠の問いに対し、神、人類、人間という三つの答えが哲学的、宗教的に新しく創造された内容を伴ってくり返されてきた、と見る。三つの答えはそれぞれ神秘主義者‐客観主義者、実証主義者‐客観主義者、そして内在的主観主義者のものである。[30] 前二者は進歩を肯定する理論であり、三番目の内在的主観主義は進歩を否定するという相違がある。

神秘主義者‐客観主義者は言う。歴史は偉大な超越的意味、神的意味をもつ。神は自らの構想達成へと人類を不可視のうちに導く。その達成こそ歴史の意味である、と。彼らが先の問いに対し提起する答えは神である。補足すればこの立場の代表者はブルガーコフである。

実証主義者‐客観主義者は言う。歴史のプロセスの目的は人類、その現世における制度である。歴史は人間に対してのみ超越的意味をもち、人類に対してのみ内在的である。それは明確で客観的な究極目標へ、未来の黄金時代における至福の生活へと歩む、と。彼らの答えは人類である。補足すれば、この理論を代表するのはオーギュスト・コント、トルストイ主義の善、マルクス主義の掲げる未来国家である。

内在的主観主義者は言う。歴史のプロセスの目的は人間である。歴史はいかなる客観的意味をももちえない。我々自身が歴史に偉大な主観的意味を、各人にとって内在的な意味を込めるのであり、その人自身が目的なのである、と。彼らの答えは人間である。[31]（補足）この立場の代表者はゲルツェンである。

内在的主観主義を自らの立場とするイヴァーノフ＝ラズームニクは『生の意味』の出発点をこのように確認し、さらに先へ進む。彼は神への信仰、神秘主義者の生の客観的意味付けへの信仰を否定も反駁もしない。それはすべての人に神を信じさせる議論を進めたパスカルの時代と現代では、我々の神の理解が、「探神主義」の問題への態度がまったく変わっているからである。いまや純粋でドグマティックな無神論は伝説の領域へと遠ざかり、一部の口うるさい人々の主張となっている。いまや信、不信が核心ではなく、神を認めることは可能だが、それと同時に受けいれないのだ、と言うのである。神を認めるが受けいれない――これはドストエフスキーがイヴァン・カラマーゾフに託して提起した問題を受け、イヴァーノフ＝ラズームニクが著書『生の意味』で説いたところである。彼はイヴァン・カラマーゾフの発言（『カラマーゾフの兄弟』第二部第五編「プロとコントラ」）を手がかりとして、子供の是認しえぬ涙、罪なき人々の涙を許す神への疑問を提起し、来世での報いや償いを拒否する人間的観点を提起した。そして超人間的ゆえに非人間的な、超越的観点（神秘主義）を拒否したのである。[32]

イヴァーノフ＝ラズームニクは、神の存在を信じるか否かではなく、神が存在しているとしたうえで、神を受けいれるか否かを問題にする。そのことから生じるのが、我々が事実として存在する世界を受けいれるか否かの問題である。これらの問題を前にして彼は、世界、神、受容、拒否の四要素の組み合わせにより生の意味という問いへの答えをパターン化して考える。それによると、彼の立場は、世界を受容、神は拒否である。イヴァン・カラマーゾフは神を受容し、世界を拒否する。神秘主義的進歩の理論は世界をも、神をも受容する。最後に世界をも神をも拒否する立場が論理的に考えられる。四要素をどう組み合わせ、どの観点に同意するかは心理的動機により決まるのである。ドストエフスキーが独創的に提起したこのような新たな問題のまえで「信仰」の問題は小さくなっている、と言うのがイヴァーノフ＝ラズームニクの見解である。[33]

以上のような立場からイヴァーノフ＝ラズームニクは、自分たちと異なる心理の人々の例を挙げる。まず、当時の雑誌の雑報欄に掲載される自殺者たちの手記を読み、そこに客観的な生の意味の不在に堪えられない人々を見出す。[34]次に世界を受けいれ神を正当化する人々の心理は自分たちからもっとも遠い、と言い、彼らはもっとも無意味なものや罪なき子供の苦しみすら神の手から受けとる超越的奴隷だ、と表現する。イヴァン・カラマーゾフの心理は自分たちに近く、理解できると言う。だが彼の世界の拒否は言葉のうえだけで徹底していない、本当に世界を拒否すれば自殺するほかないのに、彼は世界を拒否した後に居酒屋へ行って飲み食いした。世界を拒否したのはイヴァンでなく、居酒屋の勘定を払ったスメルジャコーフであった、と指摘する。イヴァーノフ＝ラズームニク自身の「内在的主観主義」は、生に客観的意味ではなく、主観的意味を見出す。そこでは個々の人間が目的であり、存在の充実に生の意味が見出される。そしてこのような観点はロシアにおける意識の歴史に、すなわちプーシキン、ゲルツェン、ベリンスキー、トルストイにつながり、さらにシェフチェンコの詩「ガイダマキ」にも表れている、と述べる。[35]

前著『生の意味』に対する批評で、客観主義的実証主義者（ルナチャルスキー、プレハーノフ、ゴーリキーたち）は内在的主観主義の反社会性、反民主性を指摘し、攻撃した。内在的主観主義者が充実した生を生き、魂の琴線のすべてでもって生きることは、無数の「勤労者」の労働によって保障された極端な個人主義者の処方箋である、と。ゴーリキーの『フォマー・ゴルジェーエフ』（一八九九年）中の「勤労者はただの不幸なウマだ」という意味の言葉（同書第一〇章）にもこのような観点が読みとれよう。内在的主観主義に対するこのような攻撃に応えイヴァーノフ＝ラズームニクは、それは「生の充実」という概念の極度に卑俗的な理解だと反論する。広く充実した生とは金銭で買えるものでない。倫理的な感性、集中した充実性はゴーリキーの描く浮浪者であれ、ウスペンスキーの描く農民――いわゆるナロードも経験しうるのである。イヴァーノフ＝ラズームニクはナロードの特徴をもっともよく示すのはトルストイ『戦争と平和』のプラトン・カラターエフだと見ているが、このような主張もゴーリキーとは対照的である。なおイヴァーノフ＝ラズームニクは、自らの労働を存在の充実の要素になると見なせる人は少なく、農民以外にはきわめて少数の「自由職業人」であることを認める。[36]ここには彼のナロードニキ的見解、資本主義的工業化、分業への批判が見出せるのではないか。

イヴァーノフ＝ラズームニクが次に反論するのは、内在的主観主義が極端な個人主義であり、極端な反社会性を示すという攻撃、生きることを忘れるな! vivere memento! は絶対的エゴイズムで快楽主義だ、との攻撃である。彼はどのような教養、システム、理論、信念をも必ず卑俗化し、我流に解釈し、理解不能なまでに歪曲する輩がいる、と言い、その例としてゲルツェンを歪めたピーサレフ（「一九世紀のスコラ学」）を挙げる。自らの「我」を感じることは、必ず社会的「汝」と結びつく。この我を汝との接触から切り離し、自らの存在の範囲を狭め、全生涯を極端な個人主義の頂点で過ごす人は精神的に貧しく、人間の生に充実をもたらす巨大で強力な社会性の感覚を欠けば、個人的にはいかに豊かな体験をしてもその生は貧しい。人間の精神世界における社会性の感覚は、肉体的感覚の領域における視覚になぞらえられる。「存在の充実」は社会性の感覚なしには無意味である。以上のようにイヴァーノフ＝ラズームニクは、内在的主観主義にとり「社会性」の基盤が不可欠だ、と強調するのである。[37] この見解の保持者は「地下室的人間」ではないといえよう。

　イヴァーノフ＝ラズームニクがさらに念を押すのが、実証主義的進歩の理論と内在的主観主義の違いである。実証主義的進歩の理論も社会性を前面に押し出し、人間の生の意味は人類のうちに、人類の幸福な未来に存する、と言う。しかし彼によれば、同じく社会性といっても両理論の間には決定的な違いがある。実証主義的進歩の理論は人間の生に客観的な意味を与え、人間の生を未来の構築物を形成するレンガと見なす。しかし内在的主観主義者にとっては、未来の「水晶宮」は現在の不条理に意味を与えず、未来に実現する正義の理想も内在的主観主義者の現在の生に客観的意味を生じさせない。正義の理想実現のために自らが闘うことが、自らの生を主観的に意味付ける経験のなかに入るのである。ここが内在的主観主義と超越的な理論・システムとの分岐点である、と。[38]

　最後にイヴァーノフ＝ラズームニクは、生の意味をめぐる三つの道と三つの答えは異なるが、互いに交わることもあると認める。人間から出発して社会性の感覚でもって無限に広げられる我々の生を捨てなければ、必ず人類へ至り、実証主義的進歩の理論と近づきうる。同様に、人間から世界へ、宇宙へ歩み寄り、神秘主義的進歩の理論と交差しうるのである、と。イヴァーノフ＝ラズームニクは「再論」で以上のように『生の意味』を確認した。[39]

　内在的主観主義と、彼のデビュー作『ロシア社会思想史』における用語のつながりはといえば、次のとおりである。インテリゲンツィヤとメシチャンストヴォとの闘いがロシアにおける社会思想史の内実であり、インテリゲンツィヤの精神的本質が個人主義である、と彼は前著で主張した。『生の意味』では、個人主義は内在的主観主義の一変種である、と記されている。[40] 彼のその他の著作でも、以上のような主旨はくり返し述べられている。

＊＊＊

イヴァーノフ＝ラズームニクの『ロシア社会思想史』に続く第二の著『生の意味』も広く反響を呼び、数多くの書評が著された。その中には後の『弁人論』の内容を推測するうえで手がかりとなりうる指摘もあるので、同書への反響を紹介しておこう。

署名H・Л（おそらく哲学者H・ロスキー）による書評は、皮肉を利かせてイヴァーノフ＝ラズームニクの神秘主義を指摘する。イヴァーノフ＝ラズームニクは新しい、第三の道を望んでいるが、実際は両足で神秘主義の道に立っている。神秘主義を否定するが、彼の神秘主義の違いは（全然本質的でないが）目的論のシッポが切り取られているかいないか、未来から現在へ移されているだけだ、と。[41]

フランクは、イヴァーノフ＝ラズームニクの『生の意味』に対しては否定的な書評を著した。[42] 要約すると以下のとおりである。著者の意図はオリジナルだが結論は月並みだ。生の意味という「呪われた／厄介な」問いに対する答えが軽すぎる。それは快楽主義的な生の理論で、定式化すると「行動せよ、創造せよ、闘え――だが人類の幸福でも、神の意志あるいは義務の戒律の名においてでもなく、たんに欲するゆえに」となろう。同著の結論で唯一興味深いのは、そこに現在ロシア・インテリゲンツィヤが経験している底知れない精神的危機の反映が見られることで、この危機から脱出するには、イヴァーノフ＝ラズームニク氏の積極的な理論も無力さを露呈した、古い価値をすべて見直すしかない。フランクはこのように述べる（両者の応酬については本書第I章参照）。

アンドレイ・ベールイの回想には、彼のおじがイヴァーノフ＝ラズームニクの『生の意味』を話題にした、との記述がある。何年のことか正確に記されていないが、『生の意味』初版出版の一九〇八年直後であろう（第二版は一九一〇年刊）。おじは出版されたばかりのこの書物を広げ、「イヴァーノフ＝ラズームニクのような問題提起の後、哲学はすべてゼロだ」と高く評価したのであった。[43] なおベールイとイヴァーノフ＝ラズームニクの関係について補足する。二人が初めて顔を合わせたのは、イヴァーノフ＝ラズームニクがシェストーフに連れられてヴャチェスラフ・イヴァーノフの「塔」へ行った一九一〇年のことであった。しかし二人は互いに自己紹介もせず、言葉を交わすこともなく、ただ同じ部屋にいただけであった。当時、ベールイはまだイヴァーノフ＝ラズームニクをよく知らず、後者もシンボリズムの作家・作品を十分理解していなかった。そして「塔」の雰囲気は自分に合わない、と感じたイヴァーノフ＝ラズームニクにとりこれが最初で最後の「塔」行きとなった。[44] ここにも彼の思想傾向が表れている。その後二人はまず編集者と執筆者として接し、一九一三年頃から編集者として有能な前者が後者の小説『ペテルブルク』出版のため、種々骨折り親しくなった。次いでナロード、戦争、革命のテーマで一致して「スキタイ人」グループからヴォリフィラで二人はきわめて親しく交わった。しかし一九三〇年代に入る前後から、ソビエト政権下での作家活動を含む生き方をめぐり、二人の間に見解の相違が生じるのである。

イヴァーノフ＝ラズームニクの同時代人だけでなく、『生の意味』第二版（一九一〇年）のリプリント版（一九七一年）への序文でロンドン大学のM・レイフィールドは、シェストーフやイヴァーノフ＝ラズームニクの探求を後にサルトルやカミュが著したような実存主義の先駆と評価し、同時代人を歴史的パースペクティヴに収める彼の能力を指摘している。[45] 冷戦期に西側の研究では、ソ連における公式見解とは異なる視点・仮説が次々に提示された。例えばレーニンのようにゲルツェンをボリシェヴィキの思想的先駆者と見るのではなく、実存主義の先駆者と見るのはその一例である。レイフィールドのイヴァーノフ＝ラズームニク理解もそのような方向にある。ソ連時代のイデオロギー的束縛から解き放たれた現代ロシアの研究者にも、ロシアの思想家・哲学者を欧米のそれと対比しようとする傾向が見られる。新たに得た自由な研究状況と広い視野を生かそうとしていると言えようが、安易な比較に陥らないよう注意が必要であろう。

5. ブロークへの手紙

『生の意味』から一〇年後、イヴァーノフ＝ラズームニクは親友アレクサンドル・ブローク宛ての手紙（一九一八年九月二〇日）で、『弁人論』に結晶するはずであったと思われる思索の跡を残している。[46] その主旨は概ね『生の意味』と一致し、同著で論じられたドストエフスキーの小説『カラマーゾフの兄弟』（とりわけ第二部第五編の三「兄弟、近づきになる」、同四「反逆」、五「大審問官」）が踏まえられる。加えて同じくドストエフスキーの小説『悪霊』の一登場人物キリーロフの人神論も議論の下敷きとされている。さらに手紙では「リュツィフェル（ルシファー）主義 люциферианство」が論じられ、また「主の祈り Отче наш」を踏まえた言葉遣いが意味を換えて登場する。当時のロシアの現実と直接かかわる問題としては、一九一七年の二月・一〇月革命からほぼ一年後の諸党派の立場と自らの立場の相違が強調されている。既刊の諸資料中、この手紙は『弁人論』の構想を推測するうえで核心にきわめて近いと考えられる。

イヴァーノフ＝ラズームニクは一九二二年に、「『弁人論』が世に出るとすれば、このテーマはブロークとの対話に負うところが相当に大きいだろう」と記している。[47] 両者はブローク（一九二一年八月七日没）晩年の数年間、「スキタイ人」グループで、とくに第一次大戦期から一九一九年にきわめて親しい関係にあった。「スキタイ人」たちはグループとしていち早く一九一七年の一〇月革命を支持したため、メレシコフスキーたちやその他の作家グループとの関係を悪化させた。ボリシェヴィキ政権下でブロークは、テオ TEO（教育人民委員会議演劇局）レパートリー部長を勤め、イヴァーノフ＝ラズームニクを一九一八年秋からここに引きいれた。二人は直接会って、あるいは手紙で、共通の関心をめぐり度々論じ合っている。その様子はブロークの『手帖』[48]や、イヴァーノフ＝ラズームニクの上記の文に残されている。ただし、この時点でブロークからイヴァーノフ＝ラズームニクに宛てた手紙は残っていない。[49] そのような資料状況下で、ここで取りあげるイヴァーノフ＝ラズームニクのブローク宛ての手紙は未公表の『弁人論』を周辺から浮き彫りにするため、きわめて重要な手がかりであろう。そこでは二人がその日の昼間に交わしたE・ポレターエフ、H・プニーンの著『文明に抗して』（一九一八年）に関する会話を思い浮かべ、さらに会話の「細部を徹底的に検討する」との意志が示される。ブロークは『文明に抗して』の主張、すなわち、社会において機械的で規制的な要素が人間の個性や個人の創造性を中央権力に従わせることを賞賛するような主張に否定的である。[50] 本章で検討している問題に関し重要なのは、手紙の末尾でイヴァーノフ＝ラズームニクが、自分の立場はちょうど一〇年前に出した『生の意味』の位置からまったく動いていない、と記していることである。手紙では、人間を「ただの人間 только люди」と「特別な人間 не только люди」（昔からの「リアリスト」と「ロマンチスト」と同じ分類）に分けて話が進められている。[51] 彼は「リアリズム」と「ロマンチズム」が、ロシアの文学と社会思想とが進む「永遠の道」だと見なしている。リアリストのイヴァーノフ＝ラズームニクとロマンチストのブロークとは知り合って以来、常に互いの文学的立場をめぐって議論し、影響しあい、相手を理解してきたという事情は、社会主義リアリズムを掲げるソ連においても研究者がイヴァーノフ＝ラズームニクを擁護する際の支点として有効であった。一九二〇年代後半に彼は、「一八八〇年前後に生まれ、成人して驚くべき二〇世紀第一・四半世紀を過ごした自らの世代」をふり返って記す。「嵐のような創造的思想の高揚、思想革命（ニーチェ）、ロシアにおける［一九〇五年］革命の鎮圧、世界戦争、一九一七年から一九一八年の革命、旧ヨーロッパ崩壊の始まり、我々がかつても今もその中で生きる旋風」[52]。そのような時代にイヴァーノフ＝ラズームニクは自らの思想の集大成を目指していたのである。以下に件の手紙の主要部分を訳出する。

イヴァーノフ＝ラズームニクからブロークへ

一九一八年九月二〇日　ツァールスコエ・セロー

親愛なるアレクサンドル・アレクサンドロヴィチ……

人間による「カオスの組織化」。もし僕たちが「ただの人間 только люди」なら、これは望みなき試みだ。人間を自己認識によって二種類に分けよう。「ただの人間」と「特別な人間 не только люди」に（ずっと昔の「リアリスト」と「ロマンチスト」とまったく同じだ）。ところで君は、僕がここ一〇年から一五年、この思考ラインにそって「君に」（君にだけではない）近づいた、と言ったね。このことを考え、僕はこう感じている。それは正しくもあり、誤りでもある、と。他人の書いたとおりに歩まないように、実際君は何なのかを明らかにしなければならない。

それはこういうことだ。僕はかつて一度も、子供っぽい実証主義（「僕たちはただの人間」）に陥ったことはないし、真理はつねに別な側にある、と知っていた――そして「知っていた」だけではない。かつてはぼんやりと、少ししか知らなかったが、今ははっきりと、多くのことを知っている。以前は「あるいは быть может」と語っていたが、今は「確実に наверное」と語るのだ。ここ一〇年から一五年この道を歩み、僕は疑いもなく「君に」近づき、「実証主義」からだけでなく、シェストーフ流のニーチェ主義からも遠ざかった。もし僕が以前は気球をシャボン玉の泡と見なしていたとしたら（ただし、上昇の幻想ははじけた）、今僕は極めてまれにだが、本物の上昇がある、と知っている。「君」もかつて、世界における突破口は「特別 не только」なだけでなく、ほぼ絶無でもない、と考えて間違っていたことがわかっただろう。このことを知ったのは君と、ボリス・ニコラエヴィチ［・ブガーエフ。アンドレイ・ベールイの本名］の詩的日記――一番真摯で自分を映し出している――からだ。僕たちは人生の道半ばで il mezzo cammin[53] 歩み寄ったのだろうか？　多分そうだろうし、そうでないかもしれない。そしてこういうわけではないだろう。なぜなら、自分はかつて自分の意志でなければ受けいれを拒否するところから髪の毛一本分も動いていないと感じるからだ。

ここに問題のすべてがある。僕はさまざまな「行動路線」に心の底から反対だ。実証主義的「人間神 человекобожие」をそなえるリベラルの「進歩」にも、共産主義の「人類神 человечествобожие」にも、その他のあらゆる「神（の神）／絶対神 богобожие」にも反対だ。なぜなら彼らはどれも限りなく多様なのに、「貴方の意志が達成されんことを（御心のままに）Да будет воля Твоя」（彼らにとりこの大文字の「彼 Он」が誰であっても）という点でぴったり一致するからだ。僕はキリーロフのように「我意 своеволие を宣言する」ことはしたくない。なぜなら世界を受けいれるからだ。「彼」とは「［大文字の］僕 Я」（そして［小文字の］僕 я）のことだと感じるからだ。つまり、息子 сыновство の感覚を知っているからだ。けれど僕は［父親に］子牛を屠ってもらえる悔い改めた放蕩息子になれない［ルカ一五：一一―三二］。もしも僕自身がいつの日か道を前もって決めるとしても（思いだしたまえ、「そして我ら三者は相談した」を）[54]、今、人間として——「特別な人間 не только люди」でありたいのだが——僕はこの調和を受けいれず、「謹んで切符をお返しします」[55]。僕は世界を受けいれるが、（自らの内には！）神を受けいれない。そこにあるのは「我が意志が達せられんことを（我が意のままに）Да будет воля моя」なのだ。

こういうわけで——弱く、死すべき「ただの人間 только люди」の認識だが——僕の道の最後のステップはこうだ：「墓を横切る道があろうがなかろうが、僕は存在したし、今も存在する。僕には永遠は不要だ」[56]。この点で僕は、ちょうど一〇年前に書いた『生の意味』から髪の毛一本分たりとも動いていない。その反対だ。僕たちは「特別な」人間だと信じれば信じるほど、知れば知るほど、僕はますますはっきりと「ただの人間」になっていくのだ。

これは悪魔主義 демонизм、「ルシファー主義」だろうか？ もちろんそうだろう。もしも「貴方の意志が達せられんことを」が本物のキリスト教ならば、「我が意志が達せられんことを」は「ルシファー主義」だろう。けれどこの「ルシファー主義」はまったくキリスト教に近い、と僕は思っている。ちょうどキリスト教（歴史的なそれのことは言わないが！）が反対の極に近いのと同じように、だ。

これで終わるが、これを巡っては長々と書かねばならない。僕は書くつもりだ。もしも生がまだ時間を与えてくれれば、だが。この手紙を昨日の会話の結論として郵送し、心から君を抱擁する。

君を愛するP・イヴァーノフ

以下で『手紙』の内容にかかわるいくつかの問題を検討しよう。まず「さまざまな行動路線」について、「スキタイ人主義」と重なる指摘を確認する。次にキリーロフの「人神論」、「ルシファー主義」、『聖書』に基づく表現・思考などを取りあげる。

「さまざまな行動路線」とは、一九一七年二月・一〇月革命後の諸勢力のそれを指している。この点では、イヴァーノフ＝ラズームニクが編集し、一九一七年夏に刊行した文集『スキタイ人』の序文や、彼の日記がすぐに想起される。彼は革命と社会主義を基本的に支持し歓迎していたが、つねに妥協を排し、究極まで理想を追い求める「スキタイ人的」マクシマリズムを掲げ、つねに批判者の立場をとっていた。彼は二月革命に際しては、何世代にもわたるロシア・インテリゲンツィヤの熱望の実現を喜ぶとともに、政治的自由の獲得でもって満足しそれ以上の革命を望まないリベラルを批判した。彼にとり二月革命は社会革命の始まりと捉えられ、そこで立ち止まるべきではなかったのである。次いで一〇月革命直後に彼は、「革命戦争」、前線における死刑復活とともに「銃後における死刑」、「言論の自由に対する死刑」に反対した。彼をはじめとするスキタイ人たちにとり革命とは政治革命、社会革命のその先に実現されるべき精神革命を意味していた。[57]彼を中心とする作家たちから成る「スキタイ人」グループは、一〇月革命を最初に支持した作家グループといわれ、そのため作家たちの間に亀裂をもたらしたが、その主張の拠って立つところは唯物論・無神論のボリシェヴィキとは相いれないスピリチュアリズムであり[58]、ブルガーコフの言う観念論であった。

上記『手紙』に見られる「実証主義的『人（間）神』をそなえるリベラルの『進歩』」、また「共産主義の『人類神』」という字句は、『生の意味』で駆使される用語を連想させる。『手紙』に見られる「共産主義の『人類神』」という字句は、一九一八年の時点では権力を奪取したボリシェヴィキにつながると考えられる。

『生の意味』では二つ目に、「神秘主義的進歩の理論」が挙げられていた。この理論の代表として名を挙げられるセルゲイ・ブルガーコフは、イヴァン・カラマーゾフ論で観念論、形而上学、宗教を掲げて進歩の理論、すなわち実証主義、社会主義、マルクス主義、そして社会科学万能の風潮を否定し、形而上学、宗教の立場に立った。イヴァーノフ＝ラズームニクはブルガーコフのこうした主張を一部受けいれはするが、ブルガーコフ自身に神秘主義的進歩の理論の代表者というレッテルを貼る。彼をはじめとして論集『道標』執筆者たちも「神秘主義的進歩の理論」の保持者に分類されよう。『手紙』の「神（の神）／絶対神」が彼らと結びつくであろう。

イヴァーノフ＝ラズームニクが『生の意味』で自らの立場として打ち出した「内在的主観主義」は、上記の二つの進歩の理論を向こうにまわした理論であった。進歩の否定というのは、イヴァーノフ＝ラズームニクが一九世紀のゲルツェンから受け継ぐと強調する主張である。「断固として世界を受けいれる」というあたりは、まさしくスキタイ人的マクシマリズムであろう。彼はその理論を「神の宗教を否定し、人類の宗教を受けいれず、人間の宗教、生の宗教を説いたゲルツェン」に依拠して、「人間自身が目的である」と表現した。[59]

次に問題となるのは、革命や社会主義を説くイヴァーノフ＝ラズームニクの著述にしばしば見られるキリスト教、『聖書』を踏まえた表現である。[60] 人神論は、ドストエフスキーを通じて神と人間の問題に触れるものである。その他に数字「三（人）」に対するこだわり、放蕩息子、堕天使ルシファーへの言及や、後述のように「主の祈り」の一部の利用・逆用なども挙げられる。言うまでもなくイヴァーノフ＝ラズームニクは正統的なキリスト教徒として発言しているのではない。彼は聖書の言葉をよく知ったうえで、非キリスト教的な意味を与え、正統教会側からすれば冒瀆的と見られるような言葉遣いをしているのである。

まずキリーロフ云々の部分を見よう。このキリーロフは言うまでもなく、ドストエフスキーの小説『悪霊』に登場する青年技師で、人神論の信奉者である。イヴァーノフ＝ラズームニクはドストエフスキーの手になる人神論者を手がかりにして、すでに『生の意味』で披露した自らの主張を確認している。キリーロフという人物は、神が存在しないからには人間がいっさいの判定者であり、人間は死の恐怖を克服しさえすれば神になれる、と考えて自殺を企てるのである。いま検討中の『手紙』に書かれているのは、キリーロフが小説の主人公ピョートル・ヴェルホヴェンスキーと交わす会話のなかの次の個所を踏まえている。「もし神があるとすれば、すべての意志は神のもので、ぼくはその意志からぬけ出せない。もしないとすれば、すべての意志はぼくのもので、ぼくは我意を主張する義務がある」。キリーロフはさらに、おおよそ次のようにくり返す。三年間自分の神の属性をさがし求めた結果、それは我意だと発見した。我意こそ自分の不服従と新しく恐ろしい自由を示す。この不服従と新しい自由を示すために私は自殺する。[61]

しかしイヴァーノフ＝ラズームニクはキリーロフのように、自殺して自ら神になろうとは望まず、この世界を受けいれる。「世界を受けいれること」はイヴァーノフ＝ラズームニクが『生の意味』で、イヴァン・カラマーゾフを引きながら自らの立場を表明し、内在的主観主義を提起するさいの大前提である。イヴァン・カラマーゾフは、この世には不条理な、是認されえない苦痛が、悪が存在し、それらは正当化できない、正当化できるような客観的な生の意味はない、と考えながらも神に、存在するものすべてに反逆し、そのような反逆の論理的帰結は自滅と知りつつも「苦痛は存在し、罪人は存在せず」とのこの世の・人間的な・重い真理を理性でなく感覚によって認め、世界と事実上和解した。このように解釈したイヴァンの立場を、イヴァーノフ＝ラズームニクは自らの立場としたのである（松原著第一章第二節）。キリーロフとは異なって、彼が自らを大文字で語るつもりがないことは、「Да будет воля Твоя」を「Да будет воля моя」と言い換えるが、「私の」は語頭を大文字で Моя でなく小文字で моя と記すことから読みとれよう。ルシファー（リュツィフェル）Люцифер は傲慢ゆえに天使の地位から転落した堕天使である。イヴァーノフ＝ラズームニクは自らをこのルシファーと、自らの思想をルシファー主義であると自覚している。[62]

このような思索をめぐらすイヴァーノフ＝ラズームニクについて、同時代人の証言を挙げよう。まずシチェーインベルクによると、イヴァーノフ＝ラズームニクは一九二〇年頃、『旧約聖書』に没入している。その一端を後者は前者に同年夏、ペテルブルク（ペトログラード）の夏の庭園で次のように語ったという。「僕は今、自著『弁人論』に取り組んでいる。自分の力に応じ『人間の擁護』を試みるなかで、僕は『旧約聖書』の研究に没頭中だ。読んでいると、時に旧約の語調がなじみのもののように思えてくる。そうなのだ！　ちょうどシェストーフのように響くのだ。汝（大文字）の簡潔さで宇宙が創られ、壊されるのだ……そこにはバベルの塔が、ソドムとゴモラが、そしてパスカルの言う無限小と無限大があるのだ（古い数学のお決まりの概念で失礼）。……弱さと足らなさについて言えば、もしも現在の人間を擁護しなければ一体誰を『擁護する』んだい？」[63]。

このようなイヴァーノフ＝ラズームニクの発言を踏まえて『弁人論』を考察するベロウースは、次のように述べる。イヴァーノフ＝ラズームニクは旧約のなかに、「父なる神」の被造物であり、神のまえで恐れを覚えるアダム・人間が神意の範囲から出て行く試みを見出す。旧約の「父なる神 богоотцовство」は革命的に新約の「子なる神 богосыновство」に変わり、人間はキリストに従って救われる道を歩む。次いで「兄弟なる神 богобратство」でイヴァーノフ＝ラズームニクは、人間が個別に神からの完成、神との対等へと覚醒と変容を経て上昇することを強調した。人は自らの意志で（「我が意志が達成されるであろう」）再び一つにならねばならないのである。[64]このような主張を示していると思われるのが、イヴァーノフ＝ラズームニク（とA・A・メイエル）によるヴォリフィラ第四二回会議（一九二〇年九月一一日）における報告「リーチノスチの諸問題」である。残念ながらその報告は活字にならず正確な内容は不明だが、会員K・エルベルクによってその報告の要約が残されている。それによるとイヴァーノフ＝ラズームニクの報告中に「父なる神」、「子なる神」から「兄弟なる神」へ、という三段階説が見られるが、そこに彼が考える人類史像がうかがえよう。さらに、一．歴史以前の生活、二．歴史（昨日）、三．自由の擁護（今日）、四．自由な創造（明日）、五．弁人論と弁神論の一体化、というメモが続く。[65] この要約から当時のイヴァーノフ＝ラズームニクの関心・主張の全体を正確に再現することは難しいが、少なくとも方向性はうかがえよう。正統的・体制的なキリスト教の枠をはみ出して人間の宗教を求めた挙句に、彼は以上のような見解にたどり着いたのである。

ここで彼の宗教（ロシア正教）との関わりについて確認しよう。宗教一般に対する彼の基本的考え方は以下のような発言からうかがえる。「普遍的な世界観の原理は、〝汝の神は何か、何のために生きるか〟という問いに答える可能性を与える」（一九〇九年）。[66] ここには極めて広義の宗教的意識が見られる。また、高名な哲学者H・O・ロスキーの息子Б・H・ロスキーの証言が、『生の意味』以降も変わらぬイヴァーノフ＝ラズームニクの見解を示している。すなわち、父ロスキーがヴォリフィラで「有機的全一性の体系における神」というテーマで講演し（一九二〇年三月八日）、質疑応答でイヴァーノフ＝ラズームニクが次のように発言したと言う。「私は神を否定するのでなく、もしも神があらかじめ許しを得ずに自分の許へ降りてくるならば神を（何よりも神の恩寵を）受けいれないのだ」。[67] このような見解が「内在的主観主義」と名付けられたのである。息子ロスキーが伝えるイヴァーノフ＝ラズームニクのこの発言の日付から、これは『弁人論』執筆中の発言であると推定できる。『手紙』にその一端がうかがえる『弁人論』は、彼の意図では「内在的主観主義」の異なる表現というよりも、それをより練りあげたものであったと思われるが、その骨子はすでに『生の意味』で形成されていたと考えるのが自然であろう。

実生活における彼とロシアのキリスト教＝ロシア正教との関係はというと、彼は当時ふつうのことであったが、正教徒として典礼（少なくとも洗礼、婚姻、葬儀）を授かっている。洗礼についてはオーシポヴァの日記（第V章2参照）、婚姻については回想記に関連する記述がある（ただし、教会婚かどうかは不明）。[68] 葬儀についてはミュンヘンの正教会の証明書がある。[69] いわゆるボリシェヴィキ的な無神論者ではないことはすでに述べたとおりである。聖書の言葉を下敷きにする背後には正教会とのつながりを否定しようという葛藤を、言い換えれば内面的な緊張関係をもち続けたと推測できるのではないか。これは彼一人の問題ではなく、より広くロシア思想、ロシア革命思想における宗教的表現という問題につながるであろう。彼が自らの思想的先駆者と見なすゲルツェンの場合も想起される。イヴァーノフ＝ラズームニクをふくめロシア・インテリゲンツィヤは、ベルジャーエフたち「道標派」から神を忘れたとして否定され、ロシア宗教哲学協会員からも無神論者として強烈な反論を受けたが、ロシアにおける正統キリスト教と異なる途を探る『弁人論』はイヴァーノフ＝ラズームニクの長年にわたる思索の跡である。一九一七年革命の前後、より広く見れば一九世紀末から二〇世紀初めのいわゆる「ロシア・ルネサンス」期には、従来の枠組みにとらわれない、矛盾も孕む様々な探求が続出しており、『弁人論』もそのような時代的雰囲気のなかに位置づけられるべきであろう。その思索がどのように結実し、どのような意味をもつかは、未刊の原稿の公刊によって確認される日を待つのみである。

最後に、『手紙』の公刊をめぐって覚えた素朴な疑問点を指摘しておこう。現代ロシアの文芸学者ラヴローフは、ソビエト期には禁じられていたシンボリスト、とりわけアンドレイ・ベールイを中心にまず資料公刊から始めて、ペレストロイカとソ連邦解体以降も研究を推進する中心にいる。彼の功績の一つに、一九八一年にブロークにかかわる資料集『文学遺産』全五巻のなかで、彼とイヴァーノフ＝ラズームニクとの未公刊書簡三一通に丹念な註と、ソビエト期で最も詳しく、かつ共感をこめた長文のイヴァーノフ＝ラズームニク紹介文を公にしたことが挙げられる。一九八一年、すなわちブレジネフ時代の最末期にそのような仕事を公にするため払われた労力（純粋に研究に費やすだけでなく、発表の可否に関わる政治的判断や出版のための交渉までも含む）は、想像を絶するものがある。しかし彼は、ここで問題とした『手紙』への註で、「Да будет воля Твоя」、「Да будет воля моя」などの表現が「主の祈り Отче наш」（『新約聖書』マタイによる福音書六の九－一三）からの引用とその言い換えであることについては何も述べていない。「悔い改めた放蕩息子」についても同様である。その理由として、①キリスト教世界では「主の祈り」があまりにも知られすぎているので註を付ける必要がないと考えられた、②可能性は小さいと思われるが、無神論教育を受けた世代のラヴローフが「主の祈り」の一部だと知らなかった、③より現実的な説明と思われるが、『文学遺産』の当該巻の原稿執筆から出版時期の問題などが推測できよう。ペレストロイカ以前のソ連邦でたとえブロークのような「肯定的作家」との関わりにおいて、という前提を設けたとしても、イヴァーノフ＝ラズームニクのような「否定的」作家を取りあげることは、たとえ資料紹介という形であれ「リスク」があった。かりに知悉していたとしても、聖書の言葉に対する彼の沈黙は当時の時代背景のもとで生まれたのではないか。筆者の直接の問いかけ（一九九六年三月）に対しラヴローフは、イヴァーノフ＝ラズームニク資料紹介にさいしてもちろん障害があった、とのみ答え、それ以上語ろうとはしなかった。

付け加えれば、ソビエト時代の「肯定的」なブローク評価も、イヴァーノフ＝ラズームニクをはじめとする左派エスエル周辺の人物との交流についてはほぼ封印したうえで成り立っていた。わずかに時折、とくに説明もなく封印が破られることもあったが、それ以上に踏みこんで追求されることはなかった。ヴォリフィラをめぐる人々・問題点に関しても状況は変わらなかった。しかし、ペレストロイカからソ連邦解体を経て今日では、イデオロギーに囚われない視点で研究が進められ、ヴォリフィラに関する本格的な研究も刊行された。イヴァーノフ＝ラズームニクの『弁人論』も原稿が公刊され、テキストを踏まえて内容が解明される日を待ちたい。その意義を求めれば次のようになろうか。すでに近代以降の人間中心主義 антропоцентризм の思想の限界が指摘されて久しい。とりわけロシアでは二〇世紀の無神論にもとづく体制の成立と崩壊を経て、今、宗教の復興は目覚ましい。このような時代であるからこそ、かつて宗教の復興が進んだ二〇世紀初めに追及された『弁人論』の全体像を知り、その問題点を歴史的に検証することがロシアを知るためにも必要なことであろう。

あとがき

イヴァーノフ＝ラズームニクは綺羅星のように並ぶロシアの思想家たちのなかで、独創的・体系的な思想を打ちたてるような存在ではない。社会思想という観点からすれば、批判は鋭いが来たるべき社会像の提示がない、と批判されるであろう。彼が生きたのは、そのような社会像が求められ、実現したと称された時代であった。しかし彼の真骨頂はゲルツェンに倣うといいつつ、つねに「人間自身が目的」であるという立場で自らの生のプロセスのなかに諸思想潮流を、同時代のそれをも取りこみつつ思索したところにある。さまざまな思想潮流が競い合った「ロシア・ルネサンス」期に、社会主義や宗教に関して主流的な傾向とはいささか異なった位置をとりつつ生きた彼と、同時代の思想家・作家・インテリゲンツィヤとの対立、絡みあい、そして彼の独自性と他者との類似性の一端が本書で少しでも明らかになったのであれば幸いである。

本書では、主として資料的制約から前著ではふれられなかったイヴァーノフ＝ラズームニクの側面を追ったが、彼の「名誉回復」後の主な研究動向と異なりヴォリフィラ期の活動、その時期に彼と関わりが深く、文学作品の理解も必要なアンドレイ・ベールイやアレクサンドル・ブロークを取りあげられなかった。イヴァーノフ＝ラズームニクの回想記『監獄と流刑』には記されていない亡命期が相当なページ数を占めたが、それは資料の公刊とともに筆者の関心の変化にもよる。ただし亡命期の手紙に名が出てくる文学者、文学作品の評価は筆者の手に余る仕事で、ここでも文学への理解が必要であろう。

イヴァーノフ＝ラズームニクの表現を借りれば「カタツムリの歩み」ながら、ともかくも彼の生の軌跡を書き留めることができた。彼によれば、それは特別な運命ではなく、数多くの人々が経験したことであった。そのような生の記録が、これまた彼によれば「後世への教訓」となることを願うものである。

成文社の南里功氏には、定年退職後の筆者に書く意欲を蘇らせ、持続させていただいた。先年のイヴァーノフ＝ラズームニクの回想記訳出に続き、厳しい出版事情のなか、一方ならぬ配慮をいただき、心からお礼申し上げたい。

二〇一九年三月二〇日

古の志賀の都跡にて

［初出一覧］

まえがき――「名誉回復」と新たな関心

「封印を解かれたイヴァーノフ＝ラズームニク」『ロシア史研究』第五九号、一九九六年、七一―八五ページ。一部を利用。

第Ⅰ章　フランクとの論争――インテリゲンツィヤとメシチャンストヴォ

Интеллигенция и мещанство (Полемика Иванова-Разумника и Франка) // Иванов-Разумник. Личность. Творчество. Роль в культуре. Публикация и исследования. Редактор-состовитель В. Г. Белоус. Вып. 2. СПб., 1998. С. 171–175. 邦訳し加筆・修正。

第Ⅱ章　ゴーリキーとの文通――対立と友好の軌跡

「イヴァーノフ＝ラズームニクとゴーリキーの文通――新資料公刊をめぐって」『龍谷紀要』第一一巻第一号、一九八九年、一―一六ページ。加筆・修正。

第Ⅲ章　宗教哲学協会との確執

「イヴァーノフ＝ラズームニクと宗教哲学協会」『ロシア思想史研究』第二号、二〇〇五年、七七―九一ページ。加筆・修正。

第Ⅳ章　世界大戦の勃発――反戦と祖国防衛

＊1．はじめに、2．世界大戦の勃発とイヴァーノフ＝ラズームニク、4．戦争の「哲学的」合理化――メシア主義的な現代のスラヴ主義者、6．おわりに／「第一次世界大戦開戦とロシア・インテリゲンツィヤ――イヴァーノフ＝ラズームニクとネオ・スラヴ主義者たち」『ロシア思想史研究』第五号（通算第九号）、二〇一四年、七一―九二ページ。加筆・修正。

＊3．戦争の「倫理的」合理化――リベラル、5．戦争の「社会学的」合理化――開戦支持の社会主義者／未発表。

第Ⅴ章　「スキタイ人」の流浪

書下ろし。

補論　未刊の『弁人論』周辺

「イヴァーノフ＝ラズームニクの「弁人論」をめぐって」『国際文化研究』（龍谷大学国際文化学会）第六号、二〇〇二年、一二三―一三四ページ。加筆・修正。

主要人名索引

イタリック体は註のページ

あ行

アンドレーエフ　レオニード　26, 42, 89, 194, 214, *294*
イヴァーノヴァ　イリーナ・ラズームニコヴナ　10, 143, 201, *274*
イヴァーノヴァ　ヴァルヴァーラ・ニコラーエヴナ　51, 74, 141, 152, 159, 161, 165, 169, 172, 196, 198, 199, 203, 206, 210, 220, 234, *274, 290, 291*
イヴァーノフ　ヴャチェスラフ　97, 98, 104, 105, 107, 145, 159, 163, 188, 189, 204, 211, 244, *258, 282*
イヴァーノフ　ゲオルギー　157, 161, 165, 168, 177, 203, 207, 210-212
イオアーン　156, 157, 166, 180, 181, 207-210, *265*
イズゴーエフ　92-95, 204
イリイーン　B.　21（→レーニン）
ヴィーチャゼフ（セデーンコ）　178, 204, 231, *265*
ヴェルディンク　オラーフ　142, 152, 153, 160, 170, 171, 182, 183, 185, 188, 191, 214, *269, 272*
ウドゥーシエフ　イッポリート　233, *267*
エルベルク　26, 32, 252
エルン　97, 98, 106-108
オーシポヴァ　141, 143-147, 252, *273*
オクーリチ　162, 220, *260*
　Д. О.　220, *264*
　С. Д.　221, *264*
　И. К.　221-224, *263, 264*
オフシャニコ＝クリコフスキー　13, 15, *297*

か行

カラマーゾフ
　イヴァン　38, 42, 236, 238, 239, 241, 242, 249, 250, 251, *258-260, 293*
　『〜の兄弟』　236, 237, 241, 245, *259, 293*
　「〜の問い」　9, 18, 19, 21, 38, *262, 282, 293, 296-298*
　〜シチナ（主義）　33, 34, 37, 38, 47, *293, 294*
カルタショーフ　67-74, 166, 208
カルポーヴィチ　220, 221, 224
カント　102, 106-108, 131
ギッピウス　ジナイーダ　69-71, 74, 159, 166-168, 184, 188, 193, 203, 211, *270*
キリーロフ　248-250
ギンス　226, *264*
クリューエフ　145, 176, 177, 183, 188, 190, 214
クレーヴェル　147, 149, 205
ゲルツェン　9, 13, 14, 17-20, 41, 42, 46, 78, 81, 85, 86, 97, 124, 125, 137, 139, 146, 208, 239, 241-243, 245, 250, 253, *260, 294, 295*
ゲルシェンゾーン　11, 20, 36, 46, 97, 204

ゴーゴリ　184, 187
ゴーリキー　11, 13-15, 23-52, 89, 140, 158, 203, 204, 221, 227, 242, 256, *292-297*
コトリャレフスキー　25
ゴルンフェリド　149, *273*
コント　42, 237, 240, *285*

さ行

ザイツェフ　157-164, 167, 168, 170, 171, 173, 188, 189, 199, 214
ザヴァリーシナ　143
ザヴァリーシン　154
ザミャーチン　145, 167, 168, 203, 232, *274*
サルティコフ＝シチェドリン　177, 190, 214, 227, 233, *273, 290*
シードロヴァ　141, 148, *273*
シーリン　158, 163, 186, 187, 203, 211（→ナボコフ）
シェストーフ　18, 42, 43, 163, 165, 244, 245, 247, 251, *274*
シェロン　11, 148, 154, 175, *261, 271*
シチェーインベルク　11, 46, 139, 140, 231, 232
スターリン　11, 47, 150, 155, 198, 226, 233, *263, 265*
ステプーン　166, 176, 203, 207, 212-214, 216-218
ストルーヴェ　39, 78, 83, 87, 89, 90-92, 110, 115, 203, 204, *283, 284, 286, 287, 296*
スピリドーノヴァ　45
ゼンジーノフ　161, 162, 224, 225, 235, *263*
ソルジェニーツィン　226, *262*
ソローキン　220, 264
ソログープ　18, 31, 34, 35, 39, 42, 74, 89, 145, 154, 176, 177, 183, 184, 192, 195, 196, 213, 214, *259, 274, 285, 293*

た行

チェーホフ　17, 42, 217, *293*
チェルノーフ　27-30, 41, 53, 131, 156, 171, 223, 225, *263, 294, 295*
チュコフスキー　47, 226, *291*
チュッチェフ　103, 105
テレシチェンコ（シーリン）　167, 168, 171
ドストエフスキー　17, 32, 34-38, 50, 63, 91, 94, 103, 171, 175, 177, 190, 191, 203, 217, 236, 237, 241, 245, 250, *258, 259, 268, 293*
ドブジンスキー　221
トルストイ　レフ　17, 33, 36, 37, 65, 78, 79, 91, 94, 110, 125, 132, 171, 186, 195, 203, 214, 217, 238, 242, *274, 277, 278, 285*

な行

ナボコフ　B. B.　158, 163, 167, 186, 203, 224（→シーリン）
ナボコフ　H. Д.　224, 225
ニコラエフスキー　161, 162, 222, 225, *262, 263*

は行

バルトルシャイチス　159, 169, 170, 188, 189, 192
ピリニャーク　204
ファウスト　105, 237, 238
フィグネル　ヴェーラ　291
フィロソーフォフ　54, 68-75, 89, *286*
プーシキン　10, 17, 94, 165, 170, 171, 174, 175, 242
ブーニン　158, 161, 163, 186-189, 191, 193, 203, 211, 213
ブシマン　141, 147, 149, 151
フランク　11, 13, 16-21, 98, 244, 256, *283,*

284, 297
プリーシヴィン　26, 48-52, 54, 55, 57, 59, 60, 63, 69-71, 98, 140, 143, 165, 167, 168, 186, 233, *270, 273, 274, 287, 290, 291*
ブルガーコフ　セルゲイ　20, 42, 43, 55, 61, 63-66, 76, 81, 83, 97-104, 108, 110, 137, 158, 173, 236-240, 249, *258, 260, 293, 296*
ブルガーコフ　В.　203
ブルガーコフ　М.　234
プレハーノフ　13, 15, 16, 41, 83, 110, 120-122, 124, 126-134, 136, 155, 242, *277*
ブローク　11, 23, 25, 26, 44, 46-48, 50, 67, 68, 138, 140, 145, 152, 158, 163, 166, 168, 169, 184, 188, 193, 214, 227, 230-233, 235, 240, 245-247, 253-255, *259, 270, 271, 274*
ブローク　Л. Д.　169
ベーム　153, 157, 160, 166, 172-180, 182, 183, 185-188, 190-195, 197-199, 202, 206, 214-217, 223, 224, 234, *263, 268, 269, 272*
ベールイ　アンドレイ　10, 11, 66, 138, 140, 145, 154, 158, 163, 184, 188, 213, 214, 229, 232, 244, 247, 253, 255, *259, 270*
ペシコーヴァ　29, 30, 39, 41, 48, 51, *294, 295*
ペトロフ＝ヴォートキン　26, 160, 176, 177, 200, 213, 232
ベリャーエヴァ　С. А.　142, 148
ベリャーエフ　А.　142, 147
ベリンスキー　31, 99, 178, 214, 242
ベルジャーエフ　20, 66, 83, 97, 101, 102, 108-120, 133, 137, 155, 163, 173, 203, 211, 230, 253, *262, 281, 296*
ベルベーロヴァ　157, 159, 161, 162, 165-168, 170, 172, 173, 177, 189, 207, 220, *271*
ベロウース　10, 156, 236, 251, *258, 259, 271*
ポーストニコヴァ　エリザヴェータ・ヴィクトロヴナ　171, 205, 206, 210, 220
ポーストニコフ　30, 153, 157, 164, 166, 171-174, 176-180, 182-185, 188, 196-198, 200-206, 213, 214, 223, 224, *265, 285*
ホダセーヴィチ　157, 158, 163, 187, 203, *271*
ボンチ＝ブルエーヴィチ　140, 167, 233, *273, 285*

ま行

マサリク　173, 174
ミハイロフスキー　17-19, 41, 196
ミリュコーフ　203, *285*
メイエルホリド　140, *291*
メレシコフスキー　13-15, 34-36, 39, 42, 46, 54, 55, 66-70, 72, 74-78, 163, 177, 203, 211, 219, 246, *286, 287, 293*

や行

ヤンコフスカヤ　Н. П.　206, *272*
ヤンコフスキー　Б. П.　206, *272*
ヤンコフスキー　Г. П.　197, 220, 223, 225, 234, 235, *272*
ヤンコフスキー　П. К.　81, 142, 150, 151, 153, 170, 200, *272*

ら行

ラヴローフ　А. В.　10, 23, 24, 48, 235, 236, 253, 254, *259*
ラヴローフ　П. Л.　17-19
ラエフスカヤ＝ヒューズ　142, 148, 156, 164, 175, *261, 271*
ラッポ＝ダニレフスキー　24, 187
ラプシーン　26, 153, 173-176, *272, 295*
リムスキー＝コルサコフ　А. Н.　26, 140, 233, *273*

リムスキー＝コルサコフ　B. H.　26, *294*
リャーツキー　153, 173-175, 199, 202, 204
リューテル　165, 166, 198, 207, 214, 216-219
ルサーノフ　27, 173, 198, 204
ルナチャルスキー　139, 242, *260*
レーニン　9, 21, 44, 45, 128, 130, 131, 138, 245, *264*
レーミゾヴァ　セラフィーマ・パーヴロヴナ・ドヴゲッロ　164-166, 169, 171, 172, 189
レーミゾフ　アレクセイ・ミハイロヴィチ　26, 31, 34-36, 55, 56, 59, 60, 70, 145, 157, 159-161, 163-173, 177, 188, 189, 196, 198, 199, 203, 206-208, 214, 217, *274, 289, 293*
レオンチエフ ヤロスラフ　10, *295*
レムケ　46, 232, *295*
ロスキー　H. O.　153, 172, 173, 175, 176, 198, 203, 206, 244, 252
ロスキー　Б. H.　252

主要事項索引

イタリック体は註のページ

あ行

『悪霊』 29, 32-34, 37, 50, 245, 250, *258, 293, 294*
『新しい言葉』 150, 153-156, 158, 159, 162, 163, 165, 167, 168, 174, 176, 178, 179, 181-183, 188, 198, 201, 202, 204, 208, 210, 211, 214, 219, 221, 223, 224, *263, 268, 272*
『宛名のない手紙』 153
『遺訓』 25, 27, 28, 30-33, 37, 41, 44, 46, 53, 61, 66, 69-71, 73, 74, 139, 153, 156, 159, 167, 171, 173, 178, 188, 197, 204, 210, *283, 286, 287, 294, 295*
ヴォリフィラ（自由哲学協会） 9, 48, 140, 156, 158, 179, 184, 221, 230-234, 245, 252, 254, 255, *259, 273*
ヴラーソフ主義（派） *262, 263, 265*
エジョーフ体制（エジョーフシチナ） 223, 226, 233, *263*
エスエル（党） 9, 26, 27, 30, 44, 51, 53, 70, 84, 120, 173, 178, 189, 197, 198, 200, 202, 204, 220, 223, 224, 231, 235, *264, 271, 286*

か行

カシーラ 162, 163, 226
カラマーゾフシチナ（カラマーゾフ主義） 33, 34, 37, 38, 47, *293, 294*
『監獄と流刑』 12, 49, 141, 153, 171, 184, 185, 193, 214, 215, 223-227, 234, 255, *261, 263, 267, 272, 274, 275, 284, 291, 295*
観念論 101, 130, 227, 236, 239, 249, *260*
『クリム・サムギンの生活』 41, 42
『現代雑記』 163, 171, 187, 200, 203, 211, 213, 215
コーニツ（ホイニツェ） 141, 142, 147, 148, 151-154, 157, 159-161, 166, 167, 170-172, 175, 180-182, 185, 187, 191, 192, 194, 196-199, 205, 209, 214-216, 219, 220, 234, *269*
国立文学館（国文館） 140, 167, 233, *273, 285*
個人主義（者） 9, 13, 14, 16, 18, 25, 29, 31, 32, 39-41, 45, 71, 109, 115, 202, 238, 240, 242, 243, *271, 297, 298*
「個性の崩壊」 32, 39-41, 47, *292*
コンスタンチノープル 95, 96（→ツァリグラード）

さ行

『作家たちの運命』 11, 153-155, 171, 182-185, 223, 225, 233-235, *261, 263, 267, 268*
左派エスエル（左派社会革命）党 9, 45, 49, 84, 232, *262*
『冷めた観察と悲しい印象』 153, 168, 184, 185
サラトフ 48-52, 152, 163, 168, 191, *273, 290*
シーリン出版社 44, 167, 168, 171
ジェーツコエ・セロー 10, 51, 140, 233, *291*（→ツァールスコエ・セロー、プーシキン）

社会革命党　84, 89, 134（→ エスエル党）
『社会主義通報』　161, 223, 225, *263*
宗教哲学会　53, 54
宗教哲学協会　11, 53-55, 65, 81, 89, 104, 105, 192, 256, *286, 290*
　モスクワ～　54, 55, 61, 63-65, 69, 76, 78, 101, 108, *293*
　ペテルブルク～　54, 55, 66-78, 80, 166, 208, *286, 287*
人神論　245, 249, 250
進歩の理論　237-240, 249
　実証主義的～　18, 19, 243, *282, 285*
　神秘主義的～　18-20, 43, 81, 241, 243, 249, *282, 285*
自由哲学協会　9（→ ヴォリフィラ）
人民の意志（派）　27, 173, 204, *291*
水晶宮　243
スキタイ人（グループ）　9, 26, 46, 48, 84, 121, 163, 164, 167, 179, 219, 221, 229, 232, 245, 246, 249, *262, 269, 273, 293, 295*
スキタイ人主義　45, 158, 250, *275, 295*
スキタイ人（イヴァーノフ＝ラズームニクのペンネーム）　139, 141, 146, 147, 149, 176, 256, *295*
『スキタイ人』（文集）　45, 84, 179, 240, 249
「スキタイ人」（ブロークの詩）　11, 193
スキタイ人出版社（ベルリン）　140, 166, 232, *270*
スタルガルト　141, 142, 151, 152, 159, 181, 188, 190, 234, *269*
スラヴ主義（者）、スラヴ派　61, 64, 83, 89, 93, 95-99, 111, 113, 119, 120, 128, 133, 194, 209, 256, *282*
西欧主義（者）、西欧派　93, 99, 103, 194
『生の意味（について）』　18, 20, 29-31, 38, 42, 70, 78, 81, 96, 149, 230, 231, 233, 236, 240-246, 248-250, 252, *260, 283*
「生の意味再論」　78, 240
祖国防衛（主義）、（派）　12, 64, 83-85, 113, 120-123, 125, 126, 130, 135, 256, *281, 285*

た行

大審問官　105, 237, 238, 245
チェーホフ出版社（ニューヨーク）　225, 235
ツァールスコエ・セロー　10, 25, 26, 50, 140, 146, 149-151, 196, 205, 247, *273, 291*（→ ジェーツコエ・セロー、プーシキン）
ツァリグラード　64, 105, 193（→ コンスタンチノープル）
ドイツ社会民主党　93, 109, 121, 126, 127, 129, 130
『道標』　11, 20, 21, 36, 43, 110, 119, 138, 204, 249, *296, 297*
道標転換派　204
道標派　40, 97, 138, 253
東方労働者（オストアルバイター）　154, 207, 218

な行

内在的主観主義（者）　18-20, 27, 31, 32, 38, 78, 81, 97, 236, 240-243, 250, 251
ナロードニキ（主義）　9, 41, 49-51, 60, 81, 83-85, 118-121, 124, 128, 140, 155, 173, 223, 231-233, 239, 242, *273, 286*
「人間自身が目的」　14, 81, 250, 255
『人間の擁護』　12, 153, 184, 229, 231-234, 251（→『弁人論』）
ネオ・ナロードニキ　9, 27, 53

は行

パリ　68, 75, 87, 107, 120, 129, 134, 157-164, 166-170, 172, 173, 177, 188, 189, 195, 196, 198, 200, 201, 203, 206-208, 210, 212, 214, 219, 220, 230, *286*
プーシキン

～市　10, 140-145, 147, 149, 169, 201, 226, 227, 233, 234, *273, 274, 290, 291*（→ツァールスコエ・セロー、ジェーツコエ・セロー）
～館（ロシア科学アカデミー文学研究所）　10, 48, 145, 235, *260*
～記念館　10, 21
プラハ　153, 157, 160, 162, 166, 173-185, 190, 192, 193, 195-207, 212, 213, 216, 219, 223, 234, *265, 268, 269*
「文明世界に宛てたドイツ 93 教授のアピール」　88, 94, 105, *282, 284*
ベルリン　87, 94, 133, 135, 139, 140, 153, 164-166, 176-178, 180-183, 197, 198, 200, 205, 207-209, 212-214, 219, 222, 224, 232, 233, *264, 270*
ペレストロイカ　9, 24, 47, 108, 225, 229, 253, 254
『弁人論』　12, 81, 97, 153, 156, 184, 229-236, 240, 244-246, 251-254, 256, *262, 282*（→『人間の擁護』）
「砲火の試練」　83-86, 98, 118, 120, 121, *277, 285*
『砲火の試練』　84
ボスフォラス - ダーダネルス海峡　87, 91
ボリシェヴィキ　9, 12, 41, 43-45, 84, 117, 139, 140, 143, 166, 173, 179, 183, 192, 196, 200-202, 204, 211, 212, 215, 220, 221, 224, 231-233, 245, 246, 249, 252, *264, 273*
本国送還　164, 172, 197, 198, 206, 215, 216, 225

ま行

マルクス主義（者）　15, 31, 36, 41, 83, 86, 101, 109, 120, 123, 124, 126-128, 131, 137, 154, 155, 200, 218, 227, 230, 231, 236, 239, 241, 249, *260, 268, 275, 285*
ミュンヘン　12, 141, 142, 164, 172, 209, 210, 212, 214, 216, 218-220, 234
民族ドイツ人　146, 147, 152, 154, 176, 178, 180, 211, 234
名誉回復　9-11, 47, 155, 156, 227, 229, 255, 256, *274, 298*
メシア主義（者）　83, 95-100, 108, 115, 120, 123, 136-138, 256, *282, 284*
メシチャンストヴォ　9, 13-17, 29, 36, 39, 41, 43, 45, 71, 85, 100-102, 109, 110, 112, 123, 125, 137, 202, 219, 243, 256, *275, 297*

ら行

リーチノスチ（人格、個性）　14, 17, 39, 40, 85, 96, 97, 123, 124, 231, 252
ルシファー（リュツィフェル）（主義）　245, 248-251, *258*
『列強は何を求めて戦うか』　84, 86
レンズブルク　141, 142, 161, 172, 197, 205, 206, 209, 210, 215-217, 220, 234
ロシア在外歴史アルヒーフ（プラハ）　198
『ロシア思想』（雑誌）　61, 69, 70, 87, 92-95, 98, 108, 204, *284*
『ロシア思想』（新聞）　230
『ロシア社会思想史』　9, 11, 13, 16-18, 25, 29, 31, 32, 39, 41, 50, 65, 124, 133, 155, 156, 202, 217, 229, 230, 231, 243, 244, *270, 297, 298*
『ロシア思想史研究』　256, *260, 297*
『ロシアとヨーロッパ』　233

ORT（社会復帰訓練組織）　162
UNRRA（国連救済復興機関）　161, 206, 216, 218, 220

註

❖ まえがき――「名誉回復」と新たな関心

1 松原広志『ロシア・インテリゲンツィヤ史――イヴァーノフ＝ラズームニクと「カラマーゾフの問い」』ミネルヴァ書房、1989 年。

2 *Иванов-Разумник Р. В.* История русской общественной мысли. Индивидуализм и мещанство в русской литературе и жизни XIX в. Т. 1–2. СПб., 1907.（佐野努・佐野洋子訳）『ロシア社会思想史――インテリゲンツィヤによる個人主義のための闘い』上・下、成文社、2013 年（1997 年にモスクワで刊行された最新版の翻訳）。

3 イヴァーノフ＝ラズームニクの名誉回復前後については、次の新聞記事がもっとも早いようである。*Карохин Л. Ф.* В доме на бывшей Корпинской // Вперед. 10 дек. 1988. 名誉回復の文書は次を参照。Записка А. Н. Яковлева в ЦК КПСС «О ходе работы по рассматрению вопросов, связанных с реабилитацией граждан, необоснованно репрессированных в период 30–40-х и начала 50-х годов» // Россия XX век. Документы. Реабилитация: Как это было. М., 2004. С. 313–317.

4 第 1 回の研究・報告会については次の紹介記事を参照。*М. С.* «Иванов-Разумник. Личность. Творчество. Роль в культуре» 18 июня 1993 г., Москва // De Visu. Ежемесячный историко-литературный и библиографический журнал. № 9. 1993. С. 93–94.

5 第 2 回の国際研究・報告会の概要と、その時点までのイヴァーノフ＝ラズームニク関連文献・研究論文等については松原広志「封印を解かれたイヴァーノフ＝ラズームニク」『ロシア史研究』第 59 号、1996 年参照。以下の紹介・反響も参照。*Белоус В. Г., Карохин Л.* О вторых международных чтениях «Иванов-Разумник. Личность. Творчество. Роль в культуре» // Царскосельская газета. 9 сент. 1996 г.; *Леонтьев Я. В.* Иванов-Разумник. Личность. Творчество. Роль в культуре // Библиография. № 5. 1996. С. 138–139; *Белоус В. Г.* О Вторых межлународных чтениях «Иванов-Разумник (1878–1946). Личность. Творчество. Роль в культуре» // Диалог. Карнавал. Хронотоп. № 2. 1996. С. 108–111; *Белоус В. Г.* Иванов-Разумник (1878–1946). Личность. Творчество. Роль в культуре. (Второе международное чтение). SLAVIA ORIENTALIS. Tom XLV, NR 3, ROK 1996, P. 447–448.

6 第 3 回の研究・報告会についての紹介・反響は以下を参照。*Лаппо-Данилевский К.* В Память о скифе // Русская мысль. № 4166. 20–26 марта 1998; *Шилова А.* «Москвичи, конечно, в ужасе....» «Подводную» часть биографии Иванова-Разумника реконструировать до сих пор не удается // Книжное обозрение. 6 мая 1999 г., С. 4.

7 第 2 回および第 3 回研究・報告会の報告・資料集は以下を参照。*Белоус В. Г.* (Редактор-составитель) Иванов-Разумник. Личность. Творчество. Роль в культуре. Сборник статьей по материалам конференции «Иванов-Разумник (1878–1946). Личность. Творчество. Роль в культуре». Царское Село. 16–

17 марта 1996 г., СПб., 1996; Иванов-Разумник. Личность. Творчество. Роль в культуре. Публикация и исследования. Вып. 2. СПб., 1998.

8 イヴァーノフ＝ラズームニクの生涯と著作については次を参照。Основные даты жизни и творчества Иванова-Разумника. Составил Я. В. Леонтьев // Литературное обозрение. 1993. № 5. С. 38–40; *Белоус В. Г., Леонтьев Я. В.* "Совесть русской литературы" // Библиография. 1993. № 3. С. 58–73. 松原前掲書の「イヴァーノフ＝ラズームニク略年譜」238–242 ページ、「イヴァーノフ＝ラズームニク著作目録」243–249 ページも参照。

❖ 第Ｉ章　フランクとの論争――インテリゲンツィヤとメシチャンストヴォ――――●

1 松原広志『ロシア・インテリゲンツィヤ史――イヴァーノフ＝ラズームニクと「カラマーゾフの問い」』ミネルヴァ書房、1989 年；この著の前半部を要約・英訳した次の論文も参照。Hiroshi Matsubara, *Ivanov-Razumnik and the Controversy over Intelligentsia*, Japanese Slavic and East European Studies, Vol. 12, 1991, pp. 81–102.

2 *Иванов-Разумник Р. В.* История русской общественной мысли. Индивидуализм и мещанство в русской литературе и жизни XIX в. ТТ. 2. СПб., 1907. 佐野努・佐野洋子訳『ロシア社会思想史――インテリゲンツィヤによる個人主義のための闘い』上・下、成文社、2016 年（原著第 5 版を底本として、1997 年にモスクワで刊行された 3 巻本の訳）。

3 *Горький М.* Заметки о мещанстве // Собрание сочинений в 30 томах. Т. 23. М., 1953. С. 341–367.

4 *Мережковский Д. С.* Мещанство и русская интеллигенция; Глядущий хам // Полярная звезда. № 1. 1905. С. 32–42; № 3. 1905. С. 185–192.

5 *Овсянико-Куликовский Д. Н.* О «мещанстве» и русской интеллигенции // Полярная звезда. № 3. 1905. С. 229–234.

6 *Овсянико-Куликовский Д. Н.* Приложение к статье о Герцене. К пресловутому вопросу о «мещанстве» // Собрание сочинений. Т. 5. С. 203–208. オフシャニコ＝クリコフスキーとゴーリキーの見解の近い部分――インテリゲンツィヤやメシチャンストヴォの定義、「トスカー тоска」をロシア精神の否定的特性と見る点、民族性の肯定とその病である民族主義の否定等――については次を参照。松原広志「オフシャニコ＝クリコフスキー覚書」『龍谷紀要』第 2 号、1994 年、39–48 ページ（『ロシア思想史研究』第 4 号、2007 年、446–455 ページに再録）。

7 *Плеханов Г. В.* Идеология мещанина нашего времени // Сочинения. Т. 14. 1925. С. 259–344.

8 *Франк С. Л.* К характеристике русской интеллигенции // Речь. № 224. 23 нояб./6 дек. 1906 г.;/ Рецензия/ Иванов-Разумник «История русской общественной мысли» // Критическое обозрение. 1907. № 1. С. 41–42.

9 *Иванов-Разумник Р. В.* Предисловие ко второму изданию // История русской общественной мысли. Изд. 2-ое. СПб., 1908. Т. 1. С. XVII–XXXIII.

10 *Франк С. Л.*/ Рецензия/ Иванов-Разумник. О смысле жизни // Критическое обозрение. 1908. № 7 (12). С. 34–38.

11 Франк — Гершензону. письмо 1 (19 Октября 1908) и 2 (16 Ноября 1908). К истории создания «Вех». Пуб. В. Проскуриной и В. Аллоя // Минувшее. Исторический альманах. Т. 11. 1990. С. 252–253, 283 (примечание 3). なお、論集『道標』成立事情について詳しくは次を参照。*Колеров М. А.* Не мир, но меч. Русская религиозно-философская печать от «Проблем идеализма» до «Вех» 1902–1909.

СПб., 1996. С. 281–.『道標』の邦訳は次を参照。ブルガーコフ、ベルジャーエフ、ストルーヴェほか著（長縄光男、御子柴道夫監訳）『道標』ロシア革命批判論文集 1、現代企画室、1991 年。

12 *Иванов-Разумник Р. В.* Об интеллигенции. Что такое махаевщина. Кающиеся разночинцы. Изд. 2-ое. СПб., 1910.『インテリゲンツィヤについて』初版（1908 年）ではマハエフシチナのみが論じられ、第 2 版で道標論が併せ刊行された。三宅賢訳『インテリゲンチヤ』大日本文明協会、大正 13（1924）年は第 2 版の邦訳である。『インテリゲンツィヤについて』におけるイヴァーノフ = ラズームニクの道標論については、松原前掲書第 4 章参照。

13 *Ильин В. (Ленин В. И.)* О вехах // Вехи: Pro et contra. СПб., 1998. С. 488–495.

❖ 第 II 章　ゴーリキーとの文通──対立と友好の軌跡──●

1 *Иванова Е. В., Лавров А. В.* Переписка с Ивановым-Разумником. Вступительная статья, публикация и комментарий // Литературное Наследство. Т. 95 (Горький и русская журналистика начала XX века. Неизданная переписка). М., 1988. С. 706–743. 以下ではこの資料からの引用は、ЛН95. С. 706–743. のように表記する。

2 *Лавров А. В.* Переписка с Ивановым-Разумником. Вступительная статья, публикация и комментарий // Литературное Наследство. Т. 92, Кн. 2 (Александр Блок. Новые материалы и исследования). М., 1981. С. 366–391.

3 松原広志「イヴァーノフ = ラズームニクの著作について」『龍谷紀要』3 巻 2 号、1982 年 3 月、1–16 ページ（加筆修正して松原広志『ロシア・インテリゲンツィヤ史──イヴァーノフ = ラズームニクと「カラマーゾフの問い」』ミネルヴァ書房、1989 年、「IV　イヴァーノフ = ラズームニクの著作、第 7 章　文献学的概観」および「イヴァーノフ = ラズームニク著作目録」に収録）。

4 *Иванов-Разумник Р. В.* Писательские судьбы. Тюрьмы и ссылки. М., 2000. С. 270.（松原広志訳『監獄と流刑──イヴァーノフ = ラズームニク回想記』成文社、2016 年、196–197 ページ。『作家たちの運命』は未訳）。同書はイヴァーノフ = ラズームニク死後に出版された 2 著作を 1 冊にまとめてあり、引用の際には以下のように 2 点中必要な書名だけを記す。「*Иванов-Разумник Р. В.* Тюрьмы и ссылки. 2000. С. ~.」

5 ЛН95. С.710.

6 ЛН95. С.706; Письмо Горького к Редакции журнала «Литературная учеба». 13 февраля 1930 г. // Архив А. М. Горького. Т. X. Кн. 2. М., 1965. С. 275. 以下ではこの資料集からの引用は АГ と略記し、号数、刊行年、ページを示す。ゴーリキーはこの手紙でロシア文芸評思想史上の人物として E・リャーツキーの名も挙げている。リャーツキーについては本書第 V 章 5（2）a を参照。

7 Горький — Виноградову. 17 февраля 1930 г. // Знамя. 1968. № 3. С. 183. ゴーリキーは、ミザントロープ派は自らを法的でなく「宇宙的」な意味と範囲で世界的な裁判官と考えている、と皮肉る。

8 ЛН95. С. 706 (Вступительная статья редакторов) ; *Иванов-Разумник Р. В.* Русская литература в 1912 году // Заветы. 1913. № 1. Отдел 2. С. 55.

9 ЛН95. С. 706 (Вступительная статья редакторов).

10 Там же.

11 1941 年刊の下記文献に掲載されたのがもっとも早いと思われる。ただし日付は「1912 年 1 月 18 日まで」と絞り込まれていない。*Горький М.* Материалы и Исследования. Т. 3. 1941. С. 86–87.

12　ЛН95. С. 711–712.

13　ЛН95. С. 712.（ゴーリキーへの第1信に対するイヴァーノフ＝ラズームニクの註釈）。『創作／創造』という誌名および2人の親友については、次を参照。*Леонтьев Я. В.* «Скифы», как литературные попутчики левых эсеров // «Скифы» русской революции. Партия левых эсеров и ее литературные попутчики. М., 2007. С. 156–164. この文献からの上記引用個所は、最初次の報告・資料集に発表されている。*Леонтьев Я. В.* Иванов-Разумник и освободительное движение в России. Дореволюционный период // Иванов-Разумник. Личность. Творчество. Роль в культуре. СПб., 1996. С. 7–16; ЛН95. С. 388–389.

14　ラプシーンやB・H・リムスキー＝コルサコフについてはЛН95. С. 388–389を、スキタイ人については上記拙著の第5、6章、上記註13のレオンチエフ 著を参照。

15　ЛН95. С. 712.

16　ЛН95. С. 712–714.

17　1912年にペテルブルクで創刊された月刊の文学‐政治雑誌。誌名はゲルツェンやミハイロフスキーの遺訓を受け継ぐという意味をもつ。創刊号以来しばしば検閲による圧迫を受けて没収された。第1次大戦勃発後の1914年9月に閉鎖されるまで計28号を数えた。ゴーリキーは上記第2の手紙より10日もまえに妻ペシコーヴァへの手紙で、同誌への参加はまったく気に入らないが、全ロシア的雑誌創設の夢がいくらか実現できるかもしれない、と書く。АГ. Т. IX. (Письма к Е. П. Пешковой 1906–1932). М., 1966. С. 133.

18　ЛН95. С. 715–716.

19　イヴァーノフ＝ラズームニクは、編集部入りを勧めるチェルノーフの手紙（1912年1月6／19日）に応えて、直接会って詳しく話を詰めたい、（新暦）5月初めまでに1か月の予定でスイス、イタリア（ナポリまで）へ行くからその折に、と書いている（第3信への註18、ЛН95. С. 716–717. прим. 3）。彼が予定する旅行とは、「スキタイ人主義」の思想の最初の表現である「人間と文化――旅の思想と印象」（『遺訓』1912年6号掲載）を書く素材を得た旅行である。彼はこの論文で初めて、ゲルツェンに倣った「スキタイ人」のペンネームを使用した。その旅の途上で彼はローザンヌにゲルツェンの遺児ナターリアを訪ね、彼女の許可を得たうえで友人レムケに必要なゲルツェン関係資料を送ったであろう。レムケは当時、ロシア国内で最初の本格的な『ゲルツェン著作・書簡全集』（全22巻、1915～1925年刊）を編纂中であった。

20　キプリング「ネコが気ままに歩くわけ」『ゾウの鼻が長いわけ――キプリングのなぜなぜ話』藤松玲子訳、岩波書店、2014年参照。自らの性格を象徴する「ひとり気ままに歩くネコ」という表現は、彼の回想記にも見られる。См. *Иванов-Разумник Р. В.* Тюрьмы и ссылки. 2000. С. 121.（松原訳『監獄と流刑――イヴァーノフ＝ラズームニク回想記』37ページ）。

21　ЛН95. С. 717–718.

22　АГ. Т. IX. 1966. С. 132.

23　Горький — Чернову и Миролюбову. 26 января 1912 г. // ЛН95. С. 604.

24　Горький — Чернову. 29 января 1912 г. // ЛН95 С. 606–607.

25　Горький — Чернову. Около 25 января 1912 г. // ЛН95. С. 603.

26　В. С. Миролюбову. 17 февраля (1 марта) 1912 // *Горький М.* Полное собрание сочинений. Письма в двадцати четырех томах. Т. 9. Письма март 1911–март 1912. М., 2002. С. 266. 以下ではこの書簡集からの引用に際しては*Горький М.* Письмаと略記し、巻数、ページを示す。

27　В. С. Миролюбову. Там же. Т. 9. С. 278.

28 В. С. Миролюбову. 25 апреля (8 мая) 1912 // *Горький М.* Письма. Т. 10. С. 24.

29 ЛН95. С. 718–719.

30 ЛН95. С. 718. なおこの第6信の日付が、ゴーリキー全集・書簡集第9巻（2002年刊）では1912年2月15（28）日頃となっており、『文学遺産』95巻の表示とは異なるが委細不明。См. *Горький М.* Письма. Т. 9. С. 263.

31 ЛН95. С. 708–709.

32 В. С. Миролюбову 26 мая (8 июня) 1912 // *Горький М.* Письма. Т. 10. С. 54; В. С. Миролюбову. 12 (25) август 1912 // *Горький М.* Письма. Т. 10. С. 93. ゴーリキーのペシコーヴァへの手紙も参照。Е. П. Пешковой 3 (16) мая 1912 // *Горький М.* Т. 10. С. 28.

33 В. С. Миролюбову. 22 апреля (5 май) 1912 // *Горький М.* Письма. Т. 10. С. 21.『文学遺産』95の両編纂者は、この手紙（とゴーリキーの第6信）を根拠に、ゴーリキーが『遺訓』誌から退いた後でチェルノーフとミロリューボフに対し、イヴァーノフ＝ラズームニクを同誌の文学批評部に加えるよう助言した、と書く。См. ЛН95. С. 709. なおイヴァーノフ＝ラズームニクが同誌文学批評をリードし、さらに編集部入りした後、ミロリューボフは同紙を退いている。См. *Горький М.* Письма. Т. 10. С. 382 (прим.7).

34 *Горький М.* Письма. Т. 10. С. 264; Горький — Чернову. ЛН95. С. 207.

35 ЛН95. С. 714 (Примечание 7).「死すべき定めは……」はベルンハルト・ケラーマンの小説『海』のロシア語訳からの引用。

36 *Иванов-Разумник Р. В.* Марксистская критика // Литература и общественность. СПб., 1910. С. 117. ゴーリキーはイヴァーノフ＝ラズームニクの『文学と社会性』のこの欄に書きこみ、消している。「個性をくり返すな。私はそんなものはわからないし、まったく知らない」*Горький М.* Письма. Т. 9. С. 560 (примечание 8).

37 ЛН95. С. 713.

38 ЛН95. С. 713. ゴーリキーが「インテリゲンツィヤは階級外的・階層外的集団」というイヴァーノフ＝ラズームニクの主張を否定する個所に対する両編集者による註で、ゲルツェンとあるべきところがゴーリキーと誤っている。См. ЛН95. С. 714 (прим. 9).

39 ЛН95. С. 719–720.

40 В. С. Миролюбову. 26 мая (8 июня) 1912 // *Горький М.* Письма. Т. 10. С. 54. 前節註33も参照。

41 *Иванов-Разумник Р. В.* Было или не было? (О романе В. Ропшина) // Заветы. 1913. № 4. Отд. 2. С. 134–151.

42 ЛН95. С. 720.

43 *Горький М.* О «карамазовщине» // Собрание сочинений в 30-ти томах. Т. 24. М., 1958. С. 146–150. 以下では引用に際し、Сс. と略記する。山村房次訳「カラマーゾフ主義について」『新日本文学』6巻10号、1951年。ゴーリキーの抗議に対しては、彼により近い「ズナーニエ派」の人々からも反対意見が続出している。例えばレオニード・アンドレーエフはゴーリキーの見解に対し公には発言しなかったが、私信では完全に反対した。アンドレーエフはネミロヴィチ＝ダンチェンコへの手紙（1913年9月24日）で　劇場にとっての危機、『悪霊』の「政治的」側面を避けすぎた設定の危機（「ニコライ・スタヴローギン」という上演題目も含む）が作品を歪める、と指摘した。ネミロヴィチ＝ダンチェンコはアンドレーエフから手紙を受けとるよりまえ、9月8日にゴーリキーに手紙で、予想できることはすっかり検討したうえで、上演を観てもらえれば懸念は極度に

弱まると確信して決めた、抗議を控えてほしいなどとは言わないが、あなたがいないところで決定したことが悔やまれる、と書いた。アルツイバーシェフ、クプリーン、アイヘンヴァリド、コミッサルジェフスキーやその他の人々がインタヴューで、「我らの聖なる」ドストエフスキーに向かって「手を挙げた」ゴーリキーを非難した。モスクワ芸術劇場は9月26日の『ロシアの言葉』紙にゴーリキーの抗議に応えて公開状を掲載し、芸術家団体としての自分たちの「魂の責務」を否定するゴーリキーに対し、もし彼が正しければ我々は目的を喪失した芸術を拒否するとともに、「魂の問題」に仕えるロシア文学中の最良のものをも拒否することになる、と反論した。ボリシェヴィキの『プラウダ』紙、『プラウダを求めて』紙はゴーリキー支持の論陣を張った。См. Андреев ― В. И. Немировичу-Данченко. 24 сентября 1913 г. и прим. 1–3 // Литературное Наследство. Т. 72 (Горький и Леонид Андреев: Неизданная переписка). 1965. С. 538–540.

44 О выпаде г. Горького против Достоевского. Мнения писателей // Биржевые Ведомости. № 13792. 8 октября 1923. С. 3–5. この新聞記事からの引用では、ページを各作家ごとに明記できない。

45 А・И・クプリーン（1870–1938年）作家、翻訳家。

46 И・И・ヤシーンスキー（1850–1931年）作家。民主的傾向から後に無原則的になる。

47 И・Н・ポターペンコ（1856–1927年）1890年代に人気を博した小説家、劇作家。チェーホフと親しく、彼の戯曲「カモメ」のトリゴーリンのモデルと言われる。穏健なリベラルで、革命とは距離をおく。

48 С・А・ヴェンゲーロフ（1855–1920年）文学史家、ペテルブルク大学教授。

49 Ф・Д・バーチュシコフ（1857–1920年）文芸学者。1917年の2月革命後、ペテルブルク国立劇場主席全権、同年10月解任。飢餓と病気で死亡。

50 А・И・ブジーシチェフ（1867–1916年）小説家、詩人。1880〜1890年代（沈滞期）の典型的作家。

51 Ф・ソログープ（1863–1927年）詩人。晩年イヴァーノフ＝ラズームニクと同じ家屋に居住。

52 С・Д・メレシコフスキー（1865–1941年）作家。「新キリスト教」提唱者。

53 А・М・レーミゾフ（1877–1957年）作家。「スキタイ人」同人。

54 *Горький М.* Заметки о мещанстве // Сс. Т. 23. М., 1953. С. 341–367. 松原著第3章第1節参照。

55 ЛН95. С. 720.

56 Речь. 12 (25) октября 1913. № 279. С. 7.

57 ЛН95. С. 722.

58 *Иванов-Разумник Р. В.* Жизнь надо заслужить // Заветы. 1913. № 9. С. 132–154.

59 *Горький М.* Еще о «карамазовщине» // Сс. т. 24. С. 151–156. 山村房次訳「再び『カラマーゾフ主義』について」『新日本文学』6巻10号、1951年。

60 ゴーリキーが批判するイヴァン・カラマーゾフの言葉（第2部第5編4. 反逆より）は、必ずしも原文に忠実ではない。以下を参照。*Достоевский Ф. М.* Полное собрание сочинений в тридцати томах. Т. 14. М., 1976. С. 220–221. ドストエフスキー『カラマーゾフの兄弟』（原卓也訳）『ドストエフスキー全集』15、新潮社、1978年、第2部第5編　プロとコントラ、284、290、291ページ。

61 松原『ロシア・インテリゲンツィヤ史――イヴァーノフ＝ラズームニクと「カラマーゾフの問い」』第1章第2節を参照。なおドストエフスキーの『悪霊』上演に関しては、時間的には少し遅く1914年になってС・ブルガーコフも発言している。「ロシア的悲劇――モスクワ芸術座によるドストエフスキー『悪霊』上演に関連して」（モスクワ宗教哲学協会で1914年2月2日に発表後、『ロシア思想』誌1914年4号に掲載）。そこではゴーリキー（社会教育的観点）ともイヴァーノフ＝ラズームニクたち（出版・言論の自由の観点）とも、『悪霊』の政治的評価（革命の預言か、革

命への誹謗文か）とも異なる観点から、作品上演が論じられる。ブルガーコフは『悪霊』を、天才的なドストエフスキーが描いたキリストについての本、否定的な意味での宗教劇《ミステーリヤ》と見る。См. *Булгаков С.* Русская трагедия // Сочинения в двух томах. Т. 2. Избранные статьи. 1993. С. 499–526.

62 АГ. Т. IX. 1966. С. 47.

63 *Горький М.* Сс. Т. 29. С. 59.

64 АГ. Т. IX. С. 47, 304 (примечание).

65 *Горький М.* Разрушение личности // Очерки философии коллективизма. СПб., 1909. С. 353–403. 以下ではゴーリキー著作集から引用する。*Горький М.* Разрушение личности // Сс. Т. 24. С. 26–79. 和久利誓一訳「個性の崩壊」除村吉太郎・蔵原惟人監修『定本　ゴーリキー選集』第 2 巻、青木書店、1958 年、704–775 ページ。

66 *Горький М.* Т. 24. С. 78, 523 (примечание). 和久利訳 774 ページ。

67 *Горький М.* Т. 24. С. 78. 和久利訳 775 ページ。

68 ЛН95. С. 707.

69 *Горький М.* Т. 24. С. 34. 和久利訳 714 ページ。

70 *Горький М.* Там же. С. 36–37. 和久利訳 717 ページ。

71 *Горький М.* Там же. С. 55. 和久利訳 742–743 ページ。

72 松原著第 4 章第 2 節参照。

73 *Плеханов Г. В.* Идеология мещанина нашего времени. Сочинения. Т. 14. М.-Л., 1925. С. 259–344. 松原著第 3 章第 4 節参照。

74 *Горький М.* О современности // Статьи 1905–1916 гг. 2-ое изд. Птг. 1918. С. 76–97.

75 *Горький М.* О современности. С. 79.

76 *Горький М.* Письмо Чернову от 13/26 января 1912 г. // ЛН95. С. 604.

77 *Иванов-Разумник Р. В.* История русской общественной мысли. Изд. 3-е. Т. 1. 1910. С. 19.

78 *Горький М.* Жизнь Клима Самгина // Полное Собрание Сочинений. Художественные произведения в двадцати пяти томах. Т. 24. М., 1975. С. 165–166. См. *Иванов-Разумник Р. В.* О смысле жизни. С. 44.

79 *Горький М.* Там же. С. 198.

80 *Горький М.* Там же.

81 *Горький М.* Там же.

82 本書第Ⅲ章 3 参照。

83 松原著第 4 章参照。

84 ЛН95. С. 723.

85 Там же (комментарий Иванова-Разумника).

86 ペテルブルク北東部カレリア地峡の集落。1948 年にゴーリコフスコエと改称。ゴーリキーは 1914 年帰国後、警察の監視が比較的緩いこの地で友人のダーチャに 3 年間を過ごした。

87 ЛН95. С. 723. イヴァーノフ＝ラズームニクによれば、この時『人民の事業』編集部でゴーリキーへの同情はほとんどなかった。См. ЛН95. С. 724 (комментарий Иванова-Разумника).

88 См. Скиф. Кн. 1. 1917. С. XI.

89 ЛН95. С. 724.

90 ЛН95. С. 724.

91 ЛН95. С. 725.

92 ЛН95. С. 726.

93 Там же (примечание 1).

94 フォルシの礼状（1921 年 4 月末）は次を参照。ЛН70. 1963. С. 581.

95 ЛН95. С. 725–726.

96 Герцен А. И. 1870 — 21 января — 1920. Пг., 1920.

97 *Блок А.* Записные книжки. М., 1965. С. 481; Из дневника К. И. Чуковского. ЛН92-2. С. 250.

98 К. И. Чуковскому 2 ноября 1926 // *Горький М.* Письма. Т. 16. С. 165. 1920年代後半のチュコフスキーの日記には、イヴァーノフ＝ラズームニクの経済的窮状と、それにも拘らず文学に携わろうとする態度が記されている。См. *Чуковский К.* Дневник 1901–1929. М., 1997. С. 270, 401–402.

99 ЛН95. С. 725 (примечание 1).

100 *Иванов-Разумник Р. В.* Тюрьмы и ссылки. 2000. С. 491 (примечание 179). 松原訳『監獄と流刑――イヴァーノフ＝ラズームニク回想記』179 ページ註 8。

101 ЛН95. С. 709–710.

102 *Иванов-Разумник Р. В.* Тюрьмы и ссылки. 2000. С. 264–265, 273–274. 松原訳 190、200 ページ。サラトフ流刑中のイヴァーノフ＝ラズームニクから妻への手紙は、食費も含め厳しい日常生活の様子を伝える。«Дорогая моя и любимая Варя...» Письма Иванова-Разумника В. Н. Ивановой из саратовской ссылки. Публикация В. Г. Белоуса // Минувшее. Исторический альманах. Т. 23. 1998. С. 419–447. この手紙（1934 年 2 月 4 日）に、プリーシヴィンとメイエルホリドが連帯保証人となり、イヴァーノフ＝ラズームニクをザゴールスク（プリーシヴィンの居住地。現セルギーエフ・ポサード）へ移そうという「ファンタスティックな（とはいえ、心打たれる）計画」が記されている。См. Там же. С. 426; *Иванов-Разумник Р. В.* Тюрьмы и ссылке. С. 493 (прим. 191). 松原訳 191 ページ（註 18）。

103 ЛН95. С. 710, 711 (примечание 29, 30).

104 ЛН95. С. 710 (Вступ. ст. Редакторы).

105 Письмо Горького к П. П. Крючкову // Новое Литературное Обозрение. 1999. № 40. С. 233.

106 *Иванов-Разумник Р. В.* Тюрьмы и ссылки. 2000. С. 266–270. 松原訳 192–197 ページ。

107 *Иванов-Разумник Р. В.* Тюрьмы и ссылки. 2000. С. 270. 松原訳 197 ページ。

108 *Иванов-Разумник Р. В.* Тюрьмы и ссылки. 2000. С. 271. 松原訳 197 ページ。

109 *Иванов-Разумник Р. В.* Писательские судьбы. 2000. С. 275–276. 松原訳 202–203 ページ。彼は帰宅途中の 2 月 26 日から 3 月 3 日までにプリーシヴィンを訪ね話し込んでいる。См. *Пришвин М.* «Жизнь стала веселей...» из дневника 1936 года // Октябрь. 1993. № 3. С. 9. なおツァールスコエ・セローは 1918 年にジェーツコエ・セローと改称、1937 年プーシキンと再改称されたが、最初の名で呼ばれることが多い。

110 № 25. Спецсообщение секретно-политического отдела ГУГБ НКВД СССР о письме М. Пришвина секретарю ССП с требованием облегчить положение писателя Иванова-Разумника // Россия XX век. Документы. Власть и художественная интеллигенция. Докумегты ЦК РКП(б)-ВКП(б)-ВЧК-ОГПУ-НКВД о культурной политике. 1917–1953 гг., М., 1999. С. 324–325 и 768 (прим. 25). なおイヴァーノフ＝ラズームニクの妻ヴァルヴァーラ・ニコラーエヴナは、夫の文学活動を支えるかたわら、1920 年代末〜30 年代初めには旧人民の意志派のヴェーラ・フィグネル（1930 年代半ばまで旧政治囚・流刑植民者協会会長）のタイピスト、1930 年代の夫逮捕後は結核療養所の事務員として

働き、タイピストを副業とした。См. Незапечатленный труд: Из архива В. Н. Фигнер. Публикация Я. В. Леонтьева и К. С. Юрьева // Звенья. Исторический альманах. Вып. 2. М.-СПб., 1992. С. 463 (прим. 19).

111 № 26. Справка 3-го Отделения секретно-политического отдела ГУГБНКБД СССР для доклада Наркому Внутренных дел СССР о деле Р. В. Иванова-Разумника // Россия XX век. С. 325 и 768 (прим. 26). この文書によると、イヴァーノフ＝ラズームニクの流刑先変更（ノヴォシビールスクから少しでも自宅に近いサラトフへ）は 1933 年 9 月 22 日に決定された。

112 1933 年と 1937 年の 2 度の逮捕の際、調書作成時における取調べ官とイヴァーノフ＝ラズームニクのやり取りについては以下を参照。*Иванов-Разумник Р. В.* Тюрьмы и ссылки. С. 185–189, С. 202–207, С. 333–340. 松原訳 106–115 ページ、124–129 ページ、264–270 ページ。同書の С. 481–486 (Показания Иванова Разумника Васильевича. 15 февраля 1933 года, 23 февраля 1933 года) にはイヴァーノフ＝ラズームニク自身が書いた供述が見られる。その後イヴァーノフ＝ラズームニクの妻ヴァルヴァーラは作家 E・Г・ルンドベルクの示唆を得て、1939 年 5 月 29 日に夫の釈放を願う手紙を、夫の著書『サルティコフ＝シチェドリン』第 1 巻（1930 年刊）とともに内務人民委員ベリヤに宛て送っている。См. *Иванов-Разумник Р. В.* Писательские судьбы. Тюрьмы и ссылки. М., 2000. С. 512–513 (прим. 282). 1940 年には、プリーシヴィンと A･C･ノヴィコフ＝プリボーイが内務人民委員ベリヤ宛ての手紙で、イヴァーノフ＝ラズームニクのプーシキンおよびレニングラード居住許可を請願している。См. Основные даты жизни и творчества Иванова-Разумника. Составил Я. В. Леонтьев // Литературное обозрение. 1993. № 5. С. 40.

113 *Иванов-Разумник Р. В.* Тюрьмы и ссылки. С. 276–278. 松原訳 204–206 ページ。

❖ 第Ⅲ章　宗教哲学協会との確執

1 *Ермичев А. А.* Религиозно-философское общество в Петербурге 1907–1917. Хроника заседаний. СПб., 2007. С. 303.

2 *Иванов-Разумник Р. В.* Черная Россия («Пятая язва» и «Никон Староколенный») // Заветы. 1912. № 8. С. 40–58 (в кн. «Заветное. I Черная Россия», Петербург, 1922, С. 68–97); Он же. Моховое болото // Заветы. 1912. № 9. С. 106–111 (в кн. «Заветное. I Черная Россия» С. 98–106); Он же. Клопиные шкурки // Заветы. 1913. № 2. С. 105–114 (в кн. «Заветное. I Черная Россия» С. 107–122).

3 さしあたり次の説明を参照。*Половинкин С.* Религиозно-философские собрания в Санкт-Петербурге в 1901–1903 гг.: Религиозно-философское общество в Санкт-Петербурге-Петрограде (1907–17): Религиозно-философское общество памяти Владимира Соловьева в Москве (1905–1918) // Русская философия. Малый энциклопедический словарь, М., 1995. С. 439–447.

4 *Лавров А. В.* Вступительная статья // Литературное Наследство. Т. 92. Кн. 2. Александр Блок. Новые материалы и исследования. 1981. С. 366–367; *Белоус В. Г.* Об одном инциденте в Петербургском Религиозно-философском обществе и его последствиях // Нарубеже двух столетий. Сборник в чести 60-летия А. В. Лаврова. М., 2009. С. 263–264. 以下では *Белоус В. Г.* Об одном инциденте と略記する。

5 イヴァーノフ＝ラズームニクの洗礼（1879 年 11 月 23 日、於チフリス〈現トビリシ〉）に関する断片的情報は以下を参照。Основные даты жизни и творчества Иванова-Разумника. Составил Я. В. Леонтьев // Литературное обозрение. 1993. № 5. С. 38; *Антонец А. С., Ратьковский И. С.* Детство и

юность Р. В. Иванова-Разумника (1878–1905 гг.) // Известия Самарского научного центра Российской академии наук. Т. 19. 2017. № 3. С. 41–46; *Осипова Л.* Дневник коллаборантки // Грани. 1954. № 21. С. 118.

6 *Ремизов А.* Пятая язва // Собрание сочинений. Т. 4. М., 2000. С. 211–278. 以下では *Ремизов А.* Пятая язва と略記する。アレクセイ・レーミゾフ（灰谷慶三訳）『第五の悪』白水社（20 世紀のロシア小説 7）1973 年。書名をはじめ訳語は灰谷訳による。

7 *Пришвин М.* Никон Староколенный // Собрание сочинений. Т. 1. М., 1982. С. 476–500.

8 *Иванов-Разумник Р. В.* Черная Россия // Заветное. I Черная Россия. С. 68–97.

9 *Ремизов А.* Пятая язва. С. 236. 灰谷訳 92 ページ。*Иванов-Разумник Р. В.* Черная Россия // Заветы. № 8. 1912. С. 40–58 (в кн. «Заветное. I Черная Россия» С. 68–97). 本章 2 (3) には、черный と темный とを区別する個所がある。

10 *Ремизов А.* Пятая язва. С. 217. 灰谷訳 30 ページ。

11 *Ремизов А.* Пятая язва. С. 227. 灰谷訳 62−63 ページ。

12 *Ремизов А.* Пятая язва. С. 235–236. 灰谷訳 90–92 ページ。

13 *Ремизов А.* Пятая язва. С. 236. 灰谷訳 93 ページ。

14 *Ремизов А.* Пятая язва. С. 237. 灰谷訳 96 ページ。

15 *Ремизов А.* Пятая язва. С. 239. 灰谷訳 104–105 ページ。

16 *Ремизов А.* Пятая язва. С. 263–264. 灰谷訳 186–187 ページ。

17 *Ремизов А.* Пятая язва. С. 264–265. 灰谷訳 189–190 ページ。

18 *Ремизов А.* Пятая язва. С. 265. 灰谷訳 192–193 ページ。

19 *Пришвин М.* Никон Староколенный. С. 476–478.

20 *Пришвин М.* Никон Староколенный. С. 485–486.

21 *Пришвин М.* Никон Староколенный. С. 487–490.

22 *Пришвин М.* Никон Староколенный. С. 491.

23 *Пришвин М.* Никон Староколенный. С. 492–495.

24 *Пришвин М.* Никон Староколенный. С. 496–499.

25 *Иванов-Разумник Р. В.* Черная Россия («Пятая язва» и «Никон Староколенный») // Заветы. 1912. № 8. С. 49. 以下では *Иванов-Разумник Р. В.* Черная Россия と略記する。

26 *Иванов-Разумник Р. В.* Черная Россия. С. 42–43.

27 *Иванов-Разумник Р. В.* Черная Россия. С. 44.

28 *Иванов-Разумник Р. В.* Черная Россия. С. 45.

29 *Иванов-Разумник Р. В.* Черная Россия. С. 45–46.

30 *Иванов-Разумник Р. В.* Черная Россия. С. 46–48.

31 *Иванов-Разумник Р. В.* Черная Россия. С. 48.

32 *Ремизов А.* Собрание сочинений. Т. 4. М., 2000. С. 514 (комментарий).

33 *Иванов-Разумник Р. В.* Черная Россия. С. 48–49.

34 *Иванов-Разумник Р. В.* Черная Россия. С. 52.

35 *Иванов-Разумник Р. В.* Черная Россия. С. 53.

36 *Иванов-Разумник Р. В.* Черная Россия. С. 55–56.

37 *Иванов-Разумник Р. В.* Черная Россия. С. 53–54.

38 *Иванов-Разумник Р. В.* Черная Россия. С. 54.

39 *Иванов-Разумник Р. В.* Черная Россия. С. 56–57.

40 *Иванов-Разумник Р. В.* Черная Россия. С. 57–58.

41 *Булгаков С.* На выборах (Из дневника) // Русская мысль. 1912. № 12. С. 185–192. 以下では *Булгаков С.* На выборах と略記する。

42 *Иванов-Разумник Р. В.* Моховое болото // Заветы. 1912. № 9. С. 106. 以下では *Иванов-Разумник Р. В.* Моховое болото と略記する。

43 *Булгаков С.* На выборах. С. 185.

44 *Булгаков С.* На выборах. С. 186–187.

45 *Булгаков С.* На выборах. С. 186.

46 *Булгаков С.* На выборах. С. 187–188.

47 *Булгаков С.* На выборах. С. 189.

48 *Булгаков С.* Там же.

49 *Булгаков С.* На выборах. С. 190.

50 *Булгаков С.* Там же.

51 *Булгаков С.* Там же.

52 *Булгаков С.* На выборах. С. 191–192.

53 *Иванов-Разумник Р. В.* Моховое болото. С. 107.

54 *Иванов-Разумник Р. В.* Там же.

55 *Иванов-Разумник Р. В.* Моховое болото. С. 108.

56 *Половинкин С.* Религиозно-философские собрания в Санкт-Петербурге в 1901–1903 гг. // Русская философия. Малый энциклопедический словарь. М., 1995. С. 440.

57 *Иванов-Разумник Р. В.* Моховое болото. С. 108.

58 *Иванов-Разумник Р. В.* Моховое болото. С. 109.

59 *Иванов-Разумник Р. В.* Там же.

60 *Иванов-Разумник Р. В.* Моховое болото. С. 110.

61 *Иванов-Разумник Р. В.* Там же.

62 *Иванов-Разумник Р. В.* Моховое болото. С. 110–111.

63 *Иванов-Разумник Р. В.* Моховое болото. С. 111.

64 *Иванов-Разумник Р. В.* Там же.

65 *Иванов-Разумник Р. В.* Клопиные шкурки // Заветы. 1913. № 2. С. 109. 以下では *Иванов-Разумник Р. В.* Клопиные шкурки と略記する。См. О религии Льва Толстого. Paris. 1978. С. III.

66 *Иванов-Разумник Р. В.* Клопиные шкурки. С. 109–110.

67 *Иванов-Разумник Р. В.* Клопиные шкурки. С. 104.

68 準会員については次を参照。*Ермичев А. А.* Там же. С. 303.

69 *Иванов-Разумник Р. В.* Клопиные шкурки. С. 106.

70 *Белоус В. Г.* Об одном инциденте. С. 55; *Ермичев А. А.* Там же. С. 135–137; Религиозно-философское общество в Санкт-петербурге (Петроград). История в материалах и документах. Т. 3. 1914–1917. М., 2009. С. 558–559.

71 *Белоус В. Г.* Об одном инциденте. С. 56–57; См. *Ермичев А. А.* Там же.

72 *Белоус В. Г.* Об одном инциденте. С. 57–58; См. *Ермичев А. А.* Там же. С. 136.

73 *Блок А. А.* Собрание сочинений. Т. 7. М. и Л., 1963. С. 209; См. *Ермичев А. А.* Там же. С. 137.

74 *Белоус В. Г.* Об одном инциденте. С. 58.

75 *Белоус В. Г.* Об одном инциденте. С. 59.

76 *Иванов-Разумник Р. В.* Клопиные шкурки. С. 108; *Белоус В. Г.* Об одном инциденте. С. 59.

77 *Антон Крайний.* Журнальная беллетристика. P.S. // Русская мысль. 1913. Кн. 4. Отл. 2. С. 28–29.

78 *Белоус В. Г.* Об одном инциденте. С. 61. прим. 16. しかしプリーシヴィンは 1913 年の宗教哲学協会正会員リストに依然その名が載っている。См. *Ермичев А. А.* Там же. С. 298. プリーシヴィンの日記（1909 年 3 月 31 日）も参照。*Пришвин М. М.* Ранний дневник. СПб., 2007. С. 214.

79 *Иванов-Разумник Р. В.* Было или небыло? (О романе В. Ропшина. P.S. Еще раз "было или не было"? // Заветы. 1913. № 4. С. 150–151.

80 *Белоус В. Г.* Об одном инциденте. С. 61–62.

81 *Белоус В. Г.* Об одном инциденте. С. 62–63.

82 *Белоус В. Г.* Об одном инциденте. С. 63–64.

83 *Иванов-Разумник Р. В.* "Полемика" и "критика" // Заветы. 1913. № 5. С. 140. 彼は論文「南京虫……」を論集『貴重なもの』に収録するさいには、次のような註を書き加えている。「後に会長は、自らの言葉を否定しようと試みたがむだだった。『局外的立場の証人たち』が、はるかに悪い「文学的自慰」という彼の言葉を出版物で引いている」と。*Иванов-Разумник Р. В.* «Заветное. I Черная Россия», Петербург. 1922. С. 112.

84 *Белоус В. Г.* Об одном инциденте. С. 64–65.

85 *Белоус В. Г.* Об одном инциденте. С. 65.

86 *Белоус В. Г.* Там же.

87 *Белоус В. Г.* Об одном инциденте. С. 65–66.

88 *Иванов-Разумник Р. В.* Юродивый русской литературы // Творчество и критика. СПб., 1912. С. 180; 再録 В. В. Розанов // Творчество и критика. 1908–1922. П., 1922. С. 145–170.

89 *Розанов В. В.* Блях № 101 // Террор против русского национализма. Статьи и очерки. М., 2005. С. 321–323.

90 *Розанов В. В.* Люди без лица в себе // На фундаменте прошлого. Статьи и очерки. 1913–1915 гг. М., 2007. С. 155–159.

91 *Розанов В. В.* Мимолетное // Мимолетное. М., 1994. С. 115.

92 *Розанов В. В.* Между тьмою и светом (К инциденту в Религиозно-философском обществе) // Около народной души. Статьи и очерки 1906–1908 гг. М., 2003. С. 404–406; Он же <В Религиозно-философском обществе> // Там же. С. 407; Он же <О Религиозно-философском обществе> // Там же. С. 408.

93 *Белоус В. Г.* Об одном инциденте. С. 67–68.

94 *Иванов-Разумник Р. В.* Клопиные шкурки. С. 106.

95 *Иванов-Разумник Р. В.* Клопиные шкурки. С. 107.

96 *Иванов-Разумник Р. В.* Клопиные шкурки. С. 109.

97 *Иванов-Разумник Р. В.* Клопиные шкурки. С. 107. この時期のメレシコフスキー（とストルーヴェ）に対するイヴァーノフ＝ラズームニクの批判が、論文「過去の遺訓と未来の達成（右と左からの

『敵』について)」である(『遺訓』1914年5号。論集『貴重なるもの』に転載のおりには「オーシップたちとニコジームたち」と改題)。オーシップ(ヨセフ)とニコジーム(ニコデモ)はユダヤ人の有力者でありながら実は「キリストの隠れ弟子」で、人目をはばかって夜毎キリストの話を聴きに行き、他の誰もがあえて行なわなかったこと——キリストの遺骸を十字架から下して埋葬した人物として知られる。イヴァーノフ=ラズームニクはこの二人の名を借りて、1905年革命を経てナロードに対する態度を変えたストルーヴェ(オーシップ=右からの敵)とメレシコフスキー(ニコジーム=左からの敵)を批判する。すなわち、ストルーヴェは1905年革命を総括して、ロシアの伝統的な社会主義的ユートピアに対置するに「中産階級」に依拠する健全な政府の創設を政治プログラムとして掲げる。それは、革命のなかでナロードがインテリゲンツィヤと不可逆的な「化学的結合」を遂げ、もはや革命以前のように政府の基盤となりえず、病んでいると見たがゆえである。他方、メレシコフスキーは1903年には神秘的専制を称え、『新しい道』誌で世の終わりの始まりを宣伝していた。しかし1905年後に宗教的社会性へと転じて宗教的ナロードニキ主義(その本質はストルーヴェによれば、「神秘的キリスト教と政治的ラディカリズムとの自然に反する結合」)の立場を掲げた。当時彼のサロンが、文学者だけでなくエスエル革命家やそのシンパでにぎわっていたこと、メレシコフスキー夫妻とフィロソーフォフがパリに滞在して反専制キャンペーンを展開したことはよく知られている。彼らのパリの住まいにはサヴィンコフ、ブナコフ=フォンダミンスキーたちエスエル活動家も訪れた。См. *Александр Бенуа.* Мои воспоминания. М., 1993. Кн. 2. С. 440. このようなメレシコフスキーの精神的転換が、パリから帰国後のペテルブルク宗教哲学協会のあり方に表れ、イヴァーノフ=ラズームニクの論文「南京虫……」で批判されたと考えられる。メレシコフスキーとスヴォーリン(御用新聞『新時代』紙社主、権力にへつらうジャーナリスト)との関係は、新キリスト教の『新しい道』誌への出資依頼、1905年後の絶縁、(行動的インテリゲンツィヤの伝統をつなげようとしている)1909年に自著『静かな淵にて』の書評依頼へと変遷した。ニコジームのように夜毎スヴォーリンに頼る社会活動家としてのメレシコフスキーはロシア・インテリゲンツィヤの歩む道に合致しない、とイヴァーノフ=ラズーニクは批判する。ストルーヴェ、メレシコフスキーの双方を批判するイヴァーノフ=ラズームニクの立場は言うまでもなく、伝統的で活動的なナロードニキ主義である。См. *Иванов-Разумник Р. В.* Заветы прошлого и достижение будущего (О врагах справа и слева) // Заветы. 1914. № 5. С. 91–106 (в кн. Заветное. I Черная Россия. С. 149–170).

98 *Иванов-Разумник Р. В.* Клопиные шкурки. С. 108.

99 A・ドブロリューボフ(1876–1945年)詩人。セクト「ドブロリューボフ派」のリーダーで、メレシコフスキーによれば大きな影響力をもった。

100 *Иванов-Разумник Р. В.* Клопиные шкурки. С. 108–109. イヴァーノフ=ラズームニクは友人・知人たちからもその厳しく、容赦なく、時にはデリケートさを欠いた批判を指摘されている。例えばB・チェルノーフは、『遺訓』誌におけるイヴァーノフ=ラズームニクの批評が「論争のさいにしかるべき言葉の物差し」を欠いて相手を怒らせる、と当惑気に記し、宗教哲学協会との確執をその一例として挙げる。См. *Юдина И. М.* Архив А. И. Иванчина-Писарева // Ежегодник рукописного отдела Пушкинского дома. 1973. С. 21–22.

101 *Иванов-Разумник Р. В.* Клопиные шкурки. С. 110; *Трубецкой Е.* Спор Толстого и Соловьева о государстве // О религии Льва Толстого. С. 70.

102 *Иванов-Разумник Р. В.* Клопиные шкурки. С. 109–110.

103 *Иванов-Разумник Р. В.* Клопиные шкурки. С. 110–111. イヴァーノフ=ラズームニクからするスト

ルーヴェとメレシコフスキーへの批判については、本節の註 97 参照。

104 *Иванов-Разумник Р. В.* О смысле жизни. Федор Сологуб, Леонид Андреев, Лев Шестов. СПб., 1908; Еще о смысле жизни // Творчество и критика. СПб., (1912). С. 17–41.

105 *Иванов-Разумник Р. В.* Клопиные шкурки. С. 111–112.

106 *Иванов-Разумник Р. В.* Клопиные шкурки. С. 112.

107 *Иванов-Разумник Р. В.* Там же; См. *Трубецкой Е.* Там же. С. 74.

108 *Иванов-Разумник Р. В.* Там же.

109 *Иванов-Разумник Р. В.* Там же.

110 *Иванов-Разумник Р. В.* Клопиные шкурки. С. 112 –113.

111 *Иванов-Разумник Р. В.* Клопиные шкурки. С. 113.

112 *Иванов-Разумник Р. В.* Там же.

113 *Иванов-Разумник Р. В.* Клопиные шкурки. С. 113–114.

114 *Иванов-Разумник Р. В.* О смысле жизни. СПб., 1908. 松原前掲書、第 1 章第 2 節を参照。イヴァーノフ＝ラズームニクはもう一つの立場「実証主義的進歩の理論」（人類の宗教）を挙げている。これは①、②、③では「神秘主義的進歩の理論」と共通するが、④人類の至福へのドグマテイックな信仰に依拠し、A・コント、トルストイ主義の善、マルクス主義の未来国家によって代表される。

115 *Белоус В. Г.* Реконструкция «Антроподицеи», или Самооправдание Иванова-Разумника // Русская мысль. № 4102, 23–29 ноября 1995 г., С. 10; № 4103, 30 ноября –6 декабря 1995 г., С. 10.

第Ⅳ章　世界大戦の勃発――反戦と祖国防衛

1 *Иванов-Разумник Р. В.* Испытание огнем // Скифы. Кн. 1. П., 1917. С. 261–309. 以下では引用に際し *Иванов-Разумник Р. В.* Испытание огнем と略記し、該当ページを表示する。

2 *Иванов-Разумник Р. В.* Испытание огнем. С. 287.

3 *Святицкий М.* Война и предфевралье // Каторга и ссылка. 75 (2). 1931. С. 9.

4 *Иванов-Разумник Р. В.* Испытание огнем. С. 305; С・П・ポーストニコフ（本書第Ⅴ章 5 (2) c 参照）の未刊の回想によると、イヴァーノフ＝ラズームニクは自説を Ф・ソログープ宅で披露し、Г・チュルコフと П・Н・ミリュコーフが反対意見を表明した。後者は脅威となるドイツ帝国主義よりもイギリス帝国主義ははるかに受けいれやすい、と述べた。См. *Леонтьев Я. В.* «Скифы», как литературные попутчики левых эсеров // «Скифы» русской революции. Партия левых эсеров и ее литературные попутчики. М., 2007. С. 163. イヴァーノフ＝ラズームニクがソ連で 3 度目の逮捕で 3 年近い入獄から釈放（1939 年 6 月）される前に、モスクワの国立文学館館長ボンチ＝ブルエーヴィチは НКВД の取調べ官から、イヴァーノフ＝ラズームニクの文学活動の証明書提出を求められた。ボンチ＝ブルエーヴィチは取調べ官への連絡書でイヴァーノフ＝ラズームニクの「砲火の試練」を挙げ、労働者階級にとり災厄である帝国主義戦争に反対した、と彼の釈放のために有利と思われる情報を伝えている。См. *Иванов-Разумник Р. В.* Писательские судьбы. Тюрьмы и ссылки. М., 2000. С. 513 (прим. 283).

5 *Иванов-Разумник Р. В.* Социализм и революция (Послесловие к статье «Испытание огнем») // Испы-

тание огнем. С. 305–309.

6 *Иванов-Разумник Р. В.* Испытание огнем. П. 1917.

7 *Иванов-Разумник Р. В.* За что воюют Великие Державы. П. 1917.

8 *Иванов-Разумник Р. В.* Испытание огнем. С. 261.

9 *Иванов-Разумник Р. В.* Испытание огнем. С. 261–262.

10 *Иванов-Разумник Р. В.* Испытание огнем. С. 284.

11 *Иванов-Разумник Р. В.* Испытание огнем. С. 261.

12 *Иванов-Разумник Р. В.* Испытание огнем. С. 264.

13 *Иванов-Разумник Р. В.* Испытание огнем. С. 271.

14 *Иванов-Разумник Р. В.* Испытание огнем. С. 265.

15 *Иванов-Разумник Р. В.* За что воюют Великие Державы. С. 5.

16 *Иванов-Разумник Р. В.* Испытание огнем. С. 268.

17 *Иванов-Разумник Р. В.* Испытание огнем. С. 269.

18 *Иванов-Разумник Р. В.* Испытание огнем. С. 272.

19 *Иванов-Разумник Р. В.* Испытание огнем. С. 273. 下記の文集は大戦初期のインテリゲンツィヤの主張を抜粋している。*Кудряшов П.* Идейные горизонты мировой войны. М., 1915.

20 *Иванов-Разумник Р. В.* Испытание огнем. С. 270.

21 *Иванов-Разумник Р. В.* Испытание огнем. С. 270–271.

22 *Иванов-Разумник Р. В.* Испытание огнем. С. 271.

23 *Иванов-Разумник Р. В.* Испытание огнем. С. 271–272

24 *Иванов-Разумник Р. В.* Испытание огнем. С. 274.

25 このアピールのロシア語訳「ドイツの 93 教授の文明世界宛てアピール」が参考資料として下記に掲載されている。Воззвание к цивилизованному миру 93 германских профессоров. В кн. «В. Ф. Эрн: Pro et contra» СПб., 2006. С. 1005–1009.

26 *Иванов-Разумник Р. В.* Испытание огнем. С. 275.

27 *Иванов-Разумник Р. В.* Там же.

28 *Иванов-Разумник Р. В.* Испытание огнем. С. 276.

29 *Иванов-Разумник Р. В.* Испытание огнем. С. 262–263.

30 *Иванов-Разумник Р. В.* Испытание огнем. С. 276–277. 以上のようなイヴァーノフ゠ラズームニクの主張は「戦争と『正義』」(『人民の事業』1917 年 4 月 21 日)にも見られる。См. *Иванов-Разумник Р. В.* Война и «справедливость» // Дело народа. 21 апреля 1917 г.

31 См. *Иванов-Разумник Р. В.* Писательские судьбы. Тюрьмы и ссылки. М., 2000. С. 99–100, 464 (прим. 25). 松原広志訳『監獄と流刑――イヴァーノフ゠ラズームニク回想記』成文社、2016 年、15–16 ページ。

32 *Струве П. Б.* (a) А. М. Рыкачев (Род. в 1876 г. † в 1914 г.) // Русская мысль. 1914. № 12. С. xiii–xv; *Струве П. Б.* (b) Великая Россия и Святая Русь. Посвящается памяти А. М. Рыкачеву // Русская мысль. 1914. № 12. С. 176–180. 引用時には *Струве П. Б.* (a)、*Струве П. Б.* (b) と略記する。なお、第 1 次世界大戦開戦前後のストルーヴェについては次の文献を参照。*Франк С.* Биография П. Б. Струве. Н.-Й. 1956. С. 103–109. ルイカチョーフは、父親はニコライ物理学院長で、作家ドストエフスキーの又従兄弟という。ストルーヴェとは『ロシア思想』誌の編集で知り合った。ジャーナ

リストであるとともに政治経済学研究者で学術的著作も残したルイカチョーフを、ストルーヴェは、固有な精神的美しさをそなえ、偉大な精神的力とこのうえなく柔和な魂の人であった、と記す。*Струве П. Б.* (a) xiii. メシア主義者に分類されるC･フランクもルイカチョーフへの弔詞を『ロシア思想』同号に掲載しており、ルイカチョーフを学者・評論家、加えて道徳的人格者として高く評価する。さらに、彼はロシア・インテリゲントでおそらく最初に、新しい社会的世界観に身を捧げた人で、その世界観の中心には生きた国家 - 民族的有機体としての祖国の理念があった、とされる。「社会的発展の目的と理想は思想家、夢想家個人の理性によって考案（捏造）されるのでなく、ナロード有機体自身の意志と自然発生的な需要の表現であるべき」で、「この［ルイカチョーフの］世界観で我々は生命なき、観念上の理論ではなく、生きた、道徳的な信仰と関わった」という件は、イヴァーノフ = ラズームニクの著『生の意味について』へのフランクの書評以来の二人の関係（本書第 I 章参照）を念頭におくと、イヴァーノフ = ラズームニク批判とも読める。*Франк С.* Смерть А. М. Рыкачева // Русская мысль. 1914. № 12. С. 166–168.

33 *Струве П. Б.* (b) С. 176. прим. 1.

34 Там же.

35 *Струве П. Б.* (b) С. 176.

36 *Струве П. Б.* (b) С. 176–177.

37 *Струве П. Б.* (b) С. 177

38 *Струве П. Б.* (b) С. 178.

39 *Струве П. Б.* (b) Там же.

40 *Струве П. Б.* (b) Там же.

41 *Струве П. Б.* (b) С. 178–179.

42 *Струве П. Б.* (b) С. 179.

43 *Струве П. Б.* (b) Там же.

44 *Струве П. Б.* (b) С. 180.

45 *Струве П. Б.* (b) Там же.

46 1905年革命後のストルーヴェの変化については本書第Ⅲ章4の註97を参照。イヴァーノフ = ラズームニクは「過去の遺訓と未来の達成（右と左からの『敵』について）」（『遺訓』1914年5号）で次のように述べる。ストルーヴェは1905年革命を総括して、ロシアの伝統的な社会主義的ユートピアに対し、「中産階級」に依拠する健全な政府の創設を政治プログラムとして掲げる。それは、革命のなかでナロードがインテリゲンツィヤと不可逆的な「化学的結合」を遂げたのでもはや革命以前のように政府の基盤となりえず、病むと見たゆえにである。

47 *Изгоев А. С.* На перевале // Русская мысль. 1914. № 8–9 (a). С. 160–167; № 10 (b). С. 99–106; № 12 (c). С. 166–175. 引用時には *Изгоев А. С.* (a)、(b)、(c) と略記する。

48 *Изгоев А. С.* (a). С. 160, 166.

49 *Изгоев А. С.* (a). С. 160.

50 *Изгоев А. С.* (a). С. 161.

51 *Изгоев А. С.* (a). Там же.

52 *Изгоев А. С.* (a). С. 162.

53 *Изгоев А. С.* (a). С. 163.

54 *Изгоев А. С.* (a). С. 164.

55 *Изгоев А. С.* (a). С. 165.

56 *Изгоев А. С.* (a). Там же.

57 *Изгоев А. С.* (a). С. 166.

58 *Изгоев А. С.* (a). С. 165–166.

59 *Изгоев А. С.* (a). С. 166.

60 *Изгоев А. С.* (a). С. 167.

61 *Изгоев А. С.* (b). С. 99–100.

62 *Изгоев А. С.* (b). С. 101–102.

63 *Котляревский С.* Война за мир // Русская мысль. (a). 1914. № 10. С. 94–98; *Котляревский С.* Россия и ближний восток // Русская мысль (b). 1914. № 11. С. 153–157. 引用時には *Котляревский С.* (a) または (b) と略記する。

64 *Котляревский С.* (a). С. 94.

65 *Котляревский С.* (a). С. 95, 97.

66 *Котляревский С.* (a). С. 96–97.

67 *Котляревский С.* (a). С. 97.

68 *Котляревский С.* (b). С. 153.

69 *Котляревский С.* (b). С. 157.

70 *Котляревский С.* (b). С. 153, 154.

71 *Котляревский С.* (b). С. 154.

72 *Котляревский С.* (b). С. 155, 156.

73 *Котляревский С.* (b). С. 156–157.

74 *Иванов-Разумник Р. В.* Испытание огнем. С. 276.

75 ヴィルヘルム・オストヴァルト（1853–1932 年）ドイツのノーベル化学賞受賞者。ロシア科学アカデミー在外会員（准会員）。93 名の著名な学者・知識人が公にしたアピール「文明世界に宛てたドイツの 93 教授のアピール」に署名。

76 *Иванов-Разумник Р. В.* Испытание огнем. С. 277.

77 *Иванов-Разумник Р. В.* Там же.

78 イヴァーノフ＝ラズームニクの「神秘主義的進歩の理論」、「実証主義的進歩の理論」と「内在的主観主義」については、松原『ロシア・インテリゲンツィヤ史――イヴァーノフ＝ラズームニクと「カラマーゾフの問い」』ミネルヴァ書房、1989 年、とりわけ第 1 章第 2 節を参照。「砲火の試練」でメシア主義者あるいは現代のスラヴ主義者と呼ばれるのは、超越的な「神秘主義的進歩の理論」の持ち主に該当する。原稿のままアメリカで秘蔵され、未公刊の『弁人論』については本書第Ⅴ章および補論参照。

79 *Иванов-Разумник Р. В.* Испытание огнем. С. 278.「スタロコレンヌイ」については本書第Ⅲ章3参照。

80 *Иванов-Разумник Р. В.* Испытание огнем. С. 279.

81 *Иванов-Разумник Р. В.* Испытание огнем. С. 279–280.

82 *Иванов-Разумник Р. В.* Испытание огнем. С. 280.

83 *Иванов-Разумник Р. В.* Испытание огнем. С. 278.

84 この講演会での報告を手がかりとしてヴャチェスラフ・イヴァーノフが、下記の論文で詳細に論じられている。北見諭「世界戦争とネオ・スラヴ主義――第一次大戦期におけるヴャチェスラフ・イワノフの思想」『スラヴ研究』47 号、2000 年、117–155 ページ。本稿では、北見論文で綿密に

検討されている、彼がネオ・スラヴ主義者といえるか否かという問題については論じない。

85 *Иванов-Разумник Р. В.* Испытание огнем. С. 278.

86 *Булгаков С.* Родине // Утро России. 5 августа 1914 г. 引用の際は *Булгаков С.* Родине と略記する。なお新聞掲載記事のためページ表記なく、ページの代わりにパラグラフ (1) 〜 (11) をアラビア数字で記す。商工業界むけ日刊紙『ロシアの朝』は工業家・銀行家 П・リャブシンスキー（1871–1924年）が出資し、1912 年から進歩主義者の拠点となり、大戦では祖国防衛主義をとる。

87 *Иванов-Разумник Р. В.* Испытание огнем. С. 278.

88 *Булгаков С.* Родине. (1).

89 この件については以下の文献を参照。*Бердяев Н. А.* Футуризм на войне. Публицистика времен Первой мировой войны. М., 2004. С. 345. ベルジャーエフも「戦争における未来主義」で、ソロヴィヨーフのこの詩を念頭においている。

90 *Булгаков С.* Родине. (3).

91 *Булгаков С.* Родине. (5).

92 *Булгаков С.* Родине. (7), (8).

93 *Булгаков С.* Родине. (9).

94 *Булгаков С.* Родине. (10).

95 *Булгаков С.* Родине. (11).

96 *Булгаков С.* Родине. (12).

97 *Булгаков С.* Русские думы // Русская мысль. 1914. № 12. С. 108–115. 以下では *Булгаков С.* Русские думы と略記する。

98 *Булгаков С.* Русские думы. С. 107–108.

99 *Булгаков С.* Русские думы. С. 108.

100 *Булгаков С.* Русские думы. Там же. С. 108.

101 *Булгаков С.* Русские думы. С. 109–110.

102 *Булгаков С.* Русские думы. С. 110.

103 *Булгаков С.* Русские думы. Там же.

104 *Булгаков С.* Русские думы. Там же.

105 *Булгаков С.* Русские думы. С. 110–111.

106 *Булгаков С.* Русские думы. С. 111.

107 *Булгаков С.* Русские думы. С. 111–112.

108 *Булгаков С.* Русские думы. С. 112.

109 *Булгаков С.* Русские думы. Там же.

110 *Булгаков С.* Русские думы. С. 113.

111 *Булгаков С.* Русские думы. Там же.

112 *Булгаков С.* Русские думы. С. 114.

113 *Булгаков С.* Русские думы. Там же.

114 *Булгаков С.* Русские думы. С. 114–115.

115 *Вячеслав Иванов.* Вселенское дело // Русская мысль. 1914. № 12. С. 97–107.

116 *Вячеслав Иванов.* Вселенское дело. С. 97.

117 *Вячеслав Иванов.* Вселенское дело. С. 97–98.

118 *Вячеслав Иванов.* Вселенское дело. С. 99.

119 *Вячеслав Иванов.* Вселенское дело. С. 100–101.

120 *Вячеслав Иванов.* Вселенское дело. С. 102–103.

121 *Вячеслав Иванов.* Вселенское дело. С. 103–104.

122 *Вячеслав Иванов.* Вселенское дело. С. 104.

123 *Вячеслав Иванов.* Вселенское дело. С. 105.

124 *Вячеслав Иванов.* Вселенское дело. С. 107.

125 *Эрн В. Ф.* От Канта к Круппу // Русская мысль. 1914. № 12. С. 116–124.

126 *Эрн В. Ф.* От Канта к Круппу. С. 116–117.

127 *Эрн В. Ф.* От Канта к Круппу. С. 117–118.

128 *Эрн В. Ф.* От Канта к Круппу. С. 119.

129 *Эрн В. Ф.* От Канта к Круппу. С. 120

130 *Эрн В. Ф.* От Канта к Круппу. С. 120–122.

131 *Эрн В. Ф.* От Канта к Круппу. С. 123.

132 *Эрн В. Ф.* От Канта к Круппу. С. 123–124.

133 *Эрн В. Ф.* От Канта к Круппу. С. 124.

134 Е. Н. Трубецкой — М. К. Морозовой. 5.09.1914 // Взыскующие града. Хроника частной жизни русских религиозных философов в письмах и дневниках. М., 1997. С. 594.

135 См. В. Ф. Эрн. Pro et contra. СПб., 2006. С. 925. (примечание к В. Ф. Эрну, «От Канта к Круппу».)

136 *Бердяев Н. А.* Грех войны. Сборник статей. М., 1993; *Бердяев Н. А.* Футуризм на войне. Публицистика времен Первой мировой войны. М., 2004. 本稿で扱う大戦勃発から数か月内に発表された論文は前者で4件、後者で6件あり、前者の4件中1件（1914年7月26日付けの『取引所通報』掲載）だけが後者には収録されていない。後者の編者コメントによると、同書は著者が自らのどの論集にも収録しなかった50本の論稿を収録しているとのことである。これら2点の文献と下記のベルジャーエフ著作の書誌の間には不一致が散見される。Nicolas Berdiaev. Bibliographie. Paris. 1978.

137 *Бердяев Н. А.* Война и кризис социализма // Грех войны. Сборник Статей. М., 1993. С. 65–72. 以下では *Бердяев Н. А.* Война и кризис социализма と略記する。

138 *Бердяев Н. А.* Война и кризис социализма. С. 66–68.

139 *Бердяев Н. А.* Война и кризис социализма. С. 69–70.

140 *Бердяев Н. А.* Война и кризис социализма. С. 71–72.

141 *Бердяев Н. А.* Война и возрождение // Футуризм на войне. М., 2004. С. 5–13. 以下では *Бердяев Н. А.* Война и возрождение と略記する。

142 *Бердяев Н. А.* Война и возрождение. С. 5–6.

143 *Бердяев Н. А.* Война и возрождение. С. 6.

144 *Бердяев Н. А.* Война и возрождение. С. 7.

145 *Бердяев Н. А.* Война и возрождение. С. 7–8.

146 *Бердяев Н. А.* Война и возрождение. С. 8–9.

147 *Бердяев Н. А.* Война и возрождение. С. 9–10.

148 *Бердяев Н. А.* Война и возрождение. С. 10.

149 *Бердяев Н. А.* Война и возрождение. С. 11.

150 *Бердяев Н. А.* Война и возрождение. Там же.

151 *Бердяев Н. А.* Война и возрождение. Там же.

152 *Бердяев Н. А.* Война и возрождение. С. 11–12.

153 *Бердяев Н. А.* Война и возрождение. С. 12.

154 *Бердяев Н. А.* Война и возрождение. Там же.

155 *Бердяев Н. А.* Война и возрождение. С. 12–13.

156 *Бердяев Н. А.* Война и возрождение. С. 13.

157 *Бердяев Н. А.* Россия и Польша // Футуризм на войне. С. 14–16. 以下では *Бердяев Н. А.* Россия и Польша と略記する。ニコライ大公のアピールは以下に掲載されている。Футуризм на войне. С. 344–345 (примечание 1).

158 *Бердяев Н. А.* Россия и Польша. С. 14.

159 *Бердяев Н. А.* Россия и Польша. С. 15.

160 *Бердяев Н. А.* Футуризм на войне // Футуризм на войне. С. 17–21. 以下では *Бердяев Н. А.* Футуризм на войне と略記する。未来派宣言では、「戦争だけが世界を清掃できる、武装・祖国愛・アナーキズムの破壊力・すべての廃絶」に万歳（第 9 条)、「美術館と図書館、臆病な妥協者と卑しい俗物の道徳」の打倒（第 10 条）が叫ばれる。См. Там же. С. 346 (примечание 7).

161 *Бердяев Н. А.* Футуризм на войне. С. 17.

162 *Бердяев Н. А.* Футуризм на войне. С. 18.

163 *Бердяев Н. А.* Футуризм на войне. Там же.

164 *Бердяев Н. А.* Футуризм на войне. С. 19.

165 *Бердяев Н. А.* Футуризм на войне. С. 19–20.

166 *Бердяев Н. А.* Современная Германия // Футуризм на войне. С. 22–32. 以下では *Бердяев Н. А.* Современная Германия と略記する。上記 の註 136 に記した、1993 年刊の文献に入っていないのはこの論文である。

167 *Бердяев Н. А.* Современная Германия. С. 22–23.

168 *Бердяев Н. А.* Современная Германия. С. 24.

169 *Бердяев Н. А.* Современная Германия. С. 25.

170 *Бердяев Н. А.* Современная Германия. С. 26.

171 *Бердяев Н. А.* Современная Германия. С. 26–27.

172 *Бердяев Н. А.* Современная Германия. С. 32.

173 *Бердяев Н. А.* Современная Германия. Там же.

174 *Бердяев Н. А.* Империализм священный и империализм буржуазный // Футуризм на войне. С. 33–39. 以下では *Бердяев Н. А.* Империализм священный и империализм буржуазный と略記する。

175 *Бердяев Н. А.* О дремлющих силах человека (К психологии войны) // Футуризм на войне. С. 40–45. 以下では *Бердяев Н. А.* О дремлющих силах человека と略記する。

176 *Бердяев Н. А.* Империализм священный и имрериализм буржуазный. С. 33–34. なお、神聖性が失われた 19 世紀に全世界性と神聖性を自称したのが、国際的社会主義とインターナショナルであった、と付言される。См. С. 34.

177 *Бердяев Н. А.* Империализм священный и империализм буржуазный. С. 35–36.

178 *Бердяев Н. А.* Империализм священный и империализм буржуазный. С. 37.

179 *Бердяев Н. А.* Империализм священный и империализм буржуазный. С. 38.

180 *Бердяев Н. А.* Империализм священный и империализм буржуазный. С. 39.

181 *Бердяев Н. А.* О дремлющих силах человека (К психологии войны). С. 40–42.

182 *Бердяев Н. А.* О дремлющих силах человека (К психологии войны). С. 44.

183 *Бердяев Н. А.* О дремлющих силах человека (К психологии войны). С. 45.

184 *Бердяев Н. А.* Война и кризис русской интеллигенции // Судьба России. Опыты по психологии войны и национальности. М., 1918. С.43–49 (Репринтное воспроизведение издания 1918 года). 以下では *Бердяев Н. А.* Война и кризис русской интеллигенции と略記し、このリプリント版のページを示す。『取引所通報』の掲載日時は次の書で確認。Nicolas Berdaev. Bibliographie, Paris, 1978, p. 83.

185 См. *Поляков Л.* Книга судьбы // Судьба России. Опыты по психологии войны и национальности. М., 1918. С. iii.

186 *Бердяев Н. А.* Война и кризис русской интеллигенции. С. 43.

187 *Бердяев Н. А.* Война и кризис русской интеллигенции. С. 44–45.

188 См. *Иванов-Разумник Р. В.* Испытание огнем. С. 280–281.

189 *Бердяев Н. А.* Война и кризис русской интеллигенции. С. 45; *Иванов-Разумник Р. В.* Там же.

190 *Бердяев Н. А.* Война и кризис русской интеллигенции. С. 47–48. トルストイについては本書110ページ、本章註218を 参照。

191 *Бердяев Н. А.* Война и кризис русской интеллигенции. С. 48.

192 *Бердяев Н. А.* Война и кризис русской интеллигенции. Там же.

193 *Бердяев Н. А.* Война и кризис русской интеллигенции. С. 49.

194 *Бердяев Н. А.* Война и кризис русской интеллигенции. Там же.

195 *Иванов-Разумник Р. В.* Испытание огнем. С. 281.

196 *Иванов-Разумник Р. В.* Испытание огнем. С. 305.

197 *Иванов-Разумник Р. В.* Испытание огнем. С. 287.

198 *Иванов-Разумник Р. В.* Испытание огнем. С. 282.

199 *Иванов-Разумник Р. В.* Испытание огнем. С. 282–284.

200 *Иванов-Разумник Р. В.* Испытание огнем. С. 284–285.

201 *Иванов-Разумник Р. В.* Испытание огнем. С. 285–287.

202 *Иванов-Разумник Р. В.* Испытание огнем. С. 286.

203 *Иванов-Разумник Р. В.* Испытание огнем. С. 289–290.

204 *Иванов-Разумник Р. В.* Испытание огнем. С. 289.

205 *Иванов-Разумник Р. В.* Испытание огнем. С. 290.

206 *Иванов-Разумник Р. В.* Испытание огнем. Там же. С. 286 も参照。

207 *Иванов-Разумник Р. В.* Испытание огнем. С. 283, 300.

208 *Иванов-Разумник Р. В.* Испытание огнем. С. 297.

209 *Иванов-Разумник Р. В.* Испытание огнем. С. 288.

210 *Иванов-Разумник Р. В.* Испытание огнем. Там же.

211 *Иванов-Разумник Р. В.* Испытание огнем. С. 296, 298.

212 *Иванов-Разумник Р. В.* Испытание огнем. С. 297.

213 *Иванов-Разумник Р. В.* Испытание огнем. С. 292.

214 *Иванов-Разумник Р. В.* Испытание огнем. С. 292.

215 *Иванов-Разумник Р. В.* Испытание огнем. С. 292–293.

216 *Иванов-Разумник Р. В.* Испытание огнем. С. 294–295.

217 *Иванов-Разумник Р. В.* Испытание огнем. С. 294.

218 *Иванов-Разумник Р. В.* Испытание огнем. С. 300.「受け身で穏やか」というが、トルストイの絶対平和主義に依って納税・兵役・裁判等を拒否すれば、穏やかにはすまないことは明らかである。後に「砲火の試練」末尾でイヴァーノフ＝ラズームニクは、兵役を拒否したトルストイ主義者はその誠実さにおいて、政治の課題に実用主義的に対処した社会主義者を凌ぐ、と評価する。См. *Иванов-Разумник Р. В.* Испытание огнем. С. 303.

219 *Иванов-Разумник Р. В.* Испытание огнем. С. 300.

220 *Иванов-Разумник Р. В.* Испытание огнем. Там же.

221 *Иванов-Разумник Р. В.* Испытание огнем. С. 301.

222 *Иванов-Разумник Р. В.* Испытание огнем. Там же.

223 *Иванов-Разумник Р. В.* Испытание огнем. С. 302.

224 *Иванов-Разумник Р. В.* Испытание огнем. Там же.

225 *Иванов-Разумник Р. В.* Испытание огнем. С. 309.

226 *Плеханов Г. В.* О войне. Ответ товарищу З. П. Paris, 1914. 以下では *Плеханов Г. В.* О войне と略記する。

227 *Плеханов Г. В.* О войне. С. 3.

228 *Плеханов Г. В.* О войне. Там же.

229 *Плеханов Г. В.* О войне. С. 3–4.

230 *Плеханов Г. В.* О войне. С. 6.

231 *Плеханов Г. В.* О войне. С. 7–9.

232 *Плеханов Г. В.* О войне. С. 9.

233 *Плеханов Г. В.* О войне. С. 10.

234 *Плеханов Г. В.* О войне. С. 12–13.

235 *Плеханов Г. В.* О войне. С. 10.

236 *Плеханов Г. В.* О войне. С. 14. マルクスの宣言では「道徳性と正義」とされるが、プレハーノフは「道徳性と権利」と記している。

237 *Плеханов Г. В.* О войне. С. 14–15.

238 *Плеханов Г. В.* О войне. С. 16.

239 *Плеханов Г. В.* О войне. С. 17.

240 *Плеханов Г. В.* О войне. С. 19.

241 *Плеханов Г. В.* О войне. С. 20–21.

242 *Плеханов Г. В.* О войне. С. 24

243 *Плеханов Г. В.* О войне. С. 25.

244 *Плеханов Г. В.* О войне. С. 26.

245 *Плеханов Г. В.* О войне. С. 27.

246 *Плеханов Г. В.* О войне. С. 28.

247 *Плеханов Г. В.* О войне. С. 29.

248 *Плеханов Г. В.* О войне. С. 30.

249 *Плеханов Г. В.* О войне. С. 31.

250 *Плеханов Г. В.* О войне. С. 28.

251 *Плеханов Г. В.* Еще о войне. (Ответ товарищу Н-ву) // Война: сборник статей при участии Иды Ак-

сельрод и др. Paris, 1915. С. 11–48. 以下では *Плеханов Г. В.* Еще о войне と略記する。

252 *Плеханов Г. В.* Еще о войне. С. 12.

253 *Плеханов Г. В.* Еще о войне. С. 12–14.

254 *Плеханов Г. В.* Еще о войне. С. 14.

255 *Плеханов Г. В.* Еще о войне. С. 15.

256 *Плеханов Г. В.* Еще о войне. Там же.

257 *Плеханов Г. В.* Еще о войне. С. 17.

258 *Плеханов Г. В.* Еще о войне. С. 17–18.

259 *Плеханов Г. В.* Еще о войне. С. 18.

260 *Плеханов Г. В.* Еще о войне. С. 19.

261 *Плеханов Г. В.* Еще о войне. С. 20.

262 *Плеханов Г. В.* Еще о войне. Там же.

263 *Плеханов Г. В.* Еще о войне. С. 37.

264 エゴ未来派の詩人イーゴリ・セヴェリャーニン（1887–1941 年）の造語。

265 *Плеханов Г. В.* Еще о войне. С. 36–37.

266 *Плеханов Г. В.* Еще о войне. С. 38.

267 *Плеханов Г. В.* Еще о войне. С. 47.

268 *Плеханов Г. В.* Еще о войне. С. 20.

269 *Плеханов Г. В.* Еще о войне. С. 20–21.

270 *Плеханов Г. В.* Еще о войне. С. 22.

271 *Плеханов Г. В.* Еще о войне. С. 24.

272 *Плеханов Г. В.* Еще о войне. С. 27.

273 *Плеханов Г. В.* Еще о войне. С. 31.

274 *Плеханов Г. В.* Еще о войне. С. 31–32.

275 *Плеханов Г. В.* Еще о войне. С. 32.

276 *Плеханов Г. В.* Еще о войне. Там же.

277 *Плеханов Г. В.* Еще о войне. С.32–33.

278 *Плеханов Г. В.* Еще о войне. С.34–35.

279 *Плеханов Г. В.* Еще о войне. С. 36.

280 *Плеханов Г. В.* Еще о войне. С. 37.

281 *Плеханов Г. В.* Еще о войне. С. 37.

282 *Плеханов Г. В.* Еще о войне. С. 40–41.

283 *Плеханов Г. В.* Еще о войне. С. 44.

284 *Плеханов Г. В.* Еще о войне. С. 47.

285 *Плеханов Г. В.* Еще о войне. С. 48.

286 К сознательному трудящемуся населению России (Манифест Социал-Демократов и Социалистов-революционеров) // Партия Социалистов-революционеров. Документы и материалы. Т. 2. М., 2001. С. 495–502. 以下では引用時に К сознательному трудящемуся населению России と略記する。なお同アピール発表に関する事情については См. Там же. С. 560. прим. 430.

287 К сознательному трудящемуся населению России. С. 501.

288 К сознательному трудящемуся населению России. С. 495.

289 К сознательному трудящемуся населению России. С. 500.
290 К сознательному трудящемуся населению России. С. 498.
291 К сознательному трудящемуся населению России. С. 499.
292 К сознательному трудящемуся населению России. С. 500.
293 К сознательному трудящемуся населению России. С. 501.
294 К сознательному трудящемуся населению России. С. 501.

295 ロシア、ドイツ両国の研究者による論文集を参照。*Плотников Н., Колеров М.* «Победить в себе внутреннего немца». Русская национально-либеральная философия войны (1914–1917) // Россия и Германия в XX веке. Т. 1. Обольщение властью. Русские и немцы в Первой и Второй мировых войнах. Под ред. Карла Аймермахера и др. М., 2010. С. 26–58.

296 トロツキーがマルクス主義の立場から、「反メシチャンストヴォ」は新約聖書（ヘブル書 13 章 14 節等）の「来たるべき都を探し求める者 будущего града взыскующий」に類似すると見ている、というコレーロフの指摘を参照。*Колеров М. А.* Сборник «Проблемы идеализма» (1902): История и конспект. М., 2002. С. 78. (прим. 125); См. *Троцкий Л.* Литература и революция. М., 1991. С. 265. トロツキー（桑野隆訳）『文学と革命』岩波文庫（下）、1993 年、145 ページ（訳語は「未来都市を探求する～」)。

❖ 第Ⅴ章 「スキタイ人」の流浪

1 *Иванов-Разумник Р. В.* Человек и культура. Дорожная мысль и впечатления // Заветы. 1912. № 6. С. 46–68. 松原広志『ロシア・インテリゲンツィヤ史——イヴァーノフ＝ラズームニクと「カラマーゾフの問い」』ミネルヴァ書房、1989 年、第 5 章「『スキタイ人主義』の形成」参照。

2 См. *Белоус В. Г.* Испытание духовным максимализмом // Литературное обозрение. 1993. № 5. С. 37.

3 *Штейнберг А. З.* Друзья моих ранних лет. Подгот. текста, послесл. и прим. Ж. Нива. Париж. 1991. С. 110–111.

4 *Иванов-Разумник Р. В.* Писательские судьбы. Тюрьмы и ссылки. М., 2000. Повторение пройденного. XIX–XX.（松原広志訳『監獄と流刑——イヴァーノフ＝ラズームニク回想記』成文社、2016 年、338–347 ページ参照）。同書は 2 点分の著書の合本であり、邦訳は『作家たちの運命』を除いてある。以下では引用時に必要に応じて *Иванов-Разумник Р. В.* Писательские судьбы. 2000 あるいは *Иванов-Разумник Р. В.* Тюрьмы и ссылки. 2000 と別々に表記する。

5 *Осипова Л.* Дневник коллаборантки. Царское Село (Город Пушкин) // Грани. Журнал литературы, искусства, науки и общественной мысли. № 21. 1954. С. 92–131.（以下では *Осипова Л.* と略記）

6 *Сидорова Е.* Из встреч с друзьями // Встреча с эмиграцией: Из переписки Иванова-Разумника 1942–1946 годов. Публ., вступ. ст., подгот. текста и коммент. О. Раевской-Хьюз. М., Париж. 2001. С. 373–377.（以下では *Сидорова Е.* と略記）。この回想と同趣旨だが一部異なる回想が下記に掲載されている。*Евг. Мор (Евгения Сидорова)* Воспоминания об Иванове-Разумнике // Русская мысль. № 4146. 24–30 окт. 1996. С. 11–12. Публикация В. Белоуса (Санкт-Петербург) и Ж. Шерона (Калифорния).

7 *Бушман И.* Из воспоминаний о друзьях // Встреча с эмиграцией: Из переписки Иванова-Разумника 1942–1946 годов. Публ., встп. ст., подгот. текста и коммент. О. Раевской-Хьюз. М., Париж. 2001. С. 370–372.（以下では *Бушман И.* と略記）

8 *Беляева С. А.* Возвращаясь к прошлому // Иванов-Разумник. Личность. Творчество. Роль в культуре. СПб., 1996. С. 39–43.（以下では *Беляева С. А.* と略記）

9 *Раевская-Хьюз О.* Иванов-Разумник в 1942 году // Блоковский сборник. XIII. Тарту. 1996. С. 214–232.（以下では *Раевская-Хьюз О.* と略記）

10 Встреча с эмиграцией: Из переписки Иванова-Разумника 1942–1946 годов. Публ., вступ. ст., подгот. текста и коммент. О. Раевской-Хьюз. М., Париж. 2001.（以下では Встреча と略記）

11 Иванов-Разумник. Личность. Творчество. Роль в культуре. Сборник статей по материалам конференции «Иванов-Разумник (1878–1946). Личность. Творчество. Роль в культуре». Царское Село. 16–17 марта (Редактор-составитель В. Г. Белоус). СПб., 1996.（以下では Иванов-Разумник. ЛТР. 1996. と略記）; Иванов-Разумник. Личность. Творчество. Роль в культуре. Публикация и исследования (Редактор-составитель В. Г. Белоус). Вып. 2. СПб., 1998.（以下では Иванов-Разумник. ЛТР. 1998. と略記）

12 疎開にまつわる混乱については *Осипова Л.* С. 99.

13 ドイツ軍によるプーシキン占領前後の事情については次を参照。*Иванов-Разумник Р. В.* Тюрьмы и ссылки. 2000. С. 416. 松原訳『監獄と流刑』349–351 ページ。

14 *Пришвин М.* Собрание сочинений. Т. 8. Дневники 1905–1954. М., 1986. С. 530. イリーナ・ラズームニコヴナが語ったのは日記の日付の前日（9 月 20 日）。日記への注釈では、プリーシヴィンを訪れた И・イヴァーノヴァが誰か特定できなかった（С. 743. комментарий 84）、とされているが、日記出版がまだイヴァーノフ＝ラズームニクの名誉回復前で、用心のためと思われる。

15 *Завалишина Н. Г.* Несколько слов о Разумнике Васильевиче Иванове // Иванов-Разумник. ЛТР. 1996. С. 38. イヴァーノフ＝ラズームニクの妻ヴァルヴァーラによると、娘イリーナは戦時動員でペテルブルクへ行き週に 1、2 度、数時間帰宅（9 月 7 日が最後）、10 日（郵便業務停止日）付けで最後のハガキ、所属部隊が無事撤退できたかどうか不明（1942 年 9 月、レーミゾフの妻セラフィーマへの手紙）。イリーナ・ラズームニコヴナ・イヴァーノヴァ（1908–1996 年）は無線通信士（女性ではロシアで最初の一人）として商船に乗務し、西ヨーロッパ、地中海方面へ度々航海した。1930 年代には国家的事業として北極海で漂流実験・観測を行なったパパーニン隊の無線通信をキャッチし、その受信記録を終生保存していた。1933 年には父親に続いてオデッサで逮捕され、この時は 5 週間で釈放された。1942 年 12 月から 1943 年 3 月にも逮捕・入獄後、同年 5 月から北極艦隊と極東で、主として外国航路裁判所に勤務。1954 年にプーシキンに戻り、両親の情報を長らく求め続けた。См. Встреча. С. 103–104 (Письмо 29. сент. 1942 г.).

16 *Осипова Л.* С. 100.

17 *Цыпин В.* Город Пушкин в годы войны. СПб., 2010. С. 51.

18 *Осипова Л.* С. 112–113.

19 *Осипова Л.* С. 118; イヴァーノフ＝ラズームニクの洗礼に関しては次を参照。Основные даты жизни и творчества Иванова-Разумника. Составил Я. В. Леонтьев // Литературное обозрение. 1993. № 5. С. 38; *Антонец А. С., Ратьковский И. С.* Детство и юность Р. В. Иванова-Разумника (1878–1905 гг.) // Известия Самарского научного центра Российской академии наук. Т. 19. № 3. 2017. С. 41–46.

20 *Бушман И.* С. 371; *Осипова Л.* С. 122.

21 *Иванов-Разумник Р. В.* Хождение над бездной // Встреча. С. 310; *Осипова Л.* С. 122.

22 *Максимов Д. Е.* Спасенный архив // Огонек. 1982. Дек. № 49. С. 19. イヴァーノフ＝ラズームニクが

自宅書庫に保存していた文学者の手紙リスト（1901〜1939年）から、誰の手紙が何通残ったかがわかる。例を挙げればレーミゾフの手紙（1908〜1917年）は全160通が、A・H・トルストイは全10通が消滅、残ったのはザミャーチンの手紙（1913〜1928年）が8通中1通、ブロークが53通中9通、ソログープ（1912〜1927年）が67通中5通、シェストーフが107通中1通など。См. Литературное Наследство. Т. 92, Кн. 2. С. 385.

23 *Осипова Л.* С. 98.

24 *Раевская-Хьюз О.* С. 218.

25 *Осипова Л.* С. 123. オーシポヴァの日記の日付は不正確な個所があり、2月11日はイヴァーノフ＝ラズームニク夫妻の出発日2月5日と矛盾するが、委細不詳。

26 *Цыпин В.* Город Пушкин в годы войны. С. 74.

27 *Раевская-Хьюз О.* С. 216.

28 *Иванов-Разумник Р. В.* Тюрьмы и ссылки. 2000. С. 96. 松原訳10ページ。この間の事情は、ペテルブルクのロシア国立図書館（サルティコフ＝シチェドリン図書館）のヴァーチャル展示欄に、前記オーシポヴァやシードロヴァ（＝モル）からの抜粋の形で紹介されている（2014年6月9日検索）。expositions.nlr.ru/proriv_blokada/Ivanov-razumnik.php ツァールスコエ・セロー百科事典（インターネット）にも、イヴァーノフ＝ラズームニクは後に告発されたようなファシストとの協働はしなかった、と記されている（2014年6月9日検索）。http://tsarselo.ru/yenciklopedija-carskogo-sela/istorija-carskogo-sela-v-licah/ivanov-razumnik-vasilievich-1878-1946.html

29 *Раевская-Хьюз О.* С. 218.

30 *Беляева С. А.* С. 40.

31 *Осипова Л.* С. 124. なおオーシポヴァは、ボリシェヴィズムはドイツ・ファシズムより危険な悪と見なしてドイツがボリシェヴィキを打倒することを望んでおり、ドイツ軍によるプーシキン占領を自由の到来と記す。1943年5月に同地を去ってリガへ、さらに西ドイツへ移って国民労働同盟НТСのため働いた。彼女との関係が、ソ連でイヴァーノフ＝ラズームニクを対独協力者と断罪する一証拠となったと思われる。

32 *Раевская-Хьюз О.* С. 219–220; *Сидорова Е.* С. 374–375.

33 *Беляева С. А.* С. 39–43; *Раевская-Хьюз О.* С. 214–232; *Сидорова Е.* С. 374–375; *Шерон Ж.* Военные годы Иванова-Разумника. Реконструкция по письмами и воспоминаниями // Иванов-Разумник. ЛТР. 1996. С. 44–54.

34 *Раевская-Хьюз О.* С. 219–220; *Сидорова Е.* С. 374–375.

35 См. Письма «Нераскаявшегося оптимиста». Р. В. Иванова-Разумника А. Г. Горнфельду. Публикация В. Г. Белоуса и Ж. Шерона. Предисловие и примечания В. Г. Белоуса // Новое литературное обозрение. 1998. № 31. С. 232–233. 文芸学者・翻訳家A・Г・ゴルンフェリド（1867–1941年）はリベラルなナロードニキ的見解を抱き、『ロシアの富』編集に関わった。スキタイ人やヴォリフィラ期のイヴァーノフ＝ラズームニクとは見解を異にしたが、1920年代後半に編集作業をともにし、現代文学への評価では一致を見て親しくなった。後者の逮捕・サラトフ流刑時にも文通を続けたのは、古くからの親友プリーシヴィンとリムスキー＝コルサコフの他にもう一人、彼であった。

36 Письма Р. В. Иванова-Разумника Л. Л. Слонимской. Публикация и примечания В. Г. Белоуса // Звезда. 1996. № 3. С. 111–112. Л・Л・スロニームスカヤ（1900–1968年）は作家・翻訳家。プーシキ

ンの姉О・С・パヴリシチェヴァ（1797–1865年）の曽孫で、プーシキンの両親から娘О・С・パヴリシチェヴァ宛て手紙の保管者。イヴァーノフ＝ラズームニクは国立文学館館長ボンチ＝ブルエーヴィチの依頼によりそれらの手紙の保存の件で、独ソ戦開戦直前・後にスロニームスカヤに数回連絡した。次も参照。*Белоус В. Г.* О мучительной роскоши ловли рыбы в ванне. Возвращаясь к судьбе Иванова-Разумника // Независимая газета. 1992. № 86.

37 Письма Р. В. Иванова-Разумника Л. Л. Слонимской // Звезда. 1996. № 3. С. 112.

38 *Раевская-Хьюз О.* С. 220–221.

39 *Раевская-Хьюз О.* С. 219; Встреча. С. 167 (прим. 4).

40 Встреча. С. 254 (прим. 2). ヤンコフスキー一家の家族構成は、П・К・ヤンコフスキー（イヴァーノフ＝ラズームニクの母方の従兄弟）、その息子Г・ПとВ・П・ヤンコフスキーおよび娘Н・П・ヤンコフスカヤ＝リレエヴァ、その息子ダニーラ。Г・П・ヤンコフスキーがイヴァーノフ＝ラズームニクの遺稿を継承。См. Встреча. С. 283 (прим. 3).

41 *Раевская-Хьюз О.* С. 220–221.

42 *Раевская-Хьюз О.* С. 375–376.

43 *Сидорова Е.* С. 375.

44 ヴェルディンクについては次を参照。https://de.Wikipedia.org/Olaf-Welding（2019年3月10日検索）

45 *Греч Н. И.* Записки о моей жизни. Текст по рукописи, под ред. и с комментариями Иванова-Разумника и Д. М. Пинеса. М. и Л., 1930 (репринтное издание. М., 1990). グレーチ（1787–1867年）は、保守的なジャーナリスト、文学者。

46 イヴァーノフ＝ラズームニクのベーム宛て手紙（1943年6月6日）参照。См. Письма Р. В. Иванова-Разумника к А. Л. Бему // Звезда. 2002. № 2. С. 134.

47 『新しい言葉』紙は1933年～1944年末に発行の反ユダヤ主義的、親ファシズム紙。最初は日刊、1942年から週2回刊。部数は1935年に3500、1943年には5000。計642号を発行。編集者М・В・デスポトゥーリ（1885–1977年）はジャーナリスト、評論家。1944年夏に更迭されるまで10年間同紙を編集。1945年赤軍によって逮捕され、ソ連のラーゲリで10年間過ごした後、「アデナウアー恩赦」によってドイツへ戻った。Christen Hufen, „Die Zeitung Novoe Slovo im Nationalsozialismus“ in *Russische Emigration in Deutschland 1918 bis 1941: Leben im europäischen Bürgerkrieg* / hrsg. von Karl Schlögel.- Berlin: 1995. S. 459–467; Robert C. Williams, *Culture in Exile. Russian Emigres in Germany 1881–1941.* Ithaca and London, 1972, pp. 344–350.

48 Встреча. С. 17 (прим. 11). И・И・ラプシーン（1870–1952年）は1912年に実現しなかったイヴァーノフ＝ラズームニクの雑誌『創造／創作』（野バラ社）の参加者として名が挙がっていた。См. ЛН95. С. 388–389.

49 Письма Р. В. Иванова-Разумника к А. Л. Бем. Публикация, вступ. статья и коммент. Жоржа Шерона и Лилии Шерон // Звезда. № 10. 2002. С. 119 (прим. 4).（以下、引用に際しЗвезда. 2002. № 10と略記）

50 スルタン・マフムードについては『千一夜物語』第819–821話参照。物語のなかで語られる長期にわたる様々な経験が実はわずか2分間のことであったと知るスルタン・マフムードに、ソ連での経験が一瞬のことであったと見なすイヴァーノフ＝ラズームニク自身が重ねられている。

51 Встреча. С. 307.

52 Встреча. С. 129 (прим. 10).『新しい言葉』掲載の記事とニューヨーク版（1951年刊）の記事は一部違いがある。前者の「1. 奈落巡り」での自らの経験紹介はなく、後者では著者の経歴紹介文（無

記名）の後に、簡潔な「序に代えて」（1942–1943 年の執筆日付）となっている。「1. 奈落巡り」の内容の大部分は「自分自身について数言」の章に一部書き換えて（改行も含む）移されている。以下の章の内容はほぼ同じだが、2 回の新聞掲載部分が 1 章にまとめられているなど、著者自身による編集と思われる。2000 年に初めてロシアで出版（『監獄と流刑』と合本）されたときは、ニューヨーク版にはない、最新の研究成果を踏まえた註が付けられている。

53 См. *Шерон Ж.* Военные годы Иванова-Разумника: реконструкция по письмами и воспоминаниями // Иванов-Разумник. ЛТР. 1996. С. 45.

54 *Маслин М. А., Андреев А. Л.* О русской идее. Мыслители русского зарубежья о России и ее философской культуре // О России и русской философской культуре. М., 1990. С. 14. このような見解に対して、イヴァーノフ＝ラズームニクのドイツへの自発的逃亡説に早くから疑問をいだくレニングラードの文芸学者 Л・Р・コーガンの日記（1945 年 10 月 1 日）を参照。彼は В・Е・マクシーモフ宅で、その兄弟 Д・Е・マクシーモフ（イヴァーノフ＝ラズームニク旧居に残る資料の回収者）が見たイヴァーノフ＝ラズームニク旧居の惨状（床一面に散乱する一部破れ、焦げた大量の貴重な資料、ブロークの手紙等）を聴いて記す。「このことが、イヴァーノフが自発的にドイツへ移住したとのうわさに対し最大限に慎重にさせる。もしそうだったなら、彼は疑いもなく貴重な資料を救っただろう」。См. *Белоус В. Г.* Испытание духовным максимализмом // Литературное обозрение. 1993. № 5. С. 37 (прим. 74).

55 *Задорожнюк И. Е., Лаврик Э. Г.* «Да будет воля моя...» (Жизнь и книги Р. В. Иванова-Разумника) // *Иванов-Разумник Р. В.* История русской общественной мысли. В 3 т. Подгот. текста, послесл. и примеч. И. Е. Задорожнюка и Э. Г. Лаврик. М., Т. 3. 1997. С. 308–317. 佐野努・佐野洋子訳『ロシア社会思想史——インテリゲンツィヤによる個人主義のための闘い』上・下、成文社、2013 年、509–522 ページ。

56 ベロウースの書評は次を参照。*Белоус В. Г.* Иванов-Разумник. История русской общественной мысли. В 3 т. М.: Terra; Республика, 1997. –415 с., 398 с., 367 с. –Тираж не указан.// Новое литературное обозрение. № 35. 1999. С. 427–430. なおイヴァーノフ＝ラズームニクの自発的逃亡、対独協力者説への反論については、上記の註 54（コーガン日記）、本章 6 (2) を参照。

57 Иванов-Разумник. ЛТР. 1995. С. 45; Звезда. 2002. № 2. С. 119 (прим. 3).

58 ラエフスカヤ＝ヒューズが紹介するイヴァーノフ＝ラズームニクからニーナ・ベルベーロヴァ宛ての手紙 11 通は、最初にシェロンによって公刊された。George Cheron, "The wartime years of Ivanov-Razumnik: Correspondence with N. Berberova", *Stanford Slavic Studies.* vol. 4/2, 1992, pp. 394–407.（以下では George Cheron, "The wartime years of Ivanov-Razumnik..." と略記）。ラエフスカヤ＝ヒューズの資料集 Встреча にはその 11 通と、ベルベーロヴァからイヴァーノフ＝ラズームニクへの 4 通が紹介されている。本書ではそれから引用する。

59 Встреча. С. 40.

60 Встреча. С. 42–43.

61 Встреча. С. 43–44. 彼女は市民婚の夫ホダセーヴィチと別れ、再婚相手 Н・В・マケーエフ（1889–1975 年）はジャーナリスト、ヴラジーミル県出身のエスエル党員、1917 年の憲法制定会議で最年少議員の一人。ベルベーロヴァは、イヴァーノフ＝ラズームニクが夫のことを知っているのではないか、と書いているが、後者側の反応はない。

62 Встреча. С. 46. ロシア語訳は同ページ。

63 Встреча. С. 50. ロシア語訳は同ページ。

64 Встреча. С. 51.

65 Встреча. С. 51–52.

66 Встреча. С. 52–53.

67 Встреча. С. 53–54.

68 Встреча. С. 54.

69 Встреча. С. 55–56.

70 Встреча. С. 56–57.

71 Встреча. С. 57.

72 Встреча. С. 287. ロシア語訳は287–288ページ。George Cheron, "The wartime years of Ivanov-Razumnik…, p. 405.

73 Встреча. С. 288–289. ロシア語訳は 289–290 ページ。彼女自身は 1944 年 8 月のドイツ軍撤退と連合軍進駐とともに、ある人物がフランスは共産主義になる、自分が村長になってロシア人の「白軍」を処刑する、と宣言して彼女や農民たちを逮捕したが警察によって解放された、と記している。*Берберова Н.* Курсив мой. М., 1996. С. 499.

74 George Cheron, "The wartime years of Ivanov-Razumnik…", pp. 396–397 (Notes 8).

75 Встреча. С. 60–62.

76 *Иванов-Разумник Р. В.* Тюрьмы и ссылки. 2000. С. 278. 松原訳 206 ページ。

77 Встреча. С. 65–66.

78 Встреча. С. 68–70. イヴァーノフ＝ラズームニクがブロークやベールイを本来の道から逸脱させた、とする見解はギッピウスの回想に見られる。*Гиппиус З.* Мой лунный друг. О Блоке // Собрание сочинений Т. 6. Живые лица. Воспоминания. Стихотворения. М., 2002. С. 32, 35. 次も参照。*Дьякова Е. А.* Христианство и революция в миросозерцании Скифов (1917–1919 гг.) // Известия АН СССР. Ср. истории и языка. 1991. Т. 50. № 5. С. 414–425.

79 Письма Р. В. Иванова-Разумника Б. К. Зайцеву. Публикация и примечания В. Г. Белоуса, Я. В. Леонтьева и Ж. Шерона // Звезда. 1996. № 3. С. 115–116. 次も参照。Литературное наследство. Т. 92, Кн. 2. 1981. С. 391 (прим. 123).

80 Встреча. С. 77–78.

81 Русская литература от семидесятых голов до наших дней. 6-ое изд., перераб. Берлин. 1923. この書は『ロシア社会思想史』第 6 版（ベルリンのスキタイ人出版社刊）の後半部。前半部は出版されず。

82 Встреча. С. 81.

83 Встреча. С. 82–83.

84 Встреча. С. 84.

85 Встреча. С. 86–87.

86 Встреча. С. 105–106.

87 画家 T・H・ギッピウス（1877–1957 年）と彫刻家 H・H・ギッピウス（1880–1963 年）。二人は戦後ノヴゴロドへ戻った。

88 Встреча. С. 108–109.

89 Встреча. С. 111.

90 Встреча. С. 112.

91 Встреча. С. 84.
92 Встреча. С. 86–87.
93 Встреча. С. 89–91.
94 イヴァーノフ = ラズームニクの言葉にもかかわらず、実際はプリーシヴィンの『森のしずく』の雑誌掲載に際し、彼の非政治性、闘争や建設とかけ離れた世界観が、かつての「スキタイ人」ムスチスラフスキーによって批判されている（1940 年）。См. Встреча. С. 92–93 (прим. 8).
95 彼女による夫の親友イヴァーノフ = ラズームニク評は、次のとおり。優れた人物だが、自分の生活の激変にもかかわらず並外れた自信家。だが善い人で基本的性質（あるいは弱点）は、なんでも知っている、原則にこだわるという 2 点。*Пришвин М. М., Пришвина В. Д.* Мы с тобой. Дневник любви. СПб., 2003. С. 28.
96 Встреча. С. 89–91.
97 Встреча. С. 94–95.（ドイツ語。ロシア語訳は С. 95）
98 Встреча. С. 96–97.
99 Встреча. С. 98.（ドイツ語。ロシア語訳は С. 98–99）
100 Встреча. С. 105–106.
101 Встреча. С. 109–110.
102 Встреча. С. 84–85.
103 Встреча. С. 100–102.（ドイツ語。ロシア語訳は С. 102–104）。この手紙は、5 月 28 日の手紙への返事を夏（7 月 25 日以前）に書き、投函が 9 月らしい。
104 Встреча. С. 105–106.
105 Встреча. С. 109–110.
106 Встреча. С. 112–113.
107 Встреча. С. 114.
108 Встреча. С. 115.
109 Встреча. С. 116–117.
110 Встреча. С. 292–293.
111 Встреча. С. 293–294.
112 *Ремизов А.* Тонь ночи. (https://www.e-reading.club/chapter.php/48160/118/Remizov_-_Martyn_Zadeka._Sonnik.html) См. Встреча. С. 295 (примечание редактора).

113 *Евг. Ляц<кий>* Рецензия на книгу Иванова-Разумника. История русской общественной мысли // Вестник Европы. № 3. 1907. С. 347–350.
114 Встреча. С. 152–153.
115 Письма Р. В. Иванова-Разумника к А. Л. Бем. Публикация, вступ. статья и коммент. Жоржа Шерона и Лилии Шерон // Звезда. № 10. 2002. С. 111–152.（以下、引用に際し Звезда. № 10. 2002 と略記）。その内訳は、1942 年 3 月 29 日～12 月 23 日、コーニツの収容所から 13 通。1943 年 2 月 2 日～7 月 3 日、スタルガルトの収容所から 7 通。1943 年 10 月 13 日～1944 年 2 月 5 日、リトアニアの従兄弟宅から 2 通。1944 年 4 月 12 日～12 月 23 日、コーニツのヴェルディンク宅から 7 通。
116 Звезда. № 10. 2002. С. 114.
117 Встреча. С. 161–162.
118 Звезда. № 10. 2002. С. 115–116.

119 Встреча. С. 164–166.

120 Slavia. 1933/34. R. 12. No. 3/4. С. 538–540. プラハで刊。抜き刷り送付をうけてイヴァーノフ＝ラズームニクはこの書評を初めて読んだ。そこでベームは、同書の価値を 3 点挙げる。①シチェドリンを取り上げたきわめて少ない文学史的研究、②シチェドリンが匿名の雑誌論文の著者であるとイヴァーノフ＝ラズームニクが確定した功績、③人名索引。他方、シチェドリン（『現代人』誌）とドストエフスキー（『時代』、『世紀』誌）との論争に対し、イヴァーノフ＝ラズームニクが全面的に前者の側に立つ極端さを指摘する。そして赤色教授 B・A・デスニツキーの手になる同書への序文（著者のアプローチが十分にマルクス主義的でない、と批判）が不適切である、と憤慨している。См. Встреча. С. 167 (прим. 5).

121 Встреча. С. 173–176. ベームとイヴァーノフ＝ラズームニクが親しくなっていく頃、ポーストニコフはイヴァーノフ＝ラズームニクに書く。君を個人的に知らないベームが、君に大層好感を抱きつつある。自分は彼とプラハで住所が違い単なる知人だったが、今では彼と親しくさえなった、と（5 月 24 日）。См. Встреча. С. 248.

122 Звезда. № 10. 2002. С. 117–118.

123 Встреча. С. 169–172.

124 Звезда. № 10. 2002. С. 120–121.

125 Звезда. № 10. 2002. С. 123–124.

126 Звезда. № 10. 2002. С. 124–125.

127 Встреча. С. 184.

128 Звезда. № 10. 2002. С. 128–129.

129 Звезда. № 10. 2002. С. 130.

130 Звезда. № 10. 2002. С. 121–123.

131 Звезда. № 10. 2002. С. 127.

132 Встреча. С. 184.

133 Звезда. № 10. 2002. С. 128.

134 Звезда. № 10. 2002. С. 128–129.

135 Звезда. № 10. 2002. С. 131–132.

136 Звезда. № 10. 2002. С. 137–138.

137 Звезда. № 10. 2002. С. 138.

138 Звезда. № 10. 2002. С. 138–139.

139 Звезда. № 10. 2002. С. 140–141.

140 Звезда. № 10. 2002. С. 144.

141 Звезда. № 10. 2002. С.145–146.

142 Звезда. № 10. 2002. С. 146–147.

143『新しい言葉』紙掲載のルポルタージュ（『作家たちの運命』の原型）全 14 回は、ラエフスカヤ＝ヒューズの資料集に付録として転載されている。Встреча. С. 307–369.『作家たちの運命』は、『監獄と流刑』と併せて 2000 年にロシアで初めて出版された。同書には最新の成果を踏まえた註が付けられている。*Иванов-Разумник Р. В.* Писательские судьбы. Тюрьмы и ссылки/ Встп. статья, сост. В. Г. Белоуса. М., 2000. С. 25–90, 437–459 (комментарий).

144 Звезда. № 10. 2002. С. 129.

145 Звезда. № 10. 2002. С. 130.

146 Звезда. № 10. 2002. С. 137–138.

147 Звезда. № 10. 2002. С. 138–139.

148 Звезда. № 10. 2002. С. 140–141.

149 Звезда. № 10. 2002. С. 143–145.

150 Звезда. № 10. 2002. С. 145–146.

151 Встреча. С. 170.

152 Звезда. № 10. 2002. С. 121–122.

153 イヴァーノフ＝ラズームニクの文学観は、彼の回想記『監獄と流刑』にも垣間見える。См. *Иванов-Разумник Р. В.* Тюрьмы и ссылки. 2000. С. 159. 松原訳『監獄と流刑』78 ページ。

154 Встреча. С. 174.

155 Звезда. № 10. 2002. С. 124–126.

156 Звезда. № 10. 2002. С. 143–145.

157 Встреча. С. 360.

158 Звезда. № 10. 2002. С. 128–129.

159 Звезда. № 10. 2002. С. 132–133.

160 Звезда. № 10. 2002. С. 134–136. 国内文学の評価に関しては『作家たちの運命』を参照。そこでの見解はすでに、イヴァーノフ＝ラズームニクがソ連で自由に書けなくなった後にイッポリート・ウドゥーシエフのペンネームで 19 世紀末から 20 世紀第 1・四半世紀の文学を論じた「意見その他　抜粋（『智慧の悲しみ』100 周年に寄せて）」に記されている。このペンネームは、動詞「窒息させる удушить」を踏まえたグリボエードフ『智慧の悲しみ』の登場人物に由来する。『作家たちの運命』ではソ連において作家が、非業の最期を遂げた者、窒息させられた者、順応した者に分類されている。См. *Ипполит Удушьев.* Взгляд и нечто. Отрывок (К столетию «Горе от ума») // Современная литература. Сборник статей. Л., 1925. С. 154–182.

161 Звезда. № 10. 2002. С. 138–139.

162 Звезда. № 10. 2002. С. 122.

163 Звезда. № 10. 2002. С. 123–124.

164 Звезда. № 10. 2002. С. 124–126.

165 Звезда. № 10. 2002. С. 130.

166 Звезда. № 10. 2002. С. 131.

167 Звезда. № 10. 2002. С. 131–132.

168 Звезда. № 10. 2002. С. 132–133.

169 Звезда. № 10. 2002. С. 134–136.

170 Звезда. № 10. 2002. С. 138–139.

171 Звезда. № 10. 2002. С. 140–141.

172 Звезда. № 10. 2002. С. 141–142.

173 Звезда. № 10. 2002. С. 143–145.

174 Звезда. № 10. 2002. С. 151–152.

175 Звезда. № 10. 2002. С. 146–147.

176 Звезда. № 10. 2002. С. 148–149.

177 Звезда. № 10. 2002. С. 149–150.

178 Звезда. № 10. 2002. С. 151–152.

179 Встреча. С. 303 (прим. 3).

180 См. *Бем А. Л.* Исследования. Письма о литературе. М., 2001. С. 28.

181 Встреча. С. 189–190（ドイツ語）. ロシア語訳は С. 190–191. イヴァーノフ＝ラズームニクとポーストニコフとの親しい関係の一端については次を参照。См. *Леонтьев Я. В.* «Скифы», как литературные попутчики левых эсеров // «Скифы» русской революции. Партия левых эсеров и ее литературные попутчики. М., 2007. С. 164–166.

182 Встреча. С. 201.

183 Встреча. С. 208–209.

184 Встреча. С. 245.

185 Встреча. С. 193.

186 Встреча. С. 194.

187 Встреча. С. 201.

188 Встреча. С. 202.

189 Встреча. С. 245.

190 Встреча. С. 201.

191 Встреча. С. 206.

192 Встреча. С. 261–262.

193 Встреча. С. 266.

194 Встреча. С. 226–227.

195 Встреча. С. 245.

196 Встреча. С. 256.

197 Встреча. С. 216.

198 Встреча. С. 223–224.

199 Встреча. С. 269–270.

200 Встреча. С. 193.

201 Встреча. С. 202.

202 Встреча. С. 209.

203 Встреча. С. 219.

204 Встреча. С. 226.

205 Встреча. С. 245–246.

206 Встреча. С. 246–247.

207 Встреча. С. 253–254.

208 Встреча. С. 257.

209 Встреча. С. 260.

210 Встреча. С. 262–264.

211 Встреча. С. 275.

212 Встреча. С. 195.

213 Встреча. С. 203.

214 Встреча. С. 206.

215 Встреча. С. 224.

216 Встреча. С. 227.

217 Встреча. С. 246.

218 Встреча. С. 196–197.

219 Встреча. С. 203.

220 Встреча. С. 205–209.

221 Встреча. С. 223–224.

222 Встреча. С. 227.

223 Встреча. С. 260.

224 Встреча. С. 268–272.

225 Встреча. С. 275. セデーンコの死についてはイヴァーノフ＝ラズームニクの回想記参照。*Иванов-Разумник Р. В.* Тюрьмы и ссылки. 2000. С. 358–360. 松原訳 288–291 ページ。

226 Встреча. С. 282–283. ポーストニコフ夫妻はイヴァーノフ＝ラズームニクの 2 月 18 日付けのハガキを 3 月 6 日に、2 月 17、19、22 日付けのハガキをまとめて 3 月 7 日に受けとっている。

227 Встреча. С. 284.

228 Встреча. С. 284–285. ポーストニコフは逮捕までの自らの行動を、ラーゲリから В・Б・シクロフスキーへの手紙で概ね以下のように書いている（1946 年 3 月 22 日）。第 2 次大戦時、自分は熱烈な愛国者であり、戦争捕虜・ソ連の国際主義的市民・ユダヤ人を助けた。プラハ蜂起（5 月 8 日）に際してはチェコの愛国主義者と連絡を保ち、当日は夫婦ともどもバリケードで過ごした。蜂起市民を助けるためプラハに駆けつけたスターリンの戦車部隊［実はヴラーソフ将軍率いるロシア解放軍 РОА であった］を喜んで迎えたが、それ以前に赤軍が占領した各都市で亡命者のリーダーが逮捕されているので、自分も逮捕されるとわかっていた。しかし万一に備えて米英軍占領地区へ行けたのに行かなかったのは、そちらへ逃げたドイツ人と関わりたくなかったからだ、と。См. Встреча. С. 286 (прим. 1).

229 Встреча. С. 287 (прим. 7).

230 Встреча. С. 138. イオアーンの手紙 4 通は最初、第 3 回イヴァーノフ＝ラズームニク国際研究・報告会資料集に掲載された。Иванов-Разумник. ЛТР. 1998. С. 160–168. 引用は Встреча. С. 138–147, 281–282 に依る。

231 Встреча. С. 138–139.

232 Встреча. С. 146 (прим. 12).

233 Встреча. С. 140–143.

234 Встреча. С. 106. См. *Белоус В. Г.* Об одном инцидента в Петербургском Религиозно-философское обществе и его последствиях // На рубеже двух столетий. Сборник в честь 60-летия А. В. Лаврова. М., 2009. С. 69.

235 Встреча. С. 146–147 (прим. 15). 紙を送るが、万年筆を今は買えない。手に入ったら送る、と秘書リュビームツェフのメモ（7 月 6 日）が残されている。С. 146 (прим. 14).

236 Встреча. С. 147.

237 Встреча. С. 137.

238 Встреча. С. 281–282.

239 Встреча. С. 137 (Вступ. ст. редактора).

240 Встреча. С. 27.

241 Встреча. С. 28–29.

242 Встреча. С. 30–32.

243 Встреча. С. 26 (Вступ. ст. редактора).

244 Звезда. № 10. 2002. С. 118.

245 Встреча. С. 120–121.

246 Встреча. С. 125–127.

247 Встреча. С. 131–132. この手紙の初出は *Шерон Ж.* Неопбликованные письма Иванова-Разумника // Новый журнал. 1989. № 174. С. 312–314.

248 Встреча. С. 296. この手紙の初出は *Шерон Ж.* Там же. С. 314.

249 Встреча. С. 297. この手紙の初出は *Шерон Ж.* Там же. С. 315.

250 Иванов-Разумник. ЛТР. 1996. С. 50–51.

251 *Белоус В. Г.* Испытание духовным максимализмом // Литературное обозрение. 1993. № 5. С. 35.

251 *Клаус Харер.* Тройные почести. А. Ф. Лютер и его «Воспоминания». Перевод Марины Кореневой // Звезда. 2004. № 9 (magazines.russ.ru/zvezda/2004/9/kl12-pz:html).

252 Встреча. С. 130 (прим. 13).

253 Встреча. С. 298–300.「エーリヒ・ミュラー博士、1897–1980 年、作家、翻訳家・出版社の原稿検査者」を指すと思われる。

254 Встреча. С. 301–302.

255 Встреча. С. 303–304.

256 См. *Белоус В. Г.* Испытание духовным максимализмом // Литературное обозрение. 1993. № 5. С. 31.

257 Встреча. С. 277 (вступ. стат. редактора к эпилогу).

258 Встреча. С. 287; George Cheron,"The wartime years of Ivanov-Razumnik…", pp. 396–397.

259 Встреча. С. 277 (вступ. стат. редактора к эпилогу).

260 Встреча. С. 278. ソローキンは帝政下で革命運動に携わり、くり返し逮捕を経験し、死刑判決を受けたこともある。エスエルの新聞『人民の事業』や『人民の意志／自由』の協同編集者でもあった。したがってイヴァーノフ＝ラズームニクとはエスエル内で意見が異なる以前から、たがいに知っていた可能性は高い。ソローキンは臨時政府でケレンスキー首相の秘書を務め、憲法制定会議議員にもなり、ボリシェヴィキ政権下でも死刑宣告を受けたが、政治からは退いて 1918 年にペテルブルク大学の社会学講座を率いた。しかしレーニンによって国外追放されベルリン、プラハに短期滞在後 1923 年 10 月にアメリカ合衆国に渡り、最初ミネソタ大学、次いでハーヴァード大学で社会学を講じ、後者では社会学部の創設者となり、アメリカ社会学会、世界社会学会の会長を務めた。См. Русские в современной Америке. Биографический словарь. 2005. С. 477–478.

261 Встреча. С. 21–22 (прим. 5). なおファシズムと共産主義の双方を否定するイヴァーノフ＝ラズームニクの見解は回想記に示されている。*Иванов-Разумник Р. В.* Тюрьмы и ссылки. 2000. С. 197. 松原訳 118 ページ。

262 Встреча. С. 278, 280. И・К・オクーリチと上記のおじ Д・О・オクーリチ（およびその息子 С・Д・オクーリチ）との関係は不明。両オクーリチは父称が異なり、兄弟ではない。И・К・オクーリチ＝オクシャについて事典では概ね次のような説明が見られる。「1871–1946 年。農学者、エニセイ・カザーク。1919 年にコルチャーク政権の外交代表。1923 年まで米英仏におけるロシア国民政府代表。1922 年に亡命。経済及び政治問題での論文の著者。サンフランシスコ・ロシア文化博物館協力者。ブリティッシュ・コロンビアで農場経営」См. Русские в современной Америке.

Биографический словарь. 2005. С. 378.

263 Встреча. С. 278–279. ギンス（1887–1971年）はペテルブルク大学私講師であったが、革命後シベリア政権、コルチャーク政権など白軍側で閣僚を務めた後ハルビンでは学術活動に携わるとともに、中東鉄道主任監督官や多くのロシア人社会・啓蒙組織に関わった。1930年に渡米してカリフォルニア大学バークリー校でソビエト法を講じ、「アメリカの声 VOA」ラジオ局に勤めた。См. Русские в современной Америке. Биографический словарь. 2005. С. 131–132.

264 Встреча. С. 280 (прим. 4). И・К・オクーリチは『ロシアの生活』紙協力者。

265 *Белоус В. Г.* Испытание духовным максимализмом // Литературное обозрение. 1993. № 5. С. 35. ベロウースは雑誌論文を『作家たちの運命。監獄と流刑』への導入として転載する際に、一部を書き換えている。同名の下記論文も参照。*Белоус В. Г.* Испытание духовным максимализмом // *Иванов-Разумник Р. В.* Писательские судьбы. Тюрьмы и ссылки. М., 2000. С. 20. 次も参照。К истории издания эмигрантских книг Иванова-Разумника: новые данные из американских архивов. Публикация, вступительная заметка и примечания Ж. Шерона // *Иванова-Разумник.* Писательские судьбы. Тюрьмы и сслки. М., 2000. С. 439.（以下では К истории издания と略記）

266 G. Yankovsky, Notes on the subsequent fate of I-R's Manuscript, in "The Memoirs of Ivanov-Razumnik", London, 1965, pp. xxiii.

267 Russian Review, 1951. Vol. 10, No. 1, 3, 4; 1952. Vol. 11. No. 1, 2.

268 Социалистический вестник. 1949. № 8–12; 1950. № 1–2. チェルノーフの追悼文は № 8/9, С. 158–159.

269 Социалистический вестник. 1949. № 8/9. С. 159.

270 К истории издания. С. 426–427. イヴァーノフ＝ラズームニクのルポルタージュを読んだリベラルのЕ・Д・クスコーヴァ（1869–1958年）は概ね次のような反応を示している（ゼンジーノフ宛て手紙、1949年8月5日）。［彼は］偵察員になったのか。ドイツ人がイヴァーノフ＝ラズームニク自宅の保存資料を盗んで『新しい言葉』紙のデスポトゥーリに渡し印刷したので、イヴァーノフ＝ラズームニクは無関係、という説も聞いたが、正しいか？ К истории издания. С. 432 (прим. 3);『監獄と流刑』刊行時の書評に以下のものがある。Филиппов Б. Р. В. Иванов-Разумник. *Тюрьмы и ссылки.* Изд-во Имени Чехова. Нью Йорк. 1953. Стр. 414. Цена 3 долл. // Новый журнал. № 33. 1953. С. 306.

271 Письма В. М. Зензинова к М. М. Карповичу. 19 сентября 1949 // К истории издания. С. 428–430.

272 К истории издания. С. 430–431.『社会主義通報』にイヴァーノフ＝ラズームニクの「エジョーフシチナ」（『監獄と流刑』最終章の抜粋）掲載時の反響の一例として、チジェフスキーとニコラエフスキーの間で交わされた手紙を参照。チジェフスキーは、イヴァーノフ＝ラズームニクがヒトラーに幻想を抱いてドイツへ出国した、と言ったからといって、私がスターリンの崇拝者だと見なさないでほしい、このことについて故ベームは大いに不安をもって私に書いてきた（1949年2月27日）と書く。これに応えニコラエフスキーは、イヴァーノフ＝ラズームニクの親ヒトラー的幻想はスターリンに向けられたもので、もしもスターリンの王国で2年の入獄後にヒトラー幻想を創り上げたとしても、そこには限度を超えるものがあるのだろう、と言う（1950年1月1日）。チジェフスキーはニコラエフスキーに同意して言う。戦時にドイツにやって来てヒトラーに幻想を抱いたロシア人たちと知りあったが、ロシア・インテリゲンツィヤのそのような気分はスターリンの王国ですべてがうまくいっていない最良の証拠だと何度も話した、と（1月3日）。Там же. С. 434–435 (прим. 26). ここには大戦直後に革命、ソ連、ドイツ、ヒトラー、スターリンをめ

ぐる当時の見解が見られる。すでに述べたように（本章 4 (1))、イヴァーノフ＝ラズームニクはヒトラー礼賛の言葉を書き残したことは一度もない。

ゼンジーノフの上記手紙（1949 年 9 月 9 日）の 1 か月後に書かれ、イヴァーノフ＝ラズームニクが確かにヴラーソフ派だ、と記す手紙（1949 年 10 月 7 日）の断片が紹介されている。手紙の主は 1944 年末にヴラーソフ派のロシア国民解放委員会 КОНР の民間部門の一員であった А・И・ザンケヴィチ（1893–1977 年)、あて先は Б・И・ニコラエフスキーである。ザンケヴィチは次のように書く。イヴァーノフ＝ラズームニクが手紙で仕事を依頼し、同委員会のマニフェストを絶賛し「左派エスエルからヴラーソフ派へ」と題する論文を付けている。この論文を КОНР 宣伝部門の長 Г・Н・ジレンスキー（1910–1946 年）へ送ったが、どこかに発表されたかどうか知らない、と。ここで途切れるこの手紙は戦争最末期にイヴァーノフ＝ラズームニクが生存の道を手探りした様子をうかがわせるが、この手紙の紹介者クレメンチエフも、手紙の真贋をはじめこの断片的情報にかかわる一切に触れていない。Фрагмент письма А. И. Занкевича Б. И. Николаевскому // Вестник русского христианского движения. 171. 1/2. 1995. С. 187–188. Публикация и примечания А. К. Клементьева.

273 The Memoirs of Ivanov-Razumnik, with a short Introduction by G. Jankovsky, Translated and annotated by P. S. Squire, London, 1965. 英訳者・監修者スクワイヤーによる次の文章も参照。*Питер Сквайер.* Об Английском переводе «Тюрем и ссылок» и их авторе Иванове-Разумнике (Воспоминания переводчика) // Мера. Литературный, историко-художественный, религиозно-философский журнал. 4/94. СПб., 1994. С. 160–163.

274 *Иванов-Разумник Р. В.* Тюрьмы и ссылки. 2000. С. 94, 407. 松原訳 8、340 ページ。

275 *Солженицын А.* Архипелаг Гулаг. 1–2. 1973. С. 135. ソルジェニーツィン（木村浩訳）『収容所群島』1、新潮文庫、1975 年、214 ページ他。

276 *Чуковский К.* Дневник 1930–1969. М., 1997. С. 318.

277 См. *Белоус В. Г.* Испытание духовным максимализмом // *Иванов-Разумник Р. В.* Писательские судьбы. Тюрьмы и ссылки. М., 2000. С. 21.

278 Иванов-Разумник // Краткая литературная энциклопедия. Главная редактор А. А. Сурков. Т. 3. М., 1966. С. 40–41.

279 *Салтыков-Щедрин М. Е.* Собрание сочинений в 20-ти томах. Т. 8. М., 1969. С. 599.

補論　未刊の『弁人論』周辺

1 「スキタイ人」についてはさしあたり松原広志『ロシア・インテリゲンツィヤ史――イヴァーノフ＝ラズームニクと「カラマーゾフの問い」』ミネルヴァ書房、1989 年参照。

2 *Белоус В. Г.* Реконструкция «Антроподицеи», или самооправдание Иванова-Разумника // Русская мысль. № 4102. 23–29 ноября 1995 г., С. 10; № 4103. 30 ноября–6 декбря 1995 г. С. 10.

3 *Белоус В. Г.* Антроподицея Р. В. Иванова-Разумника // Вольфила, или Кризис культуры в зеркале общественного самосознания. СПб., 2007. С. 255–281. 以下では *Белоус В. Г.* Антроподицея Р. В. Иванова-Разумника と略記する。

4 *Иванов-Разумник Р. В.* Марксистская критика // Литература и общественность. Изд. 2-ое. 1912. С. 192. ベルジャーエフ『創造の意味』（1912 年〜1914 年執筆）には「弁人論の試み」という副題が

付されている。См. *Бердяев Н.* Смысл творчества. Опыт оправдания человека. М., 1916.（青山太郎訳『創造の意味――弁人論の試み』行路社、ベルジャーエフ著作集Ⅳ、1990 年）

5 *Иванов-Разумник Р. В.* Что думает деревня? (Впечатление очевидца) // Современность (Русское богадство). Апрель 1906. С. 50–76; Май 1906. С. 1–14. 上記 2 本の論文は題名と一部内容を変えて彼の論集『文学と社会性』に収録されている。Жизнь и теория (Что думает «народ»?) // Литература и общественность. Изд. 2-ое. СПб., 1912. С. 41–94. 松原前掲書第 2 章第 1、2 節参照。

6 *Иванов-Разумник Р. В.* Писательские судьбы. Тюрьмы и ссылки. М., 2000. С. 187. 松原広志訳『監獄と流刑――イヴァーノフ＝ラズームニク回想記』成文社、2016 年、108 ページ。この文献は著者の没後にニューヨークで別々に刊行された『作家たちの運命』、『監獄と流刑』の 2 点を合本にしてロシア国内で初めて刊行された。邦訳は『作家たちの運命』を除く。以後引用の際は必要に応じ 2 点を別々に表記する。

7 *Иванов-Разумник Р. В.* Тюрьмы и ссылки. 2000. С. 161. 松原訳 80 ページ。

8 Литературное наследство. Т. 92. Кн. 2. Александр Блок. Новые материалы и исследования. 1981. С. 409 (прим. 9). 以下ではこの書物からの引用は ЛН92-2 と略記する。ブリン云々は、諺「最初に焼くブリンはお団子」（初めてやることは失敗が多いもの）を踏まえた表現。

9 *Штейнберг А. З.* Друзья моих ранних лет (1911–1928). Подг. текста, послесл. и прим. Ж. Нива. Paris. 1991. С. 28–29.

10 *Иванов-Разумник Р. В.* Тюрьмы и ссылки. 2000. С. 120–130. 松原訳『監獄と流刑――イヴァーノフ＝ラズームニク回想記』36–48 ページ。

11 *Иванов-Разумник Р. В.* Вершины. Александр Блок, Андрей Белый. Пг., 1923. С. 248. 以下では *Иванов-Разумник Р. В.* Вершины と略記する。

12 *Иванов-Разумник Р. В.* Заветное. I Черная Россия. П., 1922. С. 174.

13 *Эрберг К.* Красота и свобода. Берлин. 1923. С. 85.

14 *Иванов-Разумник Р. В.* Писательские судьбы. Тюрьмы и ссылки. 2000. С. 32; Встреча с эмиграцией. Из переписки Иванова-Разумника 1942–1946 годов. С. 337–338. イヴァーノフ＝ラズームニクは 1921 年 3 月、モスクワの新聞（複数）に自身のあずかり知らぬこと、すなわちロシア共産党員（ボリシェヴィキ）となることを希望し申請したと書かれたことを伝え聞き、『文学通報』1921 年 4–5 号の「編集部への手紙」で、入党の希望など過去にも現在にもまったくない、と否定している。См. Иванов-Разумник (Письма к редакцию) // Вестник литературы. № 4–5 (28–29). 1921. С. 17.

15 *Ипполит Удушьев.* Взгляд и нечто. Отрывок (К столетию “Горе от ума”) // Современная литература. Сборник статей. Л., 1925. С. 154–182.

16 *Иванов-Разумник Р. В.* Писательские судьбы. Нью-Йорк. 1951. С. 46–62.

17 この間の事情についてはイヴァーノフ＝ラズームニクの回想記、および本書第Ⅵ章 5(2) b 参照。

18 *Штейнберг А. З.* Друзья моих ранних лет. С. 28–29.

19 *Иванов-Разумник Р. В.* Писательские судьбы. Нью-Йорк. 1951; *Иванов-Разумник Р. В.* Тюрьмы и ссылки. Нью-Йорк. 1953.

20 *Иванов-Разумник Р. В.* Писательские судьбы. 1951. С. II. 無署名の紹介文執筆者の特定は次を参照。*Иванов-Разумник Р. В.* Писательские судьбы. Тюрьмы и ссылки. 2000. С. 461 (прим. 8).

21 従兄弟の手によってアメリカに渡ったイヴァーノフ＝ラズームニクの原稿の運命については、下記のシェロンの解説文およびシェロン自身からの情報（2002 年）による。*Шерон Ж.* К истории издания эмигрантских книг Иванова-Разумника; новые данные из американских архивов // *Ива-*

нов-Разумник Р. В. Писательские судьбы. Тюрьмы и ссылки. 2000. С. 426–436.

22 イヴァーノフ＝ラズームニクの幼児～青年期をたどった最新の論文でも、事情は変わらない。См. *Антонец А. С., Ратьковский И. С.* Детство и юность Р. В. Иванова-Разумника (1878–1905 гг.) // Известия Самарского научного центра Российской академии наук. Т. 19. 2017. № 3. С. 41–46. 彼の父 B・H・イヴァーノフ（?-1919 年）は鉄道の出札係として働く雑階級人的貴族。Основные даты жизни и творчества Иванова-Разумника. Составил Я. В. Леонтьев // Литературное обозрение. 1993. № 5. С. 38. 母 A・O・イヴァーノヴァ＝オクーリチ（1852-1917 年）も貴族身分で、ペテルブルク音楽院を出て声楽教師、室内楽歌手。См. Отечественные певцы, 1750–1917: словарь. ч. 1. М., 1991. С. 198.

23 *Лавров А. В.* Вступительная статья // ЛН92-2. 1981. С. 366–367. プーシキン館のイヴァーノフ＝ラズームニク・アルヒーフ中には、世紀交替期に彼が創作した短編小説や詩が残されており、すでに「イヴァーノフ＝ラズームニク」というペンネームが見られる。彼は後にこれらの作品を「青年期の過ち」と否定的に見ている。См. Там же. С. 385 (прим. 6).

24 *Белоус В. Г.* Антроподицея Р. В. Иванова-Разумника. С. 263–264 (прим. 13).

25 *Иванов-Разумник Р. В.* О смысде жизни. С. 4.

26 *Булгаков С. Н.* Иван Карамазов как философский тип // От марксизма к идеализму. Сборник статей (1896–1903). СПб., 1903. С. 83–112. この論文は 1901 年 11 月 21 日、キエフで口頭発表後、『哲学と心理学の諸問題』誌 1902 年 1 号に掲載された。この論文は邦訳されている。長縄光男訳「哲学的タイプとしてのイヴァン・カラマーゾフ」『ロシア思想史研究』第 4 号（通算 8 号）、2013 年、85–107 ページ。

27 *Булгаков С. Н.* Основные проблемы теории прогресса // Сочинения в двух томах. Т. 2. Избранные статьи. М., 1993. С. 44–96. この論文は当初 12 人が執筆する論文集、ノヴゴローツェフ編『観念論の諸問題』(1902 年）に発表、その後『マルクス主義から観念論へ』に収録された。長縄光男訳「進歩の理論の根本的諸問題」『ロシア思想史研究』第 6 号（通算 10 号）、2015 年、35–67 ページ。「マルクス主義から観念論へ」のブルガーコフの思想的進化をめぐる時代状況に関連して、次の論文を参照。堀江広行「哲学的観念論と宗教的観念論の間――『新しい道』、『生の諸問題』誌の 7 つのシリーズ論考『筋書きなしで』に見る 20 世紀初頭のロシア『観念論派』の『進化』の一側面」『ロシア思想史研究』第 5 号（通算 9 号）、2014 年、93–106 ページ。

28 *Булгаков С. Н.* Душевная драма Герцена // Сочинения в двух томах. Т. 2. Избранные статьи. М., 1993. С. 95–103. 長縄光男訳「ゲルツェンの魂のドラマ」『ロシア思想史研究』第 5 号（通算 9 号）、2014 年、107–131 ページ。

29 *Иванов-Разумник Р. В.* Еще о смысле жизни // Творчество и критика. СПб., 1912. С. 17–41. 以下では *Иванов-Разумник Р. В.* Еще о смысле жизни と略記する。この論文は同書 1922 年版では削除されている。『生の意味』の概略は、松原著『ロシア・インテリゲンツィヤ史』第 1 章第 2 節参照。

30 *Иванов-Разумник Р. В.* Еще о смысле жизни. С. 17.

31 *Иванов-Разумник Р. В.* Еще о смысле жизни. С. 17–18.

32 *Иванов-Разумник Р. В.* Еще о смысле жизни. С. 22.

33 *Иванов-Разумник Р. В.* Еще о смысле жизни. С. 23.

34 *Иванов-Разумник Р. В.* Еще о смысле жизни. С. 23–24. イヴァーノフ＝ラズームニクは自殺をテー

マとする論集に、『生の意味』からの抜粋を掲載している。彼以外の寄稿者はミハイル主教、ローザノフ、ルナチャルスキー、アブラモヴィチ、アイヘンヴァリド、カレーエフ教授。*Иванов-Разумник Р. В.* Принятие и непринятие мира (Отрывок из книги “О смысле жизни”) // Самоубийство. Сборник общественных, философских и критических статей. М., 1911. С. 140–150.

35 *Иванов-Разумник Р. В.* Еще о смысле жизни. С. 23–24.

36 *Иванов-Разумник Р. В.* Еще о смысле жизни. С. 29–33.

37 *Иванов-Разумник Р. В.* Еще о смысле жизни. С. 33–36.

38 *Иванов-Разумник Р. В.* Еще о смысле жизни. С. 36–37.

39 *Иванов-Разумник Р. В.* Еще о смысле жизни. С. 37–38.

40 *Иванов-Разумник Р. В.* О смысле жизни. 1908. С. 257.

41 *Н. Л.* // Исторический Вестник. май 1909. CXVI. С. 696–697.

42 *Франк С. Л.* / Рецензия/ Иванов-Разумник. О смысле жизни // Критическое обозрение. 1908. №7 (12). С. 34–38.

43 *Белый А.* На рубеже двух столетий. М., 1989. С. 150.

44 二人の最初の出会いともいえない出会いについて、イヴァーノフ＝ラズームニクはベールイ死後の 1934 年 7 月 1 日、故人の妻クラウジヤ・ニコラーエヴナの問いに答えている。См. «Дорогая моя и любимая Варя...» Письма Иванова-Разумника В. Н. Ивановой из саратовской ссылки. Публикация В. Г. Белоуса // Минувшее. Исторический альманах. Т. 23. 1998. С. 440.

45 Rayfield M., Introduction to Rarity Reprints No. 21. Иванов-Разумник, *О смысле жизни*, Letchworth, 1971. pp. v–viii.

46 ЛН92-2. С. 407–408; *Иванов-Разумник Р. В.* Надписи на книгах (Из воспоминании об А. А. Блоке) // Вершины. Пг., 1923. С. 245.

47 *Иванов-Разумник Р. В.* Вершины. Там же.

48 *Блок А.* Записные книжки 1901–1920. М., 1965. С. 428.

49 ЛН92-2. С. 408 (прим. 1). См. *Иванов-Разумник Р. В.* Надписи на книгах // Вершины. С. 245; *Белоус В. Г.* «Скифское», или трагедия «мировоззритерьного отношения» к действительности // Звезда. 1991. № 10. С. 159.

50 *Пунин Н., Полетаев Е.* Против цивилизации. П., 1918; См. ЛН92-2. С. 408 (прим. 1).

51 ЛН92-2. С. 407. 若きイヴァーノフ＝ラズームニクの試論「我が世界観」（先述。本章 3）では、人間が 2 種類に分けられている。一方は、精神よりも肉体を生の目的とする家畜人 люди-скоты、他方はその反対の、少数の［真の］人間 люди-человеки である。このような類型分けにはかつてのニーチェの影響が見てとれる。См. *Белоус В. Г.* «Скифское», или трагедия «мировоззрительного отношения» к действительности // Звезда. 1991. № 10. С. 159.

52 См. *Иванов-Разумник Р. В.* Четверть века. Литературные воспоминания // *Иванов-Разумник Р. В.* Писательские судьбы. Тюрьмы и ссылки. М., 2000. С. 419.

53 ダンテ『神曲』の第 1 行目より。

54 善と悪の分離を詠ったソログープの詩「В первоначальном мерцанием」からの引用（ベロウースの教示による）。ただしイヴァーノフ＝ラズームニクは、ソログープの詩では小文字で記された трое という語の頭文字を大文字に替え Трое としている。キリスト教では大文字で Трое と記せば三位一体を連想させることを考えれば、大文字を用いたイヴァーノフ＝ラズームニクの意図が

うかがえよう。なおここで「三者」とは、ヴォリフィラ発足を目指していたイヴァーノフ＝ラズームニク、ブロークとアンドレイ・ベールイを指す。

55 ドストエフスキー『カラマーゾフの兄弟』の次男イヴァンの言葉より（第2部第5編4. 反逆）。松原著第1章第2節参照。

56 ブリューソフの詩「幸せな人へ К счастливым」からの不正確な引用。См. *Брюсов В.* Собрание сочинений в 7 томах. Т. 5. М., 1973. С. 434–435. ラヴローフの註参照。См. ЛН92-2. С. 408 (прим. 7).

57 Скифы. Сб. 1. С. VII–XII. 2月と10月の革命時のイヴァーノフ＝ラズームニクの反応については、彼の日記を参照。*Иванов-Разумник Р. В.* Революция. Из дневника революции // Год революции. Статьи 1917 года. СПб., 1918. С. 3; Свое лицо. Из дневника революции // Там же. С. 78–79. 上記2点の拙訳を参照。イヴァーノフ＝ラズームニク「革命　1917年2月28日」、「自分の顔」松田道雄編『ロシア革命』ドキュメント現代史1、平凡社、1972年、223–224、236–239ページ。松原著第6章第2節も参照。

58 Pascal P., Les grands courants de la pensee russe contemporaine, Paris, 1971, p. 14.（川崎浹訳『ロシア・ルネサンス　1900–1922』みすず書房、1980年、17–18ページ参照）。革命をめぐるインテリゲンツィヤ間の対立については以下の例を参照。*Иванов-Разумник Р. В.* 27 февраля 1917 года (Страница из воспоминаний) // Писательские судьбы. Тюрьмы и ссылки. М., 2000. С. 421–425; *Суханов Н. Н.* Записки о революции. Т. 1. Кн. 1–2. М., 1991. С. 104–126; *Гиппиус З.* Мой лунный друг. О Блоке // Собрание сочинений Т. 6. Живые лица. Воспоминания. Стихотворения. М., 2002. С. 32, 35. 次も参照。*Дьякова Е. А.* Христианство и революция в миросозерцании Скифов (1917–1919 гг.) // Известия АН СССР. Сер. истории и языка. 1991. Т. 50. № 5. С. 414–425.

59 *Иванов-Разумник Р. В.* О смысле жизни. С. 283.

60 形而上学と宗教の立場に拠って立つブルガーコフは、人間は宗教的感情を払拭できず、無神論者にも彼らなりの宗教があることになり、革命家や社会主義者が宗教的表現をすることに不思議はない、と考える。長縄訳「哲学的タイプとしてのイヴァン・カラマーゾフ」37ページ、「進歩の理論の根本的諸問題」45ページ。

61 *Достоевский Ф. М.* Полное собрание сочинений. Т. 10. 1974. С. 470–472. ドストエフスキー（江川卓訳）『悪霊』決定版ドストエフスキー全集12、新潮社、1979年、230–232ページ。『悪霊』上演をめぐりC・ブルガーコフも発言している。「ロシア的悲劇——モスクワ芸術座によるドストエフスキー『悪霊』上演に関連して」。この発言については本書第II章3（註61）参照。

62 ルシファーについてベロウースは、C・ブルガーコフやヴャチェスラフ・イヴァーノフ、ルドルフ・シュタイナーの見解を引いて考察している。ブルガーコフは正統的キリスト教の立場で、「内在主義」とその帰結である「ルシファー崇拝」を否定する。ヴャチェスラフ・イヴァーノフは神への「反乱精神」は受けいれられないが、人間の内なるルシファーは孤独な自立の端緒であって無視できない、という。シュタイナーはルシファーを擁護し、人間がルシファーとともに自由へ向かい始めると言う。この問題でイヴァーノフ＝ラズームニクはシュタイナーに近いと言える。См. *Белоус В. Г.* Антроподицея Р. В. Иванова-Разумника. С. 268–270.

63 *Штейнберг А. З.* Друзья моих ранних лет. С. 236.

64 *Белоус В. Г.* Антроподицея Р. В. Иванова-Разумника. С. 270–273.

65 *Белоус В. Г.* Вольфила [Петроградская Вольная Философская Ассоциация] 1919–1924. Книга вторая: хроника. портреты. М., 2005. С. 88–89.

66 *Иванов-Разумник Р. В.* Марксистская критика // Литература и общественность. Изд. 2-ое. СПб.,

1912. С. 185.

67 *Лосский Б. Н.* Воспоминания Иванова-Разумника // Иванов-Разумник (1878–1946). Личность. Творчество. Роль в культуре. Сб. 1996. СПб., С. 24–25; Он же, Наша семья в пору лихолетия. 1914–1922 годов // Минувшее. Т. 12. 1993. С. 58–59.

68 *Осипова Л.* Дневник коллаборантки // Грани. 1954. № 21. С. 118; *Иванов-Разумник Р. В.* Тюрьмы и ссылки. 2000. С. 160. 松原訳 36 ページ。洗礼の日付は 1879 年 11 月 23 日。См. Основные даты жизни и творчества Иванова-Разумника.Составил Я.В. Леонтьев. //Литературное обозрение. 1996. №5. С.38.

69 Метрическая выпись (Свидетельство о смерти Р. В. Иванова-Разумника) // Иванов-Разумник (1878–1946). Личность. Творчество. Роль в культуре. 1996. С. 50–51.

著者紹介

松原　広志（まつばら・ひろし）

1942年生まれ。

京都大学大学院文学研究科博士課程修了、西洋史（ロシア思想史）専攻。

現在、龍谷大学名誉教授。

著書に『ロシア・インテリゲンツィヤ史——イヴァーノフ＝ラズームニクと〈カラマーゾフの問い〉——』ミネルヴァ書房、『ロシア近現代史——ピョートル大帝から現代まで——』（共編著）ミネルヴァ書房、『文化交流のエリアスタディーズ——日本につながる文化の道——』（共編著）ミネルヴァ書房他。

訳書に『監獄と流刑　イヴァーノフ＝ラズームニク回想記』成文社。

ロシア・インテリゲンツィヤの運命
——イヴァーノフ＝ラズームニクと20世紀前半ロシア——

2019年4月25日　初版第1刷発行

著　者　松原広志
装幀者　山田英春
発行者　南里　功

発行所　成　文　社

〒240-0003 横浜市保土ヶ谷区天王町2-42-2
電話 045 (332) 6515
振替 00110-5-363630
http://www.seibunsha.net/

落丁・乱丁はお取替えします

編集・組版　寺田祐司
印刷・製本　シナノ

Printed in Japan
ISBN978-4-86520-032-4 C0022

歴史・文学

松原広志訳

監獄と流刑

イヴァーノフ＝ラズームニク回想記

978-4-86520-017-1

Ａ５判上製　３８０頁　５０００円

帝政ロシアの若き日に逮捕、投獄された著者は、物理学徒からナロードニキ主義の作家・思想家の途へ転じ、その著作で頭角を現す。革命後のロシアでは反革命の嫌疑をかけ続けられ、革命と戦争の激動の時代に三度の投獄・流刑の日々を繰り返した。その壮絶な記録。　２０１６

歴史・思想

イヴァーノフ＝ラズームニク著／佐野努・佐野洋子訳

ロシア社会思想史 上巻

インテリゲンツィヤによる個人主義のための闘い

978-4-915730-97-9

Ａ５判上製　６１６頁　７４００円

ロシア社会思想史はインテリゲンツィヤによる人格と人間の解放運動史である。ラヂーシェフ、デカブリストから、西欧主義とスラヴ主義を総合してロシア社会主義を創始するゲルツェンを経て、革命的民主主義者チェルヌイシェフスキーへとその旗は受け継がれていく。　２０１３

歴史・思想

イヴァーノフ＝ラズームニク著／佐野努・佐野洋子訳

ロシア社会思想史 下巻

インテリゲンツィヤによる個人主義のための闘い

978-4-915730-98-6

Ａ５判上製　５８４頁　７０００円

人間人格の解放をめざす個人主義のための闘い。倫理的個人主義を高唱したトルストイとドストエフスキー、社会学的個人主義を論証したミハイローフスキー。「大なる社会性」と「絶対なる個人主義」の結合というロシア社会主義の尊い遺訓は次世代の者へと託される。　２０１３

歴史

太田丈太郎著

「ロシア・モダニズム」を生きる

日本とロシア、コトバとヒトのネットワーク

978-4-86520-009-6

Ａ５判上製　４２４頁　５０００円

一九〇〇年代から三〇年代まで、日本とロシアで交わされた、そのネットワークに迫る。個々のヒトの、作品やコトバの関わり、その彩りゆたかなネットワーク。それらを本邦初公開の資料を使って鮮やかに蘇らせる。掘り起こされる日露交流新史。　２０１４

歴史・思想

Ｎ・Ｋ・ミハイロフスキー著　石川郁男訳

進歩とは何か

978-4-915730-06-1

Ａ５判上製　２５６頁　４８５４円

個人を神聖不可侵とし、個人と人民を労働を媒介として結び付け、社会主義を「共同体的原理による個人的原理の勝利」とする。この思想の出発点が本書でありナロードニキ主義の古典である。その本邦初訳に加え、訳者「生涯と著作」所収。待望の本格的研究。　１９９４

歴史

長縄光男著

評伝ゲルツェン

978-4-915730-88-7

Ａ５判上製　５６０頁　６８００円

トム・ストッパード「コースト・オブ・ユートピア」の主人公の本邦初の本格的評伝。十九世紀半ばという世界史の転換期に「人間の自由と尊厳」の旗印を掲げ、ロシアとヨーロッパを駆け抜けたロシア最大の知識人の壮絶な生涯を鮮烈に描く。　２０１２

価格は全て本体価格です。